中国社会科学院老年学者文库

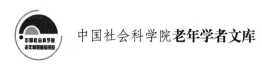中国社会科学院**老年学者文库**

上古官箴论

陈云生　著

社会科学文献出版社
SOCIAL SCIENCES ACADEMIC PRESS (CHINA)

自　序

　　在中国的上古优秀传统文化中，最具中国特色的非官箴文化莫属。在我们所知的其他古老文明中，特别是其他上古文化中，都不曾出现过像上古中国这样深沉、深厚，历数千年不辍的官箴文化。官箴文化本来是中国优秀文化遗产的重要组成部分，但命运多舛。自近代以来，受西学或新学的冲击，在持续不断地批判古代思想和文化的浪潮中，像倒洗澡水连同其中的孩子一起倒掉一样，优秀的官箴文化也随之式微、湮灭，以致在当代，除了少数学者还给予关注和进行零星研究外，在偌大的官场及其数以千万计上上下下、大大小小的官员——或按现代语境，具有从政人员、行政人员或公务员等称谓的"公家人"中，竟然没有几许人知道古之优秀的官箴文化为何物，更鲜有人秉持古之优秀官箴文化的宗旨和要求修身正己，劝喻他人忠贞、正直为官。我们这样说，当然是针对古代优秀官箴文化的。现今我们并不缺乏现代版的"官箴"文化，各种针对执政党领导人和国家公务人员的政治思想工作，党风廉政教育，党规、行政纪律和国家法律、政策的规制，包括关于依法惩治腐败的司法审判中少数案例的报道、宣传活动等，这些都可以被视为现代版的官箴文化。特别是党的十八大以来，大范围地、持久地、力度强劲地开展的"党的群众路线教育实践活动"，从某种意义上来说，都可以归属于创新版的现代官箴文化之列。这一创新之举之所以如此深得人心、效绩卓著，不仅因为其切中时弊，顺应了从政基本范式和规律的需要，而且因为其在特定的意义上，也是中国历史上优秀从政文化中为官之道、官德、官风等优良因素的继承和发扬。如果我们在用先进的思想、革命的理论指导并力行现代以党风廉政建设为主要内容的群众路线教育实践的过程中，能够自觉地运用历史上优秀的官箴文化，包括上古时期的官箴思想、理念及其积极因素，当会使时下的群众路线教育实践活动的精神、原则更加坚实，实质内容更加丰满，更大的效绩或许更加可以期许。"不厚其栋，不能任重"（司马迁语），如果说，群众路线教育实践活动任重而道远的话，那么，以优秀的历史官箴文化作为其支撑的栋梁或实施的助动力，当不是异想天开的非关宏旨和大局之举。正是基于此种考虑，本研究不仅认为对上古优秀的官箴文化有进行研究的必要，而且还认为有可能从中挖掘出有价值的东西。本研究虽不敢妄称微密纤察，但也尽量要求做到全面、翔实。至此，笔者突发奇想，"学箴"与"官箴"情同一理，研究官箴文化，当以研究学箴的精神和规范为念笃行之。

官场毕竟不同于普通社会场，官人也毕竟不是普通人。官场作为社会和国家的政治、法律场域，官人作为社会和国家特殊的阶层，自然需要有别于普通社会和普通人的道德规范约束和道德标准要求，这就是为何从传说中的尧帝时代就有了专门术语表述的官德及其劝官唯德的"官箴"，古籍更记载尧帝时还曾有一部专门典籍《官箴》，可惜已经失传。自上古以降直至晚清，"官箴"既是一个久盛不衰的文化现象，也是一切正直、清廉的官人努力实践的官场规范，为此，还留下了千古传承不绝的官人清廉的佳话，遂而成为中华传统文化遗产的重要组成部分。然而，自近代以降，在西学东渐和新学的不断冲击和批判中，"官箴文化"自然不能幸免，以致在现代语境中逐渐式微、泯灭。在现代的官场中，由于对全新的政治、法律观念的尊崇和努力实践，加之西方人事行政管理制度的引进与推行，中华传统文化及官场实践盛极一时的政治景观已然从现代文化背景中悄然消失，官箴的概念、义理淡出官场和民众的视野，在今天的政治和人事行政管理实践中更是没有给官箴留有一席之地，在公众话语中也不再有人提及。然而，"官箴"真的是一个完全过时的概念和义理，应当让它留在历史长河中而成为一个让人永远遗忘的遗迹吗？愚以为不然，除了作为一个文化现象和官场实践具有历史研究的价值之外，在当代不断滋生官场腐败和持续加大反腐力度的情势下，古代包括上古的官箴仍然具有重大的现实意义和价值。为此，我们认为将官箴立作重大的理论题材进行研究是完全必要的，既有历史根据，又有现实需要。如果说，泱泱五千年的中国传统文化中真的孕育出许多优异的成果，再如果传统的优秀文化中还有令中华先祖的后辈的今人——我们值得记忆、珍视、怀念和继承的元素和精理，再如果古今之人都有应抱持和坚守的做人准则和为官之道，那就是与当今相融共通的古代，特别是上古升蒙时期渐趋发展、成熟起来的"官箴"。

"官箴"毕竟是一个复杂的文化现象和官场实践，历经几千年而形成一个庞大的研究集群，本人学力不逮，又囿于学术研究资源的有限，不可能进行大规模、系统性的综合研究，谨以上古为限，且集中梳理和分析留存至今的上古典籍《尚书》和汉代司马迁《史记》中的上古时段有关官箴的记言载事。又鉴于专业领域的限制，对于通过考古发现的上古契刻符号、铭文、甲骨文及相关神话、传统等有形无形的资料，尽管其中蕴含极其宝贵的官箴信息或线索，十分有必要进行研究，终究还是选择量力而为，忍痛割爱。即使集中梳理和分析儒家典籍《尚书》和《史记》中的相关内容，仍然心怀忐忑，惶惶然唯恐梳理有所疏失和分析不到位。但事已至此，箭在弦上，不得不发。对于其他上古官箴最集中的文献和典籍，特别是四书五经中除《尚书》以外的经典文献，倘使天命降永和健康允许，仍怀有强烈的期待，容日后谋作他篇，递次跟进，进行梳理和分析。

是为序。

陈云生
于北京朝内新源里寓所跬步斋
2017 年 4 月 26 日

目　录
CONTENTS

第一章　导论

第一节　何为上古，何为官箴

一　何为上古

古今中外的宇宙观都包含两个重要的维度，一为时间，二为空间，二者缺一不可。在中国的传统文化中，对这两个维度经典的表述是："天地四方（一说四方上下）曰宇，往古今来曰宙。"① "宇"本意为"栋梁"，然而"宙"的本意经两次演变，"一演之为舟舆所极覆（即舟车所能达到的极限），再演之为往古今来"。② 宇宙的连用，始于战国时代，《庄子》有云："奚旁（傍）日月，挟宇宙。"③ 此外，《庄子·知北游》又云："外不观乎宇宙，内不知乎太初。"④ 不过，庄子虽用"宇宙"表达"物一"思想，但他对宇宙各自表征的时空概念认识得还很清楚。他解释说："有实而无乎处者，宇

---

① 《齐物论》释文引《尸子》语，转引自肖巍《宇宙的观念》，中国社会科学出版社1996年12月版，第1页。

② 《说文》段注，转引自肖巍《宇宙的观念》，中国社会科学出版社1996年12月版，第1页。

③ 《庄子·知北游》语，转引自肖巍《宇宙的观念》，中国社会科学出版社1996年12月版，"导言"，第1页。

④ 《庄子·知北游》语，转引自肖巍《宇宙的观念》，中国社会科学出版社1996年12月版，"导言"，第1页。

也；有长而无本剽者，宙也。"① "剽"，通标，末端；"长"通久，"宇"指空间上没有止境的上下四方；"宙"则是指时间上没有终始的古往今来。在中国古代，除用"宇宙"表征空间和时间外，还有"宙合"的概念。春秋时《管子》一书中就有《宙合》篇，宙即往古来今，合即六合，指东西南北上下六个方位。《宙合·经》说："天地，万物之橐，宙合为橐天地。"② 意思是天地包裹万物，所以叫万物之橐。宙合的意思是，向上通于苍天之上，向下深于土地之下，外出四海之外，把天地合拢包扎成一个包裹。经这一立意和解释，"宙"又转回通"宇"了。《墨子·经上》也有时空的概念，"时"被概化为"久"，"宇"被概化为"所"。"久，弥异时也，宇，弥异所也。"③ 对此《墨子·经说上》解释道："久：古今旦莫。宇：东西家④南北。"⑤

在古籍中，表示初世时间概念的用词还有古、太古、大古、太动、昔、三代等，也有的典籍称黄帝至夏代为上古，殷商及西周为中古，春秋战国和秦国为近古。作这种典籍的作者通常是秦汉时代的哲人。如班固在《汉书》中就曾论道："故曰《易》道深矣，人更三圣，世历三古。"⑥ 此中的"三古"，即通常所说的上古、中古、下古或近古。

时至两千年后的近现代，学者仍沿袭远古、上古之称谓，但有时不做这种区分，将古代的上古时期统称为"先秦时代"，或径直称为"神话时代""传说时代""三代""春秋时期""战国时期"，或统称"东周时期"。如杨鸿烈先生在《中国法律发达史》一书中，将自神农和黄帝时起至殷商时期称为"上古"，将周代另辟一章，显然不在"上古"之列。而在《中国法律思想史》中，只以殷商作为萌芽时代，自春秋、战国时起，始认为是"儒墨道法诸家对立时代"。

按照《现代汉语词典》（7）的释义，"上古"是"较早的古代，在我国历史分期上多指夏商周秦汉这个时期"。"中古"是"较晚的古代，在我

---

① 曹础基：《庄子浅注》，中华书局出版1982年10月版，第353—354页。
② 饶宗颐主编，赵善轩等译注：《管子》，中信出版社2014年1月版，第152页。
③ 方勇译注：《墨子》，中华书局2011年10月版，第329页。
④ 衍文，应删去（王引之说）。
⑤ 方勇译注：《墨子》，中华书局2011年10月版，第341—342页。
⑥ （东汉）班固撰：《汉书》，中州古籍出版社1996年10月版，第591页。

国历史分期上多指魏晋南北朝隋唐这个时期"，又另解"指封建社会时代"。"近古"是"最近的古代，在我国历史分期上多指宋元明清（到 19 世纪中叶）这个时期"。按照这个解释，神话和传说时代显然不在"上古"的涵盖之内。不过，该词典还辟有"远古"的词条，是指"遥远的古代"，女娲补天是从远古流传下来的神话。可见，神话和传说时代用"远古"指代，如果也按历史分期来看，从远古、上古，中经中古直到近古，再到近代、现代，这个排列顺序也合于事理，历史逻辑序列清楚，便于对历史的言说和事理分析。

在西方的史学界，近来也出现了向更古远历史研究的深度"转向"，相应地提出了"大历史""深历史""人类世"的分期概念。"大历史"是"历史学研究的时间标尺，是从宇宙大爆炸至今的所有时间"。"深历史"主要是指人类历史，"它突破了史前史和传统意义上有据可考的历史之间的屏障"。"人类世"的研究范围局限于相对晚近的过去，自 1784 年詹姆斯·瓦特发明蒸汽机起始，"主要关注工业革命、人类活动对气候及生态系统造成的全球性影响，特别是对地质和人类历史带来的深刻影响"。[①]

从以上介绍中，我们可以得出以下的印象：中国的史学界和先哲以及中外的史学界对历史的分期并没有一个公认的标准，未达成共识，先哲及史学界的研究者通常都是根据自己的研究需要，在大体不出格的范围内自行设定关于古代历史的分期，或深远或晚近，并没有一定之规。

现在回到本部分的文题："何为上古？"此处的"上古"，就是笔者遵循中国先哲及中外史学界的惯例而自行设定的。具体说来，有如下一些理由。

首先，我们的研究范围往上涉猎远古的传说时代，即三皇五帝时期，接下来至夏商西周三代，最后至东周，即春秋战国时代，截止于秦始皇统一六国时的秦帝国时代。我们很清楚，中国古代的官箴及其文化，是一种贯穿中国古代全部历史时期，在历史逻辑上又是一个赓续和义理自洽的官场和社会现象。而我们之所谓"上古"官箴，究实说来，虽处于萌芽和初步形成时期，但已经蕴含了极其丰富的义理和内容，本身就值得研究和

---

① 张哲：《人类理解历史的疆域——对话"大历史"、"深历史"、"人类世"叙述者》，《中国社会科学报》2013 年 11 月 15 日，A03 版。

探讨。

其次，正如笔者在其他文论和著作中所一再申明的那样，由于时间的久远、史料的缺乏、语言的障碍、学识的局限、研究兴趣的功利化趋向等，长期以来，对古代史特别是上古时代的历史的研究，除少数学者还在执着地坚守外，已经淡出了史学界主流群体的关切。尤其是在中国法史学界，更鲜有中华法起源于上古时期的明确的认知意识，所谓中华法律史，只从有籍可考的成文法算起。更令人匪夷所思的是，对古籍《尚书》中的《洪范》的认知竟达至荒谬的地步。《洪范》无论从题目上看，还是从内容上看，抑或从形制上看，都应当被视为中国古代出现的与近现代宪法形神皆相似的宪法类文献。然而，包括一些权威的法史大家在内的许多法史学家，竟认为《洪范》是中国第一部成文的刑法典，尽管从中找不到任何关于定罪量刑及相应的刑事处罚之类的文字或内容。由此可见，史学界、法史学界总体上对历史，特别是对远古和上古时期的深度历史的研究还处于相对甚至相当薄弱的状态。如果这一判断站得住脚的话，那么，目下这类研究可望有拾遗补阙、匡扶学偏的学理价值。

再次，笔者用"上古"的历史分期表述，大体相当于史家的"先秦"历史分期表述。尽管与史学界及先贤大儒所采取的历史分期不尽切合，但站在今人的立场上，其观审的视角自然有别于两千年前的春秋战国时代以及稍晚的秦汉时代，将"先秦"统摄于"上古"的历史分期中，似乎并没有不妥之处，理应得到认可，至少我本人是这样认为的。

从次，还值得提及的是，笔者计划中的法史和宪法史研究，有一个三卷本的预期成果，都以"上古"时期为研究对象并以"上古"连缀相关主题命名。为求得这三类主题的内在一致性和统一性，统以"上古"命题也迎合形式一律的个人学术意愿。

最后，同样重要的是，用"上古"命题也是为作者划定的历史分期中的相关研究设限。笔者清醒地意识到，中国传统官箴文化极其博大精深，史不绝书，赓续五千年不断，全部研究起来工程浩繁。笔者深知自己学功不逮，精力有限，以个人的能力无望独立完成，故只取"上古"时期相关研究的短板，聊补学界缺憾而已。

二 何为官箴

"箴",《现代汉语词典》释其意为劝告、劝诫,劝告、劝诫之言为"箴言",又指古代一种文体,以规劝、告诫为主。《古汉语常用字典》释"箴"有三种意思:一是指"针",今已不用;二、三意同《现代汉语词典》释义。由此可见,从语词学的意义上来说,"箴"的基本意义是劝诫、告诫和规劝,古今皆然,本意未变。

"箴"在古代的语境相当广泛,周代关尹子曾说:"人之少也,当佩乎父兄之教;人之壮也,当达乎朋友之箴;人之老也,当警乎少壮之说。万化虽移,不能厄我。"① 这里的"朋友之箴",就是朋友之间的规劝、劝喻,亦即当今俗语所谓的"听人劝,吃饱饭"之意。

"箴"在上古时期,还用于"政府公告"之类的文书体裁,如《夏箴》就有如下内容:"小人……下政至戒之哉。"② 这里的《夏箴》就是夏代政府颁布的公告,现只留有残篇。有关的内容,以后在引用《尚书》时还要说及。这里的"箴",从所引的内容上看,当是政府劝告普通民众和士大夫要懂得预先储备两年的粮食以度过荒年的道理,与官箴没有直接的关系。

"箴"还在更广泛的意义上使用,按照孔安国为今文《尚书》所写的"书序"中的记载,古圣伏牺氏欲王天下,"始画八卦,造书契,以代结绳之政,由是文籍生焉"。③ 这里的"文籍",即文章典籍的简称。该"书序"还列举了上述各代典籍的名称,即"伏牺、神农、黄帝之书,谓之'三坟',言大道也;少昊、颛顼、高辛、唐、虞之书,谓之'五典',言常道也。至于夏、商、周之书,虽设教不伦,雅诰奥义,其归一揆,是故历代宝之,以为大训;八卦之说,谓之'八索',求其义也;九州之志,谓之'九丘';丘,聚也,言九州所有,土地所生,风气所宜,皆聚此书也"。《春秋左氏传》

---

① 朱海雷编著:《关尹子·慎事今译》,浙江大学出版社2012年3月版,第88页。
② 朱海雷编著:《关尹子·慎事今译》,浙江大学出版社2012年3月版,第85页。
③ 江灏、钱宗武译注,周秉钧审校:《今古文尚书全译》,贵州人民出版社1990年2月版,第2页。

曰："楚左史倚相能读三坟、五典、八索、九丘，即谓上世帝王遗书也。"①
"书序"又说："讨论坟典，……举其宏纲，撮其机要，足以垂世立教，典、
谟、训、诰、誓、命之文凡百篇，所以恢宏至道，示人主以规范也。帝王
之制，坦然明白，可举可行……"② 这里将古圣王的文章典籍，特别是《尚
书》，从整体意义上视为对帝王立业建制的行为指向和立政规范。除此之
外，"垂世之教"对官员和普通的士农工商也有教化、警示和规范约束行为
的意义。在这个意义上，上古典籍都可以被视为"箴书"。这应当被视为更
为广义上的"箴规"或立规劝教了。

"官箴"顾名思义，是"箴"在官场、官员层面的体现，即以某种价值
观、行为规范或道德伦理原则规劝、告诫官员树立个人良好的道德风貌，
勉力从政，尽心善治，从而远离邪念，避免不良政举，最终达到成就个人
功名、辉煌政绩的目的。

第二节　研究上古官箴的现代意义

上古官箴研究的现代意义，大体说来，可以从三个方面予以理解。

一　弘扬中华优秀的传统文化

人类是从历史中一步步地走到今天。从遥不可知的时代起，人类最初
主要是为了生存，逐渐从生产、生活中积累经验、增长技能，通过漫长时
期的化育，终于向着发展的方向摸索前进。在这个过程中通过思维模式的
建立和文化模式的建构，人类最终开启了关于自身存在意义的艰难探索历
程。初民们从最初古远的时代起，就开始了"我是谁，我从哪里来，我将
到哪里去"这样的哲理意义上的追问与探索。第一个具有哲理意义的追问

① 江灏、钱宗武译注，周秉钧审校：《今古文尚书全译》，贵州人民出版社 1990 年 2 月版，第
2 页。
② 江灏、钱宗武译注，周秉钧审校：《今古文尚书全译》，贵州人民出版社 1990 年 2 月版，第
2 页。

和探索，就是关于人类自身与周围环境的关系，即今日之与自然之间的关系。在那智力未开、天泽不分的时代，人们还不具备科学的观念以认识自然。面对既有既定规律可循，又千变万化、神秘莫测的大千自然现象，初民所能借助的最大思想资源，就是将各种自然现象像自己一样做拟人化的想象，想象变化万千的自然现象都是由某种神灵主宰。既然是神灵，就具有摇山动地、变幻风云的伟力，而人的力量在大自然面前简直微不足道，人的生命在面对自然灾害和疾病时，也显得极为脆弱。于是，人类先祖便对大自然产生敬畏之情，进而成为信仰，又发展到自然崇拜。在我们已知的地球上的人类初民都有自然崇拜和信仰的历史。这一人类经历在今天看来，无论有多少非理性和违背科学的因素，终究沉淀在人类的思想深处并融入文化建构之中了。在科学技术已然高度发达的今天，人类特别是当中的自然科学家，正在破译种种自然现象之谜，使自原始初民以来建立的自然崇拜和信仰体系失去了自然基础，自然已经不再神秘，它只不过是人类生存和发展的物质基础和自然家园。然而，即使如此，千万年积淀下来的自然崇拜的文化和心理基础，由于其超稳定的结构并没有在人类的观念和文化体系中消失，有些古老的自然崇拜作为民俗被保存至今，特别是一些欠发达的少数民族或种群，更以鲜明的民族、种群特点彰显了现代科技高度发达的社会。事实上，古老的自然崇拜的观念和文化体系不仅在早期的人类发展和进化过程中规范人类行为，调整人与自然和谐相处之道，以其巨大的、不可泯灭的正能量引导人类及其社会一步步地走到今天，就是在现代科技高度发达的今天，科学地利用自然，学会与自然和谐相处，依然是扭转自然环境日益恶化，恢复久已遭受严重破坏的生态系统的重要指导思想和行为方式。我们承认，现代高度发达的科学技术手段和力量，在利用自然、改造自然方面能够发挥巨大的作用。但人类与自然关系的发展已经一次次地证明，利用人类的力量和科技手段战天斗地，希图征服自然、改造自然，往往会招致对自然和生态环境的更大范围、更深刻的破坏，以致反过来，人类都要为没有节制的、掠夺式的、竭泽而渔式的开发、利用和改造自然的行为付出沉重的代价，因为剧烈、急速变化的环境和生态系统会以同样剧烈、急速的"报复"式平衡和再恢复的方式回报人类及其社会，造成人类及其社会重大的生命、财产损失。

我们应当承认，中国先民及近代子孙在处理自身及其社会与自然的相互关系时，走过弯路，造成了中国局部地理环境的变化和生态系统的失衡。在近现代也发出过改天换地、战天斗地的豪言壮语，展开过相应的行动。但从总体上看，中国先民在世界史上率先确立的"天人合一"的宇宙观、人生观和认识论始终居于主导地位，在中国传统文化中早已形成一套稳固的人与自然关系的价值观和认知模式。其中最重要的核心概念就是主宰宇宙生成和演化的"道"，"道"无形无象，看不见摸不着，但可以用思想和心灵体察，还可以言说，"道"为世界生成之母、万事之宗，非"道"不可以生成和化育我们赖以生存和发展的宇宙和万事万物。"道"虽玄而又玄，但又非常具体，它可以衍化成为具象的"天道"、"地道"与"人道"。"天道"、"地道"与"人道"又进而演化成为"天、地、人""三才"，"三才"可视、可察，特别是"人才"及其"人道"，又可成为人类行为的规范和活动的具体要求。在"天人合一"的宇宙观、人生观和认识论的大框架下，天、地、人融为一个整体，一荣俱荣、一损俱损，人生于这个世界、长于这个世界，就要敬畏天地、感恩天地，还要顺从"天道"和"地道"，进而法天、法地，以天地的博大宽容和无私奉献以及"和合"秩序为榜样，建立人与人之间、人与社会及群体之间的和谐关系。尽管"天尊地卑"观念引申的人际关系中的等级观念和尊卑关系，已经为现代的人与人之间的平等关系所替代，但作为"天人合一"的宇宙观、人生观和认识论的核心价值观方面，仍然具有重要的思想资源的利用价值和行为指南的现代意义。

关于这一方面的进展，西方以基督教文化为基础的思想界的反思，给人留下了深刻的印象。在西方思想界，由于长期信奉神创世界及人类的"天人二分"的宇宙观、人生观和认识论，将人类归于神的创造并置于其掌控之下，人类从创生之日起，就被赋予自身永远不能摆脱的"原罪"，只有衷心信奉神，才能得到神的救赎，死后才能升入天国享受幸福与安乐，否则就只能下地狱，永世深受苦难煎熬。在这个世界观、人生观和认识论的大框架下，人需要表现出对上帝的虔诚与顺从，同时也失去或泯灭了人性，人不能通过自己的努力而改变神性主导下的个人命运。这样的价值观和思想体系，直到中世纪晚期，才被人文学者、近代的启蒙学者大力倡导的人文主义、理性主义和自然法思想打破。西方的人类终于认识到自身的力量，但这种力量只有通过科学精神才能体现出来。西方人率先树立科学精神，倡导用科学技术的力量来认识、改变世界。这是西方人类对近现代文明做出的巨大贡献。科学技术的力量不仅改变了世界的自然面貌，也深刻地改变了人类自己。然而，西方人在"天人二分"的总体思想框架下，并没有恰当地处理人与自然的关系。从倡导科学精神到盲目地相信科学，以致最终发展成为科学主义的偏激形态，总以为用科学技术手段就可以解决人与自然相互关系中的一切问题，包括相互冲突的困难问题。贪婪地向大自然索取，对自然资源无节制地开发利用，导致了自然环境被破坏，生态系统失衡，特别是碳排放超量形成的温室效应扰乱了大气环流，致使全球气候异常并使气象灾害大幅度增加。所有这些越来越多地被认为是人为因素的干扰和破坏造成的。现在西方知识界及开明人士，包括一些政治家在内，正在反思过度膨胀的科学技术主义对地球环境和人类生存条件所造成的严重后果，与此同时，有越来越多的知识精英和有识之士已将自己的关注点转向中国，希望能从中国古老的智慧中受到启发，重新思考并采取措施以解决地球自然环境和生态系统遭受严重破坏的紧迫难题。可以预期，在全人类建构命运共同体的过程中，中国传统优秀文化肯定不会再充当被蔑视、被忽视、被边缘化的角色，而是被重新认识、发掘并最终通过去伪存真、去粗取精的扬弃过程和现代性的转换，变成全人类共建命运共同体精神家园的宝贵资源。

　　中国上古文化作为博大精深的整体所具有的价值和发挥的功能是多方面、全角度的，"天道"、"地道"和"人道"作为中华传统文化的源头活水，自不待言，也孕育和滋养了上古的官箴，并通过为官从政行为规范的践行与官员本人的个人修为和自我涵养，逐渐积淀和化育成为一种文化，这种文化是中华传统文化所特有的，或者用现代的话语表述就是极具中国特色的。我们之所以这么说，是因为只有中国的特殊的古代文化形态，才能铸就这种特殊的文化分支形态。这是在历史中形成的，是特殊的国情、自然环境、精神和思维模式等因素综合作用的结果，因而是历史给定的。

就我们极不全面的世界历史知识的视野所及，在其他古代文明体系中，首先是古希腊以降的西欧文明体系，如前所述，其所信奉的神创宇宙和"天人两分"的认识论，都不具有创造官箴文化的土壤和条件，换句话说，古希腊哲人包括苏格拉底、柏拉图和亚里士多德等，虽然是创造古希腊文明的先驱，提出了政治哲学、法治、宪法和宪制，包括专制、共和在内的国家政体等一系列概念和理论，不仅极具政治学价值，而且许多还被沿用至今。然而反复检索他们的全部概念和理论体系，虽然在多部经典著述中也多次提到过"德性"问题，但他们的立足点一般都放在现今所谓的"阶级"上，如家庭中的父子、丈夫和妻子等亲属关系，还包括统治者与被统治者、农民和武士、主人和奴隶等身份、地位的差别，在这样的文化和政治情境中，古希腊先哲是不可能在"官箴"上做出令人瞩目的理论和实践贡献的，就像中国的先哲禹、汤、文、武和周公，以及与苏格拉底同时代的孔子等，在官箴的理论与实践上所做的那样。

总之，中国的上古文化孕育了上古官箴，演绎成为独具中国特色的官箴文化，要重新发现和认识上古官箴及其文化，并在现代条件下予以转化和传承，就必须深入体察和研究上古文化，因为只有中国的优秀传统文化才是上古官箴文化的活水源头。反过来，上古官箴及其文化作为上古文化中一个重要的组成部分，也在特定的场域，从一个特殊的角度反映了上古文化的特定风貌。上古官箴与上古文化存在内在联系，体现了共同的文化本质及特点。从这个意义上来说，要体察和研究上古文化，就不能让上古官箴及其文化沦落，也不能让其失语。长期以来，中国的学术界，无论是史学、政治学还是法学，在总体上都缺乏这种体认，所以才出现包括上古官箴在内的整体官箴及其文化研究极其薄弱的状况，除了少数学者之外，学术界总体上都没有对此给予必要的关注，更不要说有令人瞩目的研究成果了。为此，我们所倡导以及目下所从事的上古官箴及其文化研究，除具有本身的研究价值和现代性转换的实际意义之外，还具有重大的辐射效应，那就是对中国传统文化的更全面、更深入的研究。尽管当前学术界对中华传统文化的研究正在渐入佳境，在起源、历史断代、多元一体、独具特色等方面取得了丰硕的成果，但缺少了对官箴及其文化的深入研究，终归会影响对中华传统文化更深入、更全面的认识。我们对此项研究的倡导以及勉为其难进行力所能及的研究的最初动机之一，就有这方面的深入考量。自不待说，这种考量会在我们整理的研究思路以及对实际内容的阐述中得到体现。

二　弘扬和传承中华传统美德

"弘扬中华传统美德"，这是在《中共中央关于全面推进依法治国若干重大问题的决定》中提出来的。目的是更好地实现依法治国和以德治国相结合的战略目标。关于这两个"结合"，习近平总书记《在首都各界纪念现行宪法公布施行 30 周年大会上的讲话》中就作出过明确的阐述。习近平总书记最近几年在不同场合反复强调要重视弘扬中华优秀传统文化，指出中国特色社会主义植根于中华文化沃土，与源远流长的中华文化有着深厚的血脉联系，对中国传统文化的研究，必须以正确的思想、基本观点和方法有鉴别地加以对待，有扬弃地予以继承，取其精华，去其糟粕，古为今用，推陈出新。上述中央刚性文件和习总书记的讲话精神，确立了政治决策层对中华优秀传统文化和思想的基本立场和方针，学术界应当认真体会和遵照执行。

"中华传统美德"是在五千年中华文明积淀的基础上，经现代社会的淬炼，去粗取精、去伪存真而形成的现代话语和价值观念。既言"美德"，就意味着已经去除了传统道德中不完美的或背离现实价值观的原则和因素的内容。然而，要认识何为"中华传统美德"，还需要从三个角度或立场着手进行分析。

首先，需要从中华传统道德的起源、总的体系中去把握，即使这个起源和总的体系中有在今人看来是糟粕的内容，我们也不能回避，因为那些所谓的"糟粕"，毕竟是特定历史情境的产物，更是初民社会集体做出的在当时最有价值的道德选择。但历史是不断进步的，总是在发展变化的，对古人适合的道德价值体系，随着生活情境的改变，已经不再适应后世的社会特别是当今社会的需要，从而一些道德体系变成了我们称为"糟粕"的东西。历史地看，被今人视为"糟粕"的道德体系，古人却视之为经世安邦、立命安身的"法宝"。所以我们必须用科学的历史观来看待中华传统文化初创时期的道德体系及其价值。树有根、水有源，今人不能割断历史，否则就会陷入历史虚无主义的认识误区。

其次，不能预设价值，更不能将个人的价值偏好强加给中华传统文化及其中的道德体系。人类的文化体系，包括道德体系，既然是在特定的历史情境中产生和发展的，则必会受其产生和发展的客观基础条件的限制，每种文化体系，包括道德体系都不是完美的，总是有这样那样不尽如人意的方面。事实上，对于早期中华传统文化创造和定型的何去何从，在春秋战国时期中国知识精英的心目中，从未达成整齐划一的共同认识，并因此引发了一场被后人称为"百家争鸣"的大论战。儒、道、法、墨、名、兵、杂等家纷纷登台亮相，陈述自己的政治理想、道德主张和社会蓝图。从今人的文化相对论的立场上看，各家各有优势，也存在相对不足。对此，作为战国时期儒家思想重要传承和集大成者的荀子，就指出了各家的不足并进行了批判，《荀子》一书中的第六篇，定名为"非十二子"，文中对六种学说和十二个代表人物，进行了逐一的评论和批判。[①] 虽言辞有些激烈，但不得不承认他确实直指了各家学说的软肋。汉代的司马迁在撰写《史记》时，也在"太史公自序"中记述了司马氏父子两代对儒、墨、法、名、道各家学说的优长与不足的分析和评说。[②] 由此可见，即使是春秋战国以至汉代的一些知识精英也能公正地、客观地对待包括道德体系和价值在内的各家思想的优长和短处。我们今人更应当超越前人，客观地、历史地对待包括道德体系在内的中华传统文化，既不能全盘地加以肯定，也不能一概予以否定，而是应当认真鉴别，辨明真伪、分别粗精。对于那些确实是基于自然规律和人生经验而形成的道德体系、规范、礼仪等要加以弘扬，使其固有的正能量、正价值在当代得以传承，继续为当今社会和人类造福。为了客观地、准确地对传统文化及其中的道德体系加以甄别，我们必须从整体的中华传统文化及其道德体系入手，用古代典籍及其他文献事实说话，而不是预设价值，把辩之者个人的价值偏好强加给中华传统文化及其中的

---

① 王威威译注：《荀子译注》，上海三联书店 2014 年 1 月版，第 37—56 页。
② 详见司马迁撰《史记》，中州古籍出版社 1996 年 10 月版，第 914—915 页。

道德体系。我们认为，这才是对待中华传统文化及其中的道德体系应有的正确态度。

最后，中华传统美德必须落在实处。中国经过近代百年内忧外患的悲怆历史，对传统文化的历史地位和作用的反思一直在进行，并且持续到现在。就思想界来说，出现了一种评价上的激进主义式的极端负性的观点。这一派认为，中国在近代之所以衰败，成为帝国主义列强鱼肉的对象，完全是以儒学为代表的中国传统文化的落后性、封闭性造成的，中国要摆脱被人欺凌的境地，实现自立自强的国运逆转，就必须彻底冲破落后的中华传统文化的羁绊。为此他们吹响了"彻底打倒孔家店"的号角。而另有一派持折中主义的立场，他们认为，中华传统文化和现代性并非如水火一般不能相容，传统文化中的某些成分经过改造及适时性转换，完全可以融入现代性之中。更值得关注的是，面对改革开放后中国陷入的某种现代性困境，也有少数被认为持保守主义立场的学者将自己的关注点又投放到中华传统文化中，认为要解决当下的各种困境，特别是道德的缺失引起的世风日下、社会矛盾加剧和频繁发生的激化现象，就要从传统文化特别是儒家的政治和社会理想、道德主张中吸取有益元素，以重造现实中国的信仰和道德体系。这一派学者中更有人持一种激进的立场，主张恢复传统儒家道统，建立政教合一的"儒教国家"，实行"儒家宪政"或"儒教宪政"。这些主张一经提出，就遭到一些学者的严厉批判，认为"'儒家宪政'只是时代错置的幻想"，"专制与等差是孔孟之道的核心"，"让孔子直通古今是不现实的"，等等。① 还有一些激进的学者对近些年来"国学热"中出现的一些复旧礼仪现象进行了严厉的责难："……社会经济快速发展导致的伦理失范、道德沦丧现象使一些人转向'传统'去寻求根治弊端的药方：各种'国学'班、'女德'班如雨后春笋般冒出来；小学生被要求背诵经典、行

---

① 详见刘东超《"儒家宪政"只是时代错置的幻想》，载《中国社会科学报》2014 年 12 月 22 日，A04 版；毛莉《专制与等差是孔孟之道的核心》，载《中国社会科学报》2015 年 5 月 27 日，A04 版；张清俐《洞察中国古代历史的王权主义本质》，载《中国社会科学报》2015 年 1 月 7 日，A04 版；刘泽华、张分田、李宪堂、林存光《让孔子直通古今是不现实的——从中国政治思想史视野看"儒家宪政"论思潮》，载《中国社会科学报》2014 年 10 月 29 日，A04 版。

跪拜礼；女人被要求学习礼教纲常，遵守三从四德；更有人长袍马褂，形同优孟衣冠，游戏傀儡。可谓榨糟粕求醇酿，做土偶祈甘霖，不仅虚费社会资源，扰乱世人视听，而且流毒深远，贻害无穷。"①

以上学术动态表明，学术界对中华传统文化的评价和取舍远没有达成共识，各方面的分歧很大，造成这种学术分歧的原因很复杂，既有客观的，也有主观的，限于主题，这里不做分析，只想指出，在社会转型期间出现这种现象并不意外。事实上，每当历史进入一个重大的转型时期，从古代的春秋战国，到近代的从帝制转向共和，再到如今的改革开放，都会在思想界引发巨大的波澜，如同各种社会势力的矛盾和斗争从对立到对抗一样，各种社会势力的思想代表也必然会发生冲突乃至对抗。从历史唯物主义的立场上看，这是必然要发生的再正常不过的事。历史就是在各种新旧社会势力的斗争和思想理论界的交锋中逐渐找到前进的方向，从而不断发展进步，促成社会的转型。不过，即使如此，我们认为有一个学术思想界普遍存在的现象，或许是造成这一现象的重要原因之一，值得拿来稍加分析。

改革开放以来，中国社会在广度和深度上都发生了巨大的变化，有些变化具有根本性，说天翻地覆一点也不为过。首先是人们的物质生活条件改善了，我们早已告别了吃不饱穿不暖的物质匮乏的时代，迅速膨胀的物质财富的涌流，也使人们的钱包充实起来。但国民作为一个整体似乎还没有做好精神准备，还没有来得及好好享受温饱的小康生活，就直奔消费主义的大道，一些人在一层层、一阶阶抬高的消费的鼓动和刺激下，拼命地赚钱，一门心思地想发财，不知不觉间走上了高消费、享乐主义的不归路。一些人只认准了发财的目标并奋不顾身地钻进了一眼望不到头的"钱眼"，却忽视了人类生活的其他方面，特别是许多人在精神家园中迷失了，逐渐忽视了亲情，丢失了友情，不再愿意与包括亲人在内的他人相处，更不关心社会和国家，漠视自己的社会责任和国家义务，甚至模糊了起码的人伦底线和道德原则，道德观、人生观和世界观迷失，在无意识的非理性前行中，不知不觉间把我们这个本来还在建设的文明社会，拉回了视他人为竞

---

① 详见李宪堂《莫把疮痍当鲜花》，《中国社会科学报》2015 年 7 月 23 日，第 1 版。

争对手、互不信任的社会，更有极少数人又竭力打造全新的"丛林社会"，尔虞我诈，弱肉强食，为个人发财及其他领域的"成功"不择手段。什么廉耻、什么礼义、什么诚信、什么遵法守纪，统统被丢在脑后。近些年来，一些匪夷所思的社会乱象丛生，世态危机频频发生。所有这些表明，现代化转型初期是多么艰难，人们把自己千百年来所建构的与自然、社会和谐相处的道德原则和行为准则连根拔起，与人们所期盼的至善、至谐的精神家园渐行渐远。时至如今，许多人的道德底线的沦丧、良心的泯灭与现代化的初步发展激起的民众对财富及权力的强烈欲望相伴而行，互相激励而望不到尽头。然而，社会和自然的财富资源相对来说都是有限的，永远不可能满足人们无休止的贪欲和膨胀的野心，于是，一些民众的趋利向权的行为就会从失序、失范发展到不择手段，社会上这种现象多了，就形成了人们经常诟病的所谓"世风日下"的社会状态，社会风气的恶化不仅进一步加剧了伦理道德沦丧的社会后果，还直接或间接地导致了官场的腐败，一些官员利用手中的公权力寻租，直至贪污、受贿。这一切在社会转型期间出现的现象，都与人们的道德水平滑坡和精神家园失守有密切的关系。从特定的意义来看，两者既互为因，又互为果。这就向广大民众提出了一个时代的重任，就是重建我们社会良善的伦理道德体系，人人都要参与，没有例外。如官场率先垂范，更是善莫大焉。

放在上述的时代背景下，有识之士对社会伦理道德现状表示担忧和关注，学术界以此为契机引发对中华传统文化的讨论与争论，都是势之使然、势所必然。学术界关于中华传统文化的立场、观点无论有多么大的分歧，从本质上说来，也都是心怀重建国家伦理道德体系的良好愿望所作出的努力，这一点应当得到承认和肯定。不过，在我们看来，除少数学者切实对当前道德建设深入日常生活方面提出具体可行的路径之外，[①] 其他学者中的一部分，无论持保守主义、激进主义还是折中立场和态度，都基本上是从宏观大旨上进行阐述。换句话说，他们只就中华传统文化的总体表明自己的立场和态度，由于缺乏具体的分析，势必在中华传统文化的价值评价上，

---

① 详见李劲《当前道德建设的日常生活方面》，载《北京行政学院学报》2014 年第 2 期，第 112—116 页。

要么基本肯定，要么基本否定。我们认为中华传统文化经过几千年的文明沉淀，已形成一个非常稳定而又繁复的庞大体系，作为后人的我们，如果只做"是"或"非"的简单取舍，就显得过于粗疏和草率了，也是非理性的。就以中华传统道德体系中的基本元素仁、义、礼、智、信来说，无论从整体上看，还是从个别上看，都很难用"是"与"非"的简单分类标准加以评判，需要进行具体分析。举例来说，过往常态道德中的"信"，在现实中就出现了"危机"，不仅在信仰上出现了危机，就是在人际关系上也危机四伏，陌生人不必说，在熟人乃至亲友之间都会因财富、情感等而互生猜忌，各有防范。"诚"或"诚实"是中华先民在生活中逐渐积淀起来的基本品德，诚实被认为是为官、经商、从学和做人的基本道德要求，从诚实的持久性、广泛性和稳定性各方面来说，它都应被视为具有正能量的道德价值体系。除在军事、外交这些个别领域，因为要战胜敌人以最大限度地保全自己及国家利益，"兵不厌诈"被赋予正能量外，在治国经世和日常的为人处世方面，决然不能以欺诈为能事，相反，必须以诚为本，共筑忠诚、诚信一系列相关的基本道德体系。这种道德体系的基本价值和正能量，不仅在中国传统社会，就是在西方资本主义社会，诚信也是经世治国和为人处世的基本道德标准，一个人如果在"信用"上出了问题，会给自己造成很大麻烦，甚至在社会上都难以立足。为趋利避害，人们通常能坚守诚实的道德底线。现实中国在社会转型期间出现的各种乱象，包括官场腐败在内，追根溯源，泰半都是由失诚丧信引起的。像这样的基本道德体系及其价值，甚至不需要经过严厉的思想批判或现代性的转变，就可以拿来用作建构现代社会道德体系的素材。如此等等，我们将在下文通过对上古文献的详尽检索与评析，一一加以阐释，以彰显中华传统美德之盛况以及经世治国之效用。

三 增益反腐败的思想教育资源

当前在中国的政治环境中正在呈现一场令国人和世人瞩目的壮举，那就是持续高压态势的反腐败斗争。从一个个、一批批被喻为"老虎"的高中级官员到被讥为"苍蝇"的下级和一般官员，贪官先后或正在被查处。

对于积存多年的所谓"存量腐败"，因为其年积月累体量巨大，要想"清零"绝非可能，但清一个少一个，假以时日，可望经过一段较长时间的艰巨努力，取得显著成果；而对于现实中不少官员仍顶风作案，不收敛、不收手的贪腐行为，通过"快、准、狠"的持续打击，已经取得初步遏制的效果。但不管怎样，反腐败都是一场持久性的斗争，要做好打持久战的心理准备。这种心理准备是基于当前反腐败总的情势的判断。这一总的情势正如习近平总书记在 2015 年 1 月 12 日至 14 日举行的中国共产党第十八届中央纪律检查委员会第五次全体会议上所指出的，"依然严峻复杂"。面对依然严峻复杂的反腐败形势，党中央不仅下定了将反腐败斗争进行到底的决心，而且制定了一系列的战术方针，并作出了标本兼治，"惩""治"并举的战略部署，确定了"不敢腐、不能腐、不想腐"的长远治吏目标。这些战略性、战术性的反腐败方针、部署，对于深入推进当前的反腐败斗争，无疑是十分正确的、必要的。

当前的反腐败斗争，不仅关系到党和国家的生死存亡，也关系到我们每一个公民的切身利益，用举国之力进行反腐败斗争固然必要，每个公民贡献自己的力量也是对社会责任和法律义务的担当。学术界自然不能置身事外，更应以自己的专业学识为当前如火如荼的反腐败斗争提出洞见和良策。

愚以为，当前提出的要形成"不敢腐、不能腐、不想腐"的官场政治生态的目标十分正确和必要，其中蕴含着反腐败的高压态势、标本兼治的长效机制和制度建设，以及道德教育等丰富的内容。特别是针对腐败的严峻复杂的态势，铁腕手段必不可少，打击务必要严厉，以收对腐败行为和现象的震慑之效。但是，腐败毕竟是一个历史性、世界性的难题，中国历史上历朝历代都存在程度不同的腐败问题，有些朝代还因为大范围的深度腐败而衰亡。中国现实的腐败现象由来已久，非常复杂。为了有效地打击腐败，强力手段当然必不可少。但从长远看，要在根本上遏制腐败高发势头，加大思想教育的力度也不可或缺，这虽然难以取得立竿见影的效果，但不失为一个治本的根本手段。就官场政治的理想目标而言，如果绝大多数官员都能做到廉洁自律、遵纪守法的话，腐败行为和现象自然就会大幅度减少，尽管很难做到杜绝，但古今中外的成功事例也可以证明，将腐败遏制在尽可能小的范围内，降低其严重损害社会和国家法益的程度，还是可以实现的。无论如何，基本的伦理道德教育必须跟上，哪怕成效来得缓慢，哪怕为此付出巨大的资源成本，都值得坚持，都要认真对待而不是敷衍了事。古今中外的成功实例同样证明，持续的正能量的伦理道德教育可以在部分官员身上取得显著效果。历史上确实出现过许多贤臣名将为官一生两袖清风的"清官"政治现象，对于他们来说，不仅是"不敢腐、不能腐、不想腐"的一般政治清明层次，更是"不会腐"的更高层次政治文明现象。他们之所以能在行为层面彻底脱离腐败，就是因为他们个人站在伦理道德的高位上，既不会为名利所诱惑，也不会为社会的贪污腐败所裹挟，充分地展示了个人的人格和官品魅力。为官一地、一职，只为造福一方。在中国的传统文化中，包括在上古文化中，就蕴含着这样丰富深邃的官品文化和官箴文化。我们之所以动议并着手研究上古官箴文化，正是基于上述的这种体认。

不过，还需要重申一下笔者个人对中华优秀传统官箴文化，以及相关中华传统美德的基本态度。前述的保守主义学者和激进主义学者，因为一般都秉持积极评价和消极评价的立场，进而采取"尽取"或"俱弃"的态度，故不为笔者所赞同，换句话说，笔者不持任何偏激的立场和态度，不选边站。从这个意义上来讲，有些近似持中间的立场，采取折中主义的态度，但又有所不同。重要的不同之点，或者说在本研究中所持的基本立场和态度有以下几个方面。

第一，不预设价值，只以上古典籍文本的记言载事说话。同其他对上古典籍的研究一样，本人所持的基本立场和态度都是不预设价值，研究之前不持有特定的价值立场和取舍态度。在笔者看来，上古典籍遗存至今实属不易，且弥足珍贵，不论其成文的途径多么复杂，也不论其是伪作、托作、晚作还是无名作，都是古人所作，是那个时代背景下的作品，其中蕴含了那个时代丰富的文化信息。其中的文化信息在后世又逐渐沉淀成为传统的文化，包括官箴文化，以及本题所关涉的传统美德。其中有许多元素并不会因时代的变迁而改变，相反，有些价值体系甚至经历了时间的洗礼而成为中国传统的价值体系和思维模式。不论今人是否意识到，这些价值体系和思维模式流传下来影响至今，我们每一个生于斯、长于斯的人都受其影响，所言所行都能从上古流传下来的价值体系和思维模式中找到活水源头。还不止于此，我们治国理政、社会生活的方方面面都受其深刻影响，这就是我们的根、中国人的思想之本。外来的文化无论对我们曾经和正在产生多么大的影响，最终只能在中国传统文化的接纳下和两者的融合中发挥出来。这就是为什么中国人现在的所思所想、所作所为，必须放在历史的背景下才能理解的原因。当然，站在今人的立场上，历史上特别是在上古那样遥远的历史时期所产生的文化和观念，有些不再适用于当代人，理应被舍弃。但这需要特别的细心甄别的过程，绝不应当基于某种预先设立的价值立场而予以评判或采取取与舍的态度。

总而言之，我们将尽可能详尽地梳理和辨析上古典籍中的传统美德，让古籍自己说话。这样做不预先带来固定的价值框架，这是必要的前提。当然，这也许是一个不能实现的难题，是否有和能否做到价值"中立"，学术界是有不同看法和争论的。笔者认为倒是可以和值得在对这类上古典籍的研究中尝试一下。

第二，下功夫做好中华传统道德的辨析与现代化改造和转换。这是因为考虑到一种价值观念即使已不再符合现时代的需要，是否也可以通过抽取其核心，用智识和技术性手段加以现代化改造和转换，从而使之符合现代性需要？愚以为，在忠、孝、节、义、仁、德、礼、智、信等诸多传统文化和伦理道德领域都存在这种可能性和必要性。事实上，当代学术界一些有识之士曾经和正在这样做，堪可嘉许。我们在整体研究中，也将刻意和努力去实现这样的研究预想。鉴于中华传统伦理道德散见在诸多上古典籍中，我们将在涉猎的文献中随遇随析，前后重合和非一以贯之是在所难免的。这在学术总体架构和内容综合上也许被认为是学术逻辑不够衔洽。其实，对于笔者也是一种无奈的选择。因为我们清楚地知道个人的学识能量及其局限性，要将所能涉猎的上古典籍通过梳理，然后再整合为一个层次分明、逻辑自洽的完整体系，对于力单识薄的笔者来说，显见会极大地加大研究和写作的难度。不过，愚以为，如此逐步地梳理和辨析上古文献中有关官箴的记言载事，也并非全无可取之处。这是考虑到，由于时代的久远和现代性智识的隔膜，再加上包括学术界在内的知识界越来越倚重现代化的科研工具和手段，读书的风气日渐淡薄，读古代典籍特别是上古典籍的学者显见稀少，更不要说普通的民众了。笔者最近在出版的一部拙著中，涉及上古典籍中的一些文字、词语和知识，年轻的编辑竟在审改的文稿中标注了上百个"不知何意"或"不知是什么"，如"厥功至伟""和合""托作"等都需要笔者一一在文稿中加以解释说明，这使笔者很是感慨，又很无奈，只有花大量时间和笔墨一一作出说明。倘使我们的年轻编辑能够读一点古书，至少在一些入门的词语和意义上不至于如此反复地提出疑问。由此可见，仔细地梳理有关上古典籍，即便在古文和古代知识的普及意义上，也是可取的。

第三，融合了个人的道德价值观念和判断。笔者在前面反复申明不预设价值立场，那是单从学术研究的出发点而言的，为的是对中华传统文化包括传统美德的分析抱持不偏激的中正立场，冀望自己的辨析和评价尽可能地做到客观公正。因为笔者清醒地认识到，对于上古典籍中的任何文化信息和伦理道德体系，持不同价值观的人包括学者都会有自己的分析和判断，其中有些分析和判断的观点和结论可能存在很大的分歧，甚至还可能出现冰炭不同炉的对立与争论。而今笔者不参与其间争论，只是为学术的纯粹研究采取客观的立场和态度。

然而，在学术研究上持何种价值立场和态度是一回事，包括偏好的、拒斥的和折中的，都是可以作为选项的；而研究者个人的价值观和价值偏好是否能够或以怎样的途径渗透到研究体系中，则是另一回事。在学术上一位学者可以不持特定价值立场和态度，但个人绝不可能没有价值立场和态度。因为价值立场和态度是文化建构的产物，一个人在特定的社会情境中生活，必然会受到社会流行和公认的价值体系的熏陶，社会生活经历会使一个人或早或晚地融入社会主流的价值体系中，并形成与社会大众相同的社会心理，这就是为什么在过去千年的文明进程中，无论朝代如何更迭，社会转型多么激烈，即使进入了现代化的社会转型时期，国人从古至今在宇宙观、人生观和认识论等最基本的方面都会找到某些共享、共有的东西，这也是国家和社会历史为什么会具有某种循环性和往复性的深层次原因。就笔者个人来说，生于斯、长于斯，在包括学校教育在内的社会教育、家庭教育和个人成长的经历中，不仅形成了对社会伦理道德价值观的强烈崇奉，而且也是传统伦理价值观的继受者和实践者。对某些特定的伦理道德价值体系，如诚信、坚韧等，还形成了特别的偏好，它们指导着笔者诚实做人，本分做事，一生发扬勤勉、敬事、节俭等品格。不待说，这些伦理道德的价值偏好即使不是刻意，也会自然地渗透到目下进行的研究过程中。对于我们即将展开的对上古典籍的梳理和辨析，笔者预感到会在无意识中对那些个人偏好的传统伦理道德体系流露出自然的敏感，当然更会在相关的内容评析中不经意地偏好相关的正面价值，增益相关内容也是预料中的事，学术界的其他梳理者和评价者可能会不赞同笔者的梳理和评价，甚至会视而不见或给以负性评价，这很自然。因为价值观人人都有，学者也不例外，在相关的学术研究中有所流露或做出强烈反应，都是势之使然。正是因为这一点，才能在价值哲学的历史和现实中留有很大的发挥空间，犹如人间情理，剪不断，理还乱。然而，在多元相对主义的哲学认识论的视域下，各有所见于情理和意义之中，都应当予以包容和裕纳。

第二章　上古官箴文化的活水源头

第一节　人类文化创造的一般概说

人类自脱离一般动物的本能驱使而获得价值意识之日起，就开启了只有人类才能进行的文化创造的进程。从最广义的文化概念来讲，文化被认为是与自然界相对应的精神世界，自成体系，包括人类从事的各种有目的的创造活动，特别是生产实践活动，以及由此衍生的生产工具的发明、生产技艺的创造等，都是人类典型的文化创造活动。但是，人类作为高级智能动物，其文化创造并不仅限于为生存所需要的生产实践的技能，为了更好地组织、从事社会化的生产活动，人类还相应地进行了社会组织、国家结构的创造，以及相应的法律、政治等上层建筑领域的建构活动，这些都需要发展社会创造性的智识与才能。除此之外，人类在长期的生物进化过程中，还相应地产生了各种形而上层面的精神需要，这种精神需要无论是对于人类中的个体，还是对于群体，甚至是对于更大范围的民族、国家来说，都是至关重要的。于是，人类的文化创造还延伸到思维方式、价值意识的建构，各种信仰体系尤其是宗教信仰体系的建构等，以满足人们在精神领域的需要，最终使人类从个体到群体都能在惬意的精神家园中得到适当的安顿。这就是驱使人类不断地进行文化创造的基本内动力。

文化人类的各个群体是在形成稳定的地域社会，有了成建制的国家并逐渐"向文而化"的过程中，逐渐形成并定型的。由于地理环境、气候条件、生态系统、生产方式、社会基础、国家情境等方面的差别乃至巨大差异所给定的特定文化创造的基础和条件的不同，不同的人类群体和国家在创造文化的实体和观念中，形成了不同的特质，这种特质在今日的文化学中被称为"多元文化"。在 17 世纪末、18 世纪初兴起的人类学研究中，一些有西方"先进民族学"背景的学者，最初基于对海外殖民统治的需要，对殖民地的被视为原始的、野蛮的少数人类种群的所谓"他者"，进行了初始的人类学研究，这种研究在 20 世纪初发展到了系统的、理论化的、大规模的阶段，在 20 世纪中叶以后，形成了庞大的、被称为"文化人类学"或"社会人类学"的学科群体，又基于研究的重点和研究范式的不同，形成了近 20 种各具特质的流派，从而使学术界对人类文化建构的起源、过程和特点有了更广泛、更深刻的理解；与此同时，学术界通过对多元文化的研究，又进一步加深了对人类共同的生理机制的基础、大体相似的进化和进步历程的认识，以及对人类生存和发展需要解决的社会组织、制度建构和信仰体系，特别是人类早期的万物有灵的自然崇拜的精神体系等问题的研究，进一步加强了对人类共性的认识，经过学术界特别是文化人类学术界的共同努力，现在已经达成对人类自身的如下共同认识：人类无论起源和生活在世界何方，肤色有何殊异，群体无论有多大有多小，社会组织无论有多疏有多密，国家发达程度无论如何有先进有后进，社会生产力发展水平不论有多高有多低，在本性上是共通的，在本质上是平等的，人类最终从根本上抽去了种族优越论、西方中心论的基础。现在，全人类在共同的本性和共识的基础上，终于可以通过各民族、各国以及在更广泛的国际社会的范围内进行交往、交流、交融了。尽管矛盾仍然存在，冲突乃至战争还在继续，但和平发展的国际大势已经成为主流趋势，全球化的发展势头有增无减。国际霸权主义、极端恐怖势力的所作所为越来越不得人心，终究要遭遇衰落和失败。

　　然而，人类要面对未来，实现美好的愿景，终究还要回到各自的历史中去寻求经验，只有深刻体察各自的历史，总结自己在历史发展过程中积累的宝贵经验和各种失败的教训，才能更好地面对现实和未来，这就是彰往察来的人类理性对自身的历史认知的根本动力源。从特定的意义来说，一个成形的民族、一个现代化国家不论其经济多么发达，综合国力多么强大，如果不能正视自己的历史，既不善于借鉴古代的智慧和经验，又不愿意反省历史上出现过的重大失误和教训，这个民族和国家终究不会有光明的前途。民族和国家的前行总是从历史深处一步步走出来的，只有知道一个民族和国家过去是什么样子，才能明白这个民族和国家何以成为现在这个样子，进而才能知道这个民族和国家将向哪里去。

从上述历史、现在和将来内在的联系这个历史逻辑来看，中华民族及其创建的国家不仅在一般意义上彰显了与久远历史的联系，而且由于特殊的历史进程、地理环境、自然条件和人文基础，中华民族及其创建的国家与历史的联系尤其深刻、宽泛，因而在人类文明的各个古老体系中，形成了自己独具特色的性质，不仅与其他所有的古代文明体系有显著的区别，而且至今都不为其他古老文明体系的传人所理解，甚至存在很多的误解。就是我们作为中华古老文明的继承者，又有多少人能深切体悟中华古老文明的真谛。正当笔者写到此处，2015年10月5日瑞典卡罗琳医学院发布本年度的诺贝尔生理学或医学奖，其中中国的医药学家屠呦呦分享该奖项的一半。这是中国本土学者第一次获得该生理学或医学奖项，是一个历史性突破。获奖的科学成果是治疗疟疾的青蒿素，这种中草药制剂关系到中国传统医学，这不禁令我想起，自改革开放以来在中医疗法废留问题上一直存在的争议和辩论。前些年以个别中国科学院院士为首的近百名知名学者联名上书国家有关部门，强烈要求在国家医药体制中取消中医药的建制，理由是中国传统中医药不符合现代科学体系，认为只有西药符合科学，因而应当成为国家医药事业唯一的体制和发展方向。这一倡议当时就遭到各界人士的反对和批评。自然界的动植物许多都是亦食亦药的种类，连一些大型的乃至小型的野生动物都知道某些植物可以治病疗伤。中国先民从不可稽考的远古时代起，就用天然植物、动物（如动物的骨、甲、角），甚至土、石、灰等自然物治病疗伤，这些为保障中华民族的健康和繁衍作出了重大贡献，功不可没。我们不敢妄加猜测，那些极力主张取消中医药建制的知识精英在生病时从来就没有用过任何中草药或中医疗法，但我们可以肯定的是，他们对中国传统文化中关于人与自然相互关系的深刻哲学底蕴缺乏起码的认知，因为植物、动物和土、石、灰等自然物之所以能够作为药用，就是中华先祖和今人基于对自然的尊重、顺从，通过长期的生产、生活经验累积逐渐发现、发明和研制出来的，有些病理、药理在目前还不能用科学的观点和理论加以说明，但实践证明是有效的，特别是经现代医药学家的深入研究和反复实验而研制出来的中草方剂药，如青蒿素之类的药物，对某些疾病的治疗还有显著的效果。世界上最具权威性的科学评价机构将著名的生理学或医学奖授予中国医药学者，这再清楚不过地表明了国际社会对中华传统医药的肯定和承认。反观之下，某些国人以"知识精英"自诩，反倒衬托出令人唏嘘的无知和鄙陋。

　　回到本题，人类创造文化离不开特定人类生存环境提供的生产、生活条件，生于斯、长于斯，特定人类群体所创造的文化必然带有强烈的环境印迹和地方性特点。中国地处东亚大陆边缘，紧邻太平洋西岸；西有秦岭和帕米尔高原与中东地区和欧洲阻隔；北临大漠与西伯利亚相对望；南有喜马拉雅山脉和横断山脉及云贵高原与南亚隔离。在世界古文明大国中，这是罕见的地理封闭环境，尽管早在西汉中国就与西方和南亚开辟了南北两条陆上丝绸之路，到明代又开通了海上与南亚、东非的海上贸易通道，但这种零星的交往远远不足以影响中国在自给自足的经济发展基础以及整体上的文化建设。在中国中心地带的黄河流域和长江流域，由于土地肥沃、河系发达、雨量充沛、气候温和，极其适宜水旱作物的种植和耕作，从而在世界上最早发展起来农耕文明。发达的农业生产提供了强大的经济基础以及驱动力，产生了农耕文明所需要的政治文明、相应的社会结构、宗教制度、伦理道德观念以及宇宙观、人生观、价值观、认识论。以上这些在中国古代发展的特质，今天都可以归于文化创造的类项下去认识、去体察。我们今天所说的中国古代文明史不是别的，更不是泛泛而谈的一般历史，而是独具上述特质的历史。在我们的主题视域下，中国自古之所以发展出发达的官箴文化，其深厚的基础正在于上述的中国文化创造的特质与官箴文化最为密切相关的文化创造，其中重要的成果当首推与官德在本体论意义上相同的"道"的观念与体系。"道"既是哲理意义上的宇宙本体论，又是神圣意义上的"天道"观。要体察和研究中国古代包括上古时代的官箴文化，首先要深刻体察和研究哲理意义上的"道"和神圣意义上的"天道"。除此之外，官箴文化毕竟还是人的"为官之道"，终究要从渺渺茫茫、无形无象、只可意会不可言传的"道"或"天道"回归人间。于是，"道"衍生为德，尽管也有"地德"之谓，或可统称为"道德"，但"德"则主要适用于人伦场域，是人们应当或必须秉持的价值意识或原则。但人终究要过复杂的社会生活，人与人、人与群体之间，必须确立相互关系的行为准则，人人都应当和必须遵守，否则社会生活就变成了永无止息的"丛林"争斗，难以为继。于是，"德"或"道德"又进而化为"礼"，"礼"施之于个人，则视为进退有据，行为得体，外在行为体现的是个人内在的道德情操，品质高尚；"礼"施之于邦国，则邦国治理有序，社会和谐，遂成富民强国之主要治国经世之道。包括上古社会在内的整个古代社会，制礼遵礼、依礼理政则成为最重要的治国理政的刚性需要，古人又有智慧予以转化，引礼入法，以经释法不失为明智之举，此举既保持了礼的柔性，又适当地满足了治国理政的刚性需求。除此之外，古代的政治家和知识精英从来没有否认过"法"在治国理政中的重要地位和作用，于是德与法双、以法配德、德主刑辅等一系列的治国理念与方案相继提出和实施。终于国家得治，世可承续，几千年绵延不断，不仅延续到近现代，而且创造了灿烂的古代文明和优秀的传统文化。

从上述极其简括的梳理我们可以得出如下的结论：包括上古在内的中国古代官箴文化并非从天而降的文化"馅饼"，而是在中国古老的文明土壤中生根、开花而结出的果实，但它又绝非自然天成的长物，而是中国先民的文化创造的成果。其与中国古代文明和文化创造最密切又内在相关的价值体系，就是"道"与"天道"，以及"德"与"礼"。以下两节将简单地对这两套价值体系分别加以介绍。限于主题，这部分的介绍极其粗疏，旨在为我们的主题研究打下一个必要的智识基础，以便我们更好地体察上古官箴文化的实质和精髓。

第二节 哲理意义的"道"和神圣意义的"天道"

在中国的古代哲学中,"道"被公认为是最重要的哲学概念,可以说,中国先民在生产、生活实践中通过密切观察自然,特别是观察周天繁星闪烁、日出日落、星移斗转以及四时轮替、季节交换,不仅体察和感悟到大自然的气象万千、奥妙无穷,而且从中化育出人文思想,中国先民提出了最初的对自然之问。为什么会有天地万物而不是什么都没有?为什么天空有万千星斗且移转有序?大地万物何以生生不息有时?如此自自然然,是何力驱使?相信世界上所有古代先民都会产生这样的对自然的哲学之问。囿于古人的智识未开,不可能做出如今天这样的科学解释,这不难理解。人类对自然世界的哲学追问是一个长期而又艰难的过程,其中有困苦、迷茫,但也不乏遐想和浪漫。就全人类的文明进程看,基本上是循着从天地自然之外去寻求解答。在这一过程中,初民们曾普遍认为万物有灵,自然的变化往复及规律运行都是由某种神灵驱使的,这一自然认识论成为人类初民的思维范式后,就奠定了人自身与代表自然的神之间的分野的基础。从万物有灵到神灵崇拜,这是人类一切宗教产生和发展的起始。不过,尽管人类认识有此同途,但目的往往不同。在西方和亚洲中南部,最终发展出正统的宗教,其中有基督教、伊斯兰教和佛教。佛教具有世界级的庞大体量,有成熟而又理论化的教义。其他世界性宗教也各拥有千万乃至数亿的宗教信徒。这些大型宗教不仅在精神世界对相应的宗教信徒及其群体具有嵌入心灵深处的强大的影响力,以及为宗教信仰甘愿献身的感召力,而且还渗透到社会生活的方方面面,直至国家的政治选择和权力建制。在当今的国际社会,任何人都不可忽视更不能藐视宗教文化的力量。现今世界政治格局中出现的持久的、大规模和大范围的乱局乃至战争,最深刻的原因之一就是国际霸权主义和强权政治力量全然无视宗教文化的力量和势力,为了一己私利,恣意妄为。

在中国古代,先祖虽也经历过长期的、大范围的信奉"万物有灵"的时代，这种信仰体系至今仍有强大的民间基础，在一些少数民族居住的边远地区，其影响力更为深广。然而，从总的历史趋势来看，中国的民间信仰体系，既没有向大规模的多神化的宗教体系方向发展，也没有向大体量的、垄断性的一神教的体系发展，更没有向国家性和全民性的宗教体系发展，而是在发展过程中注入了更为强大的人文因素，从而朝向哲理化和神圣化、具有人格性的"天道"方向发展。这是一个历史的趋势，任何个人的"道"和势力都无力改变，也无法改变。这一精神世界里的历史潮流是由中国一代又一代先民集体创造的，而其历史的大趋势也裹挟着包括当代人在内的一代又一代的中华民族的子孙从历史深处走来，还将走向遥不可期的未来，不论人们是否意识到，情势都是一样的。这就是为什么我们当代包括政治主导层在内的各方面有识的集体和个人，一再强调从国情的历史情状出发，从传统文化中去体察和处理当下现代化进程中出现的种种新情势和新问题。而从本质上属于西方的文化体系和话语体系的文化观和历史观来认识对待中国的情势和问题，不仅无法解决各种现实性问题，甚至无由体察和认识那些现实性问题。

在中国，从上古时代起，由于身处特殊情境，特别是其由与自然观、人生观、认识论密切相关的自然条件、生产方式、社会关系等一系列复杂的环境与条件所决定，初民们从一起步便踏上了一条与西方和其他文明殊异的路径。这条路径既没有通向把自然造成神的宗教信仰之路，也没有完全通向沉沦于人自身的人伦之路，而是兼顾了自然的超验性和人伦的现实性并结合成为一条统一的综合了世界观和人生观的中国古代文明之路。古人认为自然运行无论是一往直前还是循环往复，总是沿着某种路径运行；在社会关系方面，为人处世总有一定的行为准则可以遵行，个人的自由天性总是要受到社会规范的约束，否则人类社会就会在"丛林法则"的支配下各自为战、相互倾轧以致互相残杀。就这样，中国古代先民从最初开蒙的时代起，就逐渐体察到隐匿在自然界和社会背后的某种神秘力量在冥冥中发挥着某种导向、支配的作用。又由于初民的智力尚不足以用清晰、明确的概念将这种意念用语言表述出来，联想到人们在行动时总是循着某种路径和方向，于是就从自身的行径取材，用"道"来加以表述。在中国先民的语言创造中，"道"通常与"路"共同用以表述人们的行动轨迹。人们外出打猎、采集、回家总是沿着一定的路径而行，于是用最贴近生产、生活的路径表示人们在人类社会中的运行轨迹，以及观察到的天地自然运转的方式，可以说"道"是最为贴近这种本然思想意义的表达概念。但还不限于此，"道"在中国先民的文化创造中又陆续衍生了其他多种意义，即中国的话语体系中最具丰富意蕴的"隐语"。不过，此是后话，下面还将予以分析。

对于"道"的恰当而又贴近实义的描述，当出自中国古代最著名的思想家之一的老子。老子又称老聃，姓李名耳，字伯阳，著有道家理论最高经典《老子》（又称《道德经》）一书。老子生于春秋末年，约公元前 6 世纪初，长孔子约二十岁，史传孔子曾向他当面请教学问。《老子》一书阐理深奥，精妙深邃，令古今之人叹服。其中关于"道"的论述最为精妙，赞誉至今，无人能够超越。《老子》开宗就释"道"如下：

"有物混成，先天地生。寂兮寥兮，独立而不改，周行而不殆，可以为天下母。吾不知其名，字之曰'道'，强为之名曰'大'。大曰逝，逝曰远，远曰反。故道大、天大、地大、人亦大。域中有四大，而人居其一焉。人法地，地法天，天法道，道法自然。"（原第二十五章）①

这一段阐述了老子宇宙的本体观，"道"的命名虽有牵强之嫌，但也道出了"道"的宇宙论本质及其最主要的特征。除此之外，还把自然、天、地、人熔于一炉，混生锻造成为"天下母"，即万物生成的本体和运行演化的规律。此一道的衍化形态和规律可见如下经文：

"道，可道，非恒道；名，可名，非恒名。无，名天地之始；有，名万物之母。故恒无欲也，以观其妙；恒有欲也，以观其徼。两者同出，异名同谓。玄之又玄，众妙之门。"（原第一章）②

"道"作为"万物之母"的本体意义虽然极为抽象，但并不脱离现实世界而孤悬冥冥之中的世外。道与世上万物息息相通，并非虚而又虚，玄而又玄，难以把握的冥冥中神秘之物。《老子》又论道：

---

① 艾畦编著：《老子八十一章》，天津社会科学院出版社 1993 年 7 月版，第 1 页。

② 艾畦编著：《老子八十一章》，天津社会科学院出版社 1993 年 7 月版，第 10—11 页。

"道生一，一生二，二生三，三生万物。万物负阴而抱阳，冲气以为和。"（原第四十二章 A）①

关于"道"与万物的关系，下面两段文字更是阐述明确、精当：

"道恒无名，朴。虽小，天下莫能臣也。侯王若能受之，万物将自宾。天地相合，以降甘露，民莫之令而自均。始制有名，名亦既有，夫亦将知止。知止所以不殆。譬道之在天下，犹川谷之与江海。"（原第三十二章）②

"大道氾兮，其可左右。万物恃之以生而不辞，功成不名有。衣养万物而不为主，恒无欲，可名于小；万物归焉而不为主，可名于大。以其终不自为大，故能成其大。"（原第三十四章）③

据学者统计和分析，查《老子》一书中，"道"字凡七十一见，计有十种含义：（1）宇宙的本体，如第二十五章："有物混成，先天地生。……字之曰'道'。"（2）宇宙本体的规律，如第二十五章："天法道，道法自然。"（3）合本体与规律为一，如第三十四章："大道氾兮，其可左右。万物恃之以生而不辞，功成不名有。衣养万物而不为主。"（4）泛指规律，如第七十七章："天之道，损有余而补不足。人之道则不然，损不足以奉有余。"（5）真理，如第三十五章："道之出口，淡乎其无味。"（6）理论，如第六十七章："天下皆谓我道大。"（7）准则，如第八十一章："天之道，利而不害；圣人之道，为而不争。"（8）修道的理与法，如第四十一章："上士闻道，勤而行之；中士闻道，若存若亡；下士闻道，大笑之。不笑不足以为道。"（9）治国的最理想境界，如第十八章："大道废，有仁义。"（10）个人品德修养的最理想境界，如第二十四章："故有道者不处。"

"以上'道'的这十种含义如果再分类的话，又可以归并为三个意思：物质的本源、事理的终极、修行的准则。如果再综合一步，我们是否可以这样说：'道'这个词代表的是宇宙间万物万理的根本。"④

关于《老子》"道"是宇宙万物本源和终极的事理，已如前述。这里需

---

① 艾畦编著：《老子八十一章》，天津社会科学院出版社 1993 年 7 月版，第 15—16 页。
② 艾畦编著：《老子八十一章》，天津社会科学院出版社 1993 年 7 月版，第 18 页。
③ 艾畦编著：《老子八十一章》，天津社会科学院出版社 1993 年 7 月版，第 19 页。
④ 艾畦编著：《老子八十一章》，天津社会科学院出版社 1993 年 7 月版，第 10 页。

要补充的是关于修为的准则的进一步表述。这方面的内容很丰富，以下几段经文值得引介和分析。

"致虚，极也；宁静，督也。万物旁作，吾以观其复也。夫物芸芸，各复归其根，曰静。静，是曰复命。复命曰常，知常曰明。不知常，妄；妄作，凶。知常容，容乃公，公乃王，王乃天，天乃道，道乃久，殁身不殆。"（原第十六章）[1]

这里的"虚""静"是指人的精神状态，相对的不知"虚""静"，就是不知道"道"的自然状态。只有遵循自然的状态，才能包容一切；能够包容一切，才能坦然公正，才能使天下归从；天下归从，才能符合自然规律；符合自然规律，才能合于"道"。守"道"，才能长久；终生都不要懈怠。这里蕴含做人、为官必须谨守的情操和行为准则，即谨守正道，克服私欲杂念，以天下为公，坦然公正。

"知人者智，自知者明。胜人者有力，自胜者强。知足者富，强行者有志。不失其所者久，死而不亡者寿。"（原第三十三章）[2]

这里提出个人修为的另一条极为重要的准则，就是作为一个真正明智之人，一定要对他人和自己有一个正确的评价；要懂得只有能战胜自己的人才是强大的。为人做官不要贪得无厌。要知足常乐，还要勤勉做事从政，要有远大志向。这里的战胜自己、廉洁和勤勉的告诫，在当下的官德教育中，具有极强的现实教育意义。

"天长地久。天地之所以能长且久者，以其不自生，故能长生。是以圣人后其身而身先，外其身而身存。非以其无私邪？故能成其私。"（原第七章）[3]

从天地长久想到为人做官如何长久，不仅在古代，即使在今天也不失为一种自然和合情理的联想，其中蕴含着一个做人为官的重要品德境界和行为准则，即去私存公，或先公后私。此一品德境界和行为准则在后世又得到进一步延伸，发展成为中国士大夫和文人的家国情怀，宋时范仲淹一句"先天下之忧而忧，后天下之乐而乐"，成为千古绝唱，使得家国情怀的

---

① 艾畦编著：《老子八十一章》，天津社会科学院出版社 1993 年 7 月版，第 52 页。
② 艾畦编著：《老子八十一章》，天津社会科学院出版社 1993 年 7 月版，第 59—60 页。
③ 艾畦编著：《老子八十一章》，天津社会科学院出版社 1993 年 7 月版，第 69—70 页。

价值得到彰显。想当今有多少高官出于一己、一家、一朋一友乃至自己一个小圈子的私念、私利而贪赃枉法，以致晚节不保，甚至为此身陷囹圄或失掉性命，教训极其深刻、沉痛。足见做人为官正确对待公私关系，成败、生死，仅在此一念之间而已。

《老子》或《道德经》中论"道"在做人为官的思想情操和行为准则方面，内容极其丰富，限于篇幅，在这里就不一一列举了。相关内容，在下面总结性章节中还将提及。

关于上古时期中华传统文化中的哲理化的"道"或"天道"，如果只注重道家的学说和理念，显然是极为片面的，事实上，从中华传统文化起源时始，特别是在汉代"独尊儒术"之后，儒家学说和理念就构成了中华传统文化的主干。不待说，从中华传统文化的整体上看，儒家关于"道"或"天道"的学理就极为丰富，不仅具有哲理化和神圣化的深厚意蕴和内容，而且既经"入世"的华丽转身，而衍化生成"外王"的治国经世之理与"道"。相对于道家所推崇的"道法自然"和"无为而治"的自然之道来说〔并不否认，道家在治国经世理念与学说上的人文色彩，如"治大国若烹小鲜""小国寡民""虚者道之常也，因者君之纲也"（《史记·太史公自序》）〕，更注重"道"或"大道"在治国经世中的主要人文价值与意义。这也是本研究主题重要的思想和文化背景中一个基础因素，值得在这里加以梳理和分析。

关于儒家的"道"或"天道"观，可以追溯到上古时期的传说和夏、商、周三代，《史记·五帝本纪》就记载道：黄帝得天下之后，就"顺天地之纪"；黄帝重孙颛顼帝"载时以象天"；再后世帝喾则又能"顺天之义"；帝尧更是"其仁如天"；尧的继位者舜帝则可能"以观天命"，他的继位也是"天也夫"，即老天的安排。

到了夏代，"帝舜荐禹于天，为嗣"。可见，舜帝虽逊位于禹，但也告之于天，即在名义上也是上天的允许。

历史顺延至殷商，"夏桀为虐政淫荒……予（汤）畏上帝，不敢不正。今夏多罪，天命殛之"。推翻荒淫无道的夏王朝，是天命，而自主为王也是顺天之意。上天或人格化了的上帝，由于赋予王朝更替的合法性和神圣性，因而"天道"便顺利转成"世道"和"人道","天道"从此就不再单单是孤悬世外的冥冥中的宇宙之本、万物之母。

这一转变在中华传统文化中具有极为重要的地位和作用,它构成了中国王权政治的合法性和神圣性的基石。从上古到中古、近古的王朝更替,无一例外都是顺天意而行的,国家的最高统治者也无一不是自称"天之子"。

武王在克殷后二年,又向殷商旧臣箕子请教治国的"天道"。武王在伐纣过程中,曾经强调"天佑下民,作之君,作之师,惟其克相上帝,宠绥四方。有罪无罪,予曷敢有越厥志"。[1] 这里的"天佑下民"是极其重要的"天道"思想,表明在周初,即将"天道""上帝"与生民治理和福祉紧密地联系在一起了。同样的表述,还有"天视自我民视,天听自我民听"。[2]

有学者认为,周朝的周公旦才是中国传统哲学"原型"的真正创立者。学术界主流意见通常认为,中国哲学必要和起码的原则是"天人合一"。"天"即宇宙的本体,"人"则是指个体。正如司马迁在《史记·太史公自序》中所指出的,他一生致力于"究天人之际";近现代学者任继愈也说天与人的关系是中国"哲学的永恒主题";汤一介更进而认为中国哲学的基本范畴就是"天道"与"人道"及其互动。在今古文《尚书》中,记载了大量的周公(或以周成王的名义)发布的诰、命等文献,其中就包括许多有关"天命"和"仁德之政"的内容。它不仅在观念上反复强调这两方面,即"天—仁"的重要性和内在关联,而且还"制礼作乐"使之具体化为人的行为规范和可视听的舞乐:一方面教化个人的品性修为使之达到个人"内圣"的精神境;另一方面又外化于王道政治,成就最理想的"圣王"之治。尽管由于时代的局限,周公还不能完成中国哲学的整体、系统的塑造,但毕竟打下了良好的根基,直到后世的春秋战国时代的到来,才由孔子、孟子、荀子等一大批儒家学者共同创建了关于个人修养和治国理政的系统哲学,成为主导和影响中国两千多年封建社会的主流哲学体系和价

---

① 江灏、钱宗武译注,周秉钧审校:《今古文尚书全译》,贵州人民出版社1990年2月版,第204页。

② 江灏、钱宗武译注,周秉钧审校:《今古文尚书全译》,贵州人民出版社1990年2月版,第212页。

值观。

说到儒家的"道"和"天道",不能不提到集儒家大成的孔子。孔子治学一生,立足社会和人生,关注现实。经他之总结与阐扬,上古三代时期以意志论的天和以命配天,被创造性地转化为自然规律的天。他从自然界的天地之道中提炼出生生不息的衍化规律,又从自然演化的规律推演出人生于自然界、长于自然界,也必然遵循自然界的基本定律而生成仁爱的心性。终于,经孔子系统化、哲理化地梳理和整合,上古时期萌发,经老子阐扬的自然之"道"或"天道",以及治国经世的一系列理念与技术,被一条明显和清晰的脉络贯穿成为一根完整的逻辑链条。这根逻辑链条可以简单地概括为:从宇宙论贯穿到人的心性论,再以人的心性论为原点由近及远,分等级和层次地向社会关系和结构扩张,最终达致天下归仁、世界大同的理想的善治社会。"天人合一""人社同体"既是宇宙、人生和社会的认识论起点,又是宇宙、人生和社会发展的理想归宿和终点。

儒家的经典《论语》有多处论及"道""天""命""天命"等,略举如下。

"君子务本,本立而道生。"[1]

"就有道而正焉。"[2]

"五十而知天命。"[3]

"王孙贾问曰:'与其媚于奥,宁媚于灶,何谓也?'子曰:不然,获罪于天,无所祷也。"[4]

"子曰:'朝闻道,夕死可矣。"[5]

"孔子曰:'天下有道,则礼乐征伐自天子出;天下无道,则礼乐征伐自诸侯出。''天下有道,则政不在大夫。天下有道,则庶人不议。'"[6]

"孔子曰:'君子有三畏:畏天命,畏大人,畏圣人之言。小人不知天

---

[1] 杨伯峻译注:《论语译注·学而篇第一》,中华书局1930年12月版,第2页。
[2] 杨伯峻译注:《论语译注·学而篇第一》,中华书局1930年12月版,第9页。
[3] 杨伯峻译注:《论语译注·为政篇第二》,中华书局1930年12月版,第12页。
[4] 杨伯峻译注:《论语译注·八佾篇第三》,中华书局1930年12月版,第27页。
[5] 杨伯峻译注:《论语译注·里仁篇第四》,中华书局1930年12月版,第37页。
[6] 杨伯峻译注:《论语译注·季氏篇第十六》,中华书局1930年12月版,第174页。

命而不畏也，狎大人，侮圣人之言。'"①

"君子学道则爱人，小人学道则易使也。"②

"子曰：'天何言哉？四时行焉，百物生焉，天何言哉？'"③

"直道而事人，焉往而不三黜？枉道而事人，何必去父母之邦？"④

"天下有道，丘不与易也。"⑤

"百工居肆以成其事，君子学以致其道。"⑥

"君子之道，孰先传焉？孰后倦焉？譬诸草木，区以别矣。君子之道，焉可诬也？有始有卒者，其唯圣人乎？"⑦

"上失其道，民散久矣。"⑧

"莫不有文武之道焉。"⑨

"尧曰：'咨！尔舜！天之历数在尔躬，允执其中，四海困穷，天禄永终。'"⑩

"曰：'予小子履敢用玄牡，敢昭告于皇皇后帝：有罪不敢赦。帝臣不蔽，简在帝心。'"⑪

"孔子曰：'不知命，无以为君子也。'"⑫

以上引介足以表明，在儒家集大成者孔子的学说和观念里，并不排斥"道""天道""天""天帝"之类的传统文化元素，不仅不排斥，而且经他创造性地转化为"君之道""天下之道""君子之道"，原本具有宇宙本体论性质的形而上的"道"或"天命"、"天道"顺转入世，成为治国经世、为人行事的大道理或根本事理原则，并由人和人世社会单方面的"顺天"

---

① 杨伯峻译注：《论语译注·季氏篇第十六》，中华书局 1930 年 12 月版，第 177 页。
② 杨伯峻译注：《论语译注·阳货篇第十七》，中华书局 1930 年 12 月版，第 181 页。
③ 杨伯峻译注：《论语译注·阳货篇第十七》，中华书局 1930 年 12 月版，第 188 页。
④ 杨伯峻译注：《论语译注·微子篇第十八》，中华书局 1930 年 12 月版，第 192 页。
⑤ 杨伯峻译注：《论语译注·微子篇第十八》，中华书局 1930 年 12 月版，第 194 页。
⑥ 杨伯峻译注：《论语译注·子张篇第十九》，中华书局 1930 年 12 月版，第 200 页。
⑦ 杨伯峻译注：《论语译注·子张篇第十九》，中华书局 1930 年 12 月版，第 201 页。
⑧ 杨伯峻译注：《论语译注·子张篇第十九》，中华书局 1930 年 12 月版，第 203 页。
⑨ 杨伯峻译注：《论语译注·子张篇第十九》，中华书局 1930 年 12 月版，第 204 页。
⑩ 杨伯峻译注：《论语译注·尧曰篇第二十》，中华书局 1930 年 12 月版，第 207 页。
⑪ 杨伯峻译注：《论语译注·尧曰篇第二十》，中华书局 1930 年 12 月版，第 207 页。
⑫ 杨伯峻译注：《论语译注·尧曰篇第二十》，中华书局 1930 年 12 月版，第 211 页。

"服命"转而成为人及其社会可以通过个人修为、国家和社会善治而主动地适应"天"和与"天命"相和谐、相一致。而在老子的"道"或"天道"观中，人作为宇宙本体衍化的一分子，应当像自然界中的"道"那样无为而"归真"，以此"清净""虚无"而摆脱社会伦理的羁绊与束缚，进而通过效法自然的无为来实现人生，并在政治领域里也通过"无为而治"而达至社会的安宁和国家的上下和谐。人无论做人，还是经世治国都要做到安守、顺从。孔子和老子的"道"或"天道"之间的差异，由此显现出来。孔子的学说与观念较之多少有些被动的老子的学说和守成观念，"入世"的主动性和积极性显然更胜一筹。人及其社会毕竟不只是宇宙创造万物中一个简单的生成之物，人类之所以能够成为宇宙中这个星球上唯一具有高等智慧的生物，其存在和演化的根本意义或许就在于：只有人类才能赋予宇宙和我们周围事物（务）以意义，使这个世界不再是一个自自然然的单纯的物质存在，因为有了人，而且只是因为有了人的意识，我们的世界才变成了一个有意义的世界。人付出自己的才智和主动的创造精神和力量，才能使我们这个世界被赋予意义上存在的活力和灵动。我们之所以一再重申儒家包括儒家学说在内的传统文化的历史地位和现实意义，原因之一就在于得益于对儒家学说的主动入世和积极创造的精神与力量的理解与体察。儒家高度强调人作为"天道""天命"的实践者的主体地位，以及通过自身的主体作为来完善自己的人生从而达至去恶从善的理想人生境界，进而推己及人、广延社会，最终实现明君贤相的"圣王"之治的政治理想，这便是孔子所集大成的儒家学说一以贯之的学说精髓。

孔子之后，春秋战国时代的孟子和荀子等儒家继承者，又从理论上进一步发扬了儒家的"心性论"，从善恶两端进一步理解人性，并把孔子的"仁"的基本观念与关于人生价值的"义"紧密联系起来，形成"仁义"的价值观以及"义利""荣辱"等为人治政的是非观。通过汉代"独尊儒术"的一系列思想建树和政治运作，儒家学说最终成为汉及汉以后中国的主流意识形态和政治设计与运作的蓝图。到了宋朝，儒家思想又经程、朱等思想家、政治家的创造性转化，进而以"理学"的系统化、理论化的形态，通过"存天理，灭人欲"，进一步强化了儒家"天道"观和"天命"观，影响了中、近古以来上千年的中国人的思想脉络和政治进程。鉴于这方面的内容极其丰富，限于主题和篇幅，就不再一一引介和分析了。

第三节 德与德治

今天习以为常的"道德"称谓和概念，从发生学的意义上来说，原初却是"道"与"德"各有指称并具有不同的意义域。如前所论，无论是哲理上的"道"，还是神圣意义上的"天道"，其基本的意义都可归于宇宙本体论的类项上。而"德"是上古伊始的哲理滥觞中形成的重要概念，传承后世，流传至今。古今之人没有人能准确地界说"德"的概念和意义，正表明"德"具有意涵丰富、适用广泛的性质，非文字和语言可以准确地描述其意蕴。根据前贤和今人的研究成果，我们大致可以从以下几方面进行梳理。

第一，"德"与"道"双，紧密相关。前述之"道"被公认为生成宇宙间万物的力量，具有全方位性和包容一切的宇宙创造的本体论意义。但在"道"中又涵养着一种"普施恩惠"的意义，即"道"不仅具有创生万物的自然力量，如道家所理解的"无为"的自然行为或过程；同时，在创生万物的结果和现实的意义上又是一种对万物的存在和和谐相处的"恩惠"。当然，"恩惠"意义是具有高等智识的人的大脑的思维产物。在"道"的原初意义上，万物存在就是存在，或者说就是自自然然的存在，本身不具有什么意义。而"恩惠"意义的衍化，完全是基于人脑的联想，是一种价值和意义的建构。从这个意义上来说，假如这个世界上没有像人一样的高等智慧生物，自然界永远都是一个自在自为的存在，根本不会生成一个有意义的世界。而"德"恰恰就是人的价值意识建构的产物。自此说来，无论"德"是自然意义上的"生成之德"，还是人伦意义上的施恩惠之"德"，都已经与人及其社会特别是其中的人伦关系亲密地联系在一起了。这就是说，"道"涵涉天地人百事百物，而"德"主要涵涉人及其社会，当然也包括天地施于人的生存和发展的恩惠。依笔者看来，与其如西方学者将"德"理解"成了循

'道'而行的能力"，① 倒不如说"德"是"道"在人伦和社会意义上的衍化，既解决了"道"在人伦意义上的直接关联的缺失和意涵缥缈以及玄虚空灵的疏离问题，又满足了人伦和社会对包括天地、自然恩惠的渴望和报恩的内在诉求。就这样，"道"与"德"的概念与哲理虽然各自独立、自成体系，堪可比双并立，但其内在的关联与紧密恰如血浓于水骨与筋连。

第二，"道"与"德"同源、分流，归于同一意义和价值意蕴。自然生于"道"，"道"又法于自然，"道"与"自然"，即内理与外化互为因果，又同为本体，这已如前述。然而，"道"既然节外生枝，派生和衍化出"德"的概念与理念，那么，"德"又源自何方？"德"源于"道"本。"道"既然源于天地自然，那么，"德"当然是源于天地自然，有典为证。孔子说："天生德于予。"② 《易经·彖辞上传·坤卦》："至哉坤元，万物资生，乃顺承天。坤厚载物，德合无疆。"③ "地势坤，君子以厚德载物。"④ 这就是说，"德"虽为"道"派生，但与"道"同源生于"天"或"自然"。在"道"的概念中，并不排斥"天德"，《易经·彖辞上传·乾卦》就有爻辞言："'用九'天德不可为首也。"⑤ 可见"天"也有"美德"。但我们通观《易经》，似乎感觉到其中经文，与卦爻辞都倾向于将"德"用于"地"及人事，包括社会和君子之品德上，其延伸衍化的概念如"君德""官德"等，成为后世中华传统文化的重要的组成元素，也是我们主题研究的"官箴"建构的一个重要的基础工程和价值目标，即"为政以德"之必然涵括的"为官以德"。

总而言之，"德"与"道"同源于"天"，彰显了"德"的神圣性；而"德"与"道"分流，又突出了儒家入世的人文精神，儒家不排斥形而上学的"天"及"天道"与"天德"或"地德"，但儒家更关注社会现实和人的主体地位，通过人文化育，首先要树人，使人成为有"君子之德"之人，

---

① 详见〔美〕艾兰《水之道与德之端——中国早期哲学思想的本喻》，张海晏译，商务印书馆 2010 年 11 月版，第 118—119 页。
② 杨伯峻译注：《论语译注》，中华书局 1930 年 12 月版，第 211 页。
③ 陈襄民等注译：《五经四书全译》（一），中州古籍出版社 2000 年 8 月版，第 95 页。
④ 陈襄民等注译：《五经四书全译》（一），中州古籍出版社 2000 年 8 月版，第 145 页。
⑤ 陈襄民等注译：《五经四书全译》（一），中州古籍出版社 2000 年 8 月版，第 144 页。

然后通过有德的君子"齐家、治国、平天下",最终达至国家的"善政"和社会的"善治",从而实现世界和谐、大同的最高社会理想。这就是为什么尽管在社会的巨大发展与转型过程中,"天"及"天道"随着社会主流观念向社会现实的转变而趋向式微,但"德"的坚守和与时迁移却始终没有游离社会和国家的主导意识形态的潮流的根本原因。后世普遍接受和承继的"道德"观念,不仅抱持了"德"的社会和国家的植根性、现实性以及独特的存在状态,而且通过与"道"的和同与人结为一体,不仅增加了其形而上学意义上的神圣性和合法性,而且最终汇成社会现实意义上的价值之海,成为中华传统文明几千年赓续不绝的人文命脉和主流价值观。从这个意义上来说,我们将"道德"视为"官箴"的基础和价值之源并加以深入研究,绝不是节外生枝、无关主题之举。

第三,"德"的泛化及其伦理意义。从某种意义上来说,"德"是人文化育的特殊产物。它源于"自然之道",又超越"自然之道",立足于现实人类及其社会,又超越现实人类及其社会,广泛渗透到从人心到人伦的各个层面。"德"在其衍化的全部历史中,就是不断增大其体量、厚重其人伦基础的过程。这既是人伦及其社会不断增长的人文精神和伦理建构需要的内动力所促成的,也是其历史进化的必然结果。这种需要的内动力至今不仅未减反而有增强的趋势,而其泛化的体量与内涵又构成我们理解人类及其社会的历史和传统的多样性和深刻性。与此同时,"德"的泛化及其广延的相邻概念与理念,还是我们进行现代化的人文化育,包括建构具有现代性的官箴之道必不可少的智识资源和伦理要素。从这个意义上来说,详尽而又深刻地梳理及研究"德"的泛化过程及其成果,仍然极具重大的现实性意义。然而,我们必须说明,鉴于这是一个极其宏大的课题,又不是我们研究的主题,在这里只能做出极其简括的梳理和分析。

首先,关于"德"与"道"的同源与通联,前已作出分析,不再赘述。

其次,"德"从原初的意义上来说,按照《说文》的释义为"升",隐含植物无阻碍、无偏差地向上生成。甲骨文中有几个字被解释为"德",但并不确定,其最基本的意思被认定为"得",甲骨文中有一上直下心相连的字,《说文》解释为"外得于人,内得于己"。此字被认为是现在"德"字右边的古代写法。这又间接地证明了"德"的基本意义就是"得"。此外，心和"彳"字作为偏旁的加入，表明"德"是人类特有的品性，而且与传统文化中的"思之官"的"心"相连，也表明"德"是人的特殊精神状态，为人类所特有。当然，这是在形而下的意义上说的，是人与动物和植物相区别的根本特征（现代生物科学证明，某些高等社会化动物也具有某些与人类相似的道德情感，前述的"天德""坤德"并不包括在内，因为它们是"人德"的神圣性和合法性来源和根据）。

早在上古三代乃至更古远的神话时代，"德"就作为重要的人性和心境概念被广泛地使用。古籍《尚书》中这类记言载事几乎比比皆是，在儒家的经典中更是作为儒家学说一贯相连的主线的重要一环而被广泛地使用，并被多家大儒不断地衍化而生成多种相连概念和意义。司马迁在撰写《史记》时，开篇便讲轩辕黄帝"乃修德振兵……然后得其志"。五经四书中的其他典籍，关于"德"以及其他相关联的概念、话语、叙事等更是史不绝书。后文还要详加梳理和分析，此处暂罢。

第四，"德"的生命力和活力在于其可实践性。"德"在概念层面上无论具有多强的神圣性和哲理性，都是形而上的，即使以孔子为代表的儒家将"德"的概念极大地扩展并伦理化，终究还没有超越概念的范畴。在孔子将"德"看成自我行为所遵循与使他人遵循"道"的能力，或天赋的品性的基础上，亚圣孟子等儒家又进而阐扬了"德"并不只是每个人的"性"，并非简单地具有平等性和同一性，即所谓"性相近"，而是人在出身、辈分、社会地位、教育程度乃至先天禀赋即智愚等方面的差异影响了人们的"道德"建树，形成了高尚、低下、缺失乃至卑劣的差序格局。但是，儒家并不认为这种差序格局是正常的和合理的，也不认为是不可改变的。因为儒家所秉持的最高道德理想始终是"内圣"，即通过道德的教化与熏陶和个人的努力修为，人人都有潜质和可能达到道德层面的最高境界，达到自己乃至人人都能达到的崇高和神圣的终极理想的精神境界。这样一来就体现了儒家关于道德建树具有很强实践性的立场和主张。

"内圣"之所以可行、可实践，首先是有榜样可以观照和效法，不必人人都去进行"创新性"实践。榜样通过自己超乎寻常的个人修为，发挥了超越常人的道德水准，从而形成高尚的人格形象。这种个人的人格形象所表现出来的人格魅力，即是当今话语中的"软实力"，由于它能在民众中获得认同、尊敬，在"从众心理"的作用下，潜移默化地影响人的观念和行为，榜样于是具有感召力与号召力，民众自愿向榜样看齐，效法他们的言行，从而实现影响全社会民众主流的道德认同和价值取向。以榜样为标准、向榜样看齐，这是儒家对社会和个人道德建树的一大贡献。这种贡献不仅在历史上持久地发挥着道德建树的巨大影响和使人效法的作用，而且影响至今。在当今的精神文明和社会、个人道德建设中，从政治主导层面到社会各阶层，都高度重视榜样的影响和力量。无数的革命先烈、战斗英雄以及最近几十年涌现的先进模范人物，如铁人王进喜、模范士兵雷锋、县委书记的好榜样焦裕禄和援藏干部孔繁森等一大批人物，人们除了肯定他们的业绩之外，更重要的是将他们看作道德的榜样，乃至像毛泽东那样的领袖和伟人都号召全国要"向雷锋同志学习"。

在先秦时代，儒家心目中的榜样人物以及他们为实现"内圣外王"的做人、经世、治国的崇高理想而致力于教化民众的精神支柱主要有三类："圣人"、"贤相"以及以士大夫阶层为骨干的"君子"。

儒家心目中最具高尚道德、品格的古代"圣王"，当首推上古时代的尧、舜二帝。他们以天下为己任，不以个人的私利为念，当在盛年之时，勤勤恳恳、兢兢业业为天下苍生谋利益，年老又以江山社稷的大局为重，选贤任能，把自己长期占据的帝位以"禅让"的形式传给有经邦治国之能又万人敬仰的贤能之人。

儒家推崇的三代"圣王"主要有夏代的禹帝，他不仅治水有功，使天下黎民免受水患之苦，不辞辛劳、长年在外治水，竟至三过家门而不入，无私且全心全意为民的精神传为千古佳话。禹帝虽开了"家天下"的传子不传贤的先河，但他在形式上也做到了"以天下授益"，尽管终未成功；禹子启受人拥戴，子继父业，成为夏代第二位帝王。

儒家推崇的商代"圣王"则是开国之君帝成汤，以及成汤的十世孙、第二十位君王盘庚。成汤立商有功，自与其高尚人格魅力能号令天下有关；而盘庚为了避开水患，摆脱混乱的政治局面，复兴殷商，不顾来自各方面的反对，毅然率领臣民把国都从水患连连的奄地迁到相对平坦而又安全的殷地，创造了短暂的殷商中兴。

周代被儒家推崇的"圣王"则为文王和武王父子，文王创业有功，武王则推翻暴虐的商纣王，奠定周代800年帝业之基，创造了辉煌的古代文明盛世。这种非凡的成就是与文、武二帝的高尚道德品质以及由此形成的号令天下的人格魅力分不开的。

儒家推崇的三代"贤相"主要有：舜帝时期到夏代的皋陶、益稷；商初辅佐武王得天下的仲虺和商中期的傅说；周初最著名、最有影响力的太保召公奭，其后就是周公旦。周武王死后，周公相成王，从成王年幼时摄政到后来辅佐周成王处理军国大事，特别是平定三监叛乱，稳固了周初的政权，厥功至伟。除此之外，周公旦通过"制礼作乐"，不仅开启了中国古代大规模王国文明的先河，而且通过对"礼乐"的齐头并建，奠定了儒家学说的基本立场和社会、政治价值取向。正因为如此，早期史家将儒学的鼻祖周公和孔子并称为"周孔"。周公之后又有君陈、毕公、君牙等"贤相"相继辅佐周康王、周穆王等。

儒家推崇的这些"贤相"都有共同的特点，就是忠君、爱民、克己、奉公，全心全意地辅佐帝王稳定基业和建立功业。本质说来，这些"贤相"都是按照儒家心目中高尚的道德标准和人格理想塑造出来的，也是儒家道德情怀的理想化身。

上古时代的"圣王"和"贤相"并不常见，经历多少代甚至几百年才出现一个，他们作为民众的道德榜样和效法的楷模，毕竟还是世上最稀缺的。这种道德建构上的短板和不足显然需要儒家学说来加以弥补。儒家道德学说的实践性从逻辑上说，内在地贯穿经世治国的全过程和全方位，绝非一时的权宜之计，否则，儒家学说就不能成为具有如此广泛和深远影响的智识体系。儒家学说就其弥补上述短板和缺失，或者从建树的正能量方面来看，都可以说是极其巧妙和富于学理和道德智慧的。简单说来，就是将社会上的人或民众按特定的标准加以分类，即把人分为"君子"和"小人"两类，然后以其中的君子为标准和楷模，通过道德化育的实践性操作，大幅度提高全社会民众的道德水平，特别是提升道德标准下的民众的道德水平，实现人人都能成为"君子"般的"善人"的崇高道德理想。

在今人的批判话语中，将社会上的人简单地类型化地分为"君子"和"小人"，违背了人人平等的人格和人权原则，也是对社会下层民众的一种集体歧视。但如果我们将思路推回到两千多年前设身处地地想一想，这种"君子"和"小人"的简单分类并非完全没有合理性。在儒家的全部学说中，一条贯穿始终的主线就是以承认人的差序为前提。"差序"有出身辈分上的，以出生的前后分为长幼；有社会地位上的，如尊卑、贵贱；有智力上的，如智与愚；等等。至于人们在道德水准方面的"差序"则表现为贤与不肖以及"君子"与"小人"等。在儒家看来，社会上的人不论从上述哪方面来看，都是有差别的，即按一定的"差序"而存在的，这种"差序"有些是自然形成的，如长幼，也有人为划分的，如尊卑、贵贱、贤与不肖和"君子"与"小人"等，但即使是人为设定的划分标准，也是从社会现实出发的。不论出于什么原因，人与人之间的差别总是客观存在的。儒家学说的全部前提就是承认这种人与人之间的"差序"，在儒家看来，将人人按同一标准整齐划一，将本来就"不齐"的人强行"斩而齐"、"托而顺"或"唯齐非齐"是不可接受的，那不是儒家的理想社会。儒家在承认社会"差序"的前提下，通过一系列的理念建树和社会机制运作，最终达至人人向善、社会为善以至社会和国家的善治的崇高社会理想。很显然，"君子"与"小人"的社会划分是社会"差序"总体中的一部分，在逻辑上是与儒家的整体学说恰适的、一致的。

如果我们用开放、包容的学术精神来看待和深入分析"君子"与"小人"的分类，或许能从某些不合理观念结构的背后，发现某种积极的正能量。首先，我们必须承认，人们的道德水准不仅在古代中国是有差别的，就是在今天也依然如此。在商品经济和资本的负性因素的影响下，人的私欲急剧膨胀，"恭喜发财"成为最受人欢迎的祝福语言之一，在"发家致富"的世俗口号鼓舞下，"一切向钱看"的极端物质主义在这块纯朴的土地上迅速蔓延，有些领跑者在跃升至社会中产阶层之后，享乐主义、挥霍主义不失时机地跟进，社会充斥着一派奢靡之风，未富先奢现象已成常态。而在拉动内需、促进消费的鼓励声中，在发展第三产业的经济发展方针的助推下,上述种种社会的消极现象更为常见。就是在上述社会气氛之下,社会道德整体滑坡的事实已无可否认,许多有识之士感叹"世风日下"并不为过。从官场许多高官、从政人员,到商界大贾和千万亿万富翁,再到知识精英和学术精英,直到市井中的百姓,这一庞大群体在追逐权力、金钱及其他个人私利方面所表现出来的强烈欲望,追逐过程的不择手段几乎没有差别,只是方式和方法不同而已。换句话说,现实生活中的道德滑坡和世风日下影响所及,早已不存在社会地位、等级、职业、长幼的差别。从这个意义上来说,当前的社会现实中,已很难再把人们按照儒家的分类标准分为"君子"和"小人"两大类。

然而,"君子"与"小人"的标准是什么?当前这种划分是否还有意义?我们是否应当予以现代性的话语转变,而不失其内在的划分标准的合理性?这些问题依然需要从学术上加以讨论。

先谈孔子的"君子"与"小人"的划分标准。

"子曰:'君子食无求饱,居无求安,敏于事而慎于言,就有道而正焉,可谓好学也已。'"[1]

"子曰:'君子不器。'"[2] 不器指"君子"不像器皿一样只有一种用途,而应当是全知、全觉进而全能的人。意含"君子"应当是好学之人,只有通过广博的学习和实践,才能达到上述标准。

"子贡问君子,子曰:'先行其言,而后从之。'"[3]

"子曰:'君子周而不比,小人比而不周。'"[4]

"周者",结合,即团结,"比"者,不正当的勾结。孔子此语是说,君子能团结人,而小人则是勾结人。一正一邪,对比鲜明。

"君子无所争。"[5]

"子曰:'君子之于天下也,无适也,无莫也,义之与比也。'"[6]

---

① 杨伯峻译注:《论语译注·学而篇第一》,中华书局 1930 年 12 月版,第 9 页。
② 杨伯峻译注:《论语译注·为政篇第二》,中华书局 1930 年 12 月版,第 17 页。
③ 杨伯峻译注:《论语译注·为政篇第二》,中华书局 1930 年 12 月版,第 17 页。
④ 杨伯峻译注:《论语译注·为政篇第二》,中华书局 1930 年 12 月版,第 17 页。
⑤ 杨伯峻译注:《论语译注·八佾篇第三》,中华书局 1930 年 12 月版,第 25 页。
⑥ 杨伯峻译注:《论语译注·里仁篇第四》,中华书局 1930 年 12 月版,第 37 页。

　　这里引用儒家学说中最重要的概念之一"义"。孔子在这里说的是"君子"应当做符合天下义理的事，即去做合理恰当的事，而不必拘泥于有没有规定以及应当怎么做。意指"君子"做事应当以大局为重，权衡利弊而不要拘谨死板地做不合义理的事情。

　　"子曰：'君子怀德，小人怀土；君子怀刑，小人怀惠。'"①

　　这里的"怀"是怀念、关注的意思，翻译成现代汉语就是"君子怀念道德，小人怀念乡土；君子关注法度，小人关注恩惠"。两者怀念和关注的重点不同，体现了道德情怀上的高尚与一般的差异。

　　"子曰：'君子喻于义，小人喻于利。'"②

　　这里与前引的"义""惠"等观念相一致，孔子强调的是"义"与"利"之间的差别，由此追求的人的道德精神世界也呈现出"君子"与"小人"之间的重大区分。可以说，"义"与"利"的概念是儒家学说中最重要的概念之一，它深刻地影响着儒家有关道德建设的根本价值取向。

　　"子曰：'君子欲讷于言而敏于行。'"③ 这与《论语·学而篇第一》中说过的"敏于行而慎于言"是一个意思，即出言要谨慎，而做事要勤勉、敏捷。

　　"子谓子贱：'君子哉若人！鲁无君子者，斯焉取斯？'"④

　　因为鲁国是出"君子"的邦国，所以才有像宓不齐那样的具有"君子"品德的人。此话暗含成为"君子"绝非只靠个人的修为，良好的品德环境也是造就"君子"辈出的必要条件。"道德"呈现于个人，但本质上是一种社会现象。

　　"子谓子产：'有君子之道四焉：其行己也恭，其事上也敬，其养民也惠，其使民也义。'"⑤

　　"君子"的四道，即对人庄重恭谨，侍奉君主恭敬，教养民众用实惠，治理民众以仁义。虽说这是"君子之道"，但同时也是一种德性。"道"即"德"，是同一意义的不同表述。

---

①　杨伯峻译注：《论语译注·里仁篇第四》，中华书局 1930 年 12 月版，第 38 页。
②　杨伯峻译注：《论语译注·里仁篇第四》，中华书局 1930 年 12 月版，第 39 页。
③　杨伯峻译注：《论语译注·里仁篇第四》，中华书局 1930 年 12 月版，第 41 页。
④　杨伯峻译注：《论语译注·公冶长篇第五》，中华书局 1930 年 12 月版，第 42 页。
⑤　杨伯峻译注：《论语译注·公冶长篇第五》，中华书局 1930 年 12 月版，第 47—48 页。

"君子周急不继富。"① "君子"只是救济危难，不去增益富人。

"子谓子夏曰：'女为君子儒！无为小人儒！'"②

儒也分"君子"和"小人"。在孔子看来，有学问者并非都是品德高尚之人，所以才有此说，别于他处所论及，即认为"小人"是粗鄙没有文化和教养之人。

"子曰：'质胜文则野，文胜质则史。文质彬彬，然后君子。'"③ 这是说文采和朴实恰到好处地结合，才是一个"君子"应当表现出的样子。

"子曰：'君子博学于文，约之以礼，亦可以弗畔矣夫！'"④

作为君子，重要的品德就是好学，再用礼节约束自己，道路就不会走错。

"吾闻君子不党……"⑤ "党"即偏袒，孔子明知鲁君昭公娶同姓吴孟子为妻是不合礼的行为，还是说鲁昭公懂礼，可见孔圣人并非总是心口如一。

"子曰：'文，莫吾犹人也。躬行君子，则吾未之有得。'"⑥

孔子在这里讲的是他对知、行的自我评价。"君子"行比知更难。表明孔子对行君子之事的重视。这从一个侧面凸显了儒家学说具有很强的实践性。

"子曰：'君子坦荡荡，小人长戚戚。'"⑦

"子曰：'君子笃于亲，则民兴于仁。'"⑧

此处的"君子"有的解为"上位"之人，亦可解为品德高尚的"君子"。内含由此及远，与民共同成仁。

"君子所贵乎道者三：动容貌，斯远暴慢矣；正颜色，斯近信矣；出辞气，斯远鄙倍矣。"⑨

此处谈"君子"待人接物的面貌，做"君子"都要注重这些外在细节，

① 杨伯峻译注：《论语译注·雍也篇第六》，中华书局 1930 年 12 月版，第 55 页。
② 杨伯峻译注：《论语译注·雍也篇第六》，中华书局 1930 年 12 月版，第 59 页。
③ 杨伯峻译注：《论语译注·雍也篇第六》，中华书局 1930 年 12 月版，第 61 页。
④ 杨伯峻译注：《论语译注·雍也篇第六》，中华书局 1930 年 12 月版，第 63—64 页。
⑤ 杨伯峻译注：《论语译注·述而篇第七》，中华书局 1930 年 12 月版，第 74 页。
⑥ 杨伯峻译注：《论语译注·述而篇第七》，中华书局 1930 年 12 月版，第 77 页。
⑦ 杨伯峻译注：《论语译注·述而篇第七》，中华书局 1930 年 12 月版，第 77 页。
⑧ 杨伯峻译注：《论语译注·泰伯篇第八》，中华书局 1930 年 12 月版，第 78 页。
⑨ 杨伯峻译注：《论语译注·泰伯篇第八》，中华书局 1930 年 12 月版，第 79 页。

实属不易。

"曾子曰：'可以托六尺之孤，可以寄百里之命，临大节而不可夺也——君子人与？君子人也。'"①

既可托命孤儿，又能掌管国家大事，遇有危难绝不动摇。此等人方才具有"君子"之风范。

"子欲居九夷。或曰：'陋，如之何？'子曰：'君子居之，何陋之有？'"②

类同前引"君子居无求安"，又引申为与"君子"相邻而处，心亦安然。

"子曰：'君子不忧不惧。'"③ 这里与前面所引"君子坦荡荡"意义相通。自己问心无愧，有什么可以忧愁和恐惧的呢？

"君子敬而无失，与人恭而有礼。"④ "君子"对待工作严肃认真，不出差错；对待别人恭敬有礼。这应当是成为"君子"的一条重要标准。

"棘子成曰：'君子质而已矣，何以文为？'子贡曰：'惜乎，夫子之说君子也！驷不及舌。文犹质也，质犹文也。虎豹之鞟犹犬羊之鞟。'"⑤

作为"君子"，质、文同等重要，言必行，行必果，言行一致，这些都是成为"君子"的必要标准。

"子曰：'君子成人之美，不成人之恶。小人反是。'"⑥

成全他人的美、恶是区分"君子"和"小人"的起码标准，也是做人的底线之一。

"君子之德风，小人之德草。草上之风，必偃。"⑦

这里含有两层深意：一是凸显了道德榜样的表率作用，"君子"的高尚情操能在潜移默化中影响他人乃至大众；二是表明"小人"并非无德，只是层次较低，在道德榜样的熏陶下，也是可以提升的，并非一成不变。

"曾子曰：'君子以文会友，以友辅仁。'"⑧

---

① 杨伯峻译注：《论语译注·泰伯篇第八》，中华书局 1930 年 12 月版，第 80 页。
② 杨伯峻译注：《论语译注·泰伯篇第八》，中华书局 1930 年 12 月版，第 91 页。
③ 杨伯峻译注：《论语译注·颜渊篇第十二》，中华书局 1930 年 12 月版，第 124 页。
④ 杨伯峻译注：《论语译注·颜渊篇第十二》，中华书局 1930 年 12 月版，第 125 页。
⑤ 杨伯峻译注：《论语译注·颜渊篇第十二》，中华书局 1930 年 12 月版，第 126 页。
⑥ 杨伯峻译注：《论语译注·颜渊篇第十二》，中华书局 1930 年 12 月版，第 129 页。
⑦ 杨伯峻译注：《论语译注·颜渊篇第十二》，中华书局 1930 年 12 月版，第 129 页。
⑧ 杨伯峻译注：《论语译注·颜渊篇第十二》，中华书局 1930 年 12 月版，第 132 页。

　　"君子"交朋友的愿望和行为与普通人一样，但交友的方式更为高雅，以学问文章较以吃喝等方式交友更胜一筹；同理，"君子"交友除了获得友谊外，还能从朋友那里寻得榜样以提高自己的品德修养。这从一个侧面彰显了"君子"的高尚情操。

　　"故君子名之必可言也，言之必可行也。君子于其言，无所苟而已矣。"①

　　"正名"是儒家学说重要内容之一，因为"名分"是儒家社会和国家结构的基础元素。"名分"是"差序"格局的产物，只有"名分"才能使人在社会和国家中的老幼尊卑、君臣父子关系得以外在地表达出来。上引话的意思就是说，人的"名分"是可以表达出来的，因为它有内在根据。而人们并非只了表达区别，还在于要守住"本分"，必须遵循"名分"所规范的行为准则才行，不能超越自己的"本分"去行事，于是"差序"格局的社会秩序得以维护。作为"君子"，守住自己的"名分"并依"名分"去行"本分"之事，这是"君子"的重要道德标准之一。

　　"子曰：'君子和而不同，小人同而不和。'"②

　　"和""同"在春秋时代的用法与现代并不全同。"和"确有"调和"（无味）和和谐（音乐）之基本意思，不必盲从、附和他人意见而达到互相沟通、协和的目的；"小人"则相反，只知道盲从、附和他人的意见，从而达致表面上的一致而不是实质意见的沟通与和谐。

　　"子曰：'君子易事而难说也。说之不以道，不说也；及其使人也，器之。小人难事而易说也。说之虽不以道，说也；及其使人也，求备焉。'"③

　　这里讲"君子"与"小人"对待属下的态度问题。与"君子"容易共事，如果要讨他喜欢，只可以正当的方式；"君子"用人只看重才能。"小人"则与此相反，共事很难，但讨他喜欢却容易，哪怕用不正当的方式也行。"小人"用人则百般挑剔，求全责备。"君子"与"小人"的差别，在"共事"和"讨喜欢"的问题上判然分明。

　　"子曰：'切切偲偲，怡怡如也，可谓士矣。朋友切切偲偲，兄弟怡怡

　　① 杨伯峻译注：《论语译注·子路篇第十三》，中华书局1930年12月版，第134页。
　　② 杨伯峻译注：《论语译注·子路篇第十三》，中华书局1930年12月版，第141页。
　　③ 杨伯峻译注：《论语译注·子路篇第十三》，中华书局1930年12月版，第143页。

如也。'"①

　　为人是否安详舒泰，是否骄傲凌人，是区分"君子"与"小人"的一个外在标准。但实质上反映出两者在道德修养上的水准。

　　"子曰：'君子哉若人，尚德哉若人！'"②

　　孔子称赞南宫适说他是个君子，凡"君子"都像他那样崇尚道德。这里孔子直截了当地表明了"君子"应以"尚德"为道德标准。

　　"子曰：'君子而不仁者有矣夫，未有小人而仁者也。'"

　　按孔子前述的一贯观点，"君子"与"小人"之间的区别主要的判断标准就是有德和无德，如果"仁"与"德"又是相关联的两个概念，则此话有些令人费解。有注家释此处"君子"为"在位者"，而"小人"则指老百姓。③

　　"子曰：'君子上达，小人下达。'"④

　　"达"分上下，古解不尽相同，有释为"上达仁义"，"下达财利"。此解与"君子喻于义，小人喻于利"同义，应视为道德标准上的判断。

　　"子曰：'不在其位，不谋其政。'"⑤

　　"子曰：'君子耻其言而过其行。'"

　　说得多，做得少，君子以为耻。即使在今天，人们也推崇行动多于言论，光说不做不被人看好。

　　"子曰：'君子道者三，我无能焉：仁者不忧，知者不惑，勇者不惧。'"⑥

　　不忧、不惑、不惧，前已述之，"君子"当符合三种行为标准。

　　"子路问君子。子曰：'修己以敬。'曰：'如斯而已乎？'曰：'修己以安人。'曰：'如斯而已乎？'曰：'修己以安百姓。修己以安百姓，尧舜其犹病诸？'"⑦

　　修养自己的品德，继而严肃认真地工作，又使他人和百姓安乐，这也

---

① 杨伯峻译注：《论语译注·子路篇第十三》，中华书局 1930 年 12 月版，第 143 页。
② 杨伯峻译注：《论语译注·宪问篇第十四》，中华书局 1930 年 12 月版，第 146 页。
③ 参见杨伯峻译注《论语译注·宪问篇第十四》，中华书局 1930 年 12 月版，第 146 页。
④ 杨伯峻译注：《论语译注·宪问篇第十四》，中华书局 1930 年 12 月版，第 154 页。
⑤ 杨伯峻译注：《论语译注·宪问篇第十四》，中华书局 1930 年 12 月版，第 154 页。
⑥ 杨伯峻译注：《论语译注·宪问篇第十四》，中华书局 1930 年 12 月版，第 155 页。
⑦ 杨伯峻译注：《论语译注·宪问篇第十四》，中华书局 1930 年 12 月版，第 159 页。

是修身、齐家、治国、平天下的另一种表述。此既为"君子"应具备的道德品质，又是儒家的社会和政治理想。

"子曰：'君子固穷，小人穷斯滥矣。'"①

"君子"虽然穷，还是坚持正道；"小人"一穷便无所不为了。安贫守道也是"君子"的重要品德之一。"小人"做不到，也是品德低下所致。

"子曰：'君子义以为质，礼以行之，逊以出之，信以成之。君子哉！'"②

"君子"做事要以合宜为原则，依照礼法去实行，出言要谨慎，以真诚的态度去做事。义、礼、逊、诚构成一根对待事业的完整链条，这才是一个"君子"的做事准则。

"子曰：'君子病无能焉，不病人之不己知也。'"③

"君子"只惭愧自己没有能力，不怨恨别人不知道自己。自立自强，才是"君子"之风范。

"子曰：'君子疾没世而名不称焉。'"④

"君子"重名声应当是一个终生的坚持，如果没有好名声被世人称颂，应当将其视为人生的遗憾。如此教诲直至今天仍具有重大的现实意义。

"子曰：'君子求诸己，小人求诸人。'"⑤

这也是自强自立，责己严、待人宽的"君子"之德的表现。

"子曰：'君子矜而不争，群而不党。'"⑥

"君子"庄重自矜而不与人争，合群而不结宗派，这意味着本着自立自强的精神壮大自己。"小人"则缺乏这种精神，所以他们为人处世总依赖他人。看来，争与不争，求与不求，也是人生态度的一个重要标准。

"子曰：'君子不以言举人，不以人废言。'"⑦

"君子"不可以因为一个人说得好就赏识抬举他，也不能因为一个人不

① 杨伯峻译注：《论语译注·卫灵公篇第十五》，中华书局 1930 年 12 月版，第 161 页。
② 杨伯峻译注：《论语译注·卫灵公篇第十五》，中华书局 1930 年 12 月版，第 166 页。
③ 杨伯峻译注：《论语译注·卫灵公篇第十五》，中华书局 1930 年 12 月版，第 166 页。
④ 杨伯峻译注：《论语译注·卫灵公篇第十五》，中华书局 1930 年 12 月版，第 166 页。
⑤ 杨伯峻译注：《论语译注·卫灵公篇第十五》，中华书局 1930 年 12 月版，第 166 页。
⑥ 杨伯峻译注：《论语译注·卫灵公篇第十五》，中华书局 1930 年 12 月版，第 166 页。
⑦ 杨伯峻译注：《论语译注·卫灵公篇第十五》，中华书局 1930 年 12 月版，第 166 页。

好就鄙弃他好的言论。这种实事求是、重实质不轻信言语的待人态度，也是一个"君子"所应具备的品德。

"子曰：'君子谋道不谋食。耕也，馁在其中矣；学也，禄在其中矣。君子忧道不忧贫。'"①

"君子"谋道是对的，但不能轻视谋食，儒家重义轻利，重道轻耕，历来饱受诟病。但此话并非全是消极意义。通过学习获得知识，才有可能改变命运，即与"学而优则仕"同一意思。"君子""忧道不忧贫"也是在精神层面追求真理超越对物质的享受追求。在现实中也有摒弃极端享乐主义和澄清物欲横流的社会风气的现实警示价值。

"子曰：'君子不可小知而可大受也，小人不可大受而可小知也。'"②

以今人的观点，此话用重任与否和大小考验区分"君子"和"小人"是带歧视性的，而不是理性的和实事求是的，不足为训。

"子曰：'君子贞而不谅。'"③

言行一致就是信守，为大信，此为贞；言行固执不能谅，谓之小信。意为"君子"应当信守大信而不是小信。

"孔子曰：'君子疾夫舍曰欲之而必为之辞。'"④

"君子"就讨厌（那种态度）不说自己贪心无厌，却一定要找借口。出了状况，"君子"首先要查找自己的原因，而不是找借口推卸责任。这样的"君子"对己对人的态度在现实中仍有重要意义。

"孔子曰：'君子有三戒：少之时，血气未定，戒之在色；及其壮也，血气方刚，戒之在斗；及其老也，血气既衰，戒之在得。'"⑤

一个人在青壮年时戒色、戒斗固然重要，但老年人戒得更具有现实道德修养的意义，那种所谓的"五十九岁"的贪官现象在现实官场如此频频出现，正是踏入了年老未能"戒得"的贪婪陷阱。古训虽年代久远，言犹在耳。许多贪官落马，失去了颐养天年的机会，教训深刻，值得反思。

---

① 杨伯峻译注：《论语译注·卫灵公篇第十五》，中华书局 1930 年 12 月版，第 168 页。
② 杨伯峻译注：《论语译注·卫灵公篇第十五》，中华书局 1930 年 12 月版，第 169 页。
③ 杨伯峻译注：《论语译注·卫灵公篇第十五》，中华书局 1930 年 12 月版，第 170 页。
④ 杨伯峻译注：《论语译注·季氏篇第十六》，中华书局 1930 年 12 月版，第 172 页。
⑤ 杨伯峻译注：《论语译注·季氏篇第十六》，中华书局 1930 年 12 月版，第 176 页。

"子曰：'君子有三畏：畏天命，畏大人，畏圣人之言。小人不知天命而不畏也，狎大人，侮圣人之言。'"①

依照今人的观点察之，"君子"的"三畏"并非全部可取，而"小人"的"三不畏"则未必一无所取。如果按现今的话语表述，用"敬畏""尊重"替代"三畏""三不畏"，则具有重大的现实意义。当今的个人道德滑坡、世风日下，很重要的一个成因就是一些人或许多人不仅没有了信仰，甚至对自然、对真理、对有道德的人士，连一点敬畏之心都丧失了。世上没有什么可以敬畏的，自然就可以为所欲为了。社会乱象焉能不生，国家不安定也必然由之而生。

"子曰：'君子有九思：视思明，听思聪，色思温，貌思恭，言思忠，事思敬，疑思问，忿思难，见得思义。'"②

虽说繁复了些，但很难做到。但"言思忠，事思敬，疑思问，忿思难，见得思义"，仍具有现实意义。不仅古之"君子"，即使是今天的大众也应当以此作为为人处世的道德准则，特别是"事思敬"和"见得思义"在当前的官德培养中具有重大的现实意义。

"子路曰：'君子尚勇乎？'子曰：'君子义以为上，君子有勇而无义为乱，小人有勇而无义为盗。'"③

"君子"尚义而不尚勇，"小人"尚勇而不尚义更会成为盗寇。此意前已论及。

"子贡曰：'君子亦有恶乎？'子曰：'有恶，恶称人之恶者，恶居下流而讪上者，恶勇而无礼者，恶果敢而窒者。'曰：'赐也亦有恶乎？''恶徼以为知者，恶不孙以为勇者，恶讦以为直者。'"④

无论是孔子，还是他的弟子子贡所憎恨的人与事，都是不道德的和低下的人与事。此等人及事不仅在古时多有，就是在今天也是常见的。古人所憎恨的人和事，在今天也让人不喜，因为那些人和事关系到做人的道德

---

① 杨伯峻译注：《论语译注·季氏篇第十六》，中华书局1930年12月版，第177页。
② 杨伯峻译注：《论语译注·季氏篇第十六》，中华书局1930年12月版，第177页。
③ 杨伯峻译注：《论语译注·阳货篇第十七》，中华书局1930年12月版，第190页。
④ 杨伯峻译注：《论语译注·阳货篇第十七》，中华书局1930年12月版，第190页。

底线，有些在今天还关涉违背法律的情事，特别是有关诽谤和揭露他人隐私的法律问题。

以上，我们不惜笔墨，已将《论语》中有关"君子"之言说从头至尾大致梳理了一遍，并作出笔者个人的点评和分析。但还应指出，此番梳理和分析只可说是尽可能周全而已。原因在于，在儒家差序格局的社会理想结构下，就以道德教化来实现儒家心目中的"至善"目标和大同社会理想来说，孔子以"君子"为道德楷模和关于教化的实现的思想极为丰富。从我们的前述梳理中不难看出，整部《论语》从前至后几乎每一篇都有涉及"君子"何以成为"君子"，"君子"怎样才能有"君子"的言说及行为，内容极其丰富。除此之外，孔子的弟子子路、子贡等人也有很多论述，但限于篇幅，我们只选择其中重要的言论予以引录和分析。还应指出，孔子本人在《论语》中还有一些其他关于道德榜样的"人杰"的概念，如"士""贤人"等。他们的言行也极受孔子的赞扬和推崇，从道德榜样的标准来看，这类人都与"君子"一样，堪称道德典范，都可以成为"小人"学习的榜样。还有一点也要说明一下，在孔子的言论中，有多处"君子"并非指士大夫阶层中的"君子"群体，而是指诸侯和国君这类统治者。有关这些言论，其实可以置放在"圣王""明君"的类下加以梳理和说明。本研究为保持体例的一致性和系统性，有关这类的言论并没有在此处引录和分析。

最后，还有一点需要特别强调一下，就是以"君子"为道德榜样以化育万民，直至实现儒家的社会理想和治国理念，是儒家一以贯之的人群分类标准和经世治国的宏观路径。从周代的周公旦发端，到春秋时代的孔子阐扬，再到春秋战国时代的孟子、荀子的继承和发展，直至后世，从未中断。为照顾这种一贯性，又限于篇幅，下面只想就有关孟子和荀子相关言论的要者加以引录和分析。

"孟子曰：'子路，人告之以有过，则喜。禹闻善言，则拜。大舜有大焉，善与人同，舍己从人，乐取于人以为善。自耕稼、陶、渔以至为帝，无非取于人者。取诸人以为善，是与人为善者也。故君子莫大乎与人为善。'"[①]

---

① 陈襄民等注译：《五经四书全译》（四）《孟子·公孙丑上》，中州古籍出版社 2000 年 8 月版，第 3302 页。

"善""与人为善"是人类道德重要的外在表征，孟子极为推崇，所以有"故君子莫大乎与人为善"的教诲。

"孟子曰：'伯夷隘，柳下惠不恭。隘与不恭，君子不由也。'"①

伯夷非其君不事，非其友不友，是为狭隘，不能因势求变。柳下惠无论谁拉住他留下，他都会留下，这种做法不严肃，应视为无原则。作为"君子"，这两种做法都不可取，既不能狭隘偏激，也不能随意不讲原则。

"孟子曰：'……无处而馈之，是货之也。焉有君子而可以货取乎？'"②

此话的最大道理是说明没有理由的馈赠或送礼即为贿赂。作为"君子"是断然不能接受贿赂的。这较之当今之贪官的受贿和行贿来说，道德品质的高下有如云泥。这是上古典籍中有关拒贿的重要论述，极具现实意义。

"曰：'……且古之君子，过则改之；今之君子，过则顺之。古之君子，其过也，如日月之食，民皆见之；及其更也，民皆仰之。今之君子，岂徒顺之，又从为之辞。'"③

古今"君子"在道德上的差异虽可明鉴，但孟子显然是要阐明有错必改的"君子"之德的重要性。此道德标准不仅适用于上古时代的人，即使在当今时代也极具道德适用性。

"君子不怨天，不尤人。"④

此虽为充虞转述孟子的话，但实为儒家确定的一条重要的"君子"应具的道德标准。意为凡遇到困难或处于窘境，都要靠自己解决，既不怨天，也不责怪别人。

"孟子曰：'……上有好者，下必有甚焉者矣。君子之德，风也；小人

① 陈襄民等注译：《五经四书全译》（四）《孟子·公孙丑上》，中州古籍出版社 2000 年 8 月版，第 3303 页。

② 陈襄民等注译：《五经四书全译》（四）《孟子·公孙丑下》，中州古籍出版社 2000 年 8 月版，第 3308 页。

③ 陈襄民等注译：《五经四书全译》（四）《孟子·公孙丑下》，中州古籍出版社 2000 年 8 月版，第 3314 页。

④ 陈襄民等注译：《五经四书全译》（四）《孟子·公孙丑下》，中州古籍出版社 2000 年 8 月版，第 3319 页。

之德，草也。草尚之风，必偃……'"①

此话孔子也曾讲过，孟子再次重申，则又突出了道德榜样的教化力量的强大。

"周霄问曰：'古之君子仕乎？'孟子曰：'仕。……古之人未尝不欲仕也，又恶不由其道。不由其道而往者，与钻穴隙之类也。'"②

同"君子"发财取之有道一样，孟子认为，"君子"（士）未尝不想做官，也能做官，只是厌恶用不合乎道德和礼义的手段去"跑官"，通过不正当手段得到的官，就类同男女钻洞扒门缝去私会和窥视一样让人看不起。现代有人"跑官"用更恶劣的手段，如用金钱、财物或美色等贿买手段，不仅令人不齿，而且是严重的犯罪行为。

"孟子曰：'……如知其非义，斯速已矣，何待来年？'"③

如果知道某种行为不合道理，就应当马上停止，为什么要待来年？这才是"君子"之道，内含知错必改的道德素养。

"孟子曰：'……故声闻过情，君子耻之。'"④

"君子"不应当过分追逐名誉，如果名誉超过实际情况，应当引以为耻。放在当今社会，此种告诫也极重现实意义。当代包括知识界人士，追逐名誉的现象所在多有。

"孟子曰：'人之所以异于禽兽者几希，庶民去之，君子存之。舜明于庶物，察于人伦，由仁义行，非行仁义也。'"⑤

这里对百姓的贬斥极不可取，但要求"君子"保存人与禽兽之间的差别，走仁义之路，而不是把仁义作为工具、手段来使用，这是正确的。人

---

① 陈襄民等注译：《五经四书全译》（四）《孟子·滕文公上》，中州古籍出版社 2000 年 8 月版，第 3321—3322 页。
② 陈襄民等注译：《五经四书全译》（四）《孟子·滕文公下》，中州古籍出版社 2000 年 8 月版，第 3338—3339 页。
③ 陈襄民等注译：《五经四书全译》（四）《孟子·滕文公下》，中州古籍出版社 2000 年 8 月版，第 3345—3346 页。
④ 陈襄民等注译：《五经四书全译》（四）《孟子·离娄下》，中州古籍出版社 2000 年 8 月版，第 3373 页。
⑤ 陈襄民等注译：《五经四书全译》（四）《孟子·离娄下》，中州古籍出版社 2000 年 8 月版，第 3374 页。

兽关头，只念之差，看你选择走什么路，回想当今许多贪官一失足成千古恨的惨痛教训，此番言论极具现实廉政教育的意义。

"孟子曰：'君子所以异于人者，以其存心也。君子以仁存心，以礼存心。仁者爱人，有礼者敬人。爱人者，人恒爱之；敬人者，人恒敬之。有人于此，其待我以横逆，则君子必自反也：我必不仁也，必无礼也，此物奚宜至哉？其自反而仁矣，自反而有礼矣，其横逆由是也，君子必自反也：我必不忠。自反而忠矣，其横逆由是也，君子曰：'此亦妄人也已矣。如此，则与禽兽奚择哉？于禽兽又何难焉？'是故君子有终身之忧，无一朝之患也。乃若所忧则有之：舜，人也；我，亦人也。舜为法于天下，可传于后世，我由未免为乡人也，是则可忧也。忧之如何？如舜而已矣。若夫君子所患则亡矣。非仁无为也，非礼无行也。如有一朝之患，则君子不患矣。'"①

"君子"与普通人的区别之一，就是"存心"不同。所谓"存心"就是"居心"或所思所行。"君子"爱人，尊礼而行，遇到别人的蛮横无理，先不去责难别人，而是反躬检讨自己是否做到了仁义和礼节，再进而反省自己是否对他人不够忠诚。都做到了，就不必再理会别人的蛮横无理了，只把狂妄之人看成禽兽就可以了，不必再忧虑此事了。"君子"只要做到不仁义的事不干，非礼节的事不做，就可以了。即使遇到了一时的祸患，"君子"也不以为痛苦了。"君子"的爱人之心和遵礼行事虽然难以为普通人完全做到，但作为高尚的"道德"标准仍然值得尊崇和效法。

"由君子观之，则人之所以求富贵利达者，其妻妾不羞也，而不相泣者，几希矣。"②

在"君子"看来，有些人为升官发财逐利而不择手段，以致不使他的妻妾引以为耻而相对哭泣的人，实在太少了。相反，由于丈夫不义陷家人于困厄之中的事例则太多了。在当代，许多落马的贪官陷家庭妻儿于痛苦之中的悲事绝不是太少，而是太多了。

---

① 陈襄民等注译：《五经四书全译》（四）《孟子·离娄下》，中州古籍出版社 2000 年 8 月版，第 3378—3379 页。

② 陈襄民等注译：《五经四书全译》（四）《孟子·离娄下》，中州古籍出版社 2000 年 8 月版，第 3383 页。

"孟子曰：'……君子亦仁而已矣，何必同？'"①

"君子"只要仁就行了，至于所走的道路允许各有不同。仁义为重，内涵高尚的道德修养。

"孟子曰：'君子不亮，恶乎执？'"②

"君子"若是不讲诚信，怎能坚持操守呢？儒家反复强调，诚信乃是道德的标准要素，要坚持操守，就必须讲求做人有诚信。

"孟子曰：'君子有三乐，而王天下不与存焉。父母俱存，兄弟无故，一乐也；仰不愧于天，俯不怍于人，二乐也；得天下英才而教育之，三乐也。君子有三乐，而王天下不与存焉。'"③

其中提出的三乐虽有可圈可点之处，但对人不亏心，得天下优秀人士而教之，既有内在的道德修养，又有外在的优秀品德的表现，确实可以作为"君子"的道德要求准则。

"孟子曰：'……君子所性，仁、义、礼、智根于心，其生色也睟然，见于面，盎于背，施于四体，四体不言而喻。'"④

"君子"修行在心，以仁、义、礼、智为本，前已多次述及。难能可贵的是，此种"本性"还应当在生貌、颜面、肩背、四肢等外在形貌上表现出来。这虽然很难由一般人做到，但作为"君子"应内外双修，可视之为道德修养的标准。即使在当代，一个有教养的人如果放浪形骸，坐没坐样，站没站样，风度全失，怎能受人尊敬？

"孟子曰：'……君子之志于道也，不成章不达。'"⑤

"君子"立志行道，不到一定程度（成章）就不能通达。意思是说"行

---

① 陈襄民等注译：《五经四书全译》（四）《孟子·告子下》，中州古籍出版社 2000 年 8 月版，第 3437 页。

② 陈襄民等注译：《五经四书全译》（四）《孟子·告子下》，中州古籍出版社 2000 年 8 月版，第 3444 页。

③ 陈襄民等注译：《五经四书全译》（四）《孟子·尽心上》，中州古籍出版社 2000 年 8 月版，第 3454 页。

④ 陈襄民等注译：《五经四书全译》（四）《孟子·尽心上》，中州古籍出版社 2000 年 8 月版，第 3456 页。

⑤ 陈襄民等注译：《五经四书全译》（四）《孟子·尽心上》，中州古籍出版社 2000 年 8 月版，第 3378—3456 页。

道"必须坚持，才能最终取得效果。

其实何止"行道"，做什么事情都需要坚持。坚韧性格其实也是品德修养的重要标准之一。

"公孙丑曰：'《诗》曰："不素餐兮。"君子之不耕而食，何也？'"

"孟子曰：'君子居是国也，其君用之，则安富尊荣；其子弟从之，则孝悌忠信。"不素餐兮"，孰大于是？'"①

在春秋时代，孟子就有了社会分工的观念，实难能可贵。"君子"使天下安富尊荣，百姓孝悌忠信，就是对国家和社会最大的贡献，并不算是"吃白饭"。

"孟子曰：'君子之所以教者五：有如时雨化之者，有成德者，有达财者，有答问者，有私淑艾者。此五者，君子之所以教也。'"②

此五种"君子"教育人的方法，至今仍有一定的价值和可取之处。

"公孙丑曰：'道则高矣，美矣，宜若登天然，似不可及也；何不使彼为可几及而日孳孳也？'"③

"道"虽高难企及，但标准不能降低。"君子"虽然不能事事做到，但作为榜样，坚持高标准，也还是会影响众人向他学习的。

"孟子曰：'君子之于物也，爱之而弗仁；于民也，仁之而弗亲。亲亲而仁民，仁民而爱物。'"④

"君子"由爱亲人，进而仁爱百姓；仁爱百姓，进而爱惜万物。此为"君子"应当遵循的实现仁义的路径，即由近及远，由人及物。

"孟子曰：'言近而指远者，善言也；守约而施博者，善道也。君子之言也，不下带而道存焉；君子之守，修其身而天下平。人病舍其田而芸人

① 陈襄民等注译：《五经四书全译》（四）《孟子·尽心上》，中州古籍出版社 2000 年 8 月版，第 3460 页。
② 陈襄民等注译：《五经四书全译》（四）《孟子·尽心上》，中州古籍出版社 2000 年 8 月版，第 3464 页。
③ 陈襄民等注译：《五经四书全译》（四）《孟子·尽心上》，中州古籍出版社 2000 年 8 月版，第 3464 页。
④ 陈襄民等注译：《五经四书全译》（四）《孟子·尽心上》，中州古籍出版社 2000 年 8 月版，第 3466 页。

之田——所求于人者重,而所以自任者轻。'"①

孟子对"君子"言语的要求是说浅近或常见的事情,但意义要深远且符合道义;对"君子"操守的要求是简约,且从自己修养开始进而达到平天下的最高社会目标。人们的通病是把责任和负担推给别人,自己却只愿意担负很轻的负担和责任。孟子的要求无疑也是"君子"道德标准的两个重要方面。

"(孟子)曰:'君子反经而已矣。经正,则庶民兴;庶民兴,斯无邪慝矣。'"②

"君子"能使一切事物回到正道。回到正道百姓就会兴奋振作;百姓兴奋振作,就没有邪恶了。

走正道而不邪出,就会使民众奋发向前,此为"君子"所要修养的品德之一。

以上是有关孟子"君子"观重要表述的梳理和分析。同孔子的《论语》一样,所引录和分析的语句都具有道德标准和教化的意义和价值。有些非关于上述宏旨的语句,或者不符合现时代要求的语句都被有意排除掉了,我们认为这既关乎我们言说的主旨,也符合科学的态度和精神。此外,如同在《论语》中所做的那样,大量与"君子"类同,但以"贤人""上位""大人""士"等名义出现的关于道德标准及教化的语句,也没有被引录和分析,但这绝不意味着那些语句就不重要,只是照顾到本研究体例统一的需要,毕竟这里进行的只是有关"上古官箴"的背景性研究。

下面再将荀子有关"君子"道德标准的言语加以引录和分析。

"君子曰:'学不可以已。……君子博学而日参省乎己,则知明而行无过矣。'"③

荀子在这里主要是指明"君子"应当树立的学习态度:一是要坚持,不能半途而废;二是要通过学习,用所学到的知识和品德每天多次地反省

---

① 陈襄民等注译:《五经四书全译》(四)《孟子·尽心下》,中州古籍出版社 2000 年 8 月版,第 3479 页。

② 陈襄民等注译:《五经四书全译》(四)《孟子·尽心下》,中州古籍出版社 2000 年 8 月版,第 3482 页。

③ 王威威译注:《荀子译注·劝学》,上海三联书店 2014 年 1 月版,第 1 页。

自己，以达到智慧通达而行为没有错误的目的。这种学习态度及学以致用的方法，至今仍有现实的意义和价值。凡"君子"乃至普通人都应当以此为修养标准。

"……故君子居必择乡，游必就士，所以防邪僻而近中正也。"①

君子居住时一定要选择乡里，出游时一定要接近贤士，这是为了防止乖谬不正而能够接近中正大道。无论是居住还是出游，"君子"都要加以选择从而不犯错误并始终保持走中正的道路。这种教诲不仅对"君子"和普通人有针对性，对于那些走上仕途的古今之人也有教益。当代因腐败而身败名裂的官员中，确有不少在任人唯亲、任人唯近方面出现问题，以致一失足成千古恨。

"物类之起，必有所始。荣辱之来，必象其德。肉腐出虫，鱼枯生蠹。怠慢忘身，祸灾乃作。强自取柱，柔自取束。邪秽在身，怨之所构。施薪若一，火就燥也；平地若一，水就湿也。草木畴生，禽兽群焉，物各从其类也。是故质的张而弓矢至焉，林木茂而斧斤至焉，树成荫而众鸟息焉，醯酸而蚋聚焉。故言有召祸也，行有招辱也。君子慎其所立乎！"②

一系列的形象比喻全面地展示了"君子"立身行事的道德要求，其中最重要的就是"荣辱之来，必象其德"，就是无论普通人、"君子"还是从政之官员，其荣誉和耻辱，一定与本人的品德相应。要求"君子"谨言慎行，不在乎外在，要在乎内在的道德修养。荀子显然已将"君子"的立身行事置于道德修养的高处。

"故君子结于一也。"③

"结于一"指"君子"学习应当秉持专一的态度，锲而不舍，用心专注，才能有所成就。

"故君子隆师而亲友，以致恶其贼。"④

"君子"尊崇老师、亲近朋友，而极其憎恨献媚的人（古称贼人），这

① 王威威译注：《荀子译注·劝学》，上海三联书店 2014 年 1 月版，第 4 页。
② 王威威译注：《荀子译注·劝学》，上海三联书店 2014 年 1 月版，第 5—6 页。
③ 王威威译注：《荀子译注·劝学》，上海三联书店 2014 年 1 月版，第 7 页。
④ 王威威译注：《荀子译注·修身》，上海三联书店 2014 年 1 月版，第 19 页。

当是道德高尚的"君子"待人处世的原则。

"士君子不为贫穷怠乎道。"①

士人和"君子"不会因为贫穷困厄而怠慢道义。此谓"君子"一生都尊崇道义，即使在贫穷困厄之中也不改其守道之志。

"端悫顺弟，则可谓善少者矣；加好学逊敏焉，则有钧无上，可以为君子者矣。"②

正直恭谨敬爱兄长，再加上谦虚敏捷，这样的人可以称为"君子"。内含"君子"的道德标准。

"君子之求利也略，其远害也早，其避辱也惧，其行道理也勇。君子贫穷而志广，富贵而体恭，安燕而气血不惰，劳倦而容貌不枯，怒不过夺，喜不过予。君子贫穷而志广，隆仁也；富贵而体恭，杀势也；安燕而血气不惰，柬理也；劳倦而容貌不枯，好交也；怒不过夺，喜不过予，是法胜私也。《书》曰：'无有作好，遵王之道；无有作恶，遵王之路。'此言君子之能以公义胜私欲也。"③

此段语录全面展现荀子本人对"君子"应当具有的品德的综合观点，其中蕴含"君子"应当用公正的义理来战胜个人的私欲。这是"君子"道德修养的最高标准，极具现代性价值和意义。

"士君子之所能不能为：君子能为可贵，不能使人必贵己；能为可信，不能使人必信己；能为可用，不能使人必用己。故君子耻不修，不耻见污；耻不信，不耻不见信；耻不能，不耻不见用。是以不诱于誉，不恐于诽，率道而行，端然正己，不为物倾侧，夫是之谓诚君子。《诗》云：'温温恭人，维德之基。'此之谓也。"④

此段所树立的"士君子"的道德标准可概括为"荣辱观"，即"士君子"应以何为"耻"和"不耻"，最重要的是既不被荣誉诱惑，也不被诽谤吓倒，只遵循道义行事，严肃地端正自己，不为外界事物动摇，一心走正

① 王威威译注：《荀子译注·修身》，上海三联书店 2014 年 1 月版，第 25 页。
② 王威威译注：《荀子译注·修身》，上海三联书店 2014 年 1 月版，第 33 页。
③ 王威威译注：《荀子译注·修身》，上海三联书店 2014 年 1 月版，第 35 页。
④ 王威威译注：《荀子译注·非十二子》，上海三联书店 2014 年 1 月版，第 51—52 页。

直的路。这种"士君子"的道德修养标准可视为应树立的"荣辱观",即使在当代,虽其内容有重大变化,但相应的荣辱观却不可缺失,对于当今之"士"即官员的道德修养,仍具有现实的意义和价值。

"君子以德,小人以力。"① "君子"与"小人"以德、力相分,且力是被德役使的。这反映了荀子道德思想的局限性和阶级性。但从"君子"的角度上看,依靠道德为人做事,还是有可取之处的。

"天不为人之恶寒也辍冬,地不为人之恶辽远也辍广,君子不为小人匈匈也辍行。天有常道矣,地有常数矣,君子有常体矣。君子道其常而小人计其功。《诗》曰:'何恤人之言兮?'此之谓也。"②

"君子"有恒常的规矩,遵行常规行事,与"小人"计算功利行事迥然不同。这也是一种道德修养境界。

以上引录和分析,同《论语》《孟子》一样,并非全部,但主要内容几无遗漏。结合起来看,儒家的三大代表人物及其经典论述,在关于"君子"道德修养的标准问题上,虽非全部一致,但其内在的精神和义理是完全一致的,可以从中析出一根完整的逻辑链条。这根链条可以大致描述如下。

首先,儒家先将人分成在道德修养上或德行上有高下之分的两类人,一是"君子",二是"小人"。

其次,儒家将道德高标准和道德理想赋予"君子",并相应地将道德水平低下或"无德"之人称为"小人"。

再次,将道德高尚和道德低下或无德的两种状态置于可以辩证转化的平台上,通过相互影响二者都可以实现逆向转化,即道德高尚的"君子"如果不注重自己的道德修养,就可能会变成"小人",而"小人"也可以以"君子"为榜样,通过道德修养变成"君子"。从前引三家的语录来看,孔子、孟子和荀子都更强调"小人"接受"君子"的道德风范,"君子"之德像"风"一样使"小人"的草朝着"君子"的风向"偃伏"。

最后,"君子"与"小人"的道德区分尽管与儒家的人有"差序"的总体原则抱持逻辑上的恰适,但这并不是儒家的根本目的。儒家真正的和

① 王威威译注:《荀子译注·富国》,上海三联书店 2014 年 1 月版,第 109 页。
② 王威威译注:《荀子译注·天论》,上海三联书店 2014 年 1 月版,第 173 页。

最终的目的是强化道德的本体作用。通过个人的道德修养完善自己，进而影响他人，最终实现经世治国平天下的最终社会理想。看来，"君子"与"小人"之分，只是一种手段而已，是上古时代的儒家先贤通过对社会现实的体察，从尊重人们在道德水平上的差异的现实基础出发而作出的政治和伦理上的路径选择，虽有粗糙和简化之嫌，并不为今人的社会道德观念所容纳，但从历史的总趋势来看，其道德标准的设置及其路径的选择还是具有历史进步作用的，对于维系几千年中国传统道德核心价值观及道德教化，说是功不可没似乎并不为过。

儒家关于"君子"的道德标准及其重要价值和社会作用的论述是一以贯之的，在其他儒家经典中包括《诗经》在内还有很多论述，限于篇幅，就不一一引录和分析了，在后面的官箴研究中，有些还会涉猎。

第五，儒家道德的礼制化和法制化。前面所分析和探讨的大抵是儒家的道德准则，本质上是一种政治伦理原则和社会理想，基本上还是停留在形而上的精神层面。但儒家的道德学说还不止体现在观念的义理阐释，以及道德教化的机制和路径选择上，更重要的还在于通过"制礼"与"人法"使其固定，进而成为可以刚性实施的规范体系。

"礼"起于何时，古代哲人和史家并没有一个确切的共识，但有一点是明确的，就是从最宽泛的意义上来讲，"礼"或许与人类进化成为具有社会意义的"社会人"共时长。在中国，可能在很早时候就已经形成初步形态的"礼"。到了可以追溯确切王朝的夏、商、周三代，"礼"的原始建制或许已经初步定型，有典为据。孔子说："殷因于夏礼，所损益，可知也。周因于殷礼，所损益，可知也。其或继周者，虽百世，可知也。"[1] 又说："夏礼，吾能言之，杞不足征也；殷礼，吾能言之，宋不足征也；文献不足故也。足，则吾能征之矣。"[2]

对于"礼"的起源问题，战国时期儒学大家荀子有更明确的表述。在

---

① 陈襄民等注译：《五经四书全译》（四）《论语·八佾第三》，中州古籍出版社 2000 年 8 月版，第 3059 页。

② 陈襄民等注译：《五经四书全译》（四）《论语·八佾第三》，中州古籍出版社 2000 年 8 月版，第 3063 页。

《荀子》一书中，专门设有"礼论"一章。他特别强调"礼"起源之早，可以从人类产生时具有人性得到体现。他说："礼起于何也？曰：人生而有欲，欲而不得，则不能无求；求而无度量分界，则不能不争；争则乱，乱则穷。先王恶其乱也，故制礼义以分之，以养人之欲，给人之求，使欲必不穷乎物，物必不屈于欲，两者相持而长，是礼之所起也。"①

又说："礼有三本：天地者，生之本也；先祖者，类之本也；君师者，治之本也。无天地恶生？无先祖恶出？无君师恶治？三者偏亡焉，无安人。故礼上事天，下事地，尊先祖而隆君师，是礼之三本也。"②

这里明确指出，"礼"有起源意义上的"三本"，即天地、先祖和君师，"礼"之"事"就是"祭祀"，意指"礼"起源于祭祀。

儒家的"礼"论，并非全由上述的基本人性和祭祀的自然起源构成，也有人自觉自为的人文创造，特别是圣王的人文创造。史称"周公制礼"就是指周代的周公旦主持制定了礼，但"周公制礼"之说在后世的史家和思想家中争论颇多，现存于世的《周礼》也基本上被否定为周公所制。不论史实如何，在儒家尊崇上古圣王贤相的文化氛围中，圣王在规制初民社会和早期国家的礼仪方面，确实发挥了重要作用。荀子就肯定了这一点，他说："故圣人化性而起伪，伪起而生礼义，礼义生而制法度。然则礼义法度者，是圣人之所生也。"③

关于"礼"的政治伦理地位和价值，儒家经典更是多有论述。孔子就说过："能以礼让为国乎？何为？不能以礼让为国，如礼何？"这就将礼让提到治国原则的高度。当然，礼让本于礼乐制度，也就是说，只有实行礼乐制度，国家才能治理得好。

《春秋左传·隐公十一年》记载："礼，经国家，定社稷，序民人，利后嗣者也。"④《礼记·曲礼上》记载："道德仁义，非礼不成；教训正俗，非礼不备；分争辨讼，非礼不决；君臣上下，父子兄弟，非礼不定；宦学

① 王威威译注：《荀子译注·礼论》，上海三联书店2014年1月版，第184页。
② 王威威译注：《荀子译注·性恶》，上海三联书店2014年1月版，第189页。
③ 王威威译注：《荀子译注·性恶》，上海三联书店2014年1月版，第308页。
④ 陈襄民等注译：《五经四书全译》（三），中州古籍出版社2000年8月版，第1800页。

事师，非礼不亲；班朝治军，莅官行法，非礼威严不行；祷词祭祀，供给鬼神，非礼不诚不庄。是以君子恭敬搏节退让以明礼。"① 在儒家代表人物中，荀子著有《礼论》以阐明他对礼的一系列观点，其中就包括礼在政治伦理中的地位和价值。他说："礼有三本：天地者，生之本也；先祖者，类之本也；君师者，治之本也。无天地恶生？无先祖恶出？无君师恶治？三者偏亡焉，无安人。故礼上事天，下事地，尊先祖而隆君师，是礼之三本也。"② 天地之本是生命的本源；先祖之本是家族的传承本源；君师则是治国的本源。"礼"有如此"三本"，足见其地位的崇高和重要。又说："凡礼，始乎棁，成乎文，终乎悦校。故至备，情文俱尽；其次，情文代胜；其下，复情以归大一也。天地以合，日月以明，四时以序，星辰以行，江河以流，万物以昌，好恶以节，喜怒以当，以为下则顺，以为上则明，万物变而不乱，贰之则丧也。礼岂不至矣哉！立隆以为极，而天下莫之能损益也。本末相顺，终始相应，至文以有别，至察以有说。天下从之者治，不从者乱；从之者安，不从者危；从之者存，不从者亡。小人不能测也。"③ 此处说天地、日月、四时、星辰、江河、万物都依"礼"而行，应该说有些过于宽泛，用"礼"代替自然规律也不恰当。但说天下从礼就能得到治理，不遵从礼就会混乱，遵从礼就能安定，不遵从礼就会危险，遵从礼就能够存在，不遵从礼就会灭亡，还是有一定的道理的，尽管也有夸大其词之嫌。无论如何，在儒家的心目中，"礼"是最高的原则，"隆礼"则是国家、社会和人们最高的行为准则。这一观念在儒家是一贯和一致的。

　　或许是因为儒家太过重视"礼"对政治伦理、社会、个人的作用，"礼"在上古至后世的漫长历史进程中由祭祀的仪式起，在仪规上不断扩展，初涉冠婚丧祭，继而涉及揖让周旋，又进而扩展到一切典章制度和行为规范，包括政治、经济、军事、司法、职官、宗教、教育、婚姻家庭、伦理道德、风俗习惯等各个方面。自上古时代以降，有关"礼"的古籍甚多，但在历史上因大量典籍散佚或由于战乱而失传，"礼"的详细内容已不

---

① 陈襄民等注译：《五经四书全译》（二），中州古籍出版社 2000 年 8 月版，第 1141 页。
② 王威威译注：《荀子译注·礼论》，上海三联书店 2014 年 1 月版，第 189 页。
③ 王威威译注：《荀子译注·礼论》，上海三联书店 2014 年 1 月版，第 194 页。

可考。但流传至今仍存有三部典籍，即东汉末年郑玄所注《周礼》《仪礼》《礼记》，合称"礼经"，皆为儒家经典。其中《周礼》最为繁复，《礼记》稍简，但也包罗万象，梳理之后大致可分为以下七类。

其一，嘉礼。包括习俗、酒宴的规范，以及成婚年龄和成人年龄等婚姻规范。

其二，宾礼。包括宫廷礼仪规则、互派使者的礼节。

其三，凶礼。包括葬礼规范，以及与家庭亲疏关系相适应的服丧规定。

其四，吉礼。包括祭祀仪式规范。

其五，军礼。包括与军队、行政以及税收等制度有关的规定。

其六，通礼。包括与地方行政、教育、土地、刑法等制度有关的规定。

其七，曲礼。包括日常生活规范，以及婚姻和致仕年龄等有关规定。

由上可见，"礼"在儒家学说中具有重要的地位和作用。"礼"深层次直通儒家以德治国的理念与实践，所谓的"德治"必经"礼治"才能实现。儒家极其重视"隆礼"，就是想通过礼仪典章和礼仪规范达到儒家政治和社会理想中的天下止于至善的最终目标。"礼"的地位和作用还不止于此，儒家不论如何尊礼隆礼，但绝没有把自己的治国经世的途径和手段只限于"礼"，儒家还相应地承认"法"为治国经世的辅助性途径和手段，甚至承认"法与德双"（司马迁语）。尽管如此，"法"在儒家心目中只能从属于"礼"，不止于此，儒家还通过"引礼入法""以经释法"，在"礼"与"法"之间架起了沟通的桥梁，一方面想要"法"发挥强制性规范作用，另一方面又使"法"不能脱离"礼"的本源。除此之外，儒家还在后世特别是在汉代，通过"以经决疑"，即通过解释礼义经典，使疑难案件得以解决，此举显然也是想利用礼义经典以弥补"法"的欠缺和不足。

本节总结

从哲理化的自然规律之"道"到神圣化的"王道"，再到入社会人伦之后形成的行为准则、公共和个人的"道德伦理"，又进而发展成为治国经世的典章制度和行为规范的"德治"，这是一条完整延续的道德进化链条，它在无可稽考的古老时代直到前现代，都是社会和国家主流价值观的核心要素，构成了中华传统文化的基本内核和坚实主体，成为中华传统文化的精髓和重大特色。如今的国内外有识之士在研究现代问题和东西方差别时，总是不由自主地将中国古代的道德观和"天人合一"的宇宙观以及格物致知的认识论等传统文化的精髓与西方和现代的观念与体系进行比较，并从中得出自己的结论和意见。包括道德观在内的中华传统文化确实是认识和研究古今中外一切社会和国家问题绕不开的话题。没有比较就没有鉴别，没有鉴别就无法判断是非和优劣。中华传统文化之所以成为观察和分析一切重大社会和国家问题的窗口和平台，正是由于其基本特质。自人类产生社会和国家思想以来，曾在不同时期涌现出对人类具有重大影响的思想体系，从最初的古埃及、古巴比伦文明，到古希腊罗马文明和古印度文明，再到中古时期涌现的具有浓厚宗教色彩的基督教文明和伊斯兰文明，都曾对人类的世界历史进程产生或长或短的重大影响。从包容性的文化多元主义的立场上看，这些都是人类宝贵的精神文明遗产。中华传统文明之所以在这块古老的东方大地上持续发展了几千年而几乎从未中断直到现代，主要就是道德伦理观念和体系的支撑。而这种道德伦理体系之所以能够如此长久地支撑中华传统文化，关键就在于它产生和发展的客观性和现实性。

首先，从客观性方面来说，从我们上述的梳理和分析中可以看出，道德观念和体系源于中华先祖对自然界的深刻观察和对自然规律的发现与总结。"天行有常，不为尧存，不为桀亡。"① 正是这种客观性铸就了它的超强稳定性和持久性，这是任何基于神话和宗教观念与体系的自然观和宇宙论所不能比拟的。理由很简单，自然规律需要亿万年甚至数十亿、一百多亿年的时间才能形成（依据宇宙起源于 137 亿年 [另有说 138 亿年] 前的"奇点大爆炸的理论与观察作出的推论"）。自然界也会发生变化，最终会变得面目全非，甚至走向衰亡，但只要人类不横加干涉，不予以激烈的破坏，在人类个体生命有限的几十年、人类群体的千百年乃至整个人类群体的几百万年间，自然界在人类的眼中，正像我们的先贤所说，"天行有常"，太阳东升西落，一年四季轮回、寒来暑往，植物春生、夏长、秋实、冬藏，

---

① 王威威译注：《荀子译注·天论》，上海三联书店 2014 年 1 月版，第 166 页。

都是亘古不变的。建立在这种宇宙观、自然观之上的道德观念和体系，其所具有的稳固性和持久性，就具有了坚实的基础。相比之下，建立在意识形态上的道德观和体系，哪怕是一些大型体系性的神话和宗教价值观与体系，尽管已经流传了一两千年，但终归要随着时代的变迁而改变，不会像自然规律提供的支撑那样那么稳固和持久。所幸的是，中华先祖从初民社会时起，就义无反顾地走上了主要以自然规律为本源来建构自己的宇宙观以及相应的道德观念和价值体系的道路。这就是中华传统文化形成超稳定的道德价值体系的根本原因及基本特点。

其次，从现实性方面来说，这块古老的东方土地所提供的自然地理环境和条件使中华先民别无选择，只能从事农业生产，于是，农耕文明的发展路径就成了中华先民的不二选择。社会以农业为生存之源，国家以农业为富国强兵之本，这就构成了中国古代社会和国家的最根本的经济基础，在农业为本的基础上，相应地形成和发展了一系列社会结构和国家形态，在中国先民的精神领域更是形成了一套复杂的思想体系和价值观念。农业生产需要仰观天文、俯察地理，准确地把握时令的变化，依据自然规律才能确保农业收成，以满足人们的饮食之需。而农业生产经验的代代传承不仅保障人类的生存物质特别是粮食的需要，而且相应地形成和发展了以先祖为本位的家庭、家族一体的观念和社会基础组织，为维系这个基础组织的稳固性和持久性，孝悌、父子的观念必不可少，否则社会的基础组织就会由于缺乏精神支柱而无法维持。

有了家庭、家族的维系和赓续还不够，人类的物质生活和精神生活终究需要在更大的社会层面展开，而这种展开又需要有一种超越社会层面的公共力量来统一驾驭和协调，于是就有必要组织公共权力机构，分官设职，各司其职，使社会和国家都得以有效运转。于是，面对这种现实的需要就又创造和发展了"君师"之本。"君师"之本就是社会和国家得以治理的本源。没有这个本源，社会和国家就无由建构，即使建构了，没有"君"之统和"师"为教，社会和国家也会由于缺乏有效的治理和教化而无法形成凝聚力和向心力，社会和国家仍不免在相互倾轧和恶斗中两败俱伤，最后走向沦丧和败亡。"君师"之本，即今日之社会和国家公共权力之本，也是中华先民基于对社会和国家的密切观察和体悟作出的必要选择，这是建构更广泛、更高层社会道德的现实性基础。

有了物质生活，社会和国家生活的道德基础还不够，中华先民更在精神生活方面进行了开创性的建构并作出了卓越的贡献。古人或许没有今人的精神文明的概念和建构意识，但他们面对苍穹和荒蛮大地的无穷变幻，面对严酷的生存环境和极度低下的生产力而导致的求生艰难，面对随时可能遭遇的致命的自然灾害、疾病而无能为力来挽救自己的生命财产损失，再或者面对异族或同类的侵略和杀害而造成的极度痛苦和牺牲，总是能找出自我救赎之道。于是，他们在发出"我是谁，我从哪里来，我又向哪里去"的人生哲理追问的同时，也在精神领域开启了艰难的探索历程。人类要生存和延续下去，光有物质上的衣食住行还不够，还必须给自己的精神世界找一个可以安顿的家园。于是，我先民从遥不可知的时代起，就义无反顾地踏上了寻找惬意的精神故乡之旅。

中国先祖同世界上其他文明体系的先祖一样，在智力未开的时代，天泽不分。在只知其然而不知其所以然的精神混沌时期，都曾把自己的诞生、对天地的情感依赖编织在各种版本的神话体系内，借助神话中的超凡人物和超凡力量来表达和彰显自己族类的非凡和神圣的起源，回答"我从哪里来"的哲理追问。这种神话体系最终形成了强大的向心力和凝聚力，使彼此无亲缘关系可稽考的一个个自然人形成各种"族类"，进而在同一族类的内部形成强烈的祖先认同感和强大的向心力，从而使初民族群建构起更稳固的社会性和更强烈的使命感，以集体的力量共同应对生活、生产中遇到的各种艰难险阻，并进而在开疆扩土或保卫领地的过程中战胜遇到的各种困难和敌人。人类精神家园中有关起源和出身的共同纽带就此形成，一旦形成就牢不可破，愈久弥坚，不论世代延续多久，世事如何变化，人类都会永久地保存和传承本民族光荣、伟大、神圣的起源和高贵的出身。中华先民也同其他文明体系的先民一样，基于对自然万物特别是与人类生产、生活相关的动植物或山川、江河、湖海的敬畏，也曾共同经历过万物有灵的自然崇拜阶段，并逐渐形成了本民族或群体的图腾。图腾也是一种精神家园的寄托，它以一种标志性的特殊符号，来源于现实自然界又超越自然之物，成为民族或群体的共同起源和祖先的象征。中华民族共同祖先的图腾就是中华古远神话传说中的将各种动物特征结合起来塑造的"龙"的形象。自远古世代以来的中华民族的子孙，包括近代以降流散到世界各地的华人、华侨，都承认自己是"龙的传人"，这就明白无误地表明，中华先祖同世界上其他文明体系的先祖一样，经历了大体相同的路径和方向来建构早期精神依归的故乡或家园。

然而，中华远古道德体系的产生和建构的路径从发生学的最初意义来说又与世界其他古代道德体系的产生和建构的路径和方向有显著的不同，这种不同主要体现在向人文路径和方向的倾斜。我们的先祖从民智初开时期起，就超越神话和传说视域，特别是超越万物有灵和宗教的视域，将自己的观察路径和方向转向与自己的生产、生活乃至人身密切相关的事物（务）。创造性地发展出具有强烈人文色彩的宇宙观、人生观和认识论，特别是与这些观念密切相关的思想方法或思维模式，并以此建构和丰富自己的精神世界和情感家园。儒家的奠基人孔子之所以能够做到"不语怪力乱神"和"敬鬼神而远之"，就是上述人文理路基础上的经验总结和经典表述。

在儒家的经典中《易经》被尊为六经（现存五经）之首，也是最早开启人文路径和方向的哲理性智识体系。《易经》原名为《易》，继而又称为《周易》，成为儒家经典后才改叫《易经》，之所以不离"易"字，本身就蕴涵了自然事物及其运动、变化的规律，东汉魏伯阳从静态方面诠释道："日月之谓易。"① 郑玄则从动态方面解释为"易简"、"变易"和"不易"三种意义。无论如何，"易"都是来源于自然现象及古代先民的观察和认知。

《易经》的内容由"经"与"传"两部分构成。"经"又分为卦、卦辞和爻辞三部分。卦是用来象征宇宙万物运动变化图式的一套符号系统。它由阴爻和阳爻两个基本符号相互配合而构成。卦有三爻卦和六爻卦两类。三爻卦共八个，即乾、坤、震、巽、坎、离、艮、兑，合称八卦。六爻卦是由八卦两两重叠而成，共六十四个，也各有名称和符号，合称六十四卦。辞就是通常所说的"经文"或"古经"。卦辞、爻辞则分别揭示每卦、每爻

---

① 陈襄民等注译：《五经四书全译》（一），中州古籍出版社 2000 年 8 月版，"序言"第 5 页。

的意义。"传"是解"经"的文字，共十篇，也称十翼。①

"阴、阳两爻的归纳，是一个重大的创造，它们反映了世界万物对立统一的关系，不妨视为天地万物的基因，它们的相互作用，造成了整个宇宙、人间的'运行不息，变化无穷'。"②

由上可见，《易经》从整体上看，就是中华先祖对自然界密切观察和深刻领会的结果，它来源于自然，形成为人文哲理性经典，与古犹太教和基督教以神为主线展开的《圣经》相映成趣，后者是一部的宗教经典，讲的是神的传道经历与各种神迹，尽管后人也可以从中获得上古犹太人的人文信息。中国的《易经》除了讲天地之道及其变化规律之外，也讲人道和人事变化的指导原则，以及天地之道与人道和人事的交互感应的机理。人们通过观察各种自然现象及其变化形态拟诸抽象的以象征符号为表征的卦爻之象，将万千事物及其变化形态变成可以表征、言说、诠释的简易之象，然后再用此类抽象的象反观客观现实的万千事物及其变化，即取类比象以达到认识客观事物及其变化规律的目的。这是一个从拟象到比象的认知客观事物及其变化规律的过程，是中华先祖在认知系统和认知方式上的伟大创造，它架起了客观世界与人的大脑思维活动之间的桥梁，完全排除了人的天生认知和"神启"的认知方式和思维模式。

对于取物拟象，《易经·系辞》有明白的说明：

"古者包栖氏之王天下也，仰者观象于天，俯者观法于地，观鸟兽之文与地之宜，近取诸身，远取诸物，于是始作八卦，以通神明之德，以类万物之情。"③

所取之物大到天地，远至鸟兽及地上万物，近则取自人身的各种器官，据郭沫若等治《易》大家的研究结论，象征阳的符号"—"和象征阴的符号"- -"就取自男女的生殖器官，是最简易的取自人身之象。

古人取物拟象，将世上万物高度抽象化、类型化，只用极简单的两个

---

① 陈襄民等注译：《五经四书全译》（一），中州古籍出版社 2000 年 8 月版，"序言"第 5 页。
② 陈襄民等注译：《五经四书全译》（一），中州古籍出版社 2000 年 8 月版，"序言"第 5 页。
③ 陈襄民等注译：《五经四书全译·易经·系辞下传》（一），中州古籍出版社 2000 年 8 月版，第 238 页。

符号"—"和"--"加以归纳，这是中华先祖极其伟大的智识和认知世界的创造。它不仅是开启人类高级思维的锁钥，也是揭示世界万物构成的基因密码，偌大的一个世界，无论多么纷乱繁杂，从最深处看，无非就是相反相成、对立统一的两组基因构成及其变化的结果。这一认知的创造被我们认为是伟大的，它不仅经过三五千年的时间检验，而且与最现代的科学理论相通，只是用以表达的概念不同罢了。

认识世界，洞悉万物的情状，固然是我们先祖所要竭力实现的智识和认知目标，但绝不会就此满足。

认识世界不仅在于积累智识和能力，也在于利用和改造世界，为自己的生存和发展服务。中华初民在创造性地实现了对世界万物的高度抽象化并以特殊的象征符号以"通神明之德，以类万物之情"之后，就反过来进行另一次伟大的创造和转换。

"作结绳而为网罟，以佃以渔，盖取诸离。

"包栖氏没，神农氏作，斫木为耜，揉木为耒，耒耨之利，以教天下，盖取诸益。

"日中为市，致天下之民，聚天下之货，交易而退，各得其所，盖取诸噬嗑。

"神农氏没，黄帝、尧、舜氏作，通其变，使民宜之。《易》穷则变，变则通，通则久。是以'自天佑之，吉无不利'。黄帝、尧、舜垂衣而天下治，盖取诸乾坤。

"刳木为舟，剡木为楫，舟楫之利，以济不通，致远以利天下，盖取诸涣。

"服牛乘马，引重致远，以利天下，盖取诸随。

"重门击柝，以待暴客，盖取诸豫。

"断木为杵，掘地为臼，臼杵之利，万民以济，盖取诸小过。

"弦木为弧，剡木为矢，弧矢之利，以威天下，盖取诸睽。

"上古穴居而野处，后世圣人易之以宫室，上栋下宇，以待风雨，盖取诸大壮。

"古之葬者，厚衣之以薪，葬之中野，不封不树，丧期无数。后世圣人易之以棺椁，盖取诸大过。

"上古结绳而治，后世圣人，易之以书契，百官以治，万民以察，盖取诸夬。"①

在今人看来，人类生产、生活的经验是从世代赓续不断的生产、生活实践中逐步积累起来的，《易经》说是上古圣王从观卦中获得启发而发明了工具，发现了经世治国之道，应该说过于简单化，也不符合现代唯物主义观点，这是古人视域的局限性。但我们不应当以此为理由去责难几千年前的先祖，更不应当对这一看似并非科学的认知方式予以全盘否定。但无论如何，通过归纳、抽象、类型化、实践性所体现出来的人类大脑的认知方式与世上万物的性状相互沟通、交互影响的主观与客观之间联系的桥梁与沟通的机理，总是客观存在的。古人以古人的方式认识和诠释这种桥梁和机制，不论多么不符合现代的认知科学，但总归是人类思想认知史上的一个阶段，是我们人类，特别是中华文明的一个有机组成部分，作为中华文明的基础和开端，应当得到认真和科学的对待。

《易经》的人文路径和方向，经儒家经典大师的诠释，已然集中体现在《易经》的《传文》之中。《传文》解释了《经文》中具有冥冥天意色彩的神秘莫测的情境，大幅度地提升了《经文》人文实质，尽管没有形成一套完整的逻辑体系，但却实现了高度的哲理化，奠定了中华传统文明中最重要的核心概念和体系的基础，特别是其中的自然观、世界观和人们应如何看待人类与自然、社会的关系等方面，不仅以中华传统文化的显著特征著称于世，而且深刻地影响了自古至今的中国政治、经济、文化、道德伦理和精神生活的方方面面。自古至今，从中而外，各家学者热衷地、孜孜不倦地"治易"，即进行广泛而又深入的研究，这一文化上的奇观就足以彰显《易经》的重要文化地位和价值。

此外，还有一个方面需要简单地说明一下。《易经》的《经文》在原初被视为和用作一部占筮之书，爻象和爻辞之间被认为有对应安排。尽管这种对应安排没有必然的逻辑联系，但古人总是试图将爻象和爻辞的相互关

---

① 陈襄民等注译：《五经四书全译·易经·系辞下传》（一），中州古籍出版社 2000 年 8 月版，第 238 页。

联视为一种情境，而这种情境通过占筮者或解卦人的主观阐释，可以满足人们对未来即将呈现的情状的期待。即使未来的预测未能如期实现，至少也可以使未来出现的事态符合自己的目的。西方启蒙学者莱布尼茨和黑格尔都曾从西方哲学和科学视域对《易经》进行公允解读，特别是黑格尔认为《易经》并非只是用作占筮之书，而是包含着中国人的智慧，巧妙地将科学智慧与占筮结合在了一起。① 晚进的瑞士心理学家和精神分析医师及分析心理学的奠基人荣格（Carl G. Jung, 1875 - 1961）将分析心理学的"共时性"概念作为分析框架，对《易经》的占筮法进行了心理学分析，他认为世界上各种事态的"巧合"不论是否在同地或同时发生，都是因果规律所无法解释的，但"巧合"之所以能引起注意，是因为它们或许有相同的或类似的意义，那么这些事件之间的关联就是"共时性"或称为"同步"。

中国古人的占筮即使没能引发共时性事态的出现，至少可以使这些事件在占筮者心理中建立某种意义上的联系，并因此指引占筮者采取相应的行动。这种同步性或共时性的原则在《易经》中得到了充分的体现。本来，在西方人的科学理性指导下建立起来的经反复验证而得到的同一结果，才被认为是具有科学性的结论或结果。这种科学理性的思维方式无法解释某些事件的巧合性，只能用"偶然性"或"概率"加以排除和避免。相反，中国古人却通过《易经》表达出对这种"概率"的高度关注，除少数杰出的科学家之外，西方科学界总体上都难以理解。

"夫《易》，圣人之所以极深而研几也。惟深也，故能通天下之志；惟几也，故能成天下之务；惟神也，故不疾而速，不行而至。子曰'《易》有圣人之道四焉'者，此之谓也。"② "研几"就是精研事物细致的变化，哪怕是事物变化显露出来的一点征兆也不放过。又说："知已其神乎？……其

---

① 详见翟廷晋《〈周易〉的占筮迷信与科学智慧》，载郭树森、张吉良主编《大道之源——〈周易〉与中国文化》，湖南师范大学出版社 1993 年 1 月版，第 237—250 页。

② 陈襄民等注译：《五经四书全译·易经·系辞下传》（一），中州古籍出版社 2000 年 8 月版，第 228 页。

知几乎！几者，动之微，吉之先见者也。君子见几而作，不俟终日。"①"知几"就是从发现事态的苗头做起，寻找契机，并见机而动。中国古人的智慧由此可见一端，不是去尽力排除和避免"概率"或"偶然性"，相反，去刻意发掘事态发生的"概率"或"偶然性"，然后采取相应的行动以趋利避害。②《易经》进而认为："夫《易》，彰往而察来，而微显阐幽。"③"微显阐幽"，就是要善于发现事物的微小变化以及深藏的内在机理，以便能根据以往的经验预知未来的事态变化，也是"研几"的另一种表述。

古人在极其恶劣的生态和险恶的人事环境中生存，实属不易。为求得生存和发展的机会，在那民智未开和初开的世代，能用占筮的手段和方式预卜未来以趋利避害，也是一种中华先祖自立自强的生存智慧的显现。然而，占筮无论如何不是一个符合科学理性的手段和方式，终究不能在科学理性昌明的时代经得住考验，以至可以长久地被传承下去。占筮早已在漫长的历史中渐趋湮灭，最终变成了人类历史上的陈迹。这虽然具有历史的必然性，但我们不应当对其简单地加以否定。现今的学术主流一般认为那是一种古代"迷信"行为，没有任何社会和科学的价值可以发掘。这种态度也是不可取的。正如前面所指出的，占筮中蕴含着一定的科学因素，也具有特定的认识论上的积极因素，对于这样的一个复杂的智识体系，应当由专家予以认真的研究，以裨益今人之认识论。

第四节　作为官箴道德基础的公共道德和官德

前面的综述和分析基本上都是从道德体系的总体上把握的。从哲理化的"大道"之源到神圣化的"天道"之本，从"圣王贤相"的制典到以身

---

① 陈襄民等注译：《五经四书全译·易经·系辞下传》（一），中州古籍出版社 2000 年 8 月版，第 244 页。
② 关于荣格用"共时性"概念诠释《易经》的时间观念，可进一步参见赵娟《从"共时性"角度诠释〈周易〉时间观念》，载《中国社会科学报》2013 年 1 月 7 日，A05 版。
③ 陈襄民等注译：《五经四书全译·易经·系辞下传》（一），中州古籍出版社 2000 年 8 月版，第 249 页。

作则，从儒家的经典阐释到制礼入法，都是以建构社会大众的基本道德体系为出发点和归宿的，尽管儒家的宗师对"君子"提出更高的道德标准，以使其成为人们学习和效法的榜样，但"君子"毕竟只是社会民众中的一部分，而且只是一小部分。究实说来，"君子"的道德标准虽然高些，但终究不离公共道德标准的范畴。

然则，就我们研究的主题而言，"官"是社会和国家中的一个特殊的群体，这个群体当然是社会大众中的一部分，即使在古代中国将其称为"父母官"，终究还是社会大众中的组成部分。而道德体系在本质上是群体性的，即使在社会和国家这个最广泛的层面上，某种道德体系经公共的权力机关或强力或教化的引导和劝导，终究会成为社会和国家的主流价值观和基本的、稳固的道德体系。在这种总的社会和国家情势下，官僚阶层，无论被赋予多大的职权和多么尊崇的地位，就个人来讲，终究还是社会和国家中的成员，尊重和遵守公共道德都是必需的。官员在遵守公共道德方面，内在的本质要求同民众并无根本上的区别，应当是一体的，没有任何例外。在古代社会和国家，官员享受很多的特权，如"刑不上大夫"，"八议"以及"文官不问斩"等，那都是统治者赋予官僚的法外特权，并不意味着官员可以为所欲为，也绝不意味着官员可以不遵守公共道德。相反，在事理逻辑层面上，官员被特别要求遵守公共道德，充当模范，倡导为官先学会做人，做善人，"为官惟德"的经典表述，就是在刻意强化为官必须遵守公共道德。这样看来，官员在公共道德方面也与民众是平等的，并非也绝不是可以置身公共道德之外的特殊阶层。这一基本的公共道德原则在古代是确立的，毋庸置疑，至今仍有重大的指导意义。只要看一看，想一想，之所以有如此多的官员"落马"，身败名裂，细察之下，是因为他们没有把自己置放在公共道德的天平上去接受检验，总以为自己是德外之人，可以置公共道德于不顾。人一旦越过了公共道德的底线，就已经踏上了法律的红线，既要受道德法庭的拷问，又要受到法律审判的惩罚，这种必然的结果是可以预见的，迟早会出现。

关于上古时期的道德体系，就其核心内容来说，儒家大师及其经典并没有一个统一的说法。各家及其经典都有自己不同侧重点，就《易经》而言，比较看重"孚"，也就是诚的价值。如"丰卦"的"象辞"说"有孚发若"，① 意即以诚信之德来施展自己的志向。又"中孚卦"的象辞也说："泽上有风，中孚；君子以议狱缓死。"② 又说："有孚挛如。"③ 其中的"中孚"和"有孚"都是心怀诚信的道德要求。

儒家奠基人孔子对"信"格外重视，《论语》言"信"计有 38 次之多，其中有 4 次是讨论"信"的道德意义。如"与朋友交，言而有信"，④ "主忠信"，⑤ "人而无信，不知其可也"。⑥ 除了作为个人的道德准则之外，他还特别将"信"提升到治国的战略高度。例如，他说："道千乘之国，敬事而信。"⑦ 治理一个大国，除了严肃认真施策之外，还要信实无欺。子贡问政，子曰："足食，足兵，民信之矣。"⑧ "民无信不立。"⑨ 立国除了粮食充足，军事强大之外，还要对人民有公信力；如果人民对政府缺乏信心，国家是不能自立自强的。

儒家另一部经典《中庸》更是高度强调"诚"，多次论及"诚"，包括天道、人道都以"诚"为本，甚至把"诚"上升到本体论的高度，如其中说："诚者，天之道也。诚之者，人之道也。"⑩ 又如："诚者，自成也；而道，自道也。诚者，物之始终，不诚无物。是故君子诚之为贵。诚者，非自诚己而已也，所以成物也。"⑪ 更有："唯天下至诚，为能经纶天下之大经，立天下之大本，知天地之化育。"⑫

---

① 陈襄民等注译：《五经四书全译·易经·系辞下传》（一），中州古籍出版社 2000 年 8 月版，第 202 页。

② 陈襄民等注译：《五经四书全译·易经·系辞下传》（一），中州古籍出版社 2000 年 8 月版，第 208 页。

③ 陈襄民等注译：《五经四书全译·易经·系辞下传》（一），中州古籍出版社 2000 年 8 月版，第 208 页。

④ 杨伯峻译注：《论语译注·学而篇第一》，中华书局 1980 年 12 月版，第 5 页。

⑤ 杨伯峻译注：《论语译注·学而篇第一》，中华书局 1980 年 12 月版，第 6 页。

⑥ 杨伯峻译注：《论语译注·学而篇第一》，中华书局 1980 年 12 月版，第 21 页。

⑦ 杨伯峻译注：《论语译注·学而篇第一》，中华书局 1980 年 12 月版，第 4 页。

⑧ 杨伯峻译注：《论语译注·学而篇第一》，中华书局 1980 年 12 月版，第 128 页。

⑨ 杨伯峻译注：《论语译注·学而篇第一》，中华书局 1980 年 12 月版，第 128 页。

⑩ 陈襄民等注译：《五经四书全译·中庸》（四），中州古籍出版社 2000 年 8 月版，第 3025 页。

⑪ 陈襄民等注译：《五经四书全译·中庸》（四），中州古籍出版社 2000 年 8 月版，第 3030 页。

⑫ 陈襄民等注译：《五经四书全译·中庸》（四），中州古籍出版社 2000 年 8 月版，第 3036 页。

"诚"发自内心，"信"行显于外，久而久之，国人在文化语境中就将"诚"与"信"合为一体，统称"诚信"。"诚信"遂成为中国传统道德核心概念，流传至今，在社会主义核心价值观诸项中，"诚信"也列入其中，成为一项重要内容。当代中国由于市场经济的高速发展，发财致富的观念急剧膨胀，人们平和自足的心态也随着小农经济的解体而逐渐被竞争意识取代，传统发财有道的观念丧失了根基。经济领域中的制假、售假事件屡禁不止，涉及的领域之广令人慨叹，甚至连治病救人的医药都不放过。经济领域中的制假、售假和其他五花八门的欺诈行为的关涉人早已没有任何负罪愧疚之感，广大民众对此也无可奈何，自己既不能成为各种生活用品和治病疗伤的医药的鉴定专家，而索赔的时间乃至金钱成本之大又使得很多消费者望而生畏，转而采取自认倒霉的消极忍耐态度和做法，自我消化因"诚信"缺失所造成的权益损害。政府监管部门虽不断地加大监管力度，但也显得力不从心。

经济领域的"诚信"缺失波及面甚广。首先是政治领域，一些官员为凸显政绩，也不惜公然造假，公开说谎，甚至导致司法领域的冤假错案多有发生，结果造成政府公信力的大幅度降低，有些政府决策和施策，不论相关官员如何保证再三，信誓旦旦，老百姓就是不信。此外，在智识、教育这些文化、精神领域，造假等腐败的毒瘤也愈长愈大，越来越多，令一切正直的有识之士喟叹并惋惜。总而言之，在当代中国，在全社会重建国民的道德诚信系统已经是精神文明建设的重中之重，急中之急。在此意义上，我们这里梳理的官箴道德基础不仅对现实官员反腐和官场建设具有直接的现实价值，就是对全体国民的精神文明建设也有重大的现实指导意义。

在儒家的道德体系中，还有最核心的一项，那就是"仁"。"仁"的含义非常广泛，但不影响其在儒家道德体系中的核心地位和崇高价值。"仁"首先是为己之学，修身必须要养育"仁"德，为人不"仁"，难为好人；"仁"还是礼之本，"仁"德为道德和精神内核，"礼"则于此基础上形成礼仪制度，使"仁"得以有外在的行为规范，"礼""仁"互为表里，一个人所思所为不离儒家传统之理与道；"仁"还是一种政治主张和治国之道，治国应本于爱民众的"仁"心而实行"仁"政，继而行"仁"政而王，建立王道，终致臻于天下大治，实现世界大同的理想政治与和谐的社会理想。因此，"仁"成为孔子儒学的最高范畴、核心概念。

"仁"如此重要，以致成为儒家制经的重要内容和重点阐扬的对象。据论者统计，《论语》中共有28章出现了"仁"的内容，还不止于此，"仁"字在《论语》中共出现109次。① 对"仁"的阐扬基本上都是围绕"爱人""泛爱众""仁德""仁心""仁政"等方面展开。按照儒家的社会和政治逻辑，社会和国家的整个系统都是以"仁"为起点和中心延展开来的。个人首先通过道德修养而成"仁"，然后推己及人，由近及远，由亲到疏，再延及乡里直到邦国天下，形成完整的由"仁"相连的政治链和社会网；"仁"由内心的精神世界和理念外溢到政治和社会进程形成实践的品格。不论这一"仁"的衍化进程多么复杂和艰难，从政治和社会理念来说，应当承认这是一个理想的政治和社会图景的设计和建构。在当今世界，治国经世的理念早已非昔日可比，但"仁"的理念与实践的积极因素并没有完全泯灭，只要细致、认真地梳理、分析，还是可以为现代治国经世理念注入新的有益元素。

"仁"的思想和实践的义理在先秦时期就得到了进一步的阐释和发展，标志性的阐释和发展集中在"亚圣"孟子关于义的概念及机理。何为"义"？"义"与"仁"有何关联？孟子自有其解释："仁，人之安宅也；义，人之正路也。"② 以"仁"居心，人就有了最合适的精神安居之所，以"义"行路，人就有了最正确的行进方向。《中庸》释"义"意为"义者，宜也"，③这与"正路"表达的是同一个意思。如果说，孔子以"义"为是否取"利"的标准的话，那么孟子则将"义"抬到实践的层次，意为人光有"仁"心还不够，还须配合具体的行动，走应该走的路，做该做的事。一个人"仁"心宽厚，又能做正确的事，就是儒家心目中的道德楷模了。

关于儒家道德观念的核心内容，除了上述的"诚信""仁""义"之

---

① 李劲：《当前道德建设的日常生活批判与建构路径》，载《北京行政学院学报》2014年第2期，第114页。

② 陈襄民等注译：《五经四书全译·中庸》（四），中州古籍出版社2000年8月版，第3358页。

③ 陈襄民等注译：《五经四书全译·中庸》（四），中州古籍出版社2000年8月版，第3024页。

外，先秦经典中还有很多的表述。如《中庸》转述的孔子的"君子之道四"①"天下之达道五"。②《论语》中孔子曰："能行五者于天下为仁矣。"③又解释此五者即为"恭，宽，信，敏，惠"。④孟子则有人之"四端"之说："恻隐之心，仁之端也；羞恶之心，义之端也；辞让之心，礼之端也；是非之心，智之端也。"⑤孟子还对"不仁、不智、无礼、无义"之人极为贬斥，认为此等人只配做仆役。⑥歧视仆役现今不可取，对如此"四不"之人予以谴责，却也在理和应当。孟子还另对"仁""义""智""礼""乐"五种德性加以阐释：

"孟子曰：'仁之实，事亲是也；义之实，从兄是也；智之实，知斯二者弗去是也；礼之实，节文斯二者是也；乐之实，乐斯二者，乐则生矣。生则恶可已也；恶可已，则不知足之蹈之，手之舞之。'"⑦

在"仁""义"的核心概念的义理基础上，孟子又引伸出"智""礼""乐"三种德性，为儒家道德体系的"仁、义、礼、智"的概念化和成型打下了基础。但应指出，孟子在这里的对"仁""义"的义理阐释有些单薄，与他自己特别是与孔子对"仁""义"的义理阐释在深度和广度上有一定的差距。

孟子还对"君子本性"有集中明确的道德界定：

"君子所性，仁、义、礼、智根于心……"⑧

仁、义、礼、智是扎根于"君子"内心深处的，这里虽指称"君子"德性，但我们不必过于拘泥理解，可以认为泛指所有人的人性中都应当有这四种道德扎根。

在荀子的学说中，也多见其将"仁义""礼义""礼信"连用。他还对"信""仁""智"有别于其他诸子的独特见解。譬如他说："信信，信也；

---

① 陈襄民等注译：《五经四书全译·中庸》（四），中州古籍出版社2000年8月版，第3018页。
② 陈襄民等注译：《五经四书全译·中庸》（四），中州古籍出版社2000年8月版，第3024页。
③ 陈襄民等注译：《五经四书全译·论语》（四），中州古籍出版社2000年8月版，第3220页。
④ 陈襄民等注译：《五经四书全译·论语》（四），中州古籍出版社2000年8月版，第3220页。
⑤ 陈襄民等注译：《五经四书全译·孟子》（四），中州古籍出版社2000年8月版，第3300页。
⑥ 陈襄民等注译：《五经四书全译·孟子》（四），中州古籍出版社2000年8月版，第3301页。
⑦ 陈襄民等注译：《五经四书全译·孟子》（四），中州古籍出版社2000年8月版，第3367页。
⑧ 陈襄民等注译：《五经四书全译·孟子》（四），中州古籍出版社2000年8月版，第3455页。

疑疑，亦信也。贵贤，仁也；贱不肖，亦仁也。言而当，知也；默而当，亦知也。"① 不仅诚实是"信"，怀疑可疑的也是"信"；尊重贤能是"仁"，鄙视无能也是"仁"；说话恰当是"知"（智），该沉默时沉默无言，也是"知"（智）。这里显然对"信""仁""智"有了更深入的理解和阐释。

荀子还意味深长地将体、心及术、情结合起来彰显"忠信"和"礼义"的道德价值。如他所云：

"体恭敬而心忠信，术礼义而情爱人。"②

以上所梳理的儒家早期经典大师的关于一般道德标准的论述，虽驳杂繁复，表述不一，但细察之下，还是可以看出一条稳固的、核心的价值链条，后人对此有明确的总结和归纳，即社会上耳熟能详的"仁、义、礼、智、信"，其中早期儒学各家的表述各有所偏重。但基本上都对"仁、义、信"表达更多的意义关切，论述也不厌其详。当然，"智""礼"也很重要，但在本质上应当看作"仁""义""信"的衍生物，不像前三种具有各自独立的价值意义。从一定的意义上来说，这一系列的儒家道德体系的概念和意义构成了中华传统文化的精髓和基石，形成了中华传统文明或文化的精神支柱，它影响和渗透于几千年的中国传统社会政治、社会、文化生活的方方面面，这是一套庞大的、复杂的精神价值体系，是积几千年之久，经全社会和历代王朝倡导和弘扬的结果，历久弥坚，历久弥新，不因王朝的兴亡而改变。即使是走在现代化道路上的中国人也不能回避，甚至也不能摆脱这个现实。这就是传统的力量、文化模式的力量。

包括传统道德体系及其价值在内的中华传统文化，在近代以降的革命热情的激荡中，在火与血的搏杀中，在近代以来中国屡遭内乱外侮而陷入悲惨境地的情况下，不仅背负了腐朽思想的恶名，本身还在 20 世纪初和六七十年代成为革命的直接对象，包括孔子在内的道德体系被当作"四旧"之一，遭到强烈的批判，以至于有人宣称要与之彻底决裂，甚至要将人们的头脑中和外在世界中凡是可以看作或视作"四旧"的古代遗迹彻底地清除，即使损毁极有历史人文价值的宝贵物质遗产也毫无怜惜之情。按理，

---

① 王威威译注：《荀子译注》，上海三联书店 2014 年 1 月版，第 46 页。
② 王威威译注：《荀子译注》，上海三联书店 2014 年 1 月版，第 26 页。

包括中华传统道德体系在内的中华传统文化经如此多次严厉的批判和毁灭性的清除，早就应当销声匿迹、化为无形，然而，事与愿违，传统的东西，尤其是传统道德体系中的仁、义、礼、孝、忠等核心内容和基本价值不仅没有从人们的头脑中和社会机体中清除，反而还牢固地占据人们头脑中和社会机体的广大领地，顽强地在人们的头脑和社会生活中展现强大而又持久的生命力。中华传统文化力量之强大及其生命力之旺盛，仅凭一时的"革命热情"是无法战胜的，更不待说是彻底清除了。这已经是被中国近代历史所一再证明了的。

还应指出，现今在全社会倡导和厉行的社会主义核心价值观，试图重建适应现代性需要的全新的道德体系，其中一些内容与传统的道德观念和体系有密切的传承关系，特别是有关"诚信""和谐"等的内容更可以说是从传统道德价值和体系中挹注而来的。在社会主义新的道德体系建构过程中应当重视传统道德的内容和价值，并合理地加以利用。总之，举国上下，应当尽快找到明确的全新的社会主义道德体系和价值观的建构方向，并为此付出持续不懈的努力。

我们的社会和国家正在致力于建设和谐社会，而更远大的目标则是实现中华民族的伟大复兴，显然这些或近或远的目标是不可能在社会缺乏诚信、社会道德风尚每况愈下的社会基础上实现的。摆在全社会面前的一项艰巨而又繁重的文化和文明建构任务，就是重建社会的道德体系，特别是诚信体系。

令人欣慰的是，上述现状已经得到社会的承认，重建社会道德体系的必要性也已经取得了官民一致的共识，举国上下正在采取一致行动来努力摆脱现时道德建设的困境。政治层面提出要建构社会主义核心价值观，在法治高扬的战略部署中，也提出了相应的道德建设任务。更可嘉许的是，过去饱受批判和拒斥的一些传统道德观念及其价值体系，现在已经重登公共论坛成为有识者和立志推广者公开讨论的话题，与此同时，宣传教育部门包括各种传播媒介如报纸、电视、广播等，也推出了一系列的相关栏目，宣扬传统的技艺、令人心醉的乡愁、传统的孝道等，甚至在公共宣传场地公开打出"立足中华优秀传统文化"的标语口号。这真是一个令人耳目一新、备感鼓舞的根本性转变。尽管我们在重塑社会道德体系的历史性任务方面还有漫长的路要走，也不会一帆风顺，但这毕竟是一个良好的开端，道路虽艰辛，但方向正确，目标清楚。相信经过几代人的艰苦努力，我们会像我们的祖先一样建构起适合人情、社情和国情需要的全新的社会道德体系。这个体系的理想形态应当是：在凸显现代性的时代特征的同时，也要把注传统道德体系中的有益元素；反之也一样，在传承中华传统道德的优秀内容的同时，也要致力于创新体系的建构；同时也要吸收和借鉴包括道德体系优质成分在内的全人类的有益道德元素，最终形成古今中外"美美与共"、独具中国现代性特色的全新道德体系。

以上就中华传统道德体系与价值的梳理与分析，尽管从本主题的学理背景上看，似乎有些铺张，但笔者仍坚信这是完全必要的。因为笔者仍然有些执拗地认为，中华传统道德体系及其作为评判一个人的道德标准，国人在其面前应当是一律平等的，无人可以例外，也无人能够例外。官员虽属政治领域，但也是社会结构中的一个阶层，本质上与普通人或其他阶层的人没有什么不同。人们之所以将古代官员视为或称为"父母官"，完全是官阶价值的人为设定，这一设定直到近现代才被来自西方的民主理论、政治和法律的平等、服务等学说打破。从本质上看，官员不论有多高的级别与多尊贵的身份，都应当也必须从最基本的"做人"做起，必须遵守传统道德体系和现代从政人员道德标准为官员设定的道德底线，不能逾越常人的道德标准。普通人需要诚心、正意、修身、齐家，官员则要做得更好、更到位，然后才可以论及治国、平天下的所谓"大事"。所谓"为官惟德"，首先"惟"的就是这种普遍性的道德。历史与现实无数的为官实践一再反复证明，做不了"好人"，就必然做不了"好官"。这是中国传统文化情境和现代官德所设定的，已然演化成为古今做人为官的道德逻辑，也是一种历史和现实积淀而成的必然性，无人可以例外，无人可以摆脱。

第三章　《史记》《尚书》关于官箴的记言载事及释义

第一节　《史记》中有关上古官箴的记言载事及释义

《史记》是汉代司马迁所撰，本不属于先秦典籍，但从《五帝本纪》至《周本纪》，所记载的都是先秦，即我们所谓的上古事迹，其中关于上古官箴的记言或载事极其丰富。尤其是关于上古从政和为君、为吏之道中的君德和官德的记载不仅翔实与突出，而且还贯穿《史记》这部史书的始末，成为统领司马迁治史的一条主线和灵魂。

《史记》记述黄帝时，说他"生而神灵，弱而能言，幼而徇齐，长而敦敏，成而聪明"。① 黄帝之所以能君临天下，成为中华先民的共主，不仅生而具有特殊的气质与能力，而且与其幼小时就顺从、懂事，长大后又仁厚惠敏，成人之后又聪明能干的成长经历是分不开的。如果说，黄帝"生而神灵"是一种自然赋予的天分的话，那么，他成长中养成的各种优良的品德，则肯定是受到良好的家教和社会教育的结果。当然，黄帝本人从小能接受规劝和自勉，也是其成为德高望重之人必不可缺的一个重要方面。这样，我们就看到司马迁在这部恢宏的《史记》中开宗明义，在确立德为人

---

① 司马迁撰：《史记·五帝本纪第一》，中州古籍出版社 1996 年 10 月版，第 1 页。

品之本的地位的同时，也确立了德育、教养、教化，以及个人顺从箴教、勉力自律的立德之途。由此可见，我们谓司马迁以德为《史记》主线，当非虚妄之言。

在《史记·五帝本纪》中，司马迁还向我们展示了自上古以来就形成的以德兴国、失德丧邦的政治理念，德治成为立国之本，丧德就是自取败亡。请看："轩辕之时，神农氏世衰，诸侯相侵伐，暴虐百姓，而神农氏弗能征。于是轩辕乃习用干戈，以征不享，诸侯咸来宾从。而蚩尤最为暴，莫能伐。"① 面对当时的乱局，"轩辕乃修德振兵，……于是黄帝乃征师诸侯，与蚩尤战于涿鹿之野，遂禽杀蚩尤。而诸侯咸尊轩辕为天子，代神农氏，是为黄帝"。"有土德之瑞，故号黄帝。"②

黄帝因修德振兵，以及一系列实施德政的行为，广受百姓的拥戴，而成为中国初民的共主，其重要的立君、从政意向就是宣示为政必须以个人修德在先，其后是以德治国的政治哲学，其中涵盖和隐喻了如下的官箴理念，即立德除了个人的修为以外，还必须接受他人特别是从政官员的劝喻、教诲。从一定意义上来说，官德所立，必以相应的官箴文化为前提要件。黄帝为中国传说中的人文始祖，在中国初民立国之初，就在上古传统中隐喻了中国的官箴文化。中国传统官箴文化之形成的久远历史，由是可见。

继黄帝位的是其孙颛顼，《史记》记他"静渊以有谋，疏通而知事，养材以任地，载时以象天，依鬼神以制义，治气以教化，洁诚以祭祀"。③ 值得注意的是，记述颛顼虽未明言其德，但提出了另一个与德相关的重要概念，即"义"。义作为德的衍生理念，在中国的传统政治文化中，占有重要的地位。依照中国的官箴文化，劝"义"与劝"德"同样重要。关于这种德义关系，以及义的内涵，前文中已经有所阐释，我们还将在后面的分析中，着重予以阐述。

五帝中黄帝的曾孙帝喾，更是一个有德之人，《史记》对其不吝赞誉之词，说他"普施利物，不于其身。聪以知远，明以察微。顺天之义，知民

---

① 司马迁撰：《史记·五帝本纪第一》，中州古籍出版社 1996 年 10 月版，第 1 页。
② 司马迁撰：《史记·五帝本纪第一》，中州古籍出版社 1996 年 10 月版，第 1 页。
③ 司马迁撰：《史记·五帝本纪第一》，中州古籍出版社 1996 年 10 月版，第 1 页。

之急。仁而威，惠而信，修身而天下服。取地之财而节用之，抚教万民而利诲之，历日月而迎送之，明鬼神而敬事之，其色郁郁，其德嶷嶷"。① 这里值得注意的是，帝喾除了具备崇高的德义品性之外，还特别提出另一个在道德文化乃至官箴文化中重要的政治理念，就是"普施利物，不于其身"。在中国传统的政治理念中，并非像有些论者认为的那样，中国古代的官员只注重立德树义，而轻视乃至不即功利，并认为这是中国传统文化中最大的缺陷，是导致中国在晚清走向败亡之路的政治根源。从《史记》的作者对帝喾的记述来看，此种观点并非被普遍认同，两千多年前的《史记》撰写者司马迁认为，"普施利物"中的"功利"是英明有德的天子、君主等必须关注的大事。不然，在那荒蛮的时代，人文始祖何以如黄帝那样能够"抚万民、度四方"，或者如颛顼那样"养材以任地"，再或者如帝喾那样"抚教万民而利诲之"。可见，在中国上古的政治理念中，并不排斥"功利"，不仅不排斥，而且还致力于"兴利"和"利诲之"。但有一个原则，也是前提，就是"施利于民"，但"不于其身"。个人在"普施利物"之外，尽管每个人包括天子、官员、老百姓等人人都以"利物"活命，没有人能够"不食人间烟火"而存于世上。欲利、逐利乃人之本性，上古政治理念并不否认这一点，更不是绝对排斥"利物"的理念与行为，排斥的只是为君、为官者用利物惠及自身，用现代的话语表述，就是"损公肥私"。"不于其身"是一个重要的政治理念，后世衍化为"大公无私"。在全部的古典政治文化中，包括古代的官箴文化中，基本上都是以调处"公私关系"为主线展开的。关于这方面的深入分析，在后面的研究中，将作为重点予以逐步展开。

还值得注意的一点是，在关于帝喾的记事中，司马迁又加上了"顺天之义，知民之急。仁而威，惠而信，修身而天下服"的评语。其中又出现了"知民""仁""威""惠""信""修身""天下服"这些新概念。这些概念都是中国优秀传统文化，特别是关系到德、义道德总体价值体系中的重要概念，在后世流传赓续几千年而不辍。时至今日，仁而有义、惠民施

───────────────

① 司马迁撰：《史记·五帝本纪第一》，中州古籍出版社1996年10月版，第2页。

利、诚而有信等道德价值体系，已经融入了当代社会主义道德核心价值之中，成为当代从政者致力于实现的价值目标。当然，从官箴文化的立场上看，也可以看作传统优秀官箴文化在现代的继承和发展。这一几千年相继传承的官箴文化现象表明，中国传统的官箴文化，包括尚处于萌动时期的上古官箴文化，之所以有如此强大的生命力和影响力，就是因为它深深地植根于中国自初民时代就形成的中国政治哲学的沃土之中，这一政治哲学是迥异于西方的政治哲学的。关于这方面的深入分析，将在本主题内之后的部分展开，暂且按下不表。

在五帝中，尧是后继帝位的重要一帝，在人文始祖中，是有承上启下、开一代帝政特别是开创全新的帝位"禅让"制度先河的英主。《史记》记他："其仁如天，其知如神。就之如日，望之如云。富而不骄，贵而不舒。黄收纯衣，彤车乘白马。能明驯德，以亲九族。九族既睦，便章百姓。百姓昭明，合和万国。"① 在这段记述中，司马迁为他的"仁"，即"仁政"赋予了更新的内容，其中最重要的是"富而不骄，贵而不舒"，"能明驯德，以亲九族"，以及"章百姓"，"合和万国"。时至今日，富与骄、贵与舒的关系问题依然是社会道德体系中的重要关系问题，也是从政道德中必须处理好的问题。历史经验和现实教训表明，古往今来，有多少古代官员和现代的党政干部，都失于正确处理这种关系而最终落得身败名裂乃至家破人亡的悲惨结局。由此可见，在尧帝之时，就提出处理好富与骄、贵与舒的关系问题，表明中国上古官箴文化，经过几代人文始祖的历练，已经渐入佳境了。

还值得关注的一点是，尧帝时代不仅在官箴理念上有所创新和深入，还朝着向具体实施和落实的实践方面发展。《史记》记述，尧帝"信饬百官，众功皆兴"。古"饬"意义同"敕"，不是一般地板起面孔去"敕令"或"训诫"，而是以"信"敕或"信"诫。这就不一样了，所以效果，即"众功"才这样彰显。从官箴文化的立场上看，这也是广义上的官箴行为，是帝王对所属众臣的劝诫、勉励。除此之外，《史记》记载帝尧还有虚心倾

---

① 司马迁撰：《史记·五帝本纪第一》，中州古籍出版社 1996 年 10 月版，第 2 页。

听臣下的劝喻并采纳其建议的"官箴"的一次实践。该记载说，面对当时开世初兴的大好形势，尧帝想到接班人的问题，便召开了一次"御前办公会议"。在会上，"尧曰：'谁可顺此事？'放齐曰：'嗣子丹朱开明。'尧曰：'吁！顽凶，不用。'尧又曰：'谁可者？'讙兜曰：'共工旁聚布功，可用。'尧曰：'共工善言，其用僻，似恭漫天，不可。'"看来，尧帝认为他亲生儿子丹朱以及大臣共工因为道德上有重大瑕疵，都不堪继承帝位。继任人的议题就此暂停讨论。在这段记载中，一方面强调了任人，包括帝位继承者的确定都必须本于贤德的"任人唯贤"的政治理念，另一方面，也可以看作听箴的一次实践，只是这次劝进的两个人都不合尧帝心中的用人道德标准，故而拒绝了。但尧帝无愧于一代圣明的帝王，对于臣下的一些劝进的箴言，虽有异议，但不一味地拒绝。请看《史记》的记述："尧又曰：'嗟，四岳，汤汤洪水滔天，浩浩怀山襄陵，下民其忧，有能使治者？'皆曰鲧可。尧曰：'鲧负命毁族，不可。'岳曰：'异哉，试不可用而已。'尧于是听岳用鲧。九载，功用不成。"① 尧听四岳劝用鲧治水，颇有任人为官先行实践的"试任"的风范。今人在任官之前，先下地方或基层历练一二年，这种干部任用制度的设计和实行，我们从尧帝任用鲧治水的实践中似可找到古远的源头。看来，早在初民开世立国的荒蛮时代，我们的人文先祖就懂得通过实践考察官员的德行与能力的道理了。

尧对自己继任者舜的考察，堪称上古官箴文化中经典的一笔。在一次"御前办公会议"上，尧先让四岳的官员"践朕位"，被岳以"鄙德忝帝位"为由拒绝。接着尧说："悉举贵戚及疏远隐匿者。"可见尧主张举贤既不避权贵、望族又不遗漏边荒之处的无名小辈。当岳举平民舜并说他"盲者子。父顽，母嚚，弟傲，能和以孝，烝烝治，不至奸"时，② 尧说："吾其试哉！"经过 20 年的考察，舜才被尧放心地任为"摄政"，摄政 8 年后，又经 3 年守丧，终于登上帝位。在整个遴选帝位继承者的过程中，尧始终注意听取大臣的意见。但他秉持自己的原则，就是用人不论远近、亲疏，只以贤德为标准。他知道自己的儿子丹朱不肖，"不足授天下"而拒不让他接

---

① 司马迁撰：《史记·五帝本纪第一》，中州古籍出版社 1996 年 10 月版，第 2 页。
② 司马迁撰：《史记·五帝本纪第一》，中州古籍出版社 1996 年 10 月版，第 2 页。

班。尧曰:"终不以天下之病而利一人。"① 因为他认为,"授舜,则天下得其利而丹朱病;授丹朱,则天下病而丹朱得其利"。② 两相权衡,尧终于作出了趋利避害的重大决定。这一决定所隐含的"举贤不避亲疏"以及以"天下为利"的"大公无私"的思想,构成了中国传统官德文化的核心价值观,影响后世几千年的政治文化,至今在我们的社会主义政治文化中仍有现实的参考价值。当我们面对并试图解决纷繁复杂的"官二代"问题时,尧时的官德思想及相关的配套官箴文化,或许能够给我们以某种有教益的启迪。

舜帝在位时,曾根据尧任用的官员的品行与能力,设官分职,"于是舜乃至于文祖,谋于四岳,辟四门,明通四方耳目,命十二牧论帝德,行厚德,远佞人,则蛮夷率服"。③ 这里虽然没有明确地说舜曾设立箴官,但言其"谋于四岳","命十二牧论帝德,行厚德,远佞人"。这种设官分职,显然是职司大臣被赋予劝诫天子之责。

由于"禹为人敏给克勤;其德不违,其仁可亲,其言可信;声为律,身为度,称以出,亹亹穆穆,为纲为纪",④ 所以舜传位给他。禹(因功绩至伟,后人称"大禹"——笔者注)除了具备诸先帝的德、仁、勤、信之外,还具备勤勉不倦和恭敬的优良品德。"声为律""身为度"表明他还是一位能律己及人、坚毅有为,做事中规中矩的贤良之人。

光阴荏苒,历史的长河转瞬间流淌至殷商时代,"汤德至矣,及禽兽"。⑤ 由于成汤甚得民心,"诸侯毕服,汤乃践天子位,平定海内"。⑥ 再一次重申了有德者得天下的道理。值得特别关注的是在成汤时期,大臣伊尹辅佐成汤伐桀之所以成功,其中一个重要的原因就是伊尹敢于直言不讳,而成汤又能虚心听取意见,统兵征伐。伊尹赞许成汤曰:"明哉,言能听,道乃

① 司马迁撰:《史记·五帝本纪第一》,中州古籍出版社1996年10月版,第3页。
② 司马迁撰:《史记·五帝本纪第一》,中州古籍出版社1996年10月版,第3页。
③ 司马迁撰:《史记·五帝本纪第一》,中州古籍出版社1996年10月版,第4页。
④ 司马迁撰:《史记·夏本纪第二》,中州古籍出版社1996年10月版,第6页。
⑤ 司马迁撰:《史记·夏本纪第二》,中州古籍出版社1996年10月版,第10页。
⑥ 司马迁撰:《史记·殷本纪第三》,中州古籍出版社1996年10月版,第10—11页。

进。君国子民为善者皆在王官。勉哉，勉哉！"① 伊尹辅佐商初几代君王，作了大量劝诫商王的训辞，著名的有《咸有一德》《伊训》《肆命》《徂后》等。关于这方面的详细内容及其意义分析，将在《尚书》部分详作阐述，这里暂存不论。总之，官箴文化在商代由于《尚书》的流传，使我们后人对其主要内容和丰富的形制有了更多的了解。我们因此可以合情合理地推测，官箴文化在商代有了极大的发展，但这并不意味着前代或前几代的官箴文化就欠发达。由于缺乏丰富的典籍记载，所以我们仅就《史记》中的记载，推演先王时代官箴文化的大致样貌，就像我们在以上章节中所描述的那样。

殷商的官箴文化中，有一特点值得分析一下。商代末王纣是个有名的暴君，其丧德败行也几近极致。《史记》记载其人其事如下："帝纣资辨捷疾，闻见甚敏；材力过人，手格猛兽。知足以距谏，言足以饰非。矜人臣以能，高天下以声，以为皆出己之下。好酒淫乐，嬖于妇人。爱妲己，妲己之言是从。于是使师涓作新淫声，北里之舞，靡靡之乐。厚赋税以实鹿台之钱，而盈巨桥之粟。益收狗马奇物，充仞宫室。益广沙丘苑台，多取野兽蜚鸟置其中。慢于鬼神。大最乐戏于沙丘，以酒为池，悬肉为林，使男女倮相逐其间，为长夜之饮。百姓怨望而诸侯有畔者，于是纣乃重辟刑，有炮烙之法。"② 纣王天资不错，体健身壮，本可利用这些优良条件治理好国家，可他却走向腐败，以至于穷奢极欲。大臣祖伊也力谏纣王曰："天既讫我殷命，假人元龟，无敢知吉，非先王不相我后人。维王淫虐用自绝，故天弃我，不有安食，不虞知天性，不迪率典。今我民罔不欲丧，曰'天曷不降威，大命胡不至？''今王其奈何？'纣曰：'我生不有命在天乎！'祖伊反，曰：'纣不可谏矣。'"③ "纣愈淫乱不止。微子数谏不听，乃与太师、少师谋遂去。比干曰：'为人臣者，不得不以死争。'乃强谏纣。纣怒曰：'吾闻圣人心有七窍。'剖比干，观其心。箕子惧，乃详狂为奴，纣又囚之。"④

---

① 司马迁撰：《史记·殷本纪第三》，中州古籍出版社 1996 年 10 月版，第 10 页。
② 司马迁撰：《史记·殷本纪第三》，中州古籍出版社 1996 年 10 月版，第 12 页。
③ 司马迁撰：《史记·殷本纪第三》，中州古籍出版社 1996 年 10 月版，第 13 页。
④ 司马迁撰：《史记·殷本纪第三》，中州古籍出版社 1996 年 10 月版，第 13 页。

上述记载表明，在殷商时代，官箴文化有了相当的发展，在国难危亡之际，以祖伊、微子、比干、箕子为首的大臣不断力谏，或曰规劝纣王改恶从善。纣王不仅不听，还一意孤行，甚至怒杀王叔比干，囚禁大臣箕子，最后导致败国亡身，连他宠爱的妃子妲己也不能幸免。纣王暴虐及拒谏的史实在中国流传几千年之久，其中蕴含的官箴教训一再启发后人深省、深思，构成了传统官箴文化中浓重的一笔。

周代的官箴文化更趋前行。如果说，先前的官箴文化还带有较多的隐秘性，要靠我们仔细辨认才能体察，那么，到了周代，官箴文化无论在内容上还是在形式上，都渐趋明朗，还在史籍中，至少在《史记》中第一次出现了"官箴"的用语。虽然我们不能由此而得其详，但单从相关的内容上加以分析，就足见周代的官箴文化较之前代确有明显的进步。先看如下的记载："厉王即位三十年，好利，近荣夷公。大夫芮良夫谏厉王曰：'王室其将卑乎？夫荣公好专利而不知大难。夫利，百物之所生也，天地之所载也，而有专之，其害多矣。天地百物皆将取焉，何可专也？所怒甚多，而不备大难。以是教王，王其能久乎？夫王人者，将导利而布之上下者也。使神人百物无不得极，犹日怵惕惧怨之来也。故《颂》曰"思文后稷，克配彼天，立我烝民，莫匪尔极"。《大雅》曰"陈锡载周"，是不布利而惧难乎，故能载周以至于今。今王学专利，其可乎？匹夫专利，犹谓之盗；王而行之，其归鲜矣，荣公若用，周必败也。'厉王不听，卒以荣公为卿士，用事。"① 单就"好利"而言，本不是什么大不了的缺点。"利己之心，人皆有之"，君王也不例外。不过，一者，利不可专，专之其害甚多。二者，为王应导利而布之上下，岂可"王学专利"？三者，重用好利的大臣，就是走败亡之路。这段记载第一次明示了过于追逐现实利益的害处和危险。为王、为臣重利、求专利，是犯了治国的大忌。古往今来的帝王败亡，官场中难以计数的高官、大吏获罪至死，从根本上来说，大都是在处理利、义关系方面没有进行恰当的权衡，重利忘义、贪得无厌，终至"人为财死"的可悲下场。由此可见，树立正确的利义观，理性对待王位和官场中的利

① 司马迁撰：《史记·周本纪第四》，中州古籍出版社 1996 年 10 月版，第 18 页。

益诉求，构成了官箴文化中一个极为重要的实质内容，也是官德中一个核心的价值观。中国悠久的官箴文化，其实早在周代，乃至更久远的时代，就开启了大幕，历代君王和官场中的大官小吏，在几千年间上演了多少逐利、让利的悲喜剧？为官一任，造福一方，而自己却两袖清风者，为世人奉为为官楷模，流芳百世；而横征暴敛、贪财无数者，有多少落个亡身灭族的凄惨下场。即使在当代，一个个失官获罪的大大小小的官员，有哪一个不与贪赃枉法有关？人兽关头，只争一念，果不其然乎？值得人们深思！警醒！

周代的官箴文化中，还有一点值得特别关注，就是在周代名臣召公对周厉王的谏辞中，第一次出现了"师箴"的用语。先看《史记》的记载："王行暴虐侈傲，国人谤王。召公谏曰：'民不堪命矣。'王怒，得卫巫，使监谤者，以告，则杀之。其谤鲜矣，诸侯不朝。三十四年，王益严，国人莫敢言，道路以目。厉王喜，告召公曰：'吾能弭谤矣，乃不敢言。'召公曰：'是障之也。防民之口，甚于防水。水壅而溃，伤人必多，民亦如之。是故为水者决之使导，为民者宣之使言。故天子听政，使公卿至于列士献诗，瞽献典，史献书，师箴，瞍赋，矇诵，百工谏，庶人传语，近臣尽规，亲戚补察，瞽史教诲，耆艾修之，而后王斟酌焉，是以事行而不悖。民之有口也，犹土之有山川也，财用于是乎出；犹其有原隰衍沃也，衣食于是乎生。口之宣言也，善败于是乎兴。行善而备败，所以产财用衣食者也。夫民虑之于心而宣之于口，成而行之。若壅其口，其与能几何？'王不听，于是国莫敢出言。三年，乃相与畔，袭厉王。厉王出奔于彘。"① 召公谏厉王沾沾自喜于所谓"能弭谤"，利用防民之口甚于防水作比喻，委婉地规劝厉王要明白"民虑之于心而宣之于口，成而行之。若壅其口，其与能几何"的道理。

召公在箴言中还提出他本人关于理想王政的蓝图，除了其他方面以外，还有"师箴"。在上古时期，"师"是一种官名，有的称师，有的又称太师、少师，两者有别，在职分上有理司法、总揽朝政、辖音律等区分。召公所

---

① 司马迁撰：《史记·周本纪第四》，中州古籍出版社 1996 年 10 月版，第 18—19 页。

谓的"师箴"，因没有职司名称的专指，故不得其详。但有一点是肯定的，就是在上古时期，或许真的设有专司谏议的官员，后世的谏议大夫之设或许就源于进行箴议的"师"。除此之外，召公还特别提到"百工谏"。百工在上古时代就是指百官，为官不论专司何职，谏议是共同的职责，这就大大地扩展了从事箴言的官员范围。召公进而指出，庶人、近臣、亲戚、瞽史、耆艾等人，都有谏议、规劝、纠察、教化、修进之责。作为王者，对他们的谏议、规劝、纠察、教化、修进都应当注意倾听，然后斟酌择善而从之，那样做起事来就会顺畅利行且不致背离事理。这又进而提出了王者对待臣下、亲人等的谏议和规劝应采取何种态度和做法的问题。古往今来，王者、官家常常悖于此理行事，听不得规劝，逆理而行，终致身亡国丧，或致身败名裂、家破人亡。官箴文化在后世的发展中，常常出现与召公设想的良好官箴规划相悖的现象。一些高官，包括当今的一些高级官员，之所以一错再错，在错误的道路上越走越远，以致最终跌入深渊而不能省察，除了个人修身方面的原因外，就是在他们的周围，在他们的亲人、朋友及属下之中，越来越鲜见如召公所设想的良好的官箴氛围和环境。为官者大权在握，权力在本性上有无限扩张的倾向，非遇到限制不知停止。关于权力的这一特性早已被法国哲人孟德斯鸠在创立分权学说时加以阐明。现实中许多官员不认可或没有意识到这一理论，行使权力时往往过了头，更严重的则造成了权力的滥用。这种情势表明，无论什么样的社会和国家的官员，包括我们现实的社会和国家公务人员，特别是领导人员，都需要在一个良好的、健康的官箴文化中正确看待自己，正确行使权力。而这种官箴文化所营造的官场正气，会使从政为官者所行使的权力时时受到周围民众，包括其亲人、朋友、上级领导、同级同事、下级部属的监督，随时听取他们提出的规劝、告诫和建议等。这种良好的、健康的官箴文化氛围与环境的营造和形成，对于保持古往今来的官场清廉是至关重要的。早在几千年前中国的先哲和政治家就认识到了这一点，但遗憾的是，现今我们对于营造这种官箴文化的氛围和环境却没有足够重视。一官独大、众人皆噤若寒蝉的官场现象并不少见。每念及此，我们总会对先祖的政治智慧和远见倍感叹服！

第二节 《尚书》的官箴记言载事及释义

　　《尚书》最早只叫作《书》，现今古籍中凡称《书》者，皆专指《尚书》，并非一般的"书籍"称谓。自汉代起始称《尚书》，《孔传》解释为"上古之书"。《尚书》后被定为儒家经典之首（也有说《易经》为儒家经典之首），通称为《书经》。《尚书》的记言载事都与上古时期的政事有关，《荀子·劝学篇》说："故《书》者，政事之纪也。"①《史记·太史公自序》曰："《书》记先王之事，故长于政。"②

　　《尚书》的基本内容是君王的文告及重臣的文告或训诫，也有君臣之间、臣臣之间的论政、劝喻、鼓励等言辞。所记所载都是史官的原作，也有后人本于史的仿作（史家称伪作）。不论是原作还是仿作，从我们研究的角度和立场上看来并不重要，其史料价值同样重要。在我们研究的主题下，笔者情愿将其看作一部上古官箴的专著，也可以看作历史上流传下来的有关官箴文化的普及读物或教科书。它从体例名称典、谟、训、诰、誓、命等外在的形式到具体内容，都充溢着浓郁的上古官箴文化信息。研究古代和当代的官箴文化，《尚书》是不可或缺的第一手原始史料。《尚书》"序"对此也有明白的表述："伏羲、神农、黄帝之书，谓之'三坟'，言大道也；少昊、颛顼、高辛、唐、虞之书，谓之'五典'，言常道也。至于夏、商、周之书，虽设教不伦，雅诰奥义，其归一揆，是故历代宝之，以为大训。"③又说："讨论坟典，断自唐虞以下，讫于周。芟夷烦乱，剪截浮辞，举其宏纲，撮其机要，足以垂世立教，典、谟、训、诰、誓、命之文凡百篇，所以恢弘至道，示人主以轨范也。帝王之制，坦然明白，可举而行，三千之

---

① 王威威译注：《荀子译注》，上海三联书店 2014 年 1 月版，第 10 页。
② 司马迁撰：《史记·太史公自序》，中州古籍出版社 1996 年 10 月版，第 916 页。
③ 江灏、钱宗武译注，周秉钧审校：《今古文尚书全译》，贵州人民出版社 1990 年 2 月版，第 2 页。

徒并受其义。"① 从示人以轨范、帝王之制到历代宝之、以为大训,足以表明《尚书》在"设教"中的道义地位是何等重要。

以下将按《尚书》的目录次序,逐一爬梳有关上古官箴文化的精神和内容。《尚书》的尧典、舜典中所蕴含的上古史实素地以及相应的上古官箴文化信息,是司马迁撰写《史记》的基本典籍依据。由于上一节已对《史记》所记言叙事的上古包括尧舜时代的官箴文化做过梳理并释义,所以对《尚书》中这部分内容不再梳理及释义,以免重复行文。事实上《史记》中自黄帝至尧舜和《尚书》的《尧典》《舜典》在上古官箴文化中构成了一条完整的上古官箴文化链。

一 《大禹谟》

《大禹谟》是《尚书》中最重要的篇章之一,主要是关于舜帝与其时还是大臣的禹、皋陶、益讨论政务的史官记录,其中除了解决帝位的禅让问题以外,还主要讨论了文德教化、治国安邦的一些大计,蕴含了上古时期官箴文化的史实素地。

通过考察古事,大禹不无感慨地对舜帝说:"后克艰厥后,臣克艰厥臣,政乃乂,黎民敏德。"② 这就是说,如果君王把当好君王看得很难,臣子也把做好臣子看得很艰难,政事就会得到很好的治理,人们也会勉力执行德教。用现代的话说,就是君臣各尽职守,攻坚克难,努力治理好国家,使人民安居乐业,奉公守法。其中的积极意义显而易见。现如今,尽管绝大多数党政官员,包括其中的绝大多数领导人都能恪尽职守,努力处理好自己分内的公务,但也应当看到从政的欲望之强甚至几千人报考一名国家公务员,更有甚者在大学中多名教授、副教授争相竞聘一个"处长"职位这类令人匪夷所思的"从政热"现象,其背后或许隐匿着某种把当官看作求权与逐利和个人成功的便利捷径的愿望。倘若真有如此私欲驱使,就与当官需承

---

① 江灏、钱宗武译注,周秉钧审校:《今古文尚书全译》,贵州人民出版社1990年2月版,第4页。

② 江灏、钱宗武译注,周秉钧审校:《今古文尚书全译》,贵州人民出版社1990年2月版,第37页。

担更大责任，付出更多的辛劳，以及全心全意地为人民服务的宗旨相去甚远了。这恐怕也是当前官场腐败现象难以遏止的一个原因吧！可见，禹作为几千年前的政治家，他的从政观念对今天的官场，即党政高级领导人员及政务人员提高政治和政务责任意识，也有重要启示意义。

舜帝的回答也充满政治智慧："俞！允若兹，嘉言罔攸伏，野无遗贤，万邦咸宁。稽于众，舍己从人，不虐无告，不废困穷，惟帝时克。"① 其中最值得注意的是，"嘉言罔攸伏"，即好的意见不致被隐伏，意即广开言路，要倾听各方面的意见，在听进众人意见之后，还要认真地加以考虑，如果确实属于自己方面的错误，就要抛弃，并采纳别人的正确意见。此即"稽于众，舍己从人"之意。舜帝说只有尧帝才能做到，此乃谦逊之词，其实他自己做得就很优秀。如果超越帝王的"君德"限域，实际上也应当是一般的"官德"的最低标准。不论什么时代，包括如今，所有从政人员都应当这样做。自中国共产党领导中国新民主主义革命以来，在形成的党的三大制胜法宝中，就有"群众路线"，要求党员领导干部要密切联系群众，关心群众疾苦，注意倾听群众意见。然而，自共产党执政以来，一些党政领导人员包括高级领导人员，逐渐淡化了群众观念，偏离了群众路线，形成"一言堂"的局面，更听不进别人的意见，严重的官僚主义作风，致使一些决定，包括一些重大决策都是由"一把手"自己拍板。实施的结果往往事与愿违，给党和国家造成重大的经济损失和并导致公信力降低。纠正久已存在的严重的官僚主义作风，成为当前进行群众路线教育实践活动的一个重点内容。可以说，这是对中国传统优秀官箴文化的现代继承和发展，值得努力去做，并有望获得更大的实效。

在同一场君臣谈论中，当禹说完"惠迪吉，从逆凶，惟影响"后，② 益接着说："吁！戒哉！儆戒无虞，罔失法度。罔游于逸，罔淫于乐。任贤勿贰，去邪勿疑。疑谋勿成，百志惟熙。罔违道以干百姓之誉，罔咈百姓以

---

① 江灏、钱宗武译注，周秉钧审校：《今古文尚书全译》，贵州人民出版社1990年2月版，第37页。

② 江灏、钱宗武译注，周秉钧审校：《今古文尚书全译》，贵州人民出版社1990年2月版，第37页。

从己之欲。无怠无荒，四夷来王。"① 益的告诫具有浓郁的官箴色彩。他要帝舜时刻保持警戒，要戒备没有预料到的事情，不要违背法则制度；不要放纵游玩，不要过分享乐；任用贤人不要三心二意，去除奸邪不要犹豫不决；可疑的计谋不要去做，各种思虑应当宽广；不要违背道去谋求百姓的称誉，不要违反百姓的意愿去顺从自己的欲望；如果坚持实行，就不要懈怠，不要荒废。其中谈及的深思熟虑后做事，遵守法则制度，不要贪图享乐；用人不疑，去奸务决；不要不计代价去追求自己的名誉，不要违背民意去满足自己的私欲，以及看准了的实践就要坚持实行，不要中途懈怠，或半途而废；等等，虽然都是益对舜帝的劝喻，但在今人看来都是从政人员的个人品德标准，也是从政道德的起码要求。这些标准并不算高，要求更谈不上严苛，从政人员应当做到，也不难做到。至于历代官场中存在的种种偏离上述警戒的行为和现象，无非都是违背道德、不守法纪、悖逆民意以达个人私欲和享受而已，再加上懈怠和荒废，竟至为官一任，除了一两项或几项为了提高自己名誉的"形象工程"以外，再无利国利民的实际建树。相比先哲早在几千年前的警戒而言，此类官员情何以堪？现实大规模开展的群众教育实践活动，重点同样放在上述的一些官场弊病方面，可以说正中时弊，恰逢其时，可以看作对传统优秀官箴文化的继承和发扬。

在这次谈话中，大禹针对益的上述警戒又总结说："於！帝念哉！德惟善政，政在养民。水火金木土谷惟修，正德利用厚生惟和，九功惟叙，九叙惟歌。戒之用休，董之用威，劝之以九歌，俾勿坏。"② 大禹在这里提炼出治国理政的"三事"，即"正德""利用""厚生"，"六府"即"水""火""金""木""土""谷"。"三事"即政事，用现代话说，就是"端正人们的德行，便利人们的用场，富足人们的生活"；"六府"即经济基础，用现代的话说，就是人民生活需要的物资，"府"是收藏财物的场所或库房之类的地方。"惟修"，即妥善安置好，引申为妥为保管、保护、开发、利用等。

---

① 江灏、钱宗武译注，周秉钧审校：《今古文尚书全译》，贵州人民出版社1990年2月版，第37页。
② 江灏、钱宗武译注，周秉钧审校：《今古文尚书全译》，贵州人民出版社1990年2月版，第37页。

"三事"要配合协力推进;"六府"也要妥善安排好,以解决民生、厚民中的大计问题,即生活、生产所必需的经济基础问题。"三事""六府"合称为"九功","九功"安排好了,就是理想的"德政"。有了理想的德政还不算大功告成,还要不断地用德教养百姓,让人民知道并歌颂德政;此外,还要用刑罚惩戒人们,用九歌勉励人们,俾使德政不致遭到败坏,从而实现可持续发展。在初民政治家看来,治国理政并不玄妙,只要做好教化民众、宣扬德政,搞好国计民生,辅之以刑罚惩戒,寓教于诗歌,就可以长治久安了。

在舜帝决定将帝位传给禹之后,他又勉励、告诫禹做一个百姓拥戴的君王:"人心惟危,道心惟微,惟精惟一,允执厥中。无稽之言勿听,弗询之谋勿庸。可爱非君?可畏非民?众非元后,何戴?后非众,罔与守邦?钦哉!慎乃有位。敬修其可愿,四海困穷,天禄永终。惟口出好兴戎,朕言不再。"① 这段也堪称官德之精要。如果我们抛开君德的狭隘立场,从一般官德的意义上看,有几点值得关注。首先,在人心动荡不安,官员治民欠缺,合于道义思想的社会"危难"时期,人们从政,无论为君还是做吏,都要精诚专注,实实在在地遵行中正之道。其次,没有经过验证的话就不要听信,强调实践出真知的重要性;没有征询过众人意见的谋略不要轻用,要广开言路,强调听取各方面意见的重要性。再次,要明确君民,也可以说广义的官民之间的关系,百姓爱戴的是君王和"父母官",而君王和"父母官"所畏惧的无非是百姓。没有君王、"父母官",百姓还拥戴什么人?没有百姓,君王、"父母官"还用谁来保卫国家?这就是君王、"父母官"与百姓的密切关系,为君做官者不可不谨慎啊!从次,为君、"父母官"一定要谨慎行使自己的职权,恭敬地做你希望做的事,使天下百姓摆脱困苦贫穷,安居乐业。最后,要谨慎言语,口能赞扬善良言行,也能引起兵争,不可不慎!这是既针对国内,也暗指"国际关系"的处理原则。在当时,各部族群雄并立,稍不谨慎,就会引发对立,而且往往以兵戎相见。所以舜帝才有此告诫。

---

① 江灏、钱宗武译注,周秉钧审校:《今古文尚书全译》,贵州人民出版社1990年2月版,第43页。

在《大禹谟》中还记载了一件通过劝阻制止了一场一触即发的战争的事例，彰显了上古官箴文化的效绩。故事是这样的，舜帝时三苗，即中国最早的少数族群之一，不服舜的中央政权的领导，率众叛乱。舜帝要大禹去征伐。禹誓师后率军去征伐，到了三苗之地 30 天后，苗民仍是抗命不服。正当大战一触即发之际，协助禹出征的一位大臣益劝告禹说："惟德动天，无远弗届。满招损，谦受益，时乃天道。帝初于历山，往于田，日号泣于旻天，于父母，负罪引慝。祗载见瞽叟，夔夔斋栗，瞽亦允若。至诚感神，矧兹有苗。禹拜昌言曰：'俞！'班师振旅。帝乃诞敷文德，舞干羽于两阶，七旬有苗格。"① 益向禹宣喻德的感召之力，说只要有德，不仅能感动上天，还能使无论多远的人都来归顺。满招损、谦受益，这是自然规律。还通过舜年轻时躬耕于历山，恭敬地侍奉父亲的事例，即利用榜样的力量来劝喻禹止兵示德，用至诚感动三苗来归顺。禹将益的这番劝喻称为"昌言"，即"美言"，不仅接受了，还去做了。从苗地撤回军队之后，舜帝就广施文明德治，让人放下武器，用歌舞娱乐民众以缓解对立情绪和紧张气氛。果然，还师 70 天后，三苗就来归服了。这是一个经典听箴罢兵止战的事例。一方面益敢于并乐意提出自己不同的意见和主张，即罢兵止战，施行文德教化。另一方面则表明禹和舜帝能够倾听不同意见。如果按照舜帝最初发出的征伐命令，以及禹在出发前发出的严惩苗民的誓师之辞以及表示的决战必胜的信心，完全可以将益的劝告和建议视为临阵"蛊惑军心"之词，并将其斩首祭旗。初民政治家之所以值得后人景仰，就在于确有其伟大及令人敬佩之处。身为帝王和将相也能听取不同的意见，并称之为"昌言"，非常难能可贵！相比于后世的许多帝王及将相对他人意见不论好坏都拒之于千里之外，从而导演了多少悲壮的历史活剧，上古圣王和先哲所创立的官箴文化更值得我们研究、深思。

二 《皋陶谟》

《皋陶谟》是《虞夏书》中一篇重要的政论谈话记录，记录了舜的大臣

---

① 江灏、钱宗武译注，周秉钧审校：《今古文尚书全译》，贵州人民出版社 1990 年 2 月版，第 47 页。

皋陶与禹的对话。先将原文照录如下：

"曰若稽古。皋陶曰：'允迪厥德，谟明弼谐。'禹曰：'俞，如何？'皋陶曰：'都！慎厥身，修思永。惇叙九族，庶明励翼，迩可远，在兹。'禹拜昌言曰：'俞！'皋陶曰：'都！在知人，在安民。'禹曰：'吁！咸若时，惟帝其难之。知人则哲，能官人。安民则惠，黎民怀之。能哲而惠，何忧乎欢兜？何迁乎有苗？何畏乎巧言令色孔壬？'"①

此番政论，是大臣之间关于"谟"即"议谋"的精辟析理。从官箴文化的意义上说，也含有相互劝勉的意蕴。值得分析的亮点有如下一些。

首先，治国理政要达到决策英明、群臣同心协力的良好政治局面，关键是要诚实地践行"德政"。"德政"是治国的根本方略。上古政治家不提"法治"，是因为他们认为只有以"德"治国的"德政"，才是治国的根本。

其次，"德政"并非"天赐"，而是由人而来。为官者必须谨慎自身，坚持个人修养且永不懈怠，更不能停止。德政由个人修为而来，这是一个极其重要的政治思想，也是官箴文化的根基。尽管这在后世发展成发达的人治，并导致了法治的不彰，但其积极意义不容抹杀。德政以官员个人的修养为基础，揭开了官箴文化最初的活水之源。

再次，个人修身从大处着眼，小处做起，由近及远。使近亲和睦，宽厚顺从；使贤人勉力辅佐。德政就是从这里做起。这些并不玄妙，人人都可以做到。

最后，建立德政除了自身修养之外，还要做到知人善任，任人唯贤，以及安定民心。知人善任，就能得到良臣的全力辅佐；安定民心就会受到百姓的怀念和拥戴。如果能做到这两条，天下就不难实现安定祥和了，即使有欢兜、三苗和共工那样的恶人，也不足为惧。《皋陶谟》重点强调了德政的建树应当从个人修为起始，由近及远做起，看似很难，其实容易做到，这就将看似玄奥、精妙的德政置于寻常事理的逻辑中加以考虑和对待，从而赋予了官箴文化很强的实践性和可操作性。在当今进行的群众路线教育实践活动中，党中央要求各级党委开好民主生活会，个人检查不留死角，

---

① 江灏、钱宗武译注，周秉钧审校：《今古文尚书全译》，贵州人民出版社1990年2月版，第50—51页。

相互间还要开展谈心、批评，帮助检查每个领导成员的问题，并要求从群众反映最突出的问题进行检查和整改，务必要让群众满意。这一切可以说直通上古优秀的官箴文化的精髓，也是对重视个人修为、知人善任、安定民心的上古官箴文化的继承和发扬。

在此次谋议中，皋陶还把个人的品德细分为九种："宽而栗，柔而立，愿而恭，乱而敬，扰而毅，直而温，简而廉，刚而塞，强而义。彰厥有常吉哉！"① 用现代的话表示其意，就是"宽宏大量却又谨小慎微，性格温和却又独立不移，老实忠厚却又严肃庄重，富有才干却又办事认真，柔和驯服却又刚毅果断，为人耿直却又待人和气，志向远大却又注重小节，刚直不阿却又实事求是，坚强不屈却又符合道义，应当明显地任用具有九德的好人啊！"② 这九种品德可以说是对一种优良品德的全面诠释，详备而周全。尽管难以使人人都做到，但作为一种道德衡量标准却不可缺少。又尽管每个人实难全部做到，总有二、三或五、六可以做到，既然从政，就要勉力去做，做的越多越好。正如禹在对这番"昌言"做出回应时所说："翕受敷施，九德咸事，俊乂在官。百僚师师，百工惟时，抚于五辰，庶绩其凝。"③ 意即让有九德的人都担任官职，那么在职的官员就都是才德出众的人了。各位官员相互效法，各自都做好自己分内的事，政令就会统一，政绩就可以彰显。

更难能可贵的是，皋陶还论及了官德中另一个极为关键性的内容，就是"无教逸欲，有邦。兢兢业业，一日二日万几。无旷庶官，天工，人其代之"。④ 说的是治理国家的人不要贪图安逸和私欲，司职要兢兢业业，因为情况瞬息万变，故不可懈怠。每一个事项都要设官职守，但不能虚设职位。在这里提到的是两个层面的问题，但实际上说的是一个问题，即国家

---

① 江灏、钱宗武译注，周秉钧审校：《今古文尚书全译》，贵州人民出版社1990年2月版，第52页。
② 江灏、钱宗武译注，周秉钧审校：《今古文尚书全译》，贵州人民出版社1990年2月版，第53页。
③ 江灏、钱宗武译注，周秉钧审校：《今古文尚书全译》，贵州人民出版社1990年2月版，第52页。
④ 江灏、钱宗武译注，周秉钧审校：《今古文尚书全译》，贵州人民出版社1990年2月版，第54页。

设官分职是为了安邦治国、打理政事，其义显而易见。如果官员占据某个职位，却贪图安逸，不干事，或为了满足私欲甚而贪赃枉法，就与国家设官分职的初衷背道而驰。忠于职守，兢兢业业地承担起自己的职责，根据时时刻刻的情事变化机动灵活地处理政务，这都需要官员具有高度的责任感、公心并付出勤勉努力。当我们念及当今官场中令许多人反感、愤怒而又无奈的有事互相推诿，对群众迫切要办的事漠不关心、麻木不仁，甚至在上班时间打扑克、闲聊、炒股，一杯茶一张报纸就打发半日的工作时间的衙门作风和不负责任的懒散状态时，就情不自禁地想起上古先哲和官场先祖的上述劝喻。古人在几千年前论及的官德和吏道，竟不期然在当今的公务员队伍中还具有如此鲜活的启迪和教训的意义，真是令人感慨。当然，至于有官员因为满足自己的私欲以致铤而走险、贪赃枉法，则更与古贤和官场先祖立下的"无教逸欲"的古训相去甚远了。

除此之外，"无旷庶官"的训导更是意义深远，其中所含的现今行政法和行政管理中职守专设、各有其责、不设虚职、精简机构、防止行政机构无限膨胀及虚职岗位泛滥等原则，至今我们都不能不认真加以对待。

三 《益稷》

《益稷》也是《尚书》中一篇重要的政论和官箴文化文献，在西汉伏生所传今文《尚书》中，与《皋陶谟》合并为一篇，古文《尚书》则分为两篇。在《益稷》中，除了前面论及的勤勉敬事、君亲大臣、广泛地采纳他们的意见、公而忘私等官德之外，其和睦君臣关系、寓教于乐、励志于歌的教化形式，新颖别致，特别值得拿来分析一下。

政治固然有刚毅的一面，官德也不乏威严的一面，但这并不意味着为君做官者就应当始终居高临下，终日以教育者的姿态，板起面孔教训别人。如果那样做，势必使教育者和被教育者心理有距离感或对接受者来说情非所愿，如是则会影响道德教化的效果。上古先贤视官德化育为吏治根本，严肃训导和循循善诱之余，也不忘采取更为融洽和欢愉的形式，使教化者和被教化者双方在愉悦的互动中得到勉励和劝喻。请看《益稷》中一段有趣的记述："帝庸作歌。曰：'敕天之命，惟时惟几。'乃歌曰：'股肱喜哉！

元首起哉！百工熙哉！'皋陶拜手稽首飏言曰：'念哉！率作兴事，慎乃宪，钦哉！屡省乃成，钦哉！'乃赓载歌曰：'元首明哉！股肱良哉！庶事康哉！'又歌曰：'元首丛脞哉！股肱惰哉！万事堕哉！'帝拜曰：'俞，往钦哉！'"① 你看，舜帝谈到高兴处，就作歌并唱起来："大臣们乐意办事哪！君王振作奋发哪，一切事情都会兴旺发达哪！"皋陶也唱和道："君王琐碎没有大志哪，大臣们懒惰懈怠哪，什么事情都会荒废哪！"君臣一唱一和，其乐融融，教寓于乐，德化于歌。每当我们读及于此，不仅会为上古圣王和贤臣的官德智慧所折服，而且还为他们和谐融洽的气氛、乐观主义精神和浪漫主义官箴情怀所感佩。歌以抒怀，诗以言志，上古之人深谙其道并熟练、自然运用，以之教化百姓，训导官吏，堪称上古教民以及箴官形式和途径的创造性运用。我们今人如能对此有所体会并在意识形态和法制的宣传教育中，以及在群众路线的教育实践活动中加以运用，当会对宣传和教育的效果大有裨益。

四 《五子之歌》

《五子之歌》在《虞夏书》中与其他篇章有很大的不同，甚至可以说别开生面。它凄婉、哀矜、怨悔交集的情调，全无其他官箴文体的居高临下，示人以刚毅的气势。《五子之歌》记述的是夏启的儿子太康在位期间耽于游乐田猎，荒废政事，不理朝政，不解民情，人民于是不堪忍受。有穷国君后羿率领人民在黄河北岸抵御外出打猎的太康返回国都。太康的五个弟弟因侍奉母亲没有随他去游猎，而是留在洛水之北苦等了100多天，始终不见太康回来。于是作了五子歌，表示对太康的指责和怨恨。

如果将《五子之歌》视为官箴文化的载体，其总的官箴思想则再次申明了"民可近，不可下，民惟邦本，本固邦宁"的"民本"思想，民本为官箴文化的根本，为君、做吏、从政，归根到底是要处理好与民众的关系。对于民众只可以亲近，不可以视之卑贱，这是历代官德的基本要求。只有认识到民众是国家的根本，也只有认识到民众安定这个"邦本"的道理，

---

① 江灏、钱宗武译注，周秉钧审校：《今古文尚书全译》，贵州人民出版社1990年2月版，第67页。

又能采取各种"安民"措施，才能实现社会和谐，国家才可以安宁。现今国家大力推进"维稳"，即是由此民本、本固、邦宁的治国通理而生。尽管"维稳"是国家的大政方针，却与官德维系很深。试想，只要每个从政人员多关心群众疾苦，认真对待和解决群众普遍关切的现实问题，努力化解各种社会矛盾，群众事情解决了，心情平顺了，自然就不会出现那么多的群体事件。现在在处理完每一次重大的群体事件之后，总会有各个层次的官员，包括领导人员因为失职、失察而遭到"问责"。可见古今通理，只要存在官德问题，从个体事件到小范围甚至大规模的群体性事件就势必会发生。因此，我们应当从上古民本、本固、邦宁的政治思想和官箴文化中得到有益启示，要保持社会的安定和团结，维护国家的安宁和稳固，就必须对各级从政人员，特别是各级领导人员加强官德教育，从严要求他们对于群众的态度和作为。

《五子之歌》体现的官箴观念还有五点值得特别分析。

其一，"皇祖有训，民可近，不可下，民惟邦本，本固邦宁。予视天下愚夫愚妇一能胜予，一人三失，怨岂在明，不见是图。予临兆民，懔乎若朽索之驭六马，为人上者，奈何不敬？"① 这段训教有三层意思。第一层意思在上文总的官箴思想中已作出分析，兹不重述。第二层意思是强调夏王朝统治者禹作为一代开国君王，在对待民众的认识上抱持谦逊和低调的态度，甚至认为天下的愚人都能胜过他。他还告诫说，一个人包括君王、大臣都会有很多的过失，此谓"人无完人"，既然有疏失和缺点，就不免会做错事，也会因造成损失而悔恨。但这种事情并不是必然会发生的，所有的大错都失于小错，用现今的话表述，就是"成功取决于细节"，同理"失败也是积小错或小的失误，由量变到质变，终于铸成大错"。人们包括官员不能只在犯了大错、造成了重大损失之后才去悔恨，而是要从计划、行动一开始就注意查找其中的细微之处，看是否存在疏失和计划不周之处。不是"怨在明"，而是要"图不见"，从小处着手，防微杜渐。这既是一种官德，又是一种从政"艺术"或技巧。第三层意思是对待民众，只亲近而不卑下

① 江灝、钱宗武译注，周秉钧审校：《今古文尚书全译》，贵州人民出版社1990年2月版，第97页。

固然重要，但只有这样的谦逊态度还是不够的，还必须在从政中心怀畏惧，如同用腐朽的绳索驾驭六匹马一样谨慎小心，才不致失误。面对百姓从政如此之难，"为人上者，奈何不敬？"

其二，重申腐败必亡的道理。"训有之：内作色荒，外作禽荒。甘酒嗜音，峻宇雕墙。有一于此，未或不亡。"① 其中的色荒、禽荒、甘酒嗜音、峻宇雕墙，用现在的话说，就是迷乱女色、沉迷游乐、纵酒无度与迷恋靡靡之音，以及居住在高大和装饰豪华的建筑与庭院之内。这些是腐败的四大表现，古今皆然。不必"四毒"俱全，只备其一，必致败亡，于国、于个人都是如此，概莫能外。不必单指古代，只要看一看现今，被打掉的一个个、一批批腐败官员，有多少能与上述"四毒"脱离干系？我们关注和研究上古官箴文化的意义，在此昭然彰显。几千年的时间对我们个体生命来说，或许非常漫长，但对于历史来说，都是转瞬即逝。君不见，太康荒淫无度，从而失位及身败名裂的故事，在现今的中国大地上还在被许许多多的"为人上者"一遍又一遍地重现在社会和官场之中。殷鉴不远，值得我们深思、警醒！

其三，"关石和钧，王府则有"。② 内含安民有策、藏富于民、民富国强的政治逻辑。"关"者，通也，指的是经贸活动中顺畅无阻，百姓互通有无，交换顺畅。"石"者，重也，古时称重以"石"为最重的计量单位，120 斤为一石，中国迟至 20 世纪 50 年代，在笔者青少年时期，农村称粮食时计重仍用"石"为单位，用农家粗布缝制一条长圆状的口袋，按固定尺寸去做，恰好一石。用斗、升、角为次级计量单位。"石"在这里应当泛指金铁、米粟、布帛等民用的生产、生活物资。"和"为平，"钧"为均。"关石和钧"指的是事关民生的生产、生活必需品要充裕，因为只有充裕才能拿到市场上交换，调剂余缺，互通有无；"和钧"内含基本生产、生活资料在社会分配上还应当秉行公正原则，此即西方同时代哲人亚里士多德所倡导的"分配

---

① 江灏、钱宗武译注，周秉钧审校：《今古文尚书全译》，贵州人民出版社 1990 年 2 月版，第 98 页。

② 江灏、钱宗武译注，周秉钧审校：《今古文尚书全译》，贵州人民出版社 1990 年 2 月版，第 99 页。

正义"，务必不能使财产、财富分配高度集中，造成贫富分化，引发社会矛盾及尖锐对立。中国历来有"不患寡而患不均"，"关石和钧"恐怕就是其最初的出处；如果我们将目光转移到当下，在社会转型过程中，在"关石和钧"方面出现了种种不顺畅的现象，事关经贸领域中的种种审批繁难、行政性垄断等行政管理上的弊病，它们已经在很大的程度上阻碍了经贸事业的发展。当下中共中央、国务院主导进行的行政审批制度改革，将一批又一批的行政审批事项取消、下放，或由事前审批改为事后报备等，可说切中时弊、正当其时。此外，由于社会分配方面在把握上出现了偏差，并且长期得不到妥善解决，因此贫富相差较大。这种状况已经引起了国家的高度关注，国家正在通过一系列的重大举措予以调节和纠正。由此可见，"关石和钧"事关治国理政的大事、大计。作为上古官箴文化的一个重要方面，至今仍不失其重要价值，值得我们认真研究和深思。

至于"关石和钧，王府则有"，不仅关乎治国理念，也关系到官德问题，关系到各级政府是否真正关注民生，各种治国理政举措是否真的是为了方便民众生产和生活，是否让广大民众充分享受到社会改革的红利，是否在社会总的发展进程中，使民众的待遇同步提高，以此提高生活水平。当然，国家要发展，要履行国家的基本建设、国防安全的职责，总之，要使国家强大起来，就必须保障"王府则有"。如果片面地追求"王府则有"，势必影响民生，不符合藏富于民的治国理念。在治国理政的大计方面，特别是在财税政策和财税法的改革和成制、立法方面，都需要我们认真地总结经验，真正体现出藏富于民的治国理念；除此之外，不要忘记另一个重要方面，即在新型的社会官德的建树过程中，教育各级国家从政人员特别是其中的领导人员真正树立以民为本、以民生为要务的思想，并在自己的施政行为和活动中体现出来。

其四，"荒坠厥绪，覆宗绝祀"，[1] 是说腐败后果极其严重。一个官员如果染上前述的"四毒"，即色荒、禽荒、甘酒嗜音和峻宇雕墙，个人可能不只是遭遇"未或不亡"的命运，还会尽失前人经过千辛万苦，甚或流血牺

---

[1] 江灝、钱宗武译注，周秉钧审校：《今古文尚书全译》，贵州人民出版社1990年2月版，第99页。

牲打下的基业，及致连累家人和同族，甚至覆灭了宗族，断绝了宗族祭祀！传统中国是一个宗法社会，亲亲、尊尊，传宗接代是根深蒂固的宗法观念，骂人最忌骂祖宗，咒人最狠莫过于"断子绝孙"，固一人失德就造成"覆宗绝祀"严重的后果，情何以堪？为君做官之际当思之再三，慎而又慎，切莫"荒坠厥绪，覆宗绝祀"，这是多么严肃的训诫！话都说到这个分上，其意至明，其诚至真，令古往今来的各级从政官员不可不省，不可不察。官箴文化发达到这种程度，令我们今人不得不感佩先祖的真知灼见，俯近察远，空谷传音，几千年不绝于响。

其五，先看原文："呜呼曷归？予怀之悲。万姓仇予，予将畴依？郁陶乎予心，颜厚有忸怩。弗慎厥德，虽悔可追？"① 此段凄婉、悲怆之情溢于言表。有两点值得分析。

一是再次强调了民为邦本的官德精髓。与百姓结怨，被民众抛弃，君王，也包括大臣将无人依靠，无处可归。人是群居动物，政治是治理民众之事，失去了为民、事民这个根本，人生的意义、政治的价值就无由实现。在社会上被孤立，在政治上被抛弃，这对百姓和从政者来说，无异于严酷的惩罚。这个惩罚也许不是肉体的，即使是精神上的无依无归感，从对人的无形惩罚的意义上来说，也是极其严厉的。"五子"作为帝王太康之弟，为此感到悲伤，也是很自然的。人的自然本性、政治性自古皆然，不会改易。由此我们联想到当今因腐败而被查办的大大小小的贪官，身受牢狱之灾后，大概都或多或少会有这种无依无归的凄悲之感吧！

二是无依无归之感必然又会生出抑郁忧愁之情，表现在脸上就是羞愧，且内心充满哀思。我们猜想，古今中外的"落马"贪官，大概都有这种感受吧！别的不说，光是从病理医学的角度看，这种负性、恶劣的情感和精神状态，如果得不到及时纠正和化解，是极易损害人的身心健康的。事实上，今人所见所听的那些刚进囹圄的贪官和其他违法官员，由于无法很快调适自身处境这种如云泥般的变化，精神很快就崩溃了，以致一病不起。这是为自己的官德丧失、贪腐所付出的必然代价。这也是一种官箴，是我

---

① 江灏、钱宗武译注，周秉钧审校：《今古文尚书全译》，贵州人民出版社1990年2月版，第100页。

们古人针对贪官付出的精神和身心健康的代价发出的警戒。只可惜，这一警戒虽然出现了几千年，但至今尚没有被少数官员认识到，留下了令无数人扼腕叹息的人生和官场悲情故事。

三是"弗慎厥德，虽悔可追"。平时不注意自己的官德，即使现在想改悔，难道还来得及补救吗？为官与做人不同，做人犯了错，甚至犯了法，还有改过自新重新回归社会的机会，自古就有"浪子回头金不换"的箴言劝谕存在。可为官不同，丧德失位之后极少有东山再起的。在我们涉猎的上古史中，只有后面还要论及的周成王在被周公放逐三年后，确实有改过自新而后又被扶上王位的这一事例，更多的都像夏桀、商纣、周幽王一样，落得个亡国灭身的可悲下场。这种情景在当代中国也有验证，没见过有哪个贪官在服刑多年之后又被起用为官的。官是一个极特殊的职业，百、千、万人中或许只有一人有幸为官从政，并不存在"舍我其谁"的不二人选问题。故此，一旦丧德失位、丢官，绝少有东山再起的机会。"虽悔可追？"其实虽悔已无可补救了。这是为官从政的特殊性质，或者也可以说是这一特殊职业的特点，我们的先祖哲人向古往今来的为官从政人员发出的警诫，告诫他们不可不慎重地对待自己的品德，莫做那样令人追悔莫及的蠢事、傻事。如此八个字胜似千言万语，不可不听！不可不慎！莫做悔不当初之事。

五 《胤征》

在《尚书·虞夏书》的最后一节《胤征》中，对官箴思想的表达更进了一步。胤侯接受了君主仲康的命令去征讨住在封地的好酒贪杯、玩忽职守的掌管时令节气的羲氏与和氏。行前向众人宣誓："嗟予有众，圣有谟训，明征定保，先王克谨天戒，臣人克有常宪，百官修辅，厥后惟明明，每岁孟春，遒人以木铎徇于路，官师相规，工执艺事以谏，其或不恭，邦有常刑。"[1] 此段后四句最值得关注。"官师相规"，就是各位官员相互规劝，指出对方的过失，此情极类似如今的"民主生活会"，官员相互批评，善意地规劝每个"班子"成员克服缺点，改正错误。这可以说，官箴发展至此时，

---

① 江灏、钱宗武译注，周秉钧审校：《今古文尚书全译》，贵州人民出版社1990年2月版，第102页。

已达到很高的境界,一改过去一对一的规劝格局,而是在整个官员群体中都实行相互规劝、告诫这一活动。除此之外,还加上"工执艺事以谏",即"百工"或各种工匠艺人,为什么要把他们也纳入官箴"谏"的范围呢?原来,如同《礼记·月令》所说:"毋或作为淫巧,以荡上心。"如果命令各类工匠艺人制作超出实用的淫巧之物以供君王奢侈享受,那么,各类工匠艺人便按照"技艺法规"进谏,告诉君王此物已超出规定的范围,不可为。以"技艺法规"为根据,以"工执艺事"为职责来规范君王的举止和行为,使其不至于"玩物丧志"或"玩物丧德",以保持君王全心全意关注治国理政的大事而不腐化、堕落,只有上古先哲才能提炼出如此出众的官箴思想和机制。"其或不恭,邦有常刑",更是提出如何提高上述"官规""工谏"实效的问题。不是只满足于徒有其形,而是要讲究其效。"其或不恭"的恭,并非简单地理解为今天汉语的"恭敬"之意。如按今日之"恭敬"意解,即使有的官员或工匠艺人"不恭",最多不过是"态度"问题,大不了批评一下了事,而不必用国家的"常刑"加以治罪。实际上,古人的"恭"还有其他特殊含义,按《孟子·离娄》上的解释,当是"责难于君谓之恭,陈善闭邪谓之敬,吾君不能谓之贼"。范氏曰:"人臣以难事责于君,使其君为尧舜之君者,尊君之大也;开陈善道以禁闭君之邪心,唯恐其君或陷于有过之地者,敬君之至也,谓其君不能行善道而不以告者,贼害其君之甚也。"[①] 由是可见,"或其不恭"就是众官员、百工没有按职守向君王规劝、进谏其过。由于这种行为或可造成君王丧德失位或亡国的危险,所以被视为犯罪,必须用国家的刑罚加以惩处。上古官箴文化及做法的严肃、周全、严厉之处,由此可见一斑。

另一个值得关注之点,就是有关"擅离职守"或"失职"问责的严厉程度。为官一任,忠于职守,自古皆然。羲氏与和氏作为掌管"天时历法"的官职可谓责任重大。因为在上古时代,科学技术远不发达,自然灾害、时令异常会影响农业生产,造成歉收或绝产,此事甚大,万不可掉以轻心。甚至有政典规定"先时者杀无赦,不及时者杀无赦",足见初民对此事的极

---

① 朱熹撰:《四书章句集注》,中华书局 1983 年 10 月版,第 276—277 页。

其重视。羲氏与和氏之所以遭到帝王仲康的讨伐，除了他们违背先圣的德教，沉湎于纵情饮酒之外，就是"畔官离次"，用现代的话说，就是违背职责，擅离岗位，还"遐弃厥司"，即他们废弃了自己的职守。这在当代可能只被视为官僚主义作风或不负责任的"失职"行为，在上古时代，那可是"杀无赦"的重罪。《胤征》在官箴文化中被我们视为具有上述特色，其中一个重要原因就在于它以论罪兵伐的严厉形式，告诫官员不可失德，也不要纵酒贪杯，尤其不能不负责任，擅离岗位，荒废职守，否则就要遭受严重的惩处。这可看作官箴文化中的一种"反鉴之道"，即从另一方面看，为官应劝进树德，要清明、正派，不能为满足自己的欲望而放纵自己，尤其要勤勉地承担责任，忠于职守，兢兢业业地做好本职工作。用"反鉴之道"宣扬"官德正道"，故其增强了官箴文化的影响力和效绩。

《胤征》最后一节应当关注以下三点。先看原文："今予以尔有众，奉将天罚。尔众士同力王室，尚弼予钦承天子威命。火炎昆冈，玉石俱焚。天吏逸德，烈于猛火。歼厥渠魁，胁从罔治，旧染污俗，咸与维新。呜呼！威克厥爱，允济；爱克厥威，允罔功。其尔众士，懋戒哉！"①

首先应当关注"天吏逸德，烈于猛火"。如果大火在昆山着起来，玉石俱焚，烈火会吞噬一切。假如天子官吏失去德性，那么危害甚至比昆山上的大火更大，即"烈于猛火"。这里用一个比喻，阐明丧失德性的极其严重危害性。

其次，表明在处罚上的区别对待。对于为首的官员，绝不宽贷，务必全部消灭，对于那些胁从的官员则不必惩治，对那些染上污秽旧俗的官员，要给他们改过自新的机会。这与时下反腐败斗争中的"老虎""苍蝇"一起打的方针似乎有不同。

最后，在谈及官德教典的权威与徇私枉法的关系时，强烈主张威严战胜私惠，就能确保成功；反之，私惠战胜威严，就不能成功。看来，徇私枉法之事自古有之，既然在上古官箴文化中就列出不准"私惠"之事发生，则在今天，更是为从政道德乃至国家法纪所不容。由此可见，解决从政人

---

① 江灏、钱宗武译注，周秉钧审校：《今古文尚书全译》，贵州人民出版社1990年2月版，第104—105页。

员或官吏的徇私枉法行为，树立官场纪律和法制的权威，自古至今都是官箴文化中重要的一环。

司马迁在《史记·货殖列传》中说"昔唐人……建国各数百千岁……"，时光冉冉，先王、夏各立国数百千岁悄然已逝。历史发展到殷商时代，又开启了一个数百千岁的时代。我们关于上古官箴文化的爬梳和分析，也转入《尚书·商书》中别具特色的官箴文化。

六 《仲虺之诰》

舜的大臣契辅佐禹治水有功，被舜帝任命为司徒，封于商，赐姓子。契的十四代孙汤在伊尹的辅佐下推翻了无道的夏桀，取得了帝位。但这位初登帝位、自称"非台小子"的汤王还很不适应这个全新的身份，总觉得不是由于夏帝禅让，而是用武力取得帝位，有悖于先王的传位规矩，因而心生惭愧。他的左相仲虺知道汤王这种心境后，感到有必要为汤王以及新的商朝做些什么。于是，就有《仲虺之诰》记录在《尚书·商书》中，流传于世。其中颂汤王的言辞听来是对汤王个人的赞誉，但实际上不仅符合有德者得天下，"以德配天"的上古政治理念，给予商王朝以根本的合法性，而且暗含了王道的精义。在我们看来，是一段颇有意蕴的劝王更进一步的官箴言辞。

让我们看原文："惟王不迩声色，不殖货利。德懋懋官，功懋懋赏。用人惟己，改过不吝。克宽克仁，彰信兆民。"[1] 其中值得关注的是汤王原本就"不迩声色"，即洁身自好，此为君德、官德一大内容，前面已多所论及，不必赘述。"不殖货利"，则是上古官箴文化中首次明确提出的。"殖"就是经商，经商的目的就是赚钱，积聚财富。可见，商品经济自古有之。无论是养殖还是贸易，都是人们发财致富的基本手段。这对于常人，即普通百姓，是再正常不过的经济行为了。然而，对于从政的官员是否允许"殖货利"？文诰中没有说。不过，我们可以合理地推测，为官者经营经济实体或贸易获利的当不在少数，也不存在非法问题。汤的先祖契官拜司徒，

---

① 江灏、钱宗武译注，周秉钧审校：《今古文尚书全译》，贵州人民出版社1990年2月版，第118页。

《史记》说"契兴于唐、虞、大禹之际，功业著于百姓，百姓以平"，正是因为汤的官宦世家出身，因为他"不殖货利"才值得仲虺特别提出赞誉，并暗含不论为君王还是做臣子，凡是"不殖货利"者，都具有从政为公，保持为官清廉的价值期待。上古之人能懂得这个道理，将"不殖货利"作为一种优良从政道德，是非常难能可贵的。在后世的官场中，从皇帝到官员，为了穷奢极欲的生活，大肆经营实业、从事贸易，或者盘剥民众，"三年清知府，十万雪花银"，往往为官一任，积聚亿兆财富，富足可以敌国。所以在王朝财政吃紧时，皇帝往往通过抄没贪官的家产以充实国库，这种事例史不绝书。及至当代，面对少数极其严重的党政官员贪腐行为，国家下了最大的决心，颁布了一系列禁止党政官员经营实业或经商的政策和法律，才基本上解决了党政官员直接、间接地经营实业，从事贸易问题。但这方面的工作还远不能放松，官员自己变相或由家属入股、经商等行为仍以这样或那样的形式存在，屡禁不止。这也就是为什么在当下中国，推行国家公务人员财产申报制度如此艰难。而"巨额财产来源不明罪"之所以见于国家刑法，也体现了国家打击官员腐败的决心。由此可见，《仲虺之诰》具有从政为公、保持个人清廉的官箴文化意蕴，至今仍发人深省，值得引以警戒。

在汤的诸般美德中，"德懋懋官"在今天并不明言提倡，但实际上政绩卓著者往往得到优先提拔，这也是事实。今日的用人标准是德才兼备，以及其他的有利条件，如年龄、健康状况等。但德作为选拔人才的标准是确定的，尽管具有优良品德的人不一定要"劝勉"以为官。对于"功懋懋赏"，即给予有功，特别是对有重大贡献之人以奖励，古今皆是，不必赘言。"用人惟己"即用人不疑，在今日须有保留，应对已任职的公务人员特别是他们中的领导成员加强任内考核、离职审计，不能任其自流。"改过不吝"，即改正自己的过错一点也不吝惜，确实是值得大力提倡的优良官德，至今依然有极高的从政道德价值。只是说来容易，做起来很难。我们应下大力气营造这样的官场气氛，即无论哪一级的党政领导成员、公务人员，首先要能听得进不同意见，特别是批评的意见，然后改正自己的错误，改正得越彻底越好。"克宽克仁"，即能够宽厚、仁爱，这固然是优良品德之一，但为政也有树立权威的一面，一味地宽厚、仁爱并不值得提倡，从政还要维护政策、法律的权威，该严还要严，"该出手时就出手"。这也是政治和治国理政不可或缺的一个方面。至于"彰信兆民"，即取信于民，为政以诚，提高公信力，这在我们当下还须大力提倡。许多官民隔阂、群体事件之所以发生，有很大的一部分起因是有关的领导或部门缺少诚信精神，失信于民。这是一个极其复杂的政治软实力建设问题，现在社会上诚信的普遍缺失，是社会转型中出现的消极因素之一，必须痛下决心，花工夫予以解决。"彰信兆民"在当代具有特殊的现实官箴意义与价值，值得深入地研究，更值得下气力去建构。

《仲虺之诰》最后一节，虽然讲的是王道或君道，但从一般的官箴文化来说，也有教益。

请看原文："佑贤辅德，显忠遂良，兼弱攻昧，取乱侮亡，推亡固存，邦乃其昌。德日新，万邦惟怀；志自满，九族乃离。王懋昭大德，建中于民，以义制事，以礼制心，垂裕后昆。予闻曰：'能自得师者王，谓人莫己若者亡。好问则裕，自用则小。'呜呼！慎厥终，惟其始。殖有礼，覆昏暴。钦崇天道，永保天命。"[1]

"佑贤辅德，显忠遂良"，就是帮助贤能的人，辅佐仁德的人，表彰忠贞的人，进用善良的人。这既是起码的君德，也是起码的官德。帮助、辅佐、表彰和任用贤能、仁德、忠贞、善良的人，无论为君做官，都应当视为本分，只要出于公心，就不难做到。难就难在抵御负性的诱惑，如任人唯亲、亲佞离善等有悖君德、官德的行为和现象。归根到底，无非以公权力满足自己的私欲和为己取利而已。这类官德在当代之所以还有现实的意义和价值，就是因为上古先贤的教诲流传几千年直到今天，我们仍有不少从政官员的所作所为还达不到这个起码的标准，这值得深思和警戒。

"兼弱攻昧，取乱侮亡"，兼并、攻击弱小这在上古时代是常态，如果以"春秋无义战"（孟子语）的史论审察，或许可以有一种特殊历史政治的观点能够对此常态予以解释。但是，"国之大事，在祀与戎"。这与当今的

---

① 江灏、钱宗武译注，周秉钧审校：《今古文尚书全译》，贵州人民出版社 1990 年 2 月版，第 120 页。

政治理念及官德相去甚远，故不足为训。至于当今国际社会中的霸权国家仍在奉行这种弱肉强食的强权主义，则另当别论，不属于一般的官德范畴。

"推亡固存，邦乃其昌"如果采取广泛取意的态度，用于当今的改革开放方面，即将一切不适合新情势需要的旧制度革除掉，而巩固和坚持有利于新情势的改革成果，这对国家的发展昌盛是大有裨益的。如此看来，将"推亡固存，邦乃其昌"作为现今时代的官德考量，应该是既可取又有益的。

"德日新，万邦惟怀"作为治国之道，也是官德所系。以德治国，并不断创新道德体系，昌明核心价值观，就能使社会安定，民众拥戴。尽管中国上古乃至整个古代都奉行以德治国的方略，除秦朝在很短时期内奉行过"法治"方略外，中国古代基本上没有产生强烈的"法治"理念与持久的实践。这是历史给定的，中国几千年就是在以德治国的道路上走过来的。无论我们今天如何强调"法治"即"依法治国"的重要性，即使奉为治国的基本方略，都无论如何都不能忽视"德治"在治国理政中的地位和作用。面对社会转型过程中出现的一个又一个乱象，特别是在社会矛盾激化，恶性案件和事件频发，以及反腐败斗争的艰巨性方面，我们在强调法治的同时，也应当重视和研究传统治国文化中的"德治"的地位和作用。我们割不断历史，更不能采取历史虚无主义和盲目的批判态度；重新审视一下道德的教化地位和作用，在强调依法治国的同时，适当地融入传统文化中的道德教化因素和力量，即使做不到"德日新"的程度，但至少不能完全忽视或抛弃道德的日常化育的积极能量。这或许可以在当今"综合治国"或"全方位化解社会矛盾和张力"的大课题下进行研究。对国家、对社会如此，对社会主义新时代官德的树立也应当如此。

"志自满，九族乃离"，则是强调作为君王不要志得意满、自以为是，否则就会招致亲戚的背离，更不待说百姓的疏远了。这句话的反鉴之道是说君王要谦虚谨慎、戒骄戒躁，只有如此才能保持戒惧之心，以积极进取的精神团结亲戚和民众，共图治国大业。

至于"王懋昭大德，建中于民，以义制事，以礼制心，垂裕后昆"中提到的德、中、义、礼等，在以往的文化批判中往往被当作传统文化的糟粕。即使在今天能够对此予以正能量的、宽容性的理解，或视其为多元文化中的一元，但它与现代化的社会伦理道德和礼仪等规范体系仍不能磨合成为一体，又即使能从中挖掘有利于当今社会道德和礼仪的积极因素，也还需要时间。不过，"建中于民"倒值得拿来分析一下。"中"即为中庸，"建中于民"就是在百姓中树立中庸之道。关于中庸的理念，在传统文化中一向占极其重要的地位，无论是修身、齐家、治国还是平天下，都讲究和倡导中庸之道。这种价值观在传统的价值体系中占有重要的地位。但中庸及中庸之道命运多舛，曾长期为新的政治和社会观念所不容，饱受批判和拒斥。但究实说来，我们对"中庸之道"研究得很不够，泰半都是因为为意识形态中"斗争性""彻底性""坚定性"之类的理念所不容。对于中庸或中庸之道在哲学意义上的普遍性和适用性，人们关注得不够，更缺乏深入的研究。在当今"发展"的时代话语和宏观背景下，如果脱离中庸观念的引导，就势必如我们今日所看到和感受到的，几十年的高速发展在取得国强民富的举世瞩目的效绩的同时，也带来了资源、生态乃至社会和谐等方面的重大的现代化痼疾，而且随着现代化进程的深入推进，愈发严重且难于治理。主导发展的政治领导层面发现这一问题后，相继提出了"科学发展观""可持续发展""结构性调整"等战略口号和布局，以缓解掠夺性、破坏性发展带来的负面影响；与此同时，在维护社会稳定和国家团结方面采取了一系列重大措施，虽初现成效，但能否取得最终的纠弊成效，还有待观察。因为要把长久积聚起来的影响社会稳定和国家团结的消极因素消除掉，并不是一件容易的事。如果我们在改革开放之初就适当地采取节制性的、科学的近似"中庸"的发展战略，或许我们在与资源、环境、生态、官民关系等方面的矛盾和张力，即使有，至少也不会达到目前的这种紧张程度。而对于如何倡导广大的人民群众理性消费，注意节制自己的对美好生活过于热心追求和向往的欲望，从生活细节上一点点做起，注意节约，避免浪费，力行环保，维护生态等方面，则几乎没有关注，更鲜有作为。社会现实正好相反，一些人私欲膨胀起来竟然没有止境，一旦得不到满足，就会生出无穷无尽的是非甚至罪恶出来。"建中于民"历来是政治和意识形态上的难题，本不易解决，更为严重的还不只是这个难与易的问题，而是至今还没有被现代化政治和思想教育主流体察和认识。放眼望去，现今全世界许多国家的民众以民主和权利之名，不顾国家和社会的整体和长远利益，没有节制地以大规模街头抗争、大罢工甚至暴乱等形式追求自己私利。这已然成为我们这个世界一个亟待关注和解决的经国治世的大事了。

历史不能假定，但在弘扬中华优秀传统文化之时，对其核心价值观之一的中庸及中庸之道予以重新审视和深入的研究，总是题中应有之义。"建中于民"或可成为科学发展观之下的创新思路和创新路径，也是当今从政道德建构的一个潜在的价值标准。

"好问则裕，自用则小"，即虚心好问的人能做成大事；相反，自以为是的人会变得渺小。为人如此，做学问如此，为官也不例外。如前所述，"人有三失"，为官从政切不可自以为是，务必虚心好问，采百家之长，敬惧勤勉，才能做出政绩。以此视为官德，用以劝进从政之人，即使在当代也恰逢其时，不失其鲜明价值。

"慎厥终，惟其始"，即要得到好的结局，只有从开始做起。这虽只是一个常理，但仍有纳入官德考量的必要。俗话说，"新官上任三把火"，历来官场都会出现如此景象，往好处说，这是为官从政的高涨热情外显，是具有一定进取精神的表现。作为从政决策，如果先行做过科学论证而后行，即使"三把火"烧得大了些，也还是值得嘉许的；假如是仓促决策，匆忙上马，其结果难以预料，君不见如此众多的"楼脆脆""桥垮垮"之类的"豆腐渣"工程是如何形成的？除了腐败等因素以外，恐怕就是没有从开始做起。现今的官场，为官一任，短则三五个月，长则一二年、三五年，只求在任内打造一些"形象工程"以彰显政绩，哪管离任后会给后继者留下多么难以收拾的"烂摊子"。要改变这种状况，除了在党政官员任期、考核等方面进行必要的改革以外，树立"慎厥终，惟其始"的观念和态度，改进从政风范，也是必要的。将"慎厥终，惟其始"作为一种管理的标准，以此对所有为官从政的人加以劝勉，当也是树立现代党政官员优良作风的一个不可或缺的方面。

"慎厥终，惟其始"还有更深层次的官德价值和意义。为官一任，在通常情况下都有始有终，作为官场生涯的"终"，最理想的状态就是光荣退休，满载荣誉告老还乡。要得到这样的理想结局，从为官伊始就应勤勉奉公、日慎敬事、警惕私心贪欲，更要远离贪腐。反观现今官场中的"五十九岁"现象，即在退休前夕或之后受到反腐查究，以致或长或短待在狱中，甚至终老狱中，莫不是在起始时没有戒惧谨慎，以致造成不可挽回的后果。这一深刻寓意，值得从政人员深察。

在《汤诰》篇中，刻意去彰显这样一个官箴道理，即成汤登上帝位之后，尽管起初尚处在"兹朕未知获戾于上下，栗栗危惧，若将陨于深渊"，[①]但既登上王位，就要有所担当。所以他召集各邦诸侯，告诫他们"凡我造邦，无从匪彝，无即慆淫，各守尔典，以承天休"。[②]除了告诫各邦诸侯要遵守法度之外，就是叮嘱谨记"无即慆淫"，即不要染上恶习，追求过度享乐。享乐之甚无非是慆淫女色、财富、华宅之类。前多所论及，不必再深论。从君王的身份告诫"地方大员"或"封疆大吏"，如前所论，这也是上古官箴文化的一大特色。

"尚克时忱，乃亦有终"，[③]作为官箴文化，也值得特别提出加以简单分析。"忱"即诚信，"终"是好结局。将诚信与好结局结合起来，这是一个创新。因为在传统文化和社会中，诚信首先是个人修养范畴之事。所谓"诚心、正意、修身、齐家、治国、平天下"，是从诚心、正意开始的。做人如此，到治国、平天下的从政阶段，诚信不仅是一个官员个人应具有的良好品德，而且成为政治上的一个强大"软实力"的标志，政治在本质上是治理众人之事，只有赢得公众的信任，才能顺利推行政事，此即现代所谓的"公信力"。社会弊病丛生，乱象频发，官言凿凿，百姓茫然不理，官民之间心生芥蒂，乃至紧张对立，这是任何社会和国家都不愿看到的社会情势和政治局面。一旦形成，极难扭转。为此，保持从政人员个人、官场的诚信高水平，刻意打造具有权威和影响的公信力，是治国安邦中一件大事，切不可掉以轻心。只有从诚心开局，取信于民，才能取得治国经世的

---

① 江灏、钱宗武译注，周秉钧审校：《今古文尚书全译》，贵州人民出版社1990年2月版，第124页。

② 江灏、钱宗武译注，周秉钧审校：《今古文尚书全译》，贵州人民出版社1990年2月版，第125页。

③ 江灏、钱宗武译注，周秉钧审校：《今古文尚书全译》，贵州人民出版社1990年2月版，第125页。

好结局，此即与《仲虺之诰》中所告诫的"慎厥终，惟其始"的官箴机理是一脉相承的。

七 《伊训》

成汤的孙子太甲继帝位以后，大臣伊尹为巩固新立的商王政权，用汤的成德教导太甲，让他汲取夏桀灭亡的教训，发扬汤的美德。《尚书》中的《伊训》就是记载这件事的训辞。颇有新意，值得认真分析一番。

第一，告诫帝太甲从"惟其始"做起。原文是："今王嗣厥德，罔不在初，立爱惟亲，立敬惟长，始于家邦，终于四海。"[①] 在古代王朝中，由于创业的艰难和守业的不易，一般说来，都是开国之君和后继的二、三代君王能恪敬君王之道，勤勉治国，开盛世的先河。及至后代，特别是最后二、三代，帝王变得越来越懈怠，甚至不理朝政，任由外戚、内亲甚至宦官干政，最终导致朝纲尽失，王朝不可挽回地走向衰败，上古之时，更有夏桀的腐败导致亡国的悲剧。殷鉴不远，伊尹以其亲身经历及感悟，深知王朝兴亡之理，所以他要年青的太甲帝汲取夏桀灭亡的教训，要从最初即帝位时就发扬其祖父的美德。"立爱惟亲，立敬惟长，始于家邦，终于四海"，要始终恪守和遵从先王汤的成德以治天下和国家。

那么，先王汤究竟有哪些美德要太甲去继承和发扬呢？伊尹作为一位老臣，循循善诱："呜呼！古有夏先后方懋厥德，罔有天灾。山川鬼神，亦莫不宁，暨鸟兽鱼鳖咸若。于其子孙弗率，皇天降灾，假手于我有命，造攻自鸣条，朕哉自亳。惟我商王，布昭圣武，代虐以宽，兆民允怀。今王嗣厥德，罔不在初，立爱惟亲，立敬惟长，始于家邦，终于四海。"[②] 其中尤其谈到汤王对官箴的正确态度和做法。首先，自己要作为模范，修炼做人的纲纪；其次，要虚心纳谏，乐意听别人的规劝；最后，要顺从先辈贤人的教导。有了这种态度，接下来就努力实践，首先，要做到虽在上位，

---

① 江灏、钱宗武译注，周秉钧审校：《今古文尚书全译》，贵州人民出版社1990年2月版，第130页。

② 江灏、钱宗武译注，周秉钧审校：《今古文尚书全译》，贵州人民出版社1990年2月版，第130页。

但一定要明察下情，洞悉老百姓的疾苦和愿望；如果在下位做臣子，就要尽心竭力做好自己的本职工作；其次，结交别人不求责备，约束自己唯恐不如别人那样严格。因为具备这些优良品德，汤最终才成为天子。这就等于告诫太甲说，你继承了天子王位，万不可忘记你的祖父是如何难能可贵地从自身做起，修养一生的好品德，最终登上天子位的。伊尹在这里对太甲的教诲不仅表现出一个老臣的忠贞，而且利用桀亡汤兴的历史教训和经验，使太甲这位年轻的帝王感同身受，乐于接受。伊尹的这种规劝，从切入的话题到善循的方法，不会招致被规劝人的反感和拒斥。官箴的效果不错，值得我们今人学习和借鉴。

在《伊训》中，对上古官箴文化来说，最有特色的当是总结以往的官箴经验，进行了具有规范性、条理性的归纳，提出了"三风十愆"的概念和规范性体系。先看原文："敢有恒舞于宫，酣歌于室，时谓巫风。敢有殉于货色，恒于游畋，时谓淫风。敢有侮圣言，逆忠直，远耆德，比顽童，时谓乱风。惟兹三风十愆，卿士有一于身，家必丧，邦君有一于身，国必亡。臣下不匡，其刑墨，具训于蒙士。"[1] 其中的三风是：经常在宫室内观赏歌舞并纵情喝酒的，谓之"巫风"。所谓巫风也称觋风，巫是女，觋为男，男女巫师在举行仪式时常都有歌舞伴随。取象于类，称为"巫风"。贪求财物、女色，迷恋游乐、打猎的，被视为邪恶的风格，谓"淫风"。轻慢圣贤的教诲，拒绝忠直的规劝，疏远年高德劭的人，亲近顽愚幼稚的人，因被视为荒乱的风俗，故谓"乱风"。

"十愆"为何？正文未提及，或许上古时代的官民对此耳熟能详，人人都知晓，不说出来也罢。按注家解释，"愆"训为"过错"，"十愆"依次为舞、歌、货、色、游、畋、侮、逆、远、比。[2] 上述"三风"基本上也都能涵括在内。官场腐败的各种表现经条理化概括为"三风十愆"，令人过目不忘，容易记住，用之作为官箴教育，也容易展开论说，或可增强官箴教

---

① 江灏、钱宗武译注，周秉钧审校：《今古文尚书全译》，贵州人民出版社1990年2月版，第132页。
② 江灏、钱宗武译注，周秉钧审校：《今古文尚书全译》，贵州人民出版社1990年2月版，第132页。

育的效果。"风"者,即"风尚""风俗"之谓。在官场中形成的"风"就是"官风"。官风的优劣,直接关系到治国理政的显效或窒碍,甚或存亡。古往今来优秀的当权者,通常对优良"官风"的树立极为重视,不敢掉以轻心。"风"之说历代相传直至当代。在我们当前的反腐倡廉的斗争和宣传、教育中,经常会用到、听到"清廉之风"之类话语,说者用心,听者领会,"风"之所用,言简意赅,清楚明白,效果颇佳。不过,较之上古先贤的"三风十愆"来说,我们常取其积极、正面之意,很少有人用"腐败之风"来描述官场腐败的程度。因为官员只有被查办、获罪后,我们才将其称为不雅的"贪官"。还没有到官场腐败成"风"的程度,这也许符合实际。但这并不意味着我们只要一谈"风",就有夸大事实,以致产生负面影响的程度。事实上,在当前群众路线教育实践活动中,也有人曾提出要大力整改"铺张浪费"之风等。可见,"风"在当前的反腐败斗争中并非完全不可取用。我们主观猜想,如果我们也对各种"慆淫"行为,特别是"殖货利""贪女色"之类的腐败行为用"三风"或"四风"、"五风"等来概括,无论是对反腐败的宣传、教育,还是对腐败行为的查处,或可增加其警戒和惩处的实际效果。不过,这只是我个人的一家之言和建议,不足为训,或未可取。

伊尹作为官任"阿衡"的责任,就是为商王保平取直,前述的对太甲的训诰,绝不只是履行自己的职责而已,事实上,他是基于夏桀腐败亡国的教训来训导太甲要继承汤王的美德,为得到一个好的政局而敬惧诚勉。这并非简单地履行职责而已,或许凭他的经验和对太甲的观察,冥冥中可能感到这个年轻的新王不太可靠,或许还会出问题,所以才有《伊训》中的事先预警,谆谆告诫。果不其然,太甲继帝位后三年,就违背先王制定的法典,悖逆哲人的教训,为非作歹,凶恶残暴。由于"辟不辟,忝厥祖",[1] 已失去做王的品德和资格,伊尹就把他放逐到桐宫替中壬为汤祖守丧,伊尹代理商王处理国事。好在太甲在放逐期间,通过反省,认识到自己不该丧德,决心悔改自新。伊尹肯定了太甲的悔过图新,决定给他一个

---

[1] 江灏、钱宗武译注,周秉钧审校:《今古文尚书全译》,贵州人民出版社1990年2月版,第136页。

改过从新的机会。在太甲被放逐三年之后，伊尹又迎他回到国都，重掌朝政。但伊尹并没有放松对他的考察和规劝，史官记录了他大量的训导之辞，放在《尚书·商书》中，定篇名为《太甲上》《太甲中》《太甲下》。

八 《太甲上》

在《太甲上》中，伊尹强调夏的先王"自周有终"。[①] 周者，《孔传》说："周，忠信也。"由于自始至终讲究忠信，所以能成帝业；而末代天子桀，不能自始至终讲究忠信，故亡国灭宗。你太甲作为君王，一定要以夏桀为戒，"祗尔厥群，辟不辟，忝厥祖"。[②] 作君王要恭敬地遵守做君王的法则，如果做君王的不像君王，就会辱没自己的祖先。伊尹强调为君，泛而论之为官做吏，都要讲究忠信，即忠守职责，信守对公众的承诺，一心为民。从前面我们分析过的"彰信兆民""尚克时忱"来看，"信""忱"也都是强调为君、为官的诚信问题，由此可见，在上古时代，在官箴文化中"诚信"一贯都是受到重视和强调的。可以说"信诚守信"是上古官箴文化的重要内容和一大特色，延续几千年而不缀，至今仍有重要的价值和意义，值得我们传承和发扬。人无信不立，官无信不成，古之教导言犹在耳，值得我们珍重。如果意识到我们官场的诚信已经有所缺失，就要有所戒惧，设法找回来。为官治国理政一定要提高公信力，这早已有古训在先，切不可轻慢对之。

在这一节，伊尹还教训太甲要"慎乃俭德，惟怀永图""钦厥止"，[③]"俭"与"奢"对立。在迄今为止的上古官箴文化中，君臣之间、大臣之间在相互规劝的诰训中，重点通常在防止过度奢华，更不要"慆淫"，包括"三风十愆"在内的丧德、失德行为，那是要失位、亡国、身败、家亡乃至族灭绝祀的事，不可不警戒。所谓"慎厥终，惟其始"，就是告诫君臣等在

① 参见江灏、钱宗武译注，周秉钧审校《今古文尚书全译》，贵州人民出版社 1990 年 2 月版，第 136 页。

② 江灏、钱宗武译注，周秉钧审校：《今古文尚书全译》，贵州人民出版社 1990 年 2 月版，第 136 页。

③ 江灏、钱宗武译注，周秉钧审校：《今古文尚书全译》，贵州人民出版社 1990 年 2 月版，第 138 页。

位和从政人员要想得到好的结局，必须从一开始就远离各种恶习，莫以小恶而为之，否则，后果只能很惨痛。用当今的话说，这是取消极性或负性的后果之意而警戒之，取其"反鉴之道"而已。至于从正面的或从积极的意义进行规劝，即既谈奢的危害，又谈俭的利好，两方面结合起来，官箴效果肯定会有叠加。在上古时代，社会初开，国家甫建，人生实不易，治国经世更是难上加难。艰难和恶劣的环境促成了人们主流价值上的趋利避害的强烈观念，人们为此执着地敬天地、礼鬼神、尊祖宗及人生阅历丰富的长者和贤人。在上古官箴文化中，也正是基于这个原因，所以上古时期，从帝王到贤臣、哲人，都反复强调奢华致败，丧德必亡的道理。《史记》在记载大禹时曾说他"薄衣食"，也能论及"九德"之一的"简而廉"，虽然其中含有"俭"的意蕴，但尚未明确提出"俭"的概念。在《太甲上》中，伊尹明确提出"慎乃俭德"，就是视"俭"为一种美德。"俭"者，内含节省及约束双义，都是关乎人的节约用事，通常是指一个人在衣、食、住、行等生活方面能简则简，能省则省，决不铺张浪费，暴殄天物和工物。用在上古官箴文化上，则王者、官员个人之俭必然带动政治阶层之俭，轻车简从、精兵简政、政事以简等，都是舍弃奢华、节省用事在政治和理政上的重要表现。值得注意的是，在当前中国广泛而又深入开展的群众路线教育实践活动中，反对铺张浪费，提倡节约，也是其中一项重要内容。不论人们是否意识到，这就是新时代官箴文化的重要内容之一，是对流传至今的上古时代倡导的"俭德"的一种继承和弘扬。将节俭作为个人及治国理政的一种美德和实践，反对奢华和浪费，在当代官箴文化的建树中，应当置放在极其重要的位置上，甚至还应当明确地将其作为新时代主流价值观的重要构成要素。

"惟怀永图"和"钦厥止"，也是《太甲上》提出的新观点，为上古官箴文化增添了新元素，在此之前，无论是君诰还是臣训，都未提及治国理政中的图谋、打算以及志向、意图等问题。其实这真是一个重要问题，无论是君王、诸侯即"封疆大吏"，还是各职司一方的文武百官，因为从事的都是政治之事、众人之事，所以，作为治国理政的一个环节，君王或百官的个人志向，对本地区、本部门的发展有什么打算、意图，是极其重要的，用现今的话说，就是"规划""设计""构想""战略"等层面上的大事。有了正确的志向，具有可欲性和可行性的规划、构想、设计和发展战略，才会续制施政的政策、路径，也才能对本地区、本部门民众实行有效的政治动员，才能使官员同心协力，按照预定的方向，通过正确的政策和路径，最终实现社会和国家预想的发展目标。此事之重要，在当代至明且显，我们称邓小平为改革开放的"总设计师"，称继续全面深化改革要大力加强"顶层设计"，都彰显了政治家的志向和战略性谋划的重要性。由是观之，我们先祖早在殷商时代，就提出"惟怀永图""钦厥止"的治国理政的"战略构想"和志向，是极为难能可贵的，作为他们的后代子孙，我们无比感佩与叹服。

九 《太甲中》

在《太甲中》中，太甲在被迎接回到国都重登王位的之前，除对伊尹"匡救之德"表示感激之外，更重要的是其幡然悔悟，立志改过从善。他对伊尹等众人所做的如下一番表白，足以证明其悔也真，其改也坚，说者至诚，听者感动。"王拜手稽首，曰：'予小子不明于德，自底不类。欲败度，纵败礼，以速戾于厥躬。天作孽，犹可违；自作孽，不可逭。'"① 其中提到自己由于昏庸糊涂，不修品德，以致为所欲为败坏了法度，纵情享乐败坏了礼仪，使自己变成顽劣之人，最终给自己招来罪过。他深有感触地说"天作孽，犹可违；自作孽，不可逭"，即老天降下的灾祸，尚可以避开；自己造成的灾祸，就无可逃避了。今人常说的"自作孽，不可活"，大概就是由后半句衍生而来。不管怎样，从上古官箴文化的意义上看，这真是一条振聋发聩的警世、诫官的"箴言"。昏庸失德，就会沦为顽劣，远离良善；纵欲放情无度，就会招致腐败，罪及自身；自己不知悔改，继续作孽，干坏事，其结果必然难逃国法、政纪的惩罚。此事之必然，不可更易，你可以说是合于逻辑的结果，也可以说势所使然、势所必然。太甲作为商汤之孙，是标准的帝三代，能知错必改，从"弗克于厥初"中经三年的反省和改过

---

① 江灏、钱宗武译注，周秉钧审校：《今古文尚书全译》，贵州人民出版社1990年2月版，第140页。

历练，到"图惟厥终"，实属难能可贵，这不仅在古代帝王中绝无仅有，就是在难以计数的官员及官二代、官三代中也是极其罕见的。不然就没有"悔不当初"，"世上没有卖后悔药的"之类的俗言俚语产生和流传。身陷图圄的大小贪官或许正处在"悔不当初"的煎熬之中，偶尔见诸报端的悔过书读来也很感人，但当事者只表示他们已经有了深刻的反省，重新做人、回归社会的路对他们是开放的，或许还能在其他方面对社会和国家有所贡献。但要在从政的道路上东山再起，庶几不大可能。像太甲那样邪路走得还不太远，又有贤臣伊尹作为师保经常训导及匡救的幸运儿，在漫长的历史上尚不见有第二例。当然，在新时代党政官员管理政策和国家公务员法的设计中，会给犯有一般性或严重性错误，但未触及刑律的公职人员以改正错误的机会，被罢免公职之后，再过一二年不等的时间又易地易职重新从政，这样的例子虽不多见，但在任职透明度不高的情势下，往往受到公众的质疑。虽有此翻身重新从政的机会，但官路或许不像正常状态下那样平顺，官运也可能大不如前。

总之，"天作孽，犹可违；自作孽，不可逭"，作为从政箴言和官箴文化的精髓，应当戒惧在心，警钟长鸣，"慎厥终，惟其始"。

在太甲作了上述悔改立新的表态后，伊尹不忘再次对他进行教诲："王懋乃德，视乃烈祖，无时豫怠。奉先思孝；接下思恭。视远惟明；听德惟聪。"[①] 君王要加强品德的修养，不要忘记祖上建立的功业，不要时常享乐和懒惰，尊祖要想到孝顺，接近臣民要想到谦恭，这些都是以前论述过的，此次又一次强调一下而已，具有新意的，倒是"视远惟明；听德惟聪"两句。用人的两大感觉器官眼、耳的自然功能"视明"和"听聪"来类比从政应着眼长远利益和应重视采纳好的意见和建议，生动贴切，不愧为上古官箴文化中一个创新思路和亮点。

十 《太甲下》

在《太甲下》三节中，伊尹"申诰于王"的，无非重申以往反复强调

---

① 江灏、钱宗武译注，周秉钧审校：《今古文尚书全译》，贵州人民出版社1990年2月版，第141—142页。

的仁德有怀、德治致兴，走正路、离乱事等官箴内容，但仍有一些新意值得提出加以分析。一是"终始慎厥与"。① "与"是结交的意思，全句是说"自始至终慎重结交人"。这是第一次提出官员结交人的问题。人是社会人，与人结交势不可免，但人有良善和邪恶之分，结交好人，自然获利多多，结交坏人，自然就有可能受影响做坏事。所谓"近朱者赤，近墨者黑"是也。作为从政官员，势必要结交人，官员也会因私谊而结交人，史上留下了不少这样的事例，姑且不论。在官场中，结交人顺势考察人、提拔人，不可不慎之又慎。官场中人因结交人不慎而导致身败名裂的事例史不绝书，几乎每个王朝的覆灭多少都与用人不当有重大干系。在史上特别是现实中受到公开审判的官员包括高官的贪腐案中，贪腐成因之一就是无原则地提拔重用自己原以为忠诚无比，绝对可靠的"铁哥们"，由此跌入腐败的深渊，这样的案例不仅史不绝书，而且现实也绝不少见。给世人留下交友不慎而致败亡的深刻教训。在此类案件中，由于"囚徒效应"起作用，原来相互勾连共同贪腐转而相互揭发以争取"立功"之事时有发生，令世人唏嘘不已。所有从政人员都应当以此为戒，官场用人有自己的规矩，一定要选拔那些德能兼备的贤良之人，这就需要选拔者细心考察，按组织程序办事，即使所用之人并非贤德出众，才能超群，至少不会出大错，不仅于己并无大害，而且于国或亦有益。由此可见，"终始慎厥与"也是上古官箴文化中的精髓，是先祖留给后世官场一个宝贵的官箴文化遗产。如何继承和发扬，从政官员不可不慎重，不可不警戒。

在《太甲下》中，伊尹教导太甲不仅要继承先王成汤的修善积德，而且要学习他为人处世、治国理政的态度和方法。请看伊尹是怎么说的："若升高，必自下，若陟遐，必自迩。无轻民事，惟艰；无安厥位，惟危。慎终于始。有言逆于汝心，必求诸道；有言逊于汝志，必求诸非道。"② 要登高必从下面开始，此即后世传为"千里之行，始于足下"和"欲穷千里目，

① 江灏、钱宗武译注，周秉钧审校：《今古文尚书全译》，贵州人民出版社 1990 年 2 月版，第 143 页。

② 江灏、钱宗武译注，周秉钧审校：《今古文尚书全译》，贵州人民出版社 1990 年 2 月版，第 144 页。

更上一层楼"之意；做事从头开始，不能一步登天，也可以转意理解为，为官要从基层做起，一步一步地提拔起来，若为政要干大事，必须从小事抓起，不能好高骛远。同理，如果要行远，必须从近处起步。这两句都是讲的为人、做官必须脚踏实地，从头开始一点点做起。"无轻民事，惟艰"，是说不要轻视老百姓所做的事，包括他们为王室所服的劳役，那其实是很艰难的，意为要体察基层百姓的劳苦和艰辛，也暗含百姓才是所能依赖的，故应尊重。"无安厥位，惟危"，这或许就是后世流传广泛的箴言"居安思危"的最初来源。居安思危，于个人生活应诚惧，道理不难理解。在传统社会和国家有难时期，民生艰难，百姓常被教导要厉行节约，不要铺张浪费，以免荒年时节陷入困顿。对于粮食，也倡导"忙时吃干，闲时吃稀""糠菜半年粮""以瓜菜代粮"等，这都是居家过日子要"居安思危"的意思，"莫到无时想有时"。现时生活富裕了，电视上公益广告反复告诫，全国每年光浪费的粮食就数量惊人。可见，我们虽然在粮食上"富足"（实际上也潜在短缺危机），但"思危"的观念却"饥饿"了。社会现在已经很缺"居安思危"的教育和倡导了。对于从政的官员来说，"居安思危"要警钟长鸣，安享尊位、放松修德之努力，以致最后丧德失位的悲剧，在几千年的传统社会和王朝更替中不断上演。缘何以然？居安而不思危是其重要原因之一。就是在当代，极少数党政领导人员，一旦走上官场高位，立马就骄横和腐败起来，哪有一丝一毫的"居安思危"意识？如果有，或许就是防范被他人取代，为此，竟有极个别高级官员雇凶杀人，以绝"政敌"取代之患，这样的恶性案例已发生多起。这种"思危"是变态的，是极端的丧失官德的行为。虽为极少数，但不能不警。古训中的"居安思危"是教导官员要敬惧职位，勤勉做事，忠贞于官场使命，克勤克俭。这样做的官员必然受到人们的拥护，也会得到各级领导人员和广大群众的支持。如果这样，当然就不会有职位上的危难了。从一定的意义上来说，那些锒铛入狱的腐败官员，都是在位时期只知安享，而没有警戒的观念，以致最终陷入极深的危难之中而不知，直至最终落入不可挽回的灾难中。

　　"慎终于始"，与前述的"慎厥终，惟其始"，以"终始慎厥与"等意义相同。无须再议。

"有言逆于汝心，必求诸道；有言逊于汝志，必求诸非道"。这与后世所传的"良言逆耳利于行""良药苦口利于病"意旨同归，即做人要听得意见和劝导，即使不合你的心志，也要注意倾听，尤其要注意倾听不中听的、刺耳的逆言。因为那正是你改正错误，不致产生不可挽回的后果的良言相劝；为官从事行政、司法等事务，纷繁复杂，智者千虑，尚有一失，难免在情事信息掌握、政策和行动选择等方面出现被误导、判断不准确、政策选择错误、掌握失当等情形。有人从旁提醒，提出劝阻或劝进，应当冷静对待，认真考量，再三斟酌之后再下决心并采取行动。这才是正确的工作态度和方法，即使在当代，也堪称是一种民主作风和科学态度。相反，自以为老子天下第一，听不进任何他人意见，习惯"一言堂"作风，甚至对于一些重大的决策，也是脑门一拍就这样定了，不容置疑，其结果少有成功，或多数失败，造成不可挽救的损失和不堪匡救的后果。这种事例史不绝书，在当代也并非鲜见。其何以然？违背古训和经验的宝贵箴言，至少是其中一个原因。

还有一点也值得分析一下。较之"忠言逆耳""良药口味"这样多少带有片面性、经验性的箴言而言，"言逆求道"与"言逊求非道"更具有理性。首先，它并不只是本着经验之谈行事，理论上讲，忠言为道并非一定利于行，良药苦口也并非一定利于病。只讲一方面，不讲另一方面，这就是片面性。而"求道""求非道"就可以避免这种片面性。不论"有言逆于汝心"，还是"有言逊于汝志"，重要的是要听得进去，然后用道义或非道义去考量，最后才是做出判断和决策、行动。其次，对"逆心之言"和"逊志之言"分别情况采取对策，"逆心"用道义衡量，无疑是一个科学的态度和方法，以期最大限度地避免埋没真知灼见，减少误判；而对于"逊志"用非道义去衡量，看似消极，实际上是积极正确，"非道义"可以使被"逊志"之官冷静对待"逊志"者，考察他们之所为的"逊志"是否是实事求是，或是否别有用心，或是否是以谄媚的言辞来讨被"逊志"者的好感和青睐，并因此获得私利或达到不可告人的目的。"非道"是一把"照妖镜"，能使官员看清"逊志"者的真实面目和目的。如果被"逊志"的官员秉持道义和原则，就不会被蒙蔽而做出丧失官德的行为，官场秩序于是得以维护。这对为官从政的人来说，无疑是一个高标准、严要求，不大可能每一个为官者都能做到，事实上爱听"逊志"的官员大有人在，不然自上古时代起，就不会产生如此优秀的官箴文化和深邃精妙的官场箴言。最后，"道"与"非道"何来，显然并非天生，习而所得，授而得传，言下之意，为官者在繁忙的职司之余，要加强学习，不学习就不明道理，犹如一个人站在雪白的墙壁前什么也看不见（"不学墙面"）。自古至今，那些不学无知，只凭自己感觉做事，全无逻辑理性的官员是做不到"求道"和"求非道"的。为官者要学习上古贤人明道知理，看当时为从政的官员想得多么周到。官箴文化和官场箴言值得当今的从政人员深思和警诫。

为君不能朝令夕改，为臣切不可只凭恩宠和利禄邀功。劝君王要谨言慎语，切不可随意发号施令，或朝令夕改；而为臣者不要只图安享富贵与荣华而不思进取。"君罔以辩言乱旧政，臣罔以宠利居成功"，① 就是最高级的劝进箴言和最优秀的官箴文化。古今皆然，在当今国家全面深化改革开放的昌盛之际，更要对各级政府公务人员积极劝进，全力以赴，恪尽职守，最终实现社会主义现代化的目标。此即所谓的"邦其永孚于休"，② 即国家将会永远安于美好。

十一 《咸有一德》

《咸有一德》是伊尹训导新复位的太甲帝的一篇重要训诰。其中心思想如标题所示，是强调德要纯一、始终如一的道理；还阐明了德的标准为善，以及立善的标准是纯一的义理。有些亮点值得关注和分析，先看原文："今嗣王新服厥命，惟新厥德。终始惟一，时乃日新。任官惟贤材，左右惟其人。臣为上为德，为下为民。其难其慎，惟和惟一。德无常师，主善为师。善无常主，协于克一。"③

---

① 江灏、钱宗武译注，周秉钧审校：《今古文尚书全译》，贵州人民出版社1990年2月版，第145页。

② 江灏、钱宗武译注，周秉钧审校：《今古文尚书全译》，贵州人民出版社1990年2月版，第145页。

③ 江灏、钱宗武译注，周秉钧审校：《今古文尚书全译》，贵州人民出版社1990年2月版，第149页。

首先，强调德不是固定不变的，不是只要信守某种先定的道德规范就是"德"，德是动态的，是在不断更新的坚持中实现的，此即"惟新厥德"之意，是对前述的德要"日日新"的再次强调。

其次，如何才能实现道德的天天更新呢？没有他法，只能始终如一，坚持不懈。言下之意就是对道德的修养不能懈怠，更不能半途而废，只有从始至终坚持修养，才能永保道德的良善。

再次，光是君王自己坚持道德日日新还不够，还要选择任用有德有能、忠直良善的人作为官员和辅佐大臣，进而合力更新道德。大臣不仅自己要有德，他们职司以外还被赋予了一项重要责任，就是不仅要使国君施行德政，还要使下属帮助百姓。从官箴的意义来说，使国君施行德政，就含有他们要规劝、引导国君走正路，不走邪路的意思。将官箴作为大臣的职责，是官箴文化发展中的一大创新。它不仅指出帝王和大臣都须各自修德并施行德政，而且作为统治集团或"领导班子"的成员，必须相互监督，互相规劝，实行德政。这种集体治国的行为效果肯定会更加显著。这种官箴文化的发展，就是基于伊尹"咸有一德"的政治主张和官箴理念。

从次，贤能良善的官员和辅佐大臣不是由天而降，而是要通过考察、遴选，找出真正能同心同德、通力合作的人再任命。这件事做起来很难，不过再难也必须这样去做。这就是"其难其慎，惟和惟一"的意旨。其中自然排除了任人唯亲、任人唯近的任用官员的悖逆做法。早在上古时代，先贤就提出任用官员必须经过慎重的考察，只选用那些同心同德、通力合作的人为官，这是多么难能可贵的政治卓见和选任官员的良途啊！

最后，确定德没有固定不变的标准，善就可以做德的标准，这样就化繁为简，把可能引发争议并难以统一的其他道德标准排除在外，只取善作为唯一的道德标准。善的标准也不是固定不变的，能够符合"纯一"的，就是标准。再经过难以把握的对各种善的标准的排除，只承认"纯一"是善的标准，这不仅容易把握，而且还能保持德、善的始终如一性，而不被其他的标准混淆或干扰。这就是"德无常师，主善为师。善无常主，协于克一"的意义所在。

"咸有一德"的上古官箴文化在当今仍有重大的参考和实践价值。首先，官员不论职务高低，人人都有修德的责任，不修德就不能很好地履行作为公职人员的使命。其次，修德是持续的动态过程，要坚持不懈，做到日日有新德，只有这样，政治万象才能更新。再次，修德必须慎重考查干部，不能任人唯亲，也不能全凭个人的好恶，而是要选拔既贤能、良善，又能同心同德、善于合作的人加以任用。从次，任命的官员除了要认真地坚守自己的职司以外，还要担负起对上、下级和百姓的责任，用现代的话表述，就是要有批评和自我批评的精神，不能只做到洁身自好，还要对领导班子负起集体责任，要同心协力为群众办好事、办实事。最后，尽管官员修德，贯彻以德治国的治国方略现在受到法治的冲击和挑战，但实行善策、为民立国的善政这个根本目标是不可动摇的。道路可以不同，但目标不能改变。保持国策的良善，建立稳固的治国良政，坚守如一，目标明确，举国上下同心同德，协力合作建设我们的国家，应当作为每位领导成员和从政人员坚定不移的信念和努力进取的目标。这就要求维持国家安定、和谐的政治局面，法律和政策不能变来变去，更不允许朝令夕改，始终坚持正确的政治方向和既定的国策，不要折腾。这即是"咸有一德"在当代所具有的现实政治和治国理政的意义。当然，从官箴文化的意义上来说，也是对党政官员进行教育和践行群众路线实践活动的一种创新思维和内容。当然，这有个前提，即我们愿意虚心向上古之先贤学习。

时光冉冉，商朝的帝位继承如流水，转瞬传至成汤的第十世孙盘庚。他为了躲避黄河水患，复兴殷商，率领臣民把国都从奄迁至殷，即今河南省安阳地区。这就是商朝历史上著名的"盘庚五迁"。① 但这次迁都，竟遭到各方面的反对。盘庚多次告谕臣民，极言迁都的好处、不迁的危害。史官记录了盘庚的诰词，写成《盘庚》。《盘庚》分上、中、下三篇，上、下两篇告群臣，中篇告庶民。从官箴文化的意义上来说，有几个亮点值得关注和分析。

---

① "五迁"指五次迁都。参见《竹书纪年》所载："仲丁自亳迁于嚣，河亶甲自嚣迁于相，祖乙居庇，南庚自庇迁于奄，盘庚自奄迁于北蒙，曰殷。"以上参见江灏、钱宗武译注，周秉钧审校《今古文尚书全译》，贵州人民出版社1990年2月版，第156页。

十二 《盘庚上、中、下》

建国迁都在古今都是大事，关系国家的兴衰和民众的安危。盘庚迁殷，在上古时代，绝不是一件轻而易举之事，新都选址及建设新都邑之难暂且不说，光是说服、动员臣民同意搬迁，就是极艰难之事。只要看一看当今在兴修水利、修路、城镇改造动迁，新农村建设当中，动员相关民众同意搬迁都是难上加难之事。记得在 20 世纪初长江三峡水库修建之初，有关部门按库区移民方案向各移民安置地方分配移民数量及公布安置办法时，相关的移民安置地很不情愿地接受，导致移民安置计划执行的窒碍。之后，时任国务院总理朱镕基亲自出面协调，才得以顺利执行该移民安置方案。我有幸被邀请作为咨询专家参与论证此事，故知移民安置之难。修建水库移民搬迁都如此之难，何况迁都呢！搬迁不仅经济补偿要到位，安置要妥当，还要做大量的说服动员工作，毕竟故土难离，稍有不慎，百虑一失，就会引发动迁的民众不满，再处置不当，不可避免地就要爆发规模不等的群体事件。此类群体事件如果发生，会给民众的生产、生活，国家的稳定和社会的和谐以及政群关系造成程度不等的消极影响。

盘庚迁都虽发生在上古时代的商朝，从殷墟考古发掘的商都规划和建筑规模上看，建筑群的浩繁都令身为后人的我们惊叹不已。[1] 从官箴文化的意义上说，我们对盘庚帝处理这件事的方式很感兴趣，同时对他所申述的可能不被我们当代人完全认可的某些理由，也持肯定和赞赏的态度，并认为有些可以为当今官箴文化所借鉴。

有史家认为，盘庚之所以迁都，一是为了避免水患，二是为了缓和奴隶主和奴隶之间的尖锐的阶级矛盾。[2] 从《尚书·商书·盘庚》来看，第一个理由至为明显，毋庸置疑，至于第二个理由就可能是仁者见仁，智者见智了。我个人认为，从文本上看不出是基于尖锐的阶级矛盾而决定迁都的。

---

① 关于殷墟历次发掘成果，都有详细的考古报告出版，如只想略作了解，可参见杨东晨《论殷墟在中国文明史上的重要地位》，载陈义初主编《河洛文化与殷商文明》，河南人民出版社 2007 年 10 月版，第 365—371 页。

② 陈义初主编：《河洛文化与殷商文明》，河南人民出版社 2007 年 10 月版，第 365—371 页。

理由之一，盘庚同时对王公大臣与平民百姓都做解释和动员工作，以阶级分析的观点来看，两大对立的阶级同时反对同一重大政治举措的事可能不会或很少会发生；第二，盘庚主要是针对反对迁都的特定群体进行规劝、动员乃至恫吓，其中对两大阶级都有所报怨和不满，但也只是针对反对迁都这一点顺带提及的。迁都是盘庚以君王的地位和权力强力进行的，必会引起既得利益者，甚至是安土重迁的黎民百姓的不满和反对。这从当代的动迁之难就不难想象。事实上，当时已经造成官民共同反对迁都。在某种程度上，把官民的反对态度和行动视为一次大规模的尚未激烈爆发的群体事件也未尝不可，只是文中并未表明当时发生了冲突或动乱。这次事件造成了王室的危机和帝王公信力的下降，有必要审慎对待。盘庚在处理这次群体事件时，虽有不妥之处，但大体上是应该肯定的。首先是方式适当，且有些说服理由很可取，值得认真分析一下。

第一，处置方法之所以值得肯定，是因为盘庚并未一味用强，既没有出兵镇压，也没有动用士师强行抓捕，更没有利用黑社会一类的组织进行打杀，而是做说服、动员工作。《盘庚上》记载："盘庚敩于民，由乃在位以常旧服，正法度。曰：'无或敢伏小人之攸箴！王命众，悉至于庭。'"①"敩于民"，既开导、规劝臣民，又教导在位的大臣遵守旧制、正视法度。所谓"旧制"是指前朝已有四次迁都了，这不是第一次；"正视法度"是要求大臣不要忘记服从王命乃是臣子的本分，应按法度办事，千万不要乱来。还警告大臣不要一听老百姓的规劝就丧失立场，反对迁都。王曰："无或敢伏小人之攸箴！"值得注意的是，对民众的反对声浪并未刻意渲染，夸大舆情，只是轻描淡写地说"攸箴"，即视为规劝，大有大事化小，缓和紧张气氛之意。这样说服还不行，于是"王命众，悉至于庭"。把臣民都邀请到王宫来，要亲自接见，当面对臣民进行劝解和动员。这是一种直接交流、当面对话的方式。这种处置群体事件的方式是我们先祖的一大创造，可以视为上古官箴文化的经典一笔，至今仍有重大的方法论和价值论的意义。在当今社会，对一些突发的群体事件特别是突发的大规模群体事件，在处置过程中，有

---

① 江灏、钱宗武译注，周秉钧审校：《今古文尚书全译》，贵州人民出版社1990年2月版，第156页。

关部门和领导泰半事先没有注意这一环节，缺乏与群众的直接交流和对话，不做充分的说服、引导工作，如果再放任不理，甚至用强，自然会产生对双方都不利甚至对个人和社会极为有害的后果。这种事例如果一再发生，就值得我们反思了，上古盘庚之法当为镜鉴。我们认为，在当代的官箴教育中应当加入这方面的内容。要让广大官员了解这段真实发生过的历史，从优秀的古代官箴文化遗产中得到启发和教益。

与臣民直接交流、对话固然是一个值得称道的化解矛盾、缓和冲突的方式，但仅有此举还不足以成事，重要的是用什么态度进行沟通。如果站在君主高位的立场上用盛气凌人的态度，以粗暴的语言进行对话，那就不是沟通，而是以上压下，武断蛮横。如果是以这样的立场和态度，就达不到相互沟通的目的，还可能会得到相反的结果。盘庚所采取的立场和态度是值得肯定和称赞的。《盘庚》一文记录如下："盘庚作，惟涉河以民迁。乃话民之弗率，诞告用亶。其有众咸造，勿亵在王庭。盘庚乃登进厥民。"[1]这真是官箴文化中精妙的描述。盘庚迁都虽遭到民众的反对，但他非但不用强制手段推行计划，转而采取与民众进行沟通的做法。"话"者，"会"也。《说文》解释道："话，会合善言也。"至今我们教训别人也常说："好好说话！"这表明其仍保留"会合善言"之意。盘庚用好言相劝，说明他态度诚恳。"诞告用亶"更直言用诚恳的态度"诞告"，即大力劝告他们。那些反对迁都的民众都来了，惴惴不安地站在王庭中，盘庚招呼他们靠前一些。好一个"盘庚乃登进厥民"，对于那些"勿亵在王庭"的民众来说，此举一下子拉近了君民之间的距离，减少了疏离感，从而为对话、沟通创造了极为良好的气氛。这真是一个进行对话沟通的典型案例，虽然发生在上古的殷代，也值得我们今人好好学习、借鉴。设想，当今的政府及有关部门与民众发生矛盾后，如能用诚恳的态度进行沟通，拉近距离，缓解紧张气氛，泰半的大小突发性群体事件庶几可以避免。

第二，"施实德于民"值得提倡。在盘庚的规劝话语中，有些基于时代

---

[1] 江灏、钱宗武译注，周秉钧审校：《今古文尚书全译》，贵州人民出版社 1990 年 2 月版，第164 页。

的局限，于今已无实用价值，如"天之断命"，① "故有爽德，自上其罚汝，汝罔能迪"，② "乃祖乃父断弃汝，不救乃死"③ 等。暂且不用说它，但盘庚给出的说服理由中，有些还是可取的。如"施实德于民"就值得肯定。对于那些怀有私心、傲慢、放纵和追求安逸的反对迁都的大臣，盘庚教导他们说："汝克黜乃心，施实德于民，至于婚友，丕乃敢大言汝有积德。"④ 用现代语言表述，就是你们要能去掉私心，把实实在在的好处给予百姓，以至于亲戚朋友，才敢说你们有积德。"施实德于民"既是一个重要的政治理念，又是一句绝佳的官箴，在我们现今的官箴教育以及在群众路线教育实践活动中，经常教育广大官员要"为群众办好事，办实事"，本身就是"施实德于民"的现代表述。"办实事"其内涵十分丰富，重要一点就是不要只动嘴皮子，许空头支票，更不要只为突出自己的政绩，做出既不利于国又不利于民的重要决策或形象工程，"施实德于民"还包括要有实干精神，以下还要分析。

第三，在官德中，上古圣贤还特别强调为官不要空谈，空谈误国，要脚踏实地，要像农民种田一样实干，才能有收获和政绩。盘庚就明确地用这样的官德教训他的大臣："格汝众，予告汝训汝，猷黜乃心，无傲从康。古我先王，亦惟图任旧人共政。王播告之修，不匿厥指，王用丕钦。罔有逸言，民用丕变，今汝聒聒，起信险肤，予弗知乃所讼。非予自荒兹德，惟汝含德，不惕予一人。予若观火，予亦拙谋作，乃逸。若网在纲，有条而不紊，若农服田，力穑乃亦有秋。"⑤ "乃不畏戎毒于远迩，惰农自安，不

---

① 江灏、钱宗武译注，周秉钧审校：《今古文尚书全译》，贵州人民出版社1990年2月版，第156页。

② 江灏、钱宗武译注，周秉钧审校：《今古文尚书全译》，贵州人民出版社1990年2月版，第167页。

③ 江灏、钱宗武译注，周秉钧审校：《今古文尚书全译》，贵州人民出版社1990年2月版，第167页。

④ 江灏、钱宗武译注，周秉钧审校：《今古文尚书全译》，贵州人民出版社1990年2月版，第159页。

⑤ 江灏、钱宗武译注，周秉钧审校：《今古文尚书全译》，贵州人民出版社1990年2月版，第158—159页。

昏作劳,不服田亩,越其罔有黍稷。"① 盘庚对先王的大臣与他的大臣的所作所为进行了对比:先王大臣忠于王令和王事,而且还影响到老百姓,树立起了实干的风气。而你们不但不知报恩,反而"聒聒",拒绝别人的好意而自以为是,又肤浅虚伪,净说些邪恶的言语,我(指帝盘庚——笔者注)都不知道你们在争辩什么。你们要像在纲上的网绳一样有条而不紊,恪守职责,干你们应该干的事,不要相互纠缠,扰乱序次;你们还要像农民种田那样脚踏实地干事,只有努力耕作才会有收获。如果你们不怕将来或眼前会有大灾害,像懒惰的农民一样自己寻求安逸,不努力操劳,不从事田间劳动,就没有黍稷收获。盘庚用在纲上网绳有条而不紊、农民种田精耕细作来比喻为官同样需要各安职守,司职井然有序,以及干实事要花气力,不可虚妄浮夸,只说不干,不允许乱说邪恶的话,更不允许不计后果地瞎折腾。盘庚还正告他的大臣说:"凡尔众,其惟致告:自今至于后日,各恭尔事,齐乃位,度乃口。罚及尔身,弗可悔。"② 这种官德和官风中的消极现象自上古就受到重视和纠正,体现了上古官箴文化中的积极因素。看来为官虚妄、浮夸,不干实事,瞎折腾的现象在官场初创阶段就产生了。在现代的"官箴"宣传教育中,党和国家一向强调党政官员不要折腾,反对弄虚作假、不干实事,这还在当前广泛深入进行的群众路线教育实践活动中被作为党政官员作风整改的重点。从一定的意义上说,这些都是对上古优秀的官箴文化的继承和发扬。

十三 《说命上、中、下》

盘庚去世后,殷商国运衰颓,武丁继位后,力图复兴,便请贤能之人说做相,辅佐他复兴殷运。这位名叫说的人,因为是从傅岩一地请来的,故史称"说"为"傅说",他与武丁君臣交流的谈话被史官记录下来,在《尚书》收编时定名为《说命》,也分上、中、下三篇。其中有些谈话具有

---

① 江灏、钱宗武译注,周秉钧审校:《今古文尚书全译》,贵州人民出版社 1990 年 2 月版,第 159 页。
② 江灏、钱宗武译注,周秉钧审校:《今古文尚书全译》,贵州人民出版社 1990 年 2 月版,第 162 页。

官箴文化上的意义和价值，值得加以介绍和分析。

第一，君臣双方纳谏和进言的态度十分诚恳。首先看武丁帝，"命之曰：'朝夕纳诲，以辅台德。若金，用汝作砺；若济巨川，用汝作舟楫；若岁大旱，用汝作霖雨。启乃心，沃朕心，若药弗瞑眩，厥疾弗瘳；若跣弗视地，厥足用伤。惟暨乃僚，罔不同心，以匡乃辟。俾率先王，迪我高后，以康兆民。呜呼！钦予时命，其惟有终。'"① 武丁要求傅说早晚都要赐教，以便帮助他修德。武丁把傅说视为磨刀石、渡河的船和桨、久旱的及时雨，要傅说开启心浇灌他的心，用药一定要猛，因为吃药如不头昏目眩，病就不会好。武丁又说，如果我赤着脚走路，你要提醒我注意脚下的路，警示我不要伤着脚。武丁还希望傅说及其下属同心合力，纠正他的过错，使他能沿着先王的道路、踏着成汤的足迹前进，让天下的万众百姓都能安居乐业。最后又深情地叮嘱道："啊！谨慎我这个政令吧，希望能善始善终。"作为一代帝王，为了复兴国运，武丁礼贤下士，诚恳请求佐相及他的下属同心协力帮助他改正错误，以便实现振兴国势、乐业安民的宏伟志向，其态度之谦恭，心意之诚恳，言辞之恳切，令人感动。在这段文字里，完全看不出以往的王者凭尊位和权威居高临下、威逼强制的凶残和蛮横，诚难能可贵。

傅说的回应也十分得体，劝喻中也同时申明大义。傅说回应王说："惟木从绳则正，后从谏则圣。后克圣，臣不命其承，畴敢不祗若王之休命？"② 他用木匠的绳墨取直的道理来劝喻武丁，说君王只有接受规劝才会变得圣明。如果君王圣明，臣下不必等待命令就会主动进言，谁还敢不恭敬地顺从君王好的教导呢？言下之意，就是要营造适合臣下进谏的政治氛围，君王必须从自身做起，使自己圣明，即具备良好的政治品格和态度，才能让诸臣主动进谏。这个前提非常重要。无论在历史上还是在现实中，一些上位之人听不得不同意见，甚至一听到不同声音，便火冒三丈，更有甚者给

① 江灏、钱宗武译注，周秉钧审校：《今古文尚书全译》，贵州人民出版社1990年2月版，第177页。

② 江灏、钱宗武译注，周秉钧审校：《今古文尚书全译》，贵州人民出版社1990年2月版，第178页。

"小鞋"穿，实行打击报复。在这种官场氛围下，下位官员想必都噤若寒蝉，唯恐由于出口批评而招来横祸，因"文死谏"而被杀者史不绝书。在这种氛围下，除极少数极为忠贞之官敢于冒死进谏之外，还有谁去主动提出批评，帮助君王改正错误？这个"圣明"的前提至今仍有现实意义，即使达不到"圣明"的高度，至少也要做到诚恳地接受批评或规劝，认真地改正错误，弥补不足，以便改进工作。

第二，为君做官应当戒备四件事。傅说对王说："惟口起羞，惟甲胄起戎，惟衣裳在笥，惟干戈省厥躬。王惟戒兹，允兹克明，乃罔不休。"[①] 第一件要戒备的事，就是不要轻易发号施令，为君做官发号施令此为职责所在，上古制度不彰，治国经世全凭君王和各级大臣的告示、命令而行。关键是要做到不"轻易"发号施令。轻易发号施令可能会招致种种不利后果，傅说没说别的，只提及"羞辱"一事。在德治的滥觞时代，人们极为看重面子，特别是君王和官员的"面子"，一旦蒙羞便颜面尽失，被人看不起，再难去做君师之长。至今中国人的一大特色，是官民依旧极为顾虑自己的"颜面"。一者，我们党实行"民主集中制"，做决策、发号施令除非在极特殊的情况下，否则都要经过民主程序，汇集领导成员集体的智慧，以便最大限度地减少失误。二者，个人特别是高级别的领导人员轻易发号施令，难免所号所令不符合实际情况而难以贯彻实施。更有些情况是，下级正在贯彻某项既定的方针、政策，而上级轻易下命令去改道易辙，会使下级很为难，执行也不是，不执行也不是。故此，将不要轻易发号施令作为新的官德，仍有现实意义。

第二件要戒备的事，就是如果随便动用军队，有可能引起战争。在古代，兵刑不分，法制不张，对严重犯罪行为的惩罚动辄"大刑用兵"。动用军队征伐是极普遍之事。战争会使士兵伤亡，民众流离失所，农事荒废，故应当极力避免。傅说将其作为君王应当戒备的一件事，在那个时代是有现实意义的。当然，于当今的国内政局来说，除非在极其特殊的情况下有所例外，否则国家不会轻易动用武装力量去处理国内一般的事务。

然而，随便用兵会引起战争这种劝谕，在国际上对霸权国家和复兴军

---

① 江灏、钱宗武译注，周秉钧审校：《今古文尚书全译》，贵州人民出版社 1990 年 2 月版，第179 页。

国主义的政治领导人来说，仍有重大的现实意义。最近十几年来，霸权国家一再对外用兵，几百万人上千万人为逃离战乱地区沦为国际难民。如果挑起战争的国家的有识之士能虚心向中国上古先哲学习，用"惟甲胄起戎"的"官戒"规劝和警戒政府，或许不会造成如此严重的战祸和政治困局。当然，帝国主义、霸权主义有其自己"官德"和行事逻辑，但历史检验的结果表明，它们的"官德"和行事逻辑违背理性，不仅祸害了别的国家、残害了他国人民，也给自己的国家带来了国运的衰微和人民的不满。这样看来，中国上古先贤的官箴文化精髓不仅在当代中国具有重要现实意义，而且在世界范围内也有令别的国家的领导人和政要深省及警示的实际价值，尤其是对霸权国家和那个一心要复兴军国主义的国家领导人来说，尤其如此。

第三、第四件须戒备之事，在我们看来，实际上是一回事，就是要对官员加强考查。当然，对文官和武将或许应当有不同的考查方式，但总要进行考查。否则就容易奖赏和提升了那些不称职的文官和不能打仗的将帅。这一戒备意义至为明显，但傅说并不因此而满足，他还对武丁申说如何用人和考查官员。涉及的方方面面，至今不失其具有的官箴意义和价值。

傅说申说如下："惟治乱在庶官。官不及私昵，惟其能；爵罔及恶德，惟其贤。虑善以动，动惟厥时。有其善，丧厥善；矜其能，丧厥功。惟事事，乃其有备，有备无患。无启宠纳侮，无耻过作非。惟厥攸居，政事惟醇。"[1]

用现代汉语表述，就是"一个国家的太平或动乱在于百官。官职不要授予自己偏爱和亲近的人，要看他的才能，爵位不要赏赐品德不好的人，要看他的贤德。考虑是善政才行动，行动还要选择时机。自以为有善而人家不承认，反而丧失了自己的善绩；自己夸耀自己的才能而人家不承认，反而丧失了自己的功劳。做任何事情，都要有准备，有准备就没有后患。不要宠爱小人而自讨轻侮，不要认为有过错是羞耻而文过饰非。如果行为举止都像上面所讲的那样，朝政大事就会治理得很完美了"。[2]

---

① 江灏、钱宗武译注，周秉钧审校：《今古文尚书全译》，贵州人民出版社1990年2月版，第181页。

② 江灏、钱宗武译注，周秉钧审校：《今古文尚书全译》，贵州人民出版社1990年2月版，第182页。

用人不要唯亲，要选贤德兼备之人，在前面的官箴文化中多有提及，不必重说细解。不要自以为是和自夸其能倒有些新意。无论为君为臣，都不要宠爱小人，不要认为有过错是耻辱而文过饰非，更是具有现代意义的官箴明理。在现今的党政官员队伍中，太需要提倡勇于承认错误，不文过饰非，要敢于正视存在的问题，以改进工作的官德和官风了。这就是新时代话语下应努力倡导的实事求是的作风。

第三，鼓励努力学习的君德和官德。傅说对王说："王，人求多闻，时惟建事，学于古训乃有获。事不师古，以克永世，匪说攸闻。惟学逊志，务时敏，厥修乃来。允怀于兹，道积于厥躬。惟敩学半，念终始典于学，厥德修罔觉。监于先王成宪，其永无愆。"① 傅说在这里只说"学于古训乃有获"，这当然没有错，但不能因此就说"事不师古，以克永世，匪说攸闻"，这就过头了。我们肯定学习古人是应该的，至今亦然，现代官德中必须尊重历史，决不能搞历史虚无主义。但要说只要以古人为师，国家就长治久安，就夸大了历史经验的作用。傅说、古代贤人包括后世的孔子等大儒，对历史经验的看法一般都有这种片面性。这可以理解，上古社会初开，文化上还不具有像如今的多元性。面对国运衰颓、动乱，除励精图治外别无良法，只好向古圣贤求教。在今天看来带有一定的片面性，但放在上古时代不失为一种开放和虚心学习的态度，总比不顾时势、刚愎自用，任由个人为所欲为要好。此外，傅说还深得学习的要领，要学习他人，自己首先要谦虚，务必时时努力、持之以恒，品德的完善就会实现。他进一步强调指出，道义必须通过学习，在学习者身上一点点积累下来，积少成多，才能领会贯通。更难能可贵的是，傅说还把教与学结合起来看，认为"教"是"学"的一半，这里的"教"当然不是指当代的"教学"，而是"教化""化育""实践"的意思，说的是一边学一边接受教化，两者密切结合。而学习是首要的，只有自始至终念念不忘学习，道德才会在不知不觉中得到逐步完善。

通过学习，接受教化，从事实践，最终达到完善自己道德的目的，这

---

① 江灏、钱宗武译注，周秉钧审校：《今古文尚书全译》，贵州人民出版社 1990 年 2 月版，第184 页。

真是一个有关学习的洞见。时至今日，我们还能找出比这更科学、更理性的学习态度和方法吗？我们必须承认，这是端正学习态度，树立正确的学习作风和方法的不二法门。相比上古贤人，我们当今的所谓"现代人"应当汗颜。先从社会层面说起，有统计说中国人用于图书的花费极低，比起其他一些国家来，似有天壤之别，这且不论。在校学生如何？我曾多年从事研究生、博士后的教育工作，也曾断断续续在几所大学从事或长或短的本科生、研究生的教学工作，见到一些大学生、研究生一入校就忙于各种证书的考试准备，之后就去为毕业后的求职奔波，有的研究生离毕业论文答辩还有十几、二十天，才匆匆忙忙拼凑一篇论文应付过关。话说回来，党和国家自改革开放以来，不断倡导广大党政人员要加强学习，不仅要学习马列著作和毛泽东、邓小平、江泽民、胡锦涛以及习近平的著作和讲话、报告，还提倡读原文，深刻领会其精神实质。除此之外，在加强业务学习方面国家也做了很大的努力，包括为这种学习创造出国进修、考察等机会和条件。应当说，广大党政人员的学习积极性确实有了很大提升，很多党政人员还接受了高等教育，通过个人努力获取了硕士、博士学位，这都是极为可喜的现象。但毋庸讳言，确有不少的党政人员不读书、不看报，头脑空空，思想茫茫，只凭自己的感觉做决策、指导工作，结果尽做些"以其昏昏，使人昭昭"的蠢事，更有极少数党政人员还妄图为自己的愚昧无知罩上一层知识功名的光环，他们凭权势，以不正当的手段挤进了攻读硕士、博士学位的殿堂，自己却不参与学习，不撰写学位论文，甚至也不参加学位论文答辩，一切都由秘书或他人代劳，只等到最后无耻地戴上硕士、博士帽。此等行为斯文全无，令世人齿冷。反观上古贤人，在那文明初开的时代，竟有如此关于学习的精明见识，令今人钦服，有些人应当心生愧疚。我们应当虚心向古人学习，规劝、提倡、鼓励广大党政官员乃至全社会的人士热爱读书，多读书，读好书，把读书与实践活动和个人品德修养紧密结合起来，这无疑应当成为新时代官箴文化的一个重要元素。

十四 《旅獒》

武王伐纣成功，建立了周朝，中国上古文明又发展到一个新阶段，而文明中的官箴文化，在周代赓续发展，还展现了实务化、精细化的特色。

《旅獒》一篇值得体味和分析。周武王灭商之后，打通了通往"九夷八蛮"边远地区的道路，四方诸侯都来"宾服"。时有西方旅国向周武王进献一只大犬，古称獒犬，沿用至今依然称獒，或按其现今产地称为"藏獒"。《旅獒》所记之犬体形硕大、凶猛异常，因稀缺而名贵，因为名贵而引起了周武王的太保召公奭的警觉，他及时劝喻武王正确对待这件事。召公的忧虑和规劝集中在以下几个方面。

首先，从"明王慎德"谈起。召公说："呜呼！明王慎德，四夷咸宾。无有远迩，毕献方物，惟服食器用。王乃昭德之致于异性之邦，无替厥服；分宝玉于伯叔之国，时庸展亲。人不易物，惟德其物！"① 召公的意思是说，圣明的君王一向把自己的德行放在首位，敬慎修德，不使乱性败德，而且从收受礼物这样的人情事故做起。召公说，君王自身有德，天下的万民及诸侯都来归顺。不论远近，势必会进献一些"方物"，即土特产，无非一些吃、穿、用之物。如果是明白事理的君王不会独享，而是要昭告天下，使天下都通晓这样的事，即增加透明度。然后再把这些贡物分给异性诸侯，以奖励他们忠于职守，使其治好邦国；而有些贵重之物如宝玉之类则分给同姓诸侯，让他们体会亲情，更加效忠王室。最后，召公不失时机地向武王宣示如下的重要哲理，即只有道德才是人身上永久不变的东西，其他万事万物都是可变的，本质上属身外之物，明君一定要处理好变与不变两类事物之间的关系。

如果在物与德的关系处理上还只是停留在这种层面，还算不得深邃，只是表面看起来显得得体而已。召公所思所想，还有其精微和深刻之处。请看召公又如何说：

"德盛不狎侮。狎侮君子，罔以尽人心；狎侮小人，罔以尽其力。不役耳目，百度惟贞。玩人丧德，玩物丧志。志以道宁，言以道接。不作无益害有益，功乃成；不贵异物贱用物，民乃足。犬马非其土性不畜，珍禽奇

---

① 江灏、钱宗武译注，周秉钧审校：《今古文尚书全译》，贵州人民出版社 1990 年 2 月版，第248 页。

兽不育于国。不宝远物，则远人格；所宝惟贤，则迩人安。"①

召公首先从正面申说君臣、君民应有的关系，即君王既不要轻视怠慢官员，也不要轻视怠慢老百姓，这样就能得到臣的"尽心"和民的"尽力"。臣民拥戴君王、尽心尽力，王位自然就安稳，国家自然就能兴盛。这两件"不狎侮"，关系到王位的稳定和政权的合法性，这绝非小事，必须慎重对待。但有了这样的政治前提还不够，君王还不能贪女色，因为只要贪女色，古今无论什么人，头脑必然会迷乱，什么官德呀，原则呀，公正呀，廉洁呀，会统统置于度外，任由迷乱的情欲和贪婪的享受占据自己的头脑，做起事来，自然都是错的。自古至今，官场上难以计数的贪色官员，虽情节各异、轻重有别，终究会做错事，有的竟错得一塌糊涂，丢了乌纱帽，甚至丢了性命。这就是教训，几千年来的教训！周代的召公不愧为一代贤相，将官员贪女色的必然结果和危害看得如此透彻，真是难能可贵！可惜我们一些党政官员，包括少数高级党政官员，可能从未读过先贤的经典之作，如五经四书之类，更听不进党三令五申的党政官员要严格自律、洁身自好的纪律要求。这就是负性人性，极易迷乱的负性人性。几千年前的箴言和警示仍回旋在耳，贪女色就是人心智迷乱的一大诱因，不可不慎，不可不戒，不可不警！

"玩人丧德，玩物丧志"，又是上古官箴文化中的精义。对于人，不可"玩"，玩即是玩弄。为什么不可玩弄人？站在今人的立场上，人与人之间虽在身份、地位、能力等方面有差别甚至巨大差别，但作为人的本质，作为人之所以为人的本性，是完全平等的。人与人之间应当相互尊重，平等相待。上古之人不把奴隶和战俘作为正常人对待，不仅可以任意役使，甚至可以随意剥夺其生命。西方人把这样的社会称为野蛮社会和黑暗时代，而社会不会永久停留在这个阶段，它不仅摧残人性，而且还危害社会，危及人类的生存。社会注定要走出这样的荒蛮和黑暗的状态，向"文"而化势不可免，尽管这在人类社会初期进展极缓，但人类最终会变得"文明"，野蛮社会注定被文明社会取代。而文明社会的一大标志就是要破除人对人

---

① 江灝、钱宗武译注，周秉钧审校：《今古文尚书全译》，贵州人民出版社 1990 年 2 月版，第 249 页。

的奴役及玩弄。在西欧中世纪后期发生的人文运动、文艺复兴以及启蒙运动，都是基于人性回归的理念，康德更提出每一个人都应当将自身及他人作为目的来对待，这就彻底摒弃了人玩弄人的道德基础。用现代话语解释，可以视为一种抽象的人权原则，含有人性平等的正义理念，但不要忘记，这已经是公元18世纪，距中国周代初期已经过了差不多三千年的时光了。在中国，从远古的神话和传说，到儒家的性善性恶论，再到"性相近，习相远"，都暗含了人的抽象平等原则。而周初的召公则是第一次明确提出"玩人丧德"的古代贤言隽语。不尊重人，玩弄人就是丧失德性的体现，为君就丧失了君德，做官就丧失了官德。在初民社会刚出现文明曙光的时代，中国的先贤就抽象地提出了人与人相互平等，以及应在平等的基础上相互尊重，至少不能玩弄人，这是何等重要的思想文明的闪光啊。令人遗憾的是，在当今人权学说、人性学说基本上都是移植西方理念与话语的大背景下，召公这一重要的原始启蒙思想的火花并没有受到应有的关注，更鲜见对它的深入研究。

"玩物丧志"的社会一般道德价值和官箴价值，与"玩物丧德"具有同等重大的意义，其对社会和官场的影响或许更为持久和深入。毕竟，随着人类社会文明程度在历史长河中的逐渐提升、社会道德的倡扬和法制的健全，无论是有官职之人，还是有钱有势之人，"玩人"的行为和现象早已不得人心，公开"玩人"的行为和现象越来越少见了。但对女性的"玩弄"或许是个例外，在现今的官场中，有权者对女性的贪婪和玩弄依然存在且为数不少，以致在查处的重大贪腐官员的案件中，差不多总有"色荒"的内容，所以在正式的处分决定或司法判决中，时常能见到"道德败坏，玩弄女性"之类的表述。但总的来说"玩人丧德"在公众或官方话语中几乎不再使用；相反，"玩物丧志"则经常听到或看到。这一事实表明，"玩物丧志"在社会道德和官场道德中的价值和意义仍在彰显。

"玩物丧志"中的"物"非比"常物"或"贱用物"，即我们通常所说的"日常用品"。这里的"物"虽可解为"器物"，但引申视为"奇物"，即"奇珍异宝"。"志"为"我之志"，即自我的"志向""志愿"。"玩物"之所以"丧志"，按照太保召公自己的解释有以下几点理由。

第一，"志以道宁，言以道接"。这里突出强调个人的志向、志愿要安定、平和，不能心猿意马，更不能天马行空，任意驰骋，做人如此，为官更应如此，应按照特定的标准安定自己的志向和志愿。这个标准就是"道"，在常人即为"常道"，为官之人则在"常道"之外，还要依据"官道"。"道"不仅要安定和平和自己的志向和志愿，还要对别人的话语用合于"道"的标准加以看待。一不要毫无原则地随声附和；二不要"过誉"，以防捧杀；三不要阿谀奉承，失去原则。总之要以"道"的标准安定和平和自己的志向和志愿，以"道"为标准正确对待别人的言谈，这就是"志"的原则性和持久性的前提条件。

第二，"不作无益害有益，功乃成；贵异物贱用物，民乃足"。^① 关于"无益"史家有两种解释，一是《孔子传》解释为"游观为无益，奇巧为异物"。"游观"按现今的说法，可简单地说是"游览观光"，古人将其视为"无益"之事，显然是时代的印迹。不难想见，在那蛮荒初开、生产力极其低下的上古时代，人类只有不停地辛勤劳作才能维持艰难的生存和低度的发展，视"游观"为"无益"之事，情理使然。不能用现今高度文明社会致力于发展观光旅游产业的理念来理解"游观"的"有益"，这是时代进步、人类理念发生重大转变的显著一例。至于"奇巧为异物"，古今有相通之处，但也有重大的不同。这里不必细说。

二是"贵异物"，史家解释道："为无益，则心志分而功不成。贵异物，则征求多而民不足。"^② 这一解释显然与上述"游观"解释不同，因为无论是"玩人"还是"玩物"，都会使"常人"或"官人"心志不专、分心他用、散漫心志，功业自然不成。看来上古之人就很懂得"一心不能二用"的道理。当今社会各种新奇之事颇多，鲜有人能抵御住诱惑做到做事为官专一，一事无成也就难免了。"贵异物"自然征求就多，国家财力都用在搜取"异物"方面，民众财力就必然匮乏，当然就富足不起来，甚至连日常

---

① 江灏、钱宗武译注，周秉钧审校：《今古文尚书全译》，贵州人民出版社1990年2月版，第249页。

② 此两种解释出于同一注释，详见江灏、钱宗武译注，周秉钧审校《今古文尚书全译》，贵州人民出版社1990年2月版，第249页，注释（10）（11）。

生活用品都满足不了。这种解释更可视为贴近生活、贴近实际。

第三，"犬马非其土性不畜，珍禽奇兽不育于国"。这是召公教武王如何避免"玩物丧志"。思路并不复杂，又朴实又实际，就是只畜养本地的犬马，只要土生土长就好，外地品种就不要引进；凡珍奇禽兽多产自外地，甚至遥远的地方，引进饲养，就是在当代，也要花费巨大的财力和人力，如世界上一些国家引进和租用中国国宝级动物大熊猫那样，斥资绝非小数，可以想见，在上古的周代甫立国基，要饲养一头"旅獒"，该是多么大的经济负担，所以召公劝武王还是"不育于国"为好。

第四，"不宝远物，则远人格；所宝惟贤，则迩人安"。用现今的话语表述，就是通过"物"与"人"的比较，彰显不"玩物"和"宝贤人"的价值目标。不看重远方的宝物，远方的人就不必担心自己的资源被掠夺，人民自然就会前来归顺、效忠；只有尊重自己身边的"贤人"，则王者附近的民众才能安居乐业，进而对王室更加效忠。一正一反，孰对孰不对，立竿可见。

《旅獒》最后一节，召公劝导武王应勤勉处理政、修德，不可半途而废，通过长久不懈的坚持，永保百姓安居乐业，最终就可以世代为王了。请看原文：

"呜呼！夙夜罔或不勤，不矜细行，终累大德。为山九仞，功亏一篑。允迪兹，生民保厥居，惟乃世王。"①

此番劝诫包含更深层次的官箴价值和意义。主要有三点：一是为君为官要勤奋，从早到晚（引申为每日每时）都不能懈怠；二是不慎小德，终将损害大德，犹如堆垒九仞高山，少了一筐土，就不算完成，寓意为积小德才能成就大德，若中途一德不慎，则功亏一篑；三是为君如能忠实地实践这些劝谏，百姓就能永远安居乐业，结果就是世代为王，而无失去江山之忧了。

《旅獒》是一篇充满浓烈官箴气息的上古文献，召公在对初登天子位的周武王忠心进谏时，提出了一系列的官箴方面的经典箴言，特别是其中的

---

① 江灏、钱宗武译注，周秉钧审校：《今古文尚书全译》，贵州人民出版社 1990 年 2 月版，第250 页。

"明王慎德""人不易物，惟德其物""玩人丧德，玩物丧志""不宝远物""所宝惟贤""夙夜罔或不勤""不矜细行，终累大德"等，历久弥新，至今仍具有极高的官箴价值和意义，值得当代所有人特别是公共权力部门的各级官员深察、体认和践行。

十五　《微子之命》

周成王时，周公东征平叛成功，杀了管理殷遗民的商宗室大臣武庚，但周王朝开基不久，安顿、治理殷商遗民以巩固周王朝的新生政权，仍是国家重要的战略考量。鉴于微子是殷帝王乙的长子、纣王的庶兄，又在周朝建立后主动归顺周室，所以周公和成王决定任用微子，封他为宋国的国君。周成王所发布的任命状除了任命外，还有周成王申告微子如何治理宋国殷商遗民的内容，其中有些告诫具有官箴的意义，值得简单地分析。先看原文：

"往敷乃训，慎乃服命，率由典常……"①

王室任命一个属下邦国的国君，推及开来，对所有治理一方的地方大员，都必然相应地赋予他发布政令的权力，这是任何地方部门治理所不可或缺的前提，但这种前提也是一把双刃剑。一方面是治理所必需，运用得好，地方自然得治；另一方面，又回到古今中外政治治理中一个永恒的话题，即越权治理或滥用权力所导致的乱政甚至暴政的弊病，所谓"苛政猛于虎"就是对这种弊病的贴切比喻。为此，周成王不失时机地告诫微子，要"慎乃服命"，"服"即职事、职责，"命"即使命。"慎乃服命"即是要谨慎地履行职责和使命，这是针对"邦君"或"地方大员"容易越权或滥权而预先做出的警告。周代初期虽立国未久，但前代的夏、殷及本朝在这方面的历史和现实教训已经积累很多了，任何一个朝代的当权者不得不防。周成王以此告诫微子，既是势所使然，又是势所必然，是基于深厚的政治经验。

"率由典常"，即所发布的政令和采取的行政措施都要遵从常法。上古

---

① 陈襄民等注译：《五经四书全译》（一），中州古籍出版社 2000 年 8 月版，第 431 页。

时代法律不甚发达，成文的、不成文的、习惯的法律与规范，不作精细区分，只以"常法"统而概之。但不能依此就认为上古时代没有法律制度和责任，"率由典常"恰恰表明上古之治国者具有了鲜明的"法治思维"了，治理地方不能由个人仅凭主观感觉就作出决策，一定要遵从先前实行的"典常"，以使地方治理按照既定的轨道前行，虽中间或有窒碍或挫折，但大致方向总不会错。如此一个"邦君"或"地方大员"发布政命或做出政治决策，即使政绩不彰，至少在大方向上不致出错。"常典"或法律的功能和价值的一个方面，哪怕具有消极性，也是良好"邦国"或"地方"治理一个必要的条件和前提。上古之人有如此的"法治思维"，实在难能可贵，其官箴意义和价值值得我们当代公共权力官员特别是地方公共权力官员深思和借鉴。

十六 《康诰》

周公东征平叛之后，成王封康叔去殷地治理殷遗民。周公为康叔作《康诰》，向他提出了"明德慎罚"的治国原则，诰词中蕴含一些上古官箴的理念及做法，值得分析和深察。

首先要分析的是其中的"明德慎罚"或"惟文王之敬忌"，[①] "敬忌"就是"敬德忌刑"，与"明德慎罚"是一个意思。"明德""敬德"都是光大和弘扬个人道德，引申为治国要实行"德政"，即"以德治国"，对于个人的道德修养和以德治国的方略，我们在前面已经多有论及，无须重述。《康诰》提出的"慎罚"或"忌刑"即使没有在今日之"法治"意义上提出，但依然是值得当今法治认真对待的话题。现今人不停地说、手不停地写的法律方面的所谓"惩罚"不是最终目的，只是手段。"回归社会"以及"社区矫正"之类的举措，似乎都在诠释"慎罚"或"忌刑"的法治意义。但无论如何，周初的"明德慎罚"或"文王之敬忌"总的诰训仍体现了依法治国方略的理念与设计。

不过，在《康诰》的"明德慎罚"或"文王之敬忌"的训导中，仍然

---

① 陈襄民等注译：《五经四书全译》（一），中州古籍出版社 2000 年 8 月版，第 434 页。

可以发现适用于当今法律的意义表述。请看：

"汝亦罔不克敬典，乃由裕民，惟文王之敬忌，乃裕民，曰：'我惟有及则。'予一人以怿。"①

周公告诫康叔说，尽管赋予你发布政令、生杀予夺的权力，但你本人也不能不遵守法令。你不仅要守法，还要教导百姓也守法，更要以文王敬德忌刑的规范去引导百姓走上正道。用今天的话语诠释这样的教导，就是制法、执法者自己也要守法，法律没有给人以任何超越它的特权；制法、执法者还负有法制宣传教育的责任，要用法律的精神、原则去教育、引导百姓走上正道，而不要误入犯法的歧途。在上古的周代之初就有这般健康的法律意识和守法的观念，殊难能可贵！

《康诰》还有一个重要的官箴表述值得关注和分析。原文是：

"呜呼！小子封，恫瘝乃身，敬哉！天畏棐忱，民情大可见。小人难保，往尽乃心，无康好逸豫，乃其乂民。"②

除却其中的"上天佑助"之类的上古时代的"天命论"外，具有正能量的官箴意义突出表现在治理国家的当政者是要付出"苦身劳形"的代价的，要有心理准备，小心谨慎！不是你自认为做到了就是真的做到了，而是要通过民情的检验。把百姓之事治理好，民众富足、安康，没有怨愤，社会和谐才算达到善政的目标。为此，治理国家者一定要尽人力去做事，不要有贪图安逸、追求享乐的想法和行为，只有这样，才能把百姓的事治理好。这些话即使在今天仍有鲜活的教育和警示意义，仿佛是上古之明哲的政人穿越时空给后世所有的当权者的劝喻一样。

十七 《酒诰》

《酒诰》在《尚书》中是一篇别开生面的重要诰词。其教导官民修养德性不用空洞说教，而是用"德将无醉"，即以德自持、饮酒不醉来告诫官民不可贪饮以免丧德乱政、亡国。除此之外，史家和今之学术界还将该诰辞视为一个严峻的禁酒法令，号称史上最早也是最严厉的一部禁酒法。从最

---

① 陈襄民等注译：《五经四书全译》（一），中州古籍出版社 2000 年 8 月版，第 434—435 页。
② 陈襄民等注译：《五经四书全译》（一），中州古籍出版社 2000 年 8 月版，第 434 页。

宽泛的法律界定的意义上说，此类观点可视为成立。

鉴于此篇诰辞立意明确，主论专一，又层次分明，环环相扣，不离主题，很难从中截取主题词语单独予以分析，故将全文录下，然后选择其中与官箴相关的要点逐一分析。

"王若曰：'明大命于妹邦。乃穆考文王，肇国在西土。厥诰毖庶邦庶士，越少正、御事。朝夕曰："祀兹酒。"惟天降命肇，我民惟元祀。天降威，我民用大乱丧德，亦罔非酒惟行；越小大邦用丧，亦罔非酒惟辜。文王诰教小子、有正、有事，无彝酒。越庶国，饮惟祀，德将无醉。惟曰我民迪。小子惟土物爱，厥心臧，聪听祖考之遗训。越小大德，小子惟一。妹土嗣尔股肱，纯其艺黍稷，奔走事厥考厥长。肇牵车牛，远服贾，用孝养厥父母。厥父母庆，自洗腆，致用酒。庶士有正，越庶伯君子，其尔典听朕教。尔大克羞耇，惟君，尔乃饮食醉饱，丕惟曰：尔克永观省，作稽中德。尔尚克羞馈祀，尔乃自介用逸，兹乃允惟王正事之臣，兹亦惟天若元德，永不忘在王家。'

王曰：'封！我西土棐，徂邦君御事，小子尚克用文王教，不腆于酒，故我至于今，克受殷之命。'

王曰：'封！我闻惟曰：在昔殷先哲王迪畏天显小民，经德秉哲，自成汤咸至于帝乙，成王畏相。惟御事，厥棐有恭，不敢自暇自逸，矧曰其敢崇饮？越在外服，侯、甸、男、卫、邦伯；越在内服，百僚、庶尹、惟亚、惟服、宗工，越百姓里居：罔敢湎于酒。不惟不敢，亦不暇。惟助成王德显，越尹人祇辟。我闻亦惟曰：在今后嗣王酣身，厥命罔显于民祇，保越怨，不易。诞惟厥纵惟淫泆于非彝，用燕丧威仪，民罔不盡伤心。惟荒腆于酒，不惟自息乃逸，厥心疾狠不克畏死。辜在商邑，越殷国灭，无罹。弗惟德馨香，祀登闻于天。诞惟民怨，庶群自酒，腥闻在上。故天降丧于殷，罔爱于殷，惟逸。天非虐，惟民自速辜。'

王曰：'封！予不惟若兹多诰。古人有言曰："人无于水监，当于民监。"今惟殷坠厥命，我其可不大监抚于时？予惟曰：汝劼毖殷献臣，侯、甸、男、卫，矧太史友、内史友、越献臣、百宗工，矧惟尔事。服休、服采，矧惟若畴圻父，薄违农父，若保。宏父，定辟，矧汝刚制于酒。厥或诰曰：

"群饮。"汝勿佚，尽执拘以归于周，予其杀。又惟殷之迪诸臣惟工，乃湎于酒，勿庸杀之，姑惟教之，有斯明享。乃不用我教辞，惟我一人弗恤，弗蠲，乃事，时同于杀。'

王曰：'封！汝典听朕毖，勿辩乃司民湎于酒。'"①

第一段是回顾文王在西土立周之初就严格地限制官民饮酒。文王告诫上下各种、各级官吏及百姓只有在祭祀上天和先祖时才能饮酒，而且要求各自以道德把持，饮酒而不醉。他还教导臣民及其子孙要珍惜粮食，以保持心地善良。要尽力劳作，勤勉地侍奉父兄。做完农事之后，就可以用农产品去外地贸易，用赚来的钱财孝敬和赡养父母，如果父母高兴请你们吃喝，你们才可以饮酒。只有在饮酒行乐方面能够约束自己，才可以长期被王室任命为官员。

第二段是过渡，从周代过渡到前朝殷商。

第三段是反鉴之道，从殷代前期成汤至于中期帝乙，满朝文武大小官员都勤勉于王事和民事，不敢也无暇饮酒行乐，所以能够使那时的王政显扬。然而，到了商纣王时期，商纣王终日沉溺于美酒之中，贪图享乐、纵欲无度，还自以为有命在天，对死亡都不畏惧，还对臣民的疾苦、怨恨无动于衷。他不仅自己纵欲妄为，还纵容群臣狂饮，致使德政消失殆尽，丧失民众的支持，最终导致亡国焚身的下场。这种殷商立国几百年最终灭亡的教训，给当时新立国的周朝当权者留下了极为深刻的印象，并为此发出"殷鉴不远"的惊世警语，这是周代开国之君及其佐相政治敏锐性的表现，即使在今天看来，也有振聋发聩的现实警示意义。当然，在今人看来，殷商的灭亡是综合因素作用的结果，但纣王及其群臣"荒腼于酒"不能自拔，也是一个重要的原因。看来纵酒不仅误事、伤人，还会亡国，这是历史留给后人的沉痛教训，值得今人深刻反思和体察。

第四段不仅从正面告诫封本人必须戒酒，而且还要约束手下的众卿，包括掌管军事的圻父、管理农事的农父、主持刑罚的宏父，以及殷商的遗臣、诸侯国君、史官、遗民中的宗室贵族、政务官员、掌管游乐和祭礼的

---

① 陈襄民等注译：《五经四书全译》（一），中州古籍出版社 2000 年 8 月版，第 441—442 页。

近臣等所有的大小官员，都要戒酒。还下达了严格的命令，凡是得到报告说"有人聚众纵酒"，都一律押解到京城，由朝廷将他们杀掉。

但如果其中有殷商的旧臣和各种工匠沉湎于酒，可先不杀掉，要先教育他们让他们戒酒，但如果还有人敢于违反这样的教令，就不再宽赦他们，与纵酒之人一样，一律杀掉。之所以有这样的区别，是出于对殷商遗民治理的特殊需要，殷民叛乱甫定，需要安抚他们以使他们适应归顺周王室的社会心理转变，体现了周朝开基的君臣高超的政治智慧与技能。

需要指出的是，后世包括当代的法律学术界对"勿庸杀人，姑惟教之"的解释，一般赋予普遍性的、原则性的刑罚意义，认为古代中国法律不主张用严厉的手段惩罚有罪之人，而是要先行教育，以期改邪归正。这种解释与原文的含义似有出入。按原文是专指对殷商遗民实行的特殊宽宥政策，不具有杀罚普遍性和原则性。因为上文说得明白，对凡是聚众纵酒之人一律押解京城杀掉，不必对他们"姑惟教之"。

话归本题，这一段的最大亮点在于其戒酒范围的广泛性，周公为了达到严格戒酒的目标，不是一般地只用君臣指代戒酒的对象，而是一一历数从君到有官职的臣属，几乎无一遗漏。这种教令在表明戒酒是没有例外的刚性要求的同时，也彰显了戒酒教令的严肃性和重要性。

《酒诰》官箴的现实意义突出地体现了为官以德，切不可贪图安逸享乐，要恪尽职守，要使每个官员不仅不敢"荒腆于酒"，也无暇纵酒，要把全部精力用于治理民众，引导他们搞好农事，多打粮食多赚钱以养家糊口，孝敬父母。

十八 《召诰》

周公还政于成王之后，成王为进一步治理和安抚殷朝遗民，决定营建陪都洛邑（今洛阳），并委托召公主持营造。工程完成后，成王和周公前去视察，召公在迎接视察时借机向成王分析当时的形势，成篇曰《召诰》，向成王进行劝勉，要他吸收历史教训，赶快修德施行德政，以保江山永固。

在《召诰》中，最重要的官箴话语集中在吸收历史教训方面。召公说："我不可不监于有夏，亦不可不监于有殷。我不敢知曰，有夏服天命，惟有历年，我不敢知曰：不其延；惟不敬厥德，乃早坠厥命。我不敢知曰：有殷受天命，惟有历年，我不敢知曰：不其延；惟不敬厥德，乃早坠厥命。今王嗣受厥命，我亦惟兹二国命，嗣若功。"①

召公在此处总结夏代和殷代之所以先后亡国，就在于这两朝末代君王失德，从而丧失了从上天那里永受的大命。我们（指周朝君臣）应当想想这两个朝代国运兴衰的缘由，从中借鉴它们失败的教训，继承它们成就的事业。向历史学习，这是一条官箴要义。朝代的兴衰更替自有其原因，不论多么复杂，通常都是败于本朝的失德，从而丧失民心。尽管诰辞中的"天命"在今天早已失去其左右国运的权威力量，但"天意民显"的观点实质上可指代民心的归弃。统治者本人丧德，就必然失去施行德政的基础和前提，民众不堪忍受暴政，反抗就是必然的后果，王朝不稳乃至灭亡就是合乎历史逻辑的事理了。从一定的意义上说，这是一个历史性规律，先前王朝丧德亡国，后朝新君及其统治集团在最初几代深刻吸取教训，立志修德施行仁政，与民休息，于是开创新朝的盛世之治。若干代君王更替之后，又重复前朝丧德亡国的故事。中国自夏代至清王朝，几千年大体上就是这样走过来的。早在夏、商王朝覆灭之后的周代之初，哲人太保召公就有此意识，并留下生动的传世诰辞（是否真是召公所诰并不重要），实难能可贵。

在今天的政治视野下，这仍然具有历久弥新的官箴价值。在当今的政治体制下，向历史学习，从历史中吸取教训，继承和发扬优秀的历史文化和传统要素，都是每个人特别是拥有公共权力的官员应当谨记并切实要做到的。

在《召诰》中还有一个官箴亮点值得特别分析。就是召公劝王修德要赶快，不能慢慢来，以免日久天长怠惰起来贻害王室大业。原文是："王其疾敬德！"②

因为夏、商两代丧德亡国的教训太沉重了，新立周朝应深刻记取。多少事，从来急，周王敬道修德、施行德政一定要抓紧，一日都不可懈怠。好一个"疾"字，"疾"就是从快。这无疑是一种政治紧迫感，也是具有高

---

① 陈襄民等注译：《五经四书全译》（一），中州古籍出版社 2000 年 8 月版，第 450 页。
② 陈襄民等注译：《五经四书全译》（一），中州古籍出版社 2000 年 8 月版，第 449 页。

度政治责任心的表现。放在一般官箴的意义上看，体现的是君王、百官修德的重要性和紧迫感。时至今日，仍然有现实的反腐倡廉的价值和意义。一个官员，在一个职位上最多两个任期，或三五年而已，时不我待，如不从一开始就修德，在权力和金钱、美色的诱惑之下，很可能就会丧德"落马"，追悔莫及。

另一个值得分析的亮点突出了君王的表率作用。先看原文：

"其惟王位在德元，小民乃惟刑用于天下，越王显。上下勤恤，其曰我受天命，丕若有夏历年，式勿替有殷历年，欲王以小民受天永命。"①

其意是说，愿君王高居天子位而有圣人之德，成为世人的楷模，让百姓普遍效法，使王的美德光照天下。君勤政于上，民忧国于下，上下一心，就会江山永固。此段中除"天命"观于今已不可取，强调榜样的力量和影响仍有现实的价值。德政之风如同君子德性之风一样，风吹草偃，古今皆然。现实中对中国道德风范的树立和强调就包含在官员清廉之风的建设之中，这应当是建设清明政治的重要基础和前提。国人如今一再强调榜样的力量和影响，不仅来自上古，而且深得上古官箴正价值或正能量的真传。

十九 《多士》

《多士》也是《尚书》中别开生面的一篇，全文均以周公的名义向殷商旧臣发布诰令，对不服从周朝统治的人进行训诫，细陈把他们从四方迁移到成周的原因，要求他们在成周，即洛邑安居下来，还允诺让他们有安乐、富足的生活，并确保其子孙后代兴旺繁衍。

《多士》除了蕴含完备的上古政治、法律信息之外，在官箴的意义上也最能体现"箴"的劝喻、训诫的诚意。周朝灭掉殷商，但并未对殷商的旧臣和遗民斩尽杀绝。在中国的古代王朝更替中，常有战胜者或征服者对被战胜或被征服的国家的民众、降卒进行残酷的"坑杀"，"屠城"的残暴之举也常出现。然而在上古的周代，以周公为代表的开国执政者对殷遗民以及对反抗周朝、不服统治的旧臣，并未一味用武力镇压，而是从稳定新生

---

① 陈襄民等注译：《五经四书全译》（一），中州古籍出版社 2000 年 8 月版，第 310 页。

王朝的战略高度出发，不惜动用巨大的财力和物力营造陪都洛邑，新都建成之后，从东方的管、蔡、商、奄四地将殷的遗民和旧臣统一迁移至洛邑，一方面便于集中治理，另一方面又使殷商遗民和旧臣在全新的环境中有条件弃旧图新，开创他们的美好未来。这无论对于新立之国，还是对前朝遗民和旧臣，都是一种利好的重大国事决策。然而，建新城虽难，只要肯动用巨大的财力、物力和人力，终究可以建成；移民虽难，动用各种手段包括武力总是可以实现。最难的是，如何让殷商移民和旧臣都归顺和效忠新王朝，不仅在表面上，而且要从心底归顺和效忠。对于这类的"思想教育"或"心理改造"的工作，是不能用强力特别是不能用武力实现的，古今皆然。难能可贵的是，以周公为代表的周初的君王和贤相，在上古时期就有这样的认识。《多士》的诰训，就是周公以成王的名义所写的"思想教育"或"心理改造"的典范之作。尽管其间多次利用"天命""天罚""大丧"等上古时代话语，但训诫的本意仍然是现实的和实际的，要么继续反抗，统统被杀掉；要么臣服周国，效忠周朝，就可以安居乐业，创造美好的未来。有软有硬，软中带硬，硬中示软，威胁、训导、教育的意义完美地结合在一起，令今人叹服！

《多士》的官箴价值和意义值得肯定和赞许。我们今人在处理频发的公共事件时，确有值得深思和向古人吸取教益之处。

二十 《无逸》

《无逸》是一篇不多见的贤相劝导君王的典型官箴之作。在上古时代，政治文明崇尚"明君贤相"的政治结构，君臣互勉和劝诫又被视为优良的政治传统。在周代之初，文王初创基业，武王灭商建国，只有周公完成了文王和武王的未完成的巩固政权、平定叛乱、稳定社会的治国理政大业。鉴于少年天子成王有奢侈淫逸的苗头，周公从皇权稳固的总体战略出发，将成王废黜遣送去为武王守灵，让其悔过反省，最终希望他改邪归正。后成王果然不负周公的期望，得以悔改，于是周公便还政于他，重归天子大位。鉴于有此经历，为防后患，周公便对成王发布了一篇诰辞，史官记录下来定名为《无逸》，这是一篇典型的大臣训导君王的官箴之作。

《无逸》的官箴价值与意义集中体现在四个方面：一是"君子所其无逸"；二是"克自抑畏"；① 三是"无淫于观、于逸、于游、于田"；② 四是要做到"皇自敬德"。③ "君子所，其尤遗"，是说君子从政居官不可贪图安逸。为什么从政居官不能贪图安逸？在上古时代智力初开，可用来说明事理的资源有限，但由稼穑即农耕的方式所产生的智识、经验却十分丰富，周公取之用于比喻为官从政的艰难，十分贴切且易于理解和接受。古今传统稼穑之艰难人皆尽知，但同时世人也皆知有劳作就有相应的收获的道理，汗水浇灌出幸福之花嘛！这就是说，人们通过艰苦劳作，就能获得衣食和欢欣。但他们无论获得多少安乐和欢愉，都不会忘记农耕之民的艰辛。但对于农耕小民的子女来说，他们有些人本不劳作，却享受"乃逸乃谚"的舒适生活。日久之后，还会轻视侮慢他们的父母说："老人们没有知识，什么都不懂。"周公借此劝喻少年天子切不可贪图安逸享乐，忘记前辈打江山的不易。

"克自抑畏"的意思是说要谦虚谨慎，敬畏天命。周公历数前代君王的典范君德，分别列举殷朝的中宗、高宗和帝祖甲，他们"不敢荒宁"④ "爰知小人之依，能保惠于庶民，不敢侮鳏寡"。⑤ 至于本朝（周）的开基者周太王、王季，他们都能做到谦虚谨慎，敬畏天命，而立帝业的文王更能做到："卑服，即康功田功。"⑥

以上历数的前代君王具有一些共同的良好"君德"，其中就包括不敢贪图安逸享乐，关心小人疾苦，谦虚谨慎、咸和万民，等等。如前所述，上

① 江灏、钱宗武译注，周秉钧审校：《今古文尚书全译》，贵州人民出版社 1990 年 2 月版，第337 页。
② 江灏、钱宗武译注，周秉钧审校：《今古文尚书全译》，贵州人民出版社 1990 年 2 月版，第342 页。
③ 江灏、钱宗武译注，周秉钧审校：《今古文尚书全译》，贵州人民出版社 1990 年 2 月版，第342 页。
④ 江灏、钱宗武译注，周秉钧审校：《今古文尚书全译》，贵州人民出版社 1990 年 2 月版，第338 页。
⑤ 江灏、钱宗武译注，周秉钧审校：《今古文尚书全译》，贵州人民出版社 1990 年 2 月版，第339 页。
⑥ 江灏、钱宗武译注，周秉钧审校：《今古文尚书全译》，贵州人民出版社 1990 年 2 月版，第339 页。

古之人早已懂得榜样的力量，前辈的为人和为君的经验以及养成的"君德"，实在值得后继者敬畏和效法。

"无淫于观、于逸、于游、于田"，"以万民惟正之供"，① 指的是自今以后的继位君王。绝不可过度沉溺在观赏、安逸、嬉游和田猎之中，绝不可只使老百姓进献赋税以供皇家享乐。君王的安逸享乐，大体说来通常就是以上四种方式，周公历数出来，意在提醒君王切莫深陷于其中不能自拔。不图安逸是总的原则，具体就是从这四个方面入手，不要空泛承诺，而是要切实从四个方面的规避入手。这就是上古官箴的可贵之处，是要君王及一切任官从政人员都要谨慎对待那些观、逸、游、田之愉悦玩乐之事，切不可深陷其中而不能自拔。

当然，从今人的观点看来，我们在主流价值观上并不排斥观、逸、游、田之类的消遣活动，不仅不排斥，国家和社会还鼓励和刺激这方面的消费，还有一个"第三产业"的雅称，一批又一批的相关产业如雨后春笋一样相继破土而出，蔚为壮观。在市场经济的条件下，这确实有效地刺激和扩大了消费，大大地增加了国民经济的总量。但也毋庸讳言，扩大和刺激"第三产业"的消费其实也是一把双刃剑，社会的奢靡和享受之风由此骤起，物质主义、金钱至上和享乐主义有了合法、光明正大的市场。相比之下，人们的艰苦朴素、奋力创业、积极进取的观念逐渐淡薄起来。既然有条件和能力享受使人身和心志欣悦的活动，何必还要终日劳作、苦心费力？这恐怕是现今世上大多数人的心态。这无疑是一个人生态度和价值观的深刻改变，是耶、非耶？人们可能是见仁见智，很难形成一个基本的价值共识，更谈不上在两者之间找到一个综合的、适当的平衡点。愚以为是这样，不足为训！

在上述社会人生态度和价值观总体说来有利于负性价值发展的社会氛围下，官员的立场和态度是一个不可小觑的官德、官风问题。在不少的官员看来，在如此太平盛世、奢华成风的社会氛围下，何必如此劳心费力地工作？即使不能随便脱离工作岗位，至少可以做些懒政、惰政的事，不显

---

① 江灏、钱宗武译注，周秉钧审校：《今古文尚书全译》，贵州人民出版社1990年2月版，第342页。

山不露水,其奈我何? 更有甚者,少数官员特别是一些高级别的官员利用手中的权力和政治资源,将享受发展到极致,为此不惜大肆敛财猎色,直到触犯国家的法律受到查处才被迫止步、收手。

《无逸》所训诫的此项上古官箴的价值和意义,值得我们今人,特别是官员深察、反思和警戒。

第四个方面是“皇自敬德”,意思是说,殷商中宗、高宗、祖甲和周文王这四位君王都很明智,当有人告诉他们老百姓都在怨恨你、咒骂你,他们听了之后不仅不发怒,进行打击报复,反而更加谨慎自己的行为,反省自己在修德方面是否有疏失或差错。如果有人指出他们的过错,他们承认这确实是自己的错,不但不生气,还要改正自己的错误。之所以这样做,是因为他们认识到国家的长远利益。假如君王没有容得下属怨恨和咒骂的宽大胸怀,听到不中听甚至怨恨、咒骂的话就大发雷霆,往往会误罚没有过错之人,甚至滥杀无辜。如任凭这种状况发展,老百姓就会积怨成仇,一旦联合起来反抗,那么政权就岌岌可危了。

即使从今人的观点看,这种官德都是一种正能量,上古之时距今尽管相当遥远,但其留下的这种宽大为怀,勇于听取不同意见,甚至容得下怨恨和咒骂的官德,都是值得我们今人特别是广大官员深省、体察和践行的。古今有些官德相通相融,由此可见一斑。

《无逸》还有一点虽然并不直接关系官箴,但也可以说与官箴有间接联系,就是君德、官德与君主、官员的自然寿命和在任长短之间的关联。周公列举了君德高尚的君王的享国时间,其中殷商王中宗享国 75 年,商王高宗享国 59 年,祖甲享国 33 年,周文王享国 50 年。与之相比,殷商自子继父业的家天下体制确立以后,各代君王生来就安闲逸乐,一味追求过度的逸乐,不知稼穑耕耘之艰难,也不知老百姓的劳苦,结果是没有一位是长寿的,在位也只有十年、七八年,还有五六年的,更短的只有三四年。

在上古时代,我们的先哲就能将人的自然寿命与在位的时间长短和官德好坏联系起来,实在难能可贵。人的道德修养与人的寿命长短之间的联系,是一种“天人合一”的典型范例,是中华先祖在长期对人的身心与环境相适应的深切体察中得出的经验性结论。后世的孔子又进一步经典化表述为"仁者寿"。现今国内外大量的心理学、医学研究表明，人们的精神状态与人的身体健康与长寿有密切的关系，长期的心理障碍特别是心胸狭窄、焦虑与抑郁等不健康甚至是病态的心理，会导致身体的各个内在系统的失调和混乱，甚至是患癌症等严重疾病的重要诱因。写到此，我们不由得对我们的先祖在几千年前就有此种见识和体察，感到由衷地钦佩，中华优秀的传统文化，由此可见一斑。

二十一 《君奭》

《君奭》是一篇大臣即周公劝勉另一位大臣即召公奭的诰辞，其言辞恳切，语重心长，是上古一篇不可多得的官箴文献。该诰辞并没有着重关注治国理政的实际操作，而是将关注点放在辅臣应秉持的官箴观念方面。主要集中在以下六个方面。

第一，协调和处理好"天命观"与"人生观"的相互关系；

第二，重视贤臣在辅佐君王和治国理政中的重要地位和作用；

第三，贤臣应具有责任担当的自觉性；

第四，贤臣应具有忧国的意识和辅王护国的情怀；

第五，贤臣应具有谦逊的品德，善于争取他人的帮助；

第六，重视辅臣的选拔及辅臣团队的集体智慧和作用。

以上这几个亮点值得梳理和分析。

先说第一点。在上古时代，初民虽已萌生智识，但智力尚处初始开化阶段，人在大自然面前显得极为脆弱，不仅生存艰难，连生命随时都有被自然力量吞噬的危险，面对此情此景，人们只知其然，不知其所以然。于是认为人的一切全凭"天"的力量来掌控。久而久之，人们便把这种自然力量人格化为"上帝"或"上苍"，并对其产生崇拜进而达到"迷信"的程度。"天"以及人格化之后的"上帝""天命""天道"不仅开启了人类认识自然的进程，而且成为人类精神依归的家园。通过崇拜和迷信自然的神奇和伟力，人们不再恐惧、害怕自然，而是通过与自然的和谐相处，使自己的身心放松下来，进而期盼"上天"的庇佑来获得生存的机缘和改善生产、生活的状况，以求进一步的发展。当人类初民社会形成、国家相继出现之后，"天""天命""天道"又进而成为政治合法性的天然资源。当时人们并不懂得国家出现成为社会自然现象的复杂原因，便想当然地认为一个国家的建立或灭亡、一个家族成为王室或被其他家族取代，都是"天道"使然，是"天命"所归。对于灭亡的国家和王室来说，是天降亡国灭种之灾，而对于新的国家和新的王室来说，则是"天道"降福善。无论是"福善"还是"祸淫"，都是"天道"所决定的，不是世上任何个人可以改变的。如此说来，用今人的话语，就是找到了政权存在或更替的最终根据，这就是政权"合法性"的另一种表达。在上古时代，无论是夏灭商兴，还是殷亡周立，都是"天道"使然，是"天命"所归这种最高合法性所决定的。

然而，正如前文曾指出的，中华文明与西方的犹太—基督教文明以及伊斯兰文明等尽管在萌生和初级发展阶段都大体上经历过"万物有灵""天道""天神"的原始崇拜或"独一神"崇拜的历程，但在文明的建构历程开始明朗化之后，中华文明就与西方文明或伊斯兰文明分道扬镳了。中华民族的先祖毕竟不同凡响。他们在尊天敬地、崇拜"天道"和"天命"的同时，也同时注重每日每时就发生在他们身边的生产和生活事件进行经验的积累。人世上的一切与自己密切相关的事物（务）都能引起他们的兴趣和关注，日积月累终于积淀起丰富的生产、生活经验以及政治经验。这在《尚书》这部上古文化的经典著述中包括我们现在讨论的《君奭》一文中都有深潜的意涵。

这种"天道观""天命观"向"人事观"转化的关键节点发生在商末周初。一般说来，夏商代的"天道观""天命观"最为兴盛、发达。几乎主导了夏人、周人的整个世界观，最有标志性的事件发生在殷商的末代君王纣身上。殷商末期，时为西伯的周文王打败了殷商的属国黎之后，纣王的诤臣祖伊惊慌失措地禀报纣王，纣王竟然说："呜呼！我生不有命在天？"他相信"天命"到了全然不顾过失太多已经使殷商到了行将灭亡的地步，可见商代的"天命观"是如此深入君心、人心。正是基于殷商亡国焚君的沉痛历史教训，到了周初，"天命"悄然发生了重大的转变，已由"天命"主宰一切变成为"有限的天命观"，与此同时，"人事观"的地位和作用相应地得到了提升，这在武王伐纣的誓言中就有表现："天矜于民，民之所欲，天必从之。"① 意思是说，上天怜悯百姓，老百姓希望办到的事，上天必定顺从。又说："惟天惠民，惟辟奉天。"② 就是说：上天惠爱百姓，国君应当奉承天意。用"惠爱"和"奉承"，将天与民、民与君有机地结合在一起，表明上天已不再是超然于民、君之上的独立自在的存在了，中国传统文化中的"天人合一"从此就打下了初步的哲学基础。

《君奭》一篇在实现上古之人"天道观""天命观"向"人事观"转变过程中书写出浓重的一笔。召公明确提出如下"惟人""时我"的价值观：

"时我，我亦不敢宁于上帝命，弗永远念天威越我民：罔尤违，惟人。在我后嗣子孙，大弗克恭上下，遏佚前人光在家，不知天命不易，天难谌，乃其坠命，弗克经历。嗣前人，恭明德，在今。"③

在《尚书》中，或许在全部上古文献中，这是第一次明确提出"时我""惟人"，即依靠自己，"依靠人"。在周公引述召公曾说过的这短短几句话中，就出现了两次"依靠我们自己"和"依靠人"，这非比寻常。像召公、周公这样的先哲表达出来的这种强烈的世界观信息表明，在周代人们的"人事观"已经深入精神世界了。

人们的价值观、世界观既然已经转变到了"人事观"，那么，又如何处置先人的浓重的"天道观"和"天命观"呢？这对于善于运用原始辩证思维的上古先哲来说，并不是什么难事。召公就是处理这一"天命观"和"上帝观"的能人和高手。正如他所说："天命不易，天难谌。"（见前引）召公并不否认"天命"和"上帝"，只是认为"天命"得来不易，"上帝"难以相信。如果不能恭敬"天命"和"上帝"，同时不能顺从百姓，就会失去"天命"和"上帝"，人也就不能长久生存下去了。周公同意召公的主张，再一次申明支持召公的"天不可信"，并立志要把文王的美德加以推广。

---

① 江灏、钱宗武译注，周秉钧审校：《今古文尚书全译》，贵州人民出版社1990年2月版，第207页。
② 江灏、钱宗武译注，周秉钧审校：《今古文尚书全译》，贵州人民出版社1990年2月版，第210页。
③ 江灏、钱宗武译注，周秉钧审校：《今古文尚书全译》，贵州人民出版社1990年2月版，第347页。

　　"天人合一"的宇宙观和人生观构成了中国传统文化的精髓，《君奭》应当是中国先祖确认这种宇宙观和人生观的标志性经典文献之一。

　　第二，重视贤臣在辅佐君土和治国理政中的重要地位和作用。在上古时代，先哲和政治家很早就懂得治国理政的基本原则和设官分职的重要性，并从立国之初就朝着"圣君贤相"的政治基本架构迈进。《君奭》在这方面有鲜明的体现。周初，周公和召公两位重臣辅佐文王、武王和成王创立王业、稳定周家天下，可谓功高盖世，厥功至伟。也许，功利之心自古有之，作为"三公"之一的太保召公和同样作为"三公"之一的太师周公，本来已然是位极人臣，一人之下，万人之上，可不知为什么会发生"召公不说"之事。为了解除召公的不悦，周公便作《君奭》一文，在对召公大加褒奖和赞赏之余，委婉地劝喻召公与他（周公）合力辅佐成王，共同成就文王的大业。

　　为达到上述目的，周公从历数殷商朝中诸多贤臣说起，在成汤有伊尹，在太甲有保衡，在太戊有伊陟和臣扈，还有辅助太戊治国有功的巫咸，在祖乙有巫贤，在武丁有甘盘。正是因为这些有道的贤臣辅助各自君王安定国家、治国理政，殷人的制度才长久留存，而他们辅佐的君王也都能"配天称帝"。

　　在周代，周文王就因为有虢叔、闳夭、散宜生、泰颠、南宫适五位贤臣的辅佐才得以承受天命立国。而武王也因得还健在的文王时四位贤臣的辅佐才得以灭商杀纣，一统中原。到了成王时期，周公劝召公两人合力辅佐成王，发扬文王、武王的美德，使国家稳定、安康。

　　在上古时代，法律初创，还不可能产生"法治"的理念与实践。人们的政治智慧所及，也只能将治国理政的理路置放在"明君贤相"的政治架构之上，这可以说是人类社会初民的必然的政治选择。中国从上古时期直到晚清都是沿着这条政治路径一路走过来的。当代人将其称为"人治"社会，中国之所以选择"人治"的道路，其实也是历史逻辑使然。我们应当同时看到，"人治"之所以在中国持续几千年，除了必然性之外，其实也并非一无是处，一种没有任何政治理性可言的治国方略，是根本不可能在如此长久的时间内得以维系的。在当代，由于法治的昌明以及各种法律制度的完善，世界上许多国家都实现了治国方略由人治向法治的转变，中国就是其中之一，而且转变速度之快令人惊叹。在此过程中，人们对历史上的"人治"多采取批判甚至否定的态度。这或许不是科学的态度。事实上，如今的法治特别是行政法治也要解决各级各类官员的规范性管理问题，当代的"设官分职"绝不仅仅是一种制度建构问题，更深层次是如何发挥各级各类官员在治国理政中的作用问题。从这个视角上看，历史上的"贤相""良吏"的政治架构绝不是与当代的文官制度水火不相容的。正确的态度和做法应当是对历史上的"吏治"和"治吏"的理念及其相关制度进行实事求是的科学分析，吸取或借鉴其中有益的理念与制度以补益当代的文官制度，以及提高各级各类官员的政治责任感和职业责任心与能力。《君奭》在这两个方面都为我们提供了很好的教材，在对周公的强烈政治和职业责任心感佩的同时，其实我们也应当认真地思考一下能够从中学习和借鉴点什么，特别是在当前纠正官员惰政、懒政之风的过程中，更应当深察其中的意涵，并吸取相应的政治素养。

第三，贤臣应当具有责任担当的自觉性。一个人一旦担任一种或几种官职，就内在地形成了与职务相当的责任。有责任就要有担当，担当绝非一种简单的为职务负起责任问题。没有内在的责任心和职业操守，是负不起或负不好责任的。这是官、职通理，古今皆然。《君奭》告诉我们的，就是这方面的深刻道理。责任心的自觉性何来？

首先，在内是官员个人的品德修养问题。周公说："亦惟纯佑秉德，迪知天威，乃惟时昭文王迪见冒，闻于上帝，惟时受有殷命哉。"[1]

这就是说，没有人奔走效劳，努力施行常教，文王也就没有恩德降给国人了。正是因为这些贤臣保持美德，了解上天的威严，辅助文王做出巨大努力，才被上帝赐予建立周朝的大命。文王也好，贤臣也好，品德修养都必须达到高水准才能建国立业。

其次，在外则是承受"大命"和帝王的命托。周公对召公说："前人敷

---

① 江灏、钱宗武译注，周秉钧审校：《今古文尚书全译》，贵州人民出版社1990年2月版，第352页。

乃心，乃悉命汝，作汝民极。"①

这就是说，辅佐成王就是诚心诚意承受上天赐予的"大命"；同时也是先帝武王依据他的心愿详尽地命令召公您作为老百姓的表率。上天的"命令"不可违；同样地，武王的命托也必须执行。这是贤臣必须具有责任心的外在根据。

以上表明，贤臣全心全意地辅佐君王稳定江山、治理国家，并非如后世或褒或贬的那种"愚忠"使然；也不同于现代的所谓"理解的要执行，不理解的也要执行"之类的理念与实践。责任心的培养、责任自觉性的炼成，必须在内加强个人道德品质的修养，在外视担负的责任为天职并秉承最高权威的信托。而不论这个最高权威是一国的君王、总统等，还是最高国家权力机关，甚至是最高合法性的终极源泉，即人民或仅以人民的名义，都应当如此。

第四，贤臣应当具有忧国的意识和辅王护国的情怀。人类的忧患意识在人之初就形成了。初民面对极其险恶的生存环境时，担心自己会遭遇各种生存困境甚至死亡，而忧患意识的形成可以使人类有效地回避或逃离各种困境和危险。最初的忧患意识是人类进化的产物，是与食、色等同样重要的人类的本性和本能。人类有了社会、建立国家之后，原始的、自发的忧患意识又有了进一步的升华。基于社会的崩溃、国家的灭亡而产生的恐惧、忧患同样会激发人类的生存危机感。于是忧国忧民的忧患意识进而提升至维护社会稳定和国家安宁的护家卫国的情怀。这是人类极富正能量的道德情操，古今皆然，尽管内容有异，但意涵、义理别无二致，是任何时代都应当竭力推崇的高尚价值观。

《君奭》一篇洋溢着浓烈的忧患意识和家国情怀。关于忧患意识，周公说："呜呼！君肆其监于兹！我受命无疆惟休，亦大惟艰。"②

周公想与召公共同体察"大命"，这一方面值得欢庆，另一方面也异常

---

① 江灏、钱宗武译注，周秉钧审校：《今古文尚书全译》，贵州人民出版社 1990 年 2 月版，第 354 页。

② 江灏、钱宗武译注，周秉钧审校：《今古文尚书全译》，贵州人民出版社 1990 年 2 月版，第 352 页。

艰难。在周朝江山稳定初期，国家尚未兴盛之际，周公并未陶醉和安享于"无疆之休"，而是时刻不忘尚有"亦大惟艰"。这在古代的贤相中是极为难能可贵的。同样地，召公曾经说过："时我，我亦不敢宁于上帝命，弗永远念天威越我民。"①

召公还对后代子孙大多数不能够恭敬上天、顺从下民，不懂得天命难得和上帝不可信的状况表示出深沉的忧虑。

此外，周公还借武王的训导"汝明勖偶王，在亶乘兹大命，惟文王德丕，承无疆之恤！"表达了忧国的意识。其中的"无疆之恤"，即为"无穷的忧虑"。诰中还多次提及周公愿与召公共同努力辅佐成王，赞赏召公长久地念及"则有固命，厥乱明我新造邦"。② 意即上天当为定命，让我们治理好这个新建立的国家。周公又说："君！告汝，朕允保奭。其汝克敬以予监于殷丧大否，肆念我天威。"③ 意思是请求我信得过的太保您，能谨慎地和我一起看到殷国灭亡的大祸，长久地使我们顾虑上天的惩罚。这方面的诰辞还有一些，就不一一列举了。

第五，贤臣应具有谦逊的品德，善于争取他人的帮助。在这方面，周公就用自己的言行作出了表率。他本来政治地位很高，可以说一人之下，万人之上，召公虽位居太保，但其政治地位却不能超越功高盖世的周公。但周公却在召公面前表现得极其谦逊，诚恳地要召公帮助他治理好国家。周公如是说："今在予小子旦，若游大川，予往暨汝奭其济。小子同未在位，诞无我责收，罔勖不及。耇造德不降我则，鸣鸟不闻，矧曰其有能格？"④

译为现代语言大意是："现在我小子姬旦好像将要渡过大河，我和你一起前往，或许可以渡过。我愚昧无知却身居大位，你不经常督导、纠正，就没有人勉励我去做力所不及的事了。您这德高望重的人不指示治国的法

---

① 江灏、钱宗武译注，周秉钧审校：《今古文尚书全译》，贵州人民出版社 1990 年 2 月版，第 347 页。
② 江灏、钱宗武译注，周秉钧审校：《今古文尚书全译》，贵州人民出版社 1990 年 2 月版，第 354 页。
③ 江灏、钱宗武译注，周秉钧审校：《今古文尚书全译》，贵州人民出版社 1990 年 2 月版，第 354 页。
④ 江灏、钱宗武译注，周秉钧审校：《今古文尚书全译》，贵州人民出版社 1990 年 2 月版，第 352 页。

则，凤凰的鸣声固然听不到，何况说将能够被上天嘉许呢？"①

其中有四点值得关注。首先是周公的自谦，称自己是"小子姬旦"，与其太帅的地位和名分形成了强烈反差；其次，称召公为"德高望重"之人，又与"小子姬旦"的自称形成强烈反差；再次，称自己"愚昧无知"，"力所不及"，需要召公这样的人去督导、纠正和勉励他做好本职工作；最后，用贴切的比喻，即过河需要您奭一同前往才能渡过，没有您这德高望重的人指示治国的法则，连凤凰的鸣声都听不到，表明周公对召公的倚重和信赖。这一切均表现了位高权重的太师周公所保持的谦逊、敬重同事的高尚品格。在我们今人看来，这是上古贤臣所推崇的价值观，具有重大的官箴意义，至今仍不过时，并且应当被借鉴并被纳入当代的官箴价值观之中。

第六，重视辅臣的选拔及辅臣团队的集体力量和作用。对公务人员的选拔、培养以及发挥领导班子的集体力量和作用，是极富现代感的话语，今人早已耳熟能详。但这种现代公务员的管理理念及相关制度的重大价值，早在中国上古时期就被人认识到了，并且被记载在正典文献之中。请看周公和召公怎么说："予不允惟若兹诰，予惟曰：'襄我二人。汝有合哉？，言曰：'在时二人。'天休兹至，惟时二人弗戡。其汝克敬德，明我俊民，在让后人于丕时。呜呼！笃棐时二人，我式克至于今日休？我咸成文王功于！不怠丕冒，海隅出日，罔不率俾。"②

此段中的官箴亮点是围绕二人与"俊民"即贤能之士的关系展开的。周公和召公尽管不讳言他们二人的重要地位和作用，但也坦然承认只有他们二人还不行，还需要敬重贤德，多提拔杰出人才，才能最终完成后人的继承事业。"笃棐时二人，我式克至于今日休？"就是真的不是我们这两个人，就能达到今天的休美境地。其中也暗含了其他贤臣共同辅佐的集体效能，绝非二人独揽治国大权的成果。此外，"其汝克敬德，明我俊民"，也表明在上古时期就重视接班人和政权平稳交接的问题，真是难能可贵，令

---

① 转引自江灏、钱宗武译注，周秉钧审校《今古文尚书全译》，贵州人民出版社1990年2月版，第354页的译文。

② 江灏、钱宗武译注，周秉钧审校：《今古文尚书全译》，贵州人民出版社1990年2月版，第354页。

今人感佩。

从以上的梳理和分析中不难看出，从上古官箴的立场上看，《君奭》虽不涉及具体的官箴制度，在深入阐释上古官箴的理念方面却别具一格。深入研习该文，我们不仅感佩先祖竟在那遥不可知的年代就能积累如此成熟的官箴政治智慧和经验，而且惊叹这些官箴价值至今都没有过时，以上所梳理和分析的六个官箴要义，至今都值得我们深入地体察和反思。在当代官箴理念的建树和实践中，我们应当感谢先祖为我们提供和储备了如此丰厚的政治资源以供传承、学习和借鉴。这是对我们这些中华民族先祖的后人得天独厚的恩赐，值得我们珍惜和传承。但前提是，我们需要树立科学的历史观，以往采取的蔑视和摒弃的错误立场和态度，绝不应当再现。

二十二 《蔡仲之命》

周公平定东方叛乱之后，四叛臣之一的蔡叔被囚禁在郭邻。蔡国无主，便封蔡叔之子蔡仲为国王。《蔡仲之命》就是成王任命时对他的训导。文章不长，但官箴内涵丰富、深厚，值得赏读和细析。重点分析以下几点。

第一，任人唯贤，不搞株连。蔡叔犯下叛乱重罪，没有杀头，虽受终身监禁，也算得到仁厚的对待。在后世的刑罚制度中，此类罪行定会灭杀九族。然而在上古的周代，并没有这类严刑峻法的思维，不仅没有牵连蔡叔的儿子蔡仲，反而念及"蔡仲克庸祗德，周公以为卿士"，进而由成王封其为蔡国的国君。任人唯贤，不搞株连竟然能做到这种地步，说明当时的政治文明已发展到相当成熟的程度，即使在后代高度发达的政治文明中，也不太容易做到。

第二，谨慎戒惧皇天、民心、善、恶四端。成王戒之曰："皇天无亲，惟德是辅。民心无常，惟惠之怀。为善不同，同归于治；为恶不同，同归于乱。尔其戒哉。"[1]

上天不亲近谁，只辅佑贤德之人。从积极的意义上来说，仍在延续前文分析过的"天命观"向"人事观"的转变，以此强调修德立贤的重要性

---

[1] 江灏、钱宗武译注，周秉钧审校：《今古文尚书全译》，贵州人民出版社1990年2月版，第358—359页。

和神圣性，因为具有贤良品德之人连上天都会垂顾。

百姓的民心没有常主，只归向肯施惠爱之人，"主"主要指"人主"。这里再次提出一个至关重要的政治命题，即人心所向决定了一个政权是否稳固和能否得到人民的拥护和支持。古代提不出"民主"的理念，也无"民主"的政治架构和实践，但不能不顾及民心，不能不明白民心归向对政治稳定和国家安康的重要性，后世贤达总结出"水能载舟，亦能覆舟"的政治箴言，就是针对民心归依对政治安定的极端重要性。民心所向的政治意涵极其深刻，中国上古贤达能通透其中义理，表明他们已然具有高度的政治敏锐性并且对政治精义的把握已经很成熟。历史虽逝去了三四千年，但其价值未尝有任何贬损，时至今日，关注民生、提高人民生活水平和质量、争取民众的支持和拥护，不仅是政治领导层关注的重要方面，而且在当代政治演进中已成为政治合法性的重要考量标准。

第三，慎始慎终。成王诰训曰："慎厥初，惟厥终，终以不困。不惟厥终，终以困穷。"[1]

关于初始和结局的关系，在前面的诰辞中已做过引介和分析。做事在初始阶段就应当小心谨慎，而要争取到美好结局，除了价值预期的引领作用外，在起始阶段和中间过程都须格外小心谨慎。后世的"行成于思毁于随"的警语就是这一中国式经验的总结和思维方式的定型。民众中至今流传的"小心好过大意"的俗语，也是基于此类经验和思维方式而形成的。这一典型的中国式的关于"行"的认知和经验，竟被周代的政治达人体察和深悟，并形成了一整套有关始初、终结的价值体系，这实在是极难能可贵的。这一初、终的价值体系对于现今的官箴思想建树仍具有极大的价值。想一想，当今一些官员政绩不佳，更有极少数官员走上了腐化堕落的道路，除了其他原因之外，至少在处理初、终的问题上，没有抱持足够的戒慎之心，更不必侈谈小心谨慎了，最终导致"困穷"的政治生命和人生悲剧，教训该是多么深刻啊！

第四，综合政绩观。综合或全面政绩观，在《尚书》中，是由如下文

---

[1] 江灏、钱宗武译注，周秉钧审校：《今古文尚书全译》，贵州人民出版社 1990 年 2 月版，第 360 页。

章首次提出的。先看原文：

"懋乃攸绩，睦乃四邻，以蕃王室，以和兄弟，康济小民。率自中，无作聪明乱旧章。详乃视听，罔以侧言改厥度。则予一人汝嘉。"①

作出突出政绩，要从多方面入手：和睦四邻，以护卫周王室；和睦同姓诸侯，使老百姓安居乐业；要实行中道，把握平衡，不要自作聪明扰乱先王的成法；要深察所见所闻，不在偏听偏信中改变法度。做到了以上四个方面，对一个官员来说自然应当嘉许，但仍不够全面，还应看到这四个方面的衍生和辐射效应，例如，"睦乃四邻"和"以和兄弟"，其实具有团结一切可以团结的力量或人的广泛意思，实行"中道"更是一种平衡路线的选择，具有战略和战术方面不犯错误、不走偏颇路线的告诫作用，用现代的话语表述，其实是一种治国哲理，其本身就是一种"软实力"。任官能做到以上四点，就能取得良好政绩，就值得嘉许和称赞。

上古之人就能深谙综合或全面政绩的政治优越性，实在难能可贵！在当代，为官一任在某一事项上能取得突出政绩，就会受到民众的称赞和政治上的褒奖，能取得全面或优良的政绩，更是优上加优，好上加好。非时任官员勉力为之不可得。

二十三 《多方》

《多方》一篇在《尚书》中，就内容来说是独一无二的。它记述的是周成王亲理朝政的第二年，淮夷和奄又发动了叛乱，成王亲征并灭掉了奄国。返回镐京后，他召集天下诸侯，主要针对不服从周王朝统治的各诸侯国君臣，由周公代替，他向他们发布诰命。史官记录下来诰令，名为《多方》。

《多方》只是针对不服从周朝统治的各诸侯国君臣而发布的诰命，由于这类群体的特殊性，《多方》并不具有一般的、普遍的官箴意义。但是，仍有几个亮点值得分析。

第一，《多方》沿袭了周代"天命观"转变的理路，一方面强调"天命

---

① 江灏、钱宗武译注，周秉钧审校：《今古文尚书全译》，贵州人民出版社1990年2月版，第360页。

观"的神圣性、权威性和最高合法性,另一方面也强调人的作为的重要性。夏、商灭亡固然是天命使然,但也是由于夏、商后代君王及各自的诸侯国君主的荒淫无道。正如《多方》指出,王若曰:"诰告尔多方,非天庸释有夏,非天庸释有殷。乃惟尔辟以尔多方大淫,图天之命屑有辞。"①

"天命"固不可违,但上天并不会要舍弃夏国就舍弃夏国,也不是要舍弃殷国就舍弃殷国。上天之所以要灭掉夏国和殷国,只是由于夏、殷的君王和各自的诸侯国国君大肆淫逸,图废天命,安逸而又怀疑;治国理政不是为了保护和造福老百姓以及勉励老百姓,而是让老百姓交纳过重的税赋,以供他们淫乐享用,所以上帝就对这两朝降下亡国的大祸。这种理路与前几篇诰文相通,自不必再深论。

第二,就直接的官箴意义来说,提出了用多种手段,特别是用刑罚手段"勉励人"的理念与实践,用当今的话说就是所谓的"执法为民"的原则及其如何贯彻的问题。请看原文如何说:"慎厥丽,乃劝;厥民刑,用劝;以至于帝乙,罔不明德慎罚,亦克用劝;要囚殄戮多罪,亦克用劝;开释无辜,亦克用劝。"②

用现代的语言表述,这段话是说成汤谨慎地施政,目的是勉励人;他惩罚罪人,也是为了勉励人;从成汤到帝乙,都能做到明德慎罚,最终达到了勉励人的目的。具体说来,他们监禁罪犯、杀死重大罪犯,是为了勉励人;他们赦免无罪的人,也能够勉励人。包括《尚书》在内的上古文献中,通常只见用德教去感化和影响人,如"君子之德风,小人之德草"之类,这里在哲理上首次提出君王施政如持谨慎为民的态度,则良好的治国理政就是对人的勤勉努力的一种鼓励,这用今日的话语可以表示为"慎行善政为民造福";除此之外,还有"明德慎罚为民求公平正义"之司法公正之意。在当今社会,国家和司法各机关正在大力提倡司法为民,规范司法行为,保证每个案件都得到公正的审判,实现司法公正,大力提高司法公

---

① 江灏、钱宗武译注,周秉钧审校:《今古文尚书全译》,贵州人民出版社 1990 年 2 月版,第 367 页。

② 江灏、钱宗武译注,周秉钧审校:《今古文尚书全译》,贵州人民出版社 1990 年 2 月版,第 364 页。

信力。

面对此情此景，我们会情不自禁地感佩上古先祖，他们竟在那遥远的上古时代就能提出"明德慎罚"的理念，还能就刑罚包括对重大罪犯施以极刑，以及赦免无罪之人等司法上的宽严处置与"勉励人"作出内在辩证的关联思考，告诫官员必须警惧和处理好这种敏感关系。

在当今的政治和宪法话语下，《多方》阐释的是一种上古时代的中央和地方关系。在上古夏、商、周三代，中央和地方关系实质上是作为大宗的中央宗主国与在全国各地以本姓和少数异姓的宗亲为诸侯或邦君的诸侯国之间的关系，这一中央和地方的宗法政治结构是"家天下"的一种特定的政治形态。上古时代的中央与地方关系实质上就是中央宗主国与地方的诸侯国之间的关系，它的内在关联的核心是由"宗亲"而衍生的家国观念与结构形态。这种观念和结构形态不同于后世通行于世界的邦联制、联邦制。后世的各种国家结构形式，通常是以军事、经济、民族、中央和地方等特别因素为内在结构的关联观念而形成的。

无论古今的国家结构形态如何，它们都有一些共同的原则是必须遵循的。《多方》中有些处理这些原则的前提和观念并不可取，如"天命"使商代夏、周代商所蕴含的最高合法性，以及威胁用杀戮讨伐反叛和不顺从周王室的诸侯国等。但有些对地方的劝勉和训导其采取善治等做法还是符合一般的中央与地方关系的。请看原文：

"王曰：'呜呼！猷告尔有方多士暨殷多士。今尔奔走臣我监五祀，越惟有胥伯小大多正，尔罔不克臬。'

'自作不和，尔惟和哉！尔室不睦，尔惟和哉！尔邑克明，尔惟克勤乃事。尔尚不忌于凶德，亦则以穆穆在乃位，克阅于乃邑谋介。'

'尔乃自时洛邑，尚永力畋尔田，天惟畀矜尔，我有周惟其大介赉尔，迪简在王庭。尚尔事，有服在大僚。'"①

此段意思是周成王告诫诸侯国邦君，对于奔走效劳臣服的诸侯国，对于缴纳所有的徭役赋税和在大大小小的政事上都遵守法规的诸侯国，周王

① 江灏、钱宗武译注、周秉钧审校：《今古文尚书全译》，贵州人民出版社 1990 年 2 月版，第 370 页。

室都是予以劝勉和嘉许的。周成王还劝喻，君臣的家庭要和睦，消除以往的不和睦；要勤勉于政事，要把你们的城邑治理得政治清明；不要被坏人引诱，用恭恭敬敬的态度恪守你们的职位，谋求你们所居城邑的美好生活；还要对居住在洛邑并长久尽力平治你们的田地的臣民进行赏赐，包括提拔到朝中任职。

　　我们不能简单地认为，古今的中央与地方关系可以直通。但上古时代的上述劝勉或可对当今处理中央和地方关系有所启迪，在地方任职的官员，特别是主政一方的地方"大吏"更应当对上述的劝勉有所体悟和思考。只从官箴意义上说，《多方》绝不只是简单的上古政治文献，包括官箴在内的丰富思想值得进一步发掘。

二十四　《立政》

　　《立政》是有关"成康之治"和周初官制，包括夏、商官制的记述。关于《立政》之题，王行之说："政与正同，正，长也。立政，谓建立长官也。篇内所言皆官人之道，故以立政名篇。"① 由此可见，《立政》就是立长官之制，不能按现今通常之意理解为"建立政府"或"设立政事"。

　　古人没有"路线决定之后，干部就是决定因素"的观念。但在政权稳定、社会安定之后，治国理政取代了前期的武力夺权和武力平叛的"革命任务"，一跃成为国家政治活动的头等大事。《立政》记载的就是在此情况下，周公凭丰富的历史知识和治理国家的经验，告诫周成王如何设立官职、提拔任用官员，以及如何处理君王与大臣的职事关系，等等。其中，有些观念是在《尚书》中首次提出的，更有一些观念与关系直透官箴深理，其价值观竟然与当今的官箴价值观高度吻合，真感佩上古之人竟能对政治原理和官箴精义有如此洞深之见。如下几个亮点值得分析。

　　第一，关于君王用人方面。任用贤德之人，在《尚书》多篇的文献中屡有提及，作为一般的用人原则，此篇有两处颇为新颖。一处是周公借告诫诸侯善于任用常任、常伯、准人的同时，又提出了用人的两大禁忌：

---

　　① 江灏、钱宗武译注，周秉钧审校：《今古文尚书全译》，贵州人民出版社 1990 年 2 月版，第 373 页。

"谋面，用丕训德，则乃宅人，兹乃三宅无义民。"①

"谋面"即是以貌取人；"宅人"就是任人唯亲。上古之人不仅懂得任用贤德之人的正面道理，还深谙任人的大忌。一忌以貌取人，二忌任人唯亲。以貌取人就是只以"颜值"和较好身段作为任人的标准，而忽视或不顾所任之人的品德及才能。设官用人任职不是为了鉴赏，也不是为了品评。二是职有所司，是要负起职能所要求的职事责任的，用现代话语就是要"干实事""为民服务"。有些上古的君王或诸侯不懂得这个道理，在任人上常有"谋面"和"宅人"的现象发生，结果导致朝纲败坏，直至亡国灭种，后果极其严重，如夏灭和殷亡那样。

第二处是讲从商朝到周文王设官任职的正反两方面经验，进一步阐释两种不同的结果。其中两次特别提到不可任用贪利奸佞之人。

"呜呼！予旦已受人之徽言咸告孺子王矣。继自今文子文孙，其勿误于庶狱庶慎，惟正是乂之。自古商人亦越我周文王立政、立事、牧夫、准人，则克宅之，克由绎之，兹乃俾乂，国则罔有。立政用憸人，不训于德，是罔显在厥世。继自今立政，其勿以憸人，其惟吉士，用劢相我国家。"②

"贪利"就是贪图私利，甚至不惜损人利己，其意自明，无须多论。

"奸佞"，字多义，其中常用的多为奸诈、不忠于国家和民族之人，自私、取巧之人等。"佞"多指献媚之人。"奸佞"就是指善于奸邪献媚之人，在道德评价系统中，贪利奸佞从来都被认为是最具负性的道德品质，为人类所不齿，古今中外，概莫能外。早在上古时代的中国，贪利奸佞之人就为人所深恶痛绝，更为官场所不容。故周公告诫成王，任命官员切不可任用贪利奸佞的人，即"憸人"，应当只用善良贤能的人来努力治理国家。

在后世漫长的帝国和皇权时代，贪利奸佞的人任职甚至把持朝纲重权，往往造成国亡家灭的悲惨下场。这类历史事件史不绝书。当今，党和国家一再强调任用官员应当以德才兼备为最高标准，但通常不再刻意提出不用

---

① 江灏、钱宗武译注，周秉钧审校：《今古文尚书全译》，贵州人民出版社 1990 年 2 月版，第 374 页。

② 江灏、钱宗武译注，周秉钧审校：《今古文尚书全译》，贵州人民出版社 1990 年 2 月版，第 380 页。

贪利奸佞的人，因为这一标准很难准确把握，但在官员的考查、试用期间，有关的组织部门肯定会严加甄别，有这方面品质的人一般在任命过程中就被排除掉了。

任命官职以善良贤德为标准，拒绝"谀面""宅人""恂人"，这是设官任职的基本原则，于今仍有官箴价值，以上三种人应当永不录用。

第二，君臣权能有分，君权不干涉重臣职司事务和施政行为。今人或许难以理喻，在上古周初，朝政中竟有权能之分，各有所司，且有君权不干涉重臣职司事务和施政行为的观念和实施机制。因为政治和宪法学术界通常认为，分权思想是近现代的政治观念，与近现代化的政权组织结构形式及其实施机制相适应。或问，上古人真的有此观念和机制吗？请看《立政》原文："亦越文王、武王，克知三有宅心，灼见三有俊心，以敬事上帝，立民长伯。"①

细缕之下，上段话可分为以下几个层次。

首先，君臣权能有分。文王负责考察事、牧、准三宅及其部属的思想，用现代话语说，就是考察拟录用官员的思想，要了解他们的真实思想，特别是要考察他们是否具有忠心，能否敬奉上帝。

其次，君王有权任用官员。"立民长伯"和"乃可立兹常事司牧人"，都是说君王在考察选任人员的思想、品德之后，就为老百姓建立官长，任命官员。考察、任命是君王的基本权能，独家行使，彰显建官立长的权威性和严肃性。

再次，各级各类官员各司其职，各负所责，分别管理各种教令，君王不兼管各级各类官员负责的教令。这是"文王罔攸兼于庶言"所明确表达的。其中还特别强调：各种狱讼案件和各种敕戒的事，只能由主管官员裁决，牧民的官员决定是否敕戒。还特别提到，对于各种狱讼案件和各种敕戒的事，文王"罔敢"，即不敢过问。不敢过问表明这已形成严肃的不成文法律习惯或规范，连帝王都不敢过问，足见其具有至高无上的权威性。在我们当今流传下来的君权"言出法随""口含天宪"的传统观念中，天下和

---

① 江灏、钱宗武译注，周秉钧审校：《今古文尚书全译》，贵州人民出版社 1990 年 2 月版，第377 页。

国家的事没有帝王不可以过问或直接加以干涉的，这与"不敢"形成鲜明的价值对立。如果不是白纸黑字，我们真不敢相信在上古时代的周初，竟会产生如此鲜明的政治分工和职权各司观念。这种分工负责、各司其职、不可越俎代庖的宪法和行政法观念和机制，正是当今学术界和实务界苦心追求和欲加完善的。

第三，平治狱讼，狱事专习，敬慎狱讼，列用中罚。

先析列用中罚。《立政》中一个最突出的特点，就是借周公之口阐释了上古先民关于狱讼、刑罚的原理。今之法学术界通常都以为法律是近现代产物，现在流行的法律原理和诉讼理念及实践都是极具现代性的，对于先前的法律及其原则通常在贴上原始的、奴隶的、封建的标签后，就武断地贬斥为野蛮的、残酷的、缺少人性的，似乎对前近代的法律及其理念与实践，只进行负面评价和拒斥，很少有学者能站在超越近现代法律的高度去体悟和深察古代特别是上古时代"法律"的原理与精髓，更绝少意识到法律作为人类世俗道德和行为的规范的连贯性和整体性。现代人的自负和偏见蒙蔽了人类智识的灵光，消融了人类政治和法律经验的厚重积累过程和结果，将现代法律及其法治逼入只有规范人类社会行为、打击违法犯罪的单纯实施机制的困境，以致形成社会乱象越多越需要更多的立法支持，而制定的法律越多，则执行起来越难或根本不能实施的局面。其根源多以为是国家法制不健全、无法实施和执行。愚以为主要是我们的执法理念过于淡薄，不足以支持法律执行和实施所需的厚重操作实践。其结果，在社会和国家治理的需要日益增长的情况下，立法越来越多，执行越来越难，法律难以执行，就又制定更多的法律执行细则，形成恶性循环。就以刑法的制定来说，十几年来不断地进行补充、修改以求满足法律打击违法犯罪的需要，相应地，也配套修改了刑事诉讼法以满足实施刑法的需要。然而在贯彻实施这两部国家重要法典之后，我们又突然发现，单纯的刑法和刑诉法的实施并没有大幅度地减少违法犯罪现象。这是因为刑罚在本质上还有与严厉、强制相对应的宽容、体恤那些被专业术语称为"谦抑"或"谦逊"的一面。原来刑罚不只有"打击"的一面，还有通过"轻度"处罚发挥劝善止恶的教化一面。当我们意识到这一点之后，刑法理论界和司法界开始并正致力于实行所谓的"轻缓"的刑罚"政策",以弥补刑法和刑诉的不足,减轻其严厉和强制的程度。这表明在法律的精神世界里,是天然存在着缓和、轻柔的内在因素的,绝不全是以严苛、重处、杀戮为能事。这一点正在法治路上的我们也许才刚刚认识到,但我们重温上古文献《立政》,却发现我们的上古先祖早已明白"中罚"的刑法深义并能准确恰当地用一个"中"表达出来。"中"者,不偏不倚之谓也,介于严峻与放纵之间,取居中刑罚之意。上古之人理解和运用刑罚能够达致如此恰当与精妙的地步,实在值得今人赞叹和佩服。

次析"和我庶狱庶慎"。"和"者,"平治"之谓也,今人则谓为"公平地判处案件"。最值得关注的是这个"和"所蕴含的欲实现公平、追求正义的法理的核心思想,通常认为是西方启蒙时期阐发的法原理或精神。但我们上古之人能提出公平地审判案件,暗含追求和实现司法正义之意,这是多么难能可贵啊!即使在当代,在法治渐次发达起来的今天,也存在诸多的司法欠公平的现象,大大地降低了司法公信力。广大人民群众对此强烈不满。党和国家在规范司法行为时和在司法改革中,明确提出的每一个案件都要使人民群众感到公平、正义的高标准和严要求,正是为了最大限度地减少司法不公正现象。

再析"时则勿有间之"。"时"指前述的各种狱讼和各种敕戒事务,"勿有间之",即无人可以替代。事有专司,这是现代政治学、宪法学和行政法学的精义之一。其实,现代化就是建立在事有专司,即事有分工、各负其责的基础上的,分工越精细、越明确,效率就越高,不仅大工业、集约化的工农业生产以及高科技领域是如此,在政治和行政等社会和国家治理的各个层面,现代化也是与分工合作紧密相连的,无论是政治权能的划分,还是政府职权的设定及各级各类任官的确定,都是基于分工和各负其责的需要。特别值得提出的是,西方的司法权能和司法体制及司法人员的遴选和任命,都是以"独立性"为根本和突出的特点的。任何人包括国家元首都不能干涉和介入司法事务,而且法官一经任命就终生任职,不到法定年龄任何部门和官员都不能强制法官退休;此外还有豁免权和高薪等一系列的保障措施,这一切都是为了保障司法机关和法官独立行使司法职权。在中国，由于特别的政治体制，我们并不实行一般的"司法独立"，但人民检察院独立行使检察权，人民法院独立行使审判权，这是宪法明确规定的；此外，宪法还规定任何组织、团体和个人都不得干涉司法机关的检察活动和审判活动。

总之，现代的政治理念及其结构和活动，特别是现代司法理念及其机关和活动，无不是本着事有专司、分工负责的理念设置和实施的，司法机关和司法事务尤其如此。然而，绝少有人包括学者能够了解在中国的上古时代就有了事实上的"司法独立"，以及包括帝王在内的所有官员都不能过问更不能干涉司法活动的理念与实践，这是多么超常卓越的理念与建制！我们今天还有人包括官员在内尚不能理解司法机关的特殊地位和职权，还以各种方式干涉司法活动，还需要党和国家发布一系列的禁止令和制定相应的责任追究制度，以减少官员对司法活动的干涉行为。想想在上古的周代就能提出连帝王都不能干涉司法审判，一言一语都不行，司法事务无人可以替代的理念与建制，该是多么难能可贵！

最后分析一下"兹式有慎"。"式"法也，做动词为规定、法定。"有慎"为慎之又慎。表达了这样的一种司法理念，就是各种狱讼不仅要由专司狱讼的主管官员亲自办理，别人不可干涉，而且治理狱讼绝不可马虎、草率，务必谨慎再谨慎，小心更小心。其中的原因不难理解，狱讼关系重大，轻者令人丧失自由，身心受到摧残，重则人命丧失。古之人就有"人命关天""生死事大"的人生哲理的体悟与总结，传承至今亦然。我本人在20世纪60年代在大学研习法律时，所受到的教育之一，就是司法机关既掌握"印把子"又掌握"刀把子"，必须严肃认真地审理好每个案件，绝不允许马虎、草率从事，以免损害他人人身权益或误伤人命。这一教育深刻影响了我的一生，甚至可以说融化在血液里，渗透到骨髓中，从未曾忘怀。无论是从事司法实际工作，还是从事法学研究，都是警钟长鸣，时刻小心，恰似如履薄冰，如临深渊，生怕一不小心就铸成大错。难以想象的是，我们上古的先祖竟也有如此的体验和重大的责任感，并不仅仅是警戒，教育主管司法官员要慎之又慎，甚至用"式"即法加以规定，成为法定的治狱行为规范和严格要求。尽管我们今天已无从查找其"式"为何典章，但可以想象，古人对此是极为认真、严肃的，或许真的实践过"兹式有慎"的立法行为。中国古人的司法理念之早熟和"先进"，由此可见一斑。还请不要忘记，当今从党、国家层面至司法机关自身，正在大力推进司法规范化改革，要求办好每一个案件，让广大人民群众真切地感到司法公平和正义，以恢复和提高司法公信力。可以肯定的是，如此大力强化司法规范化要求，正是为了减轻以往存在的冤假错案对司法公信力的严重损害，现在实行严格的司法规范化办案，正是一种有力的纠错举措，使司法重回严肃认真的办案程序，其中或可暗含上古时期对办案要"慎之又慎"的优良传统理念。谁说古人不如今人文明开化？上古时期先祖的"兹式有慎"的理念与实践，我们今人还远远没有做到，甚至对这种理念的认识都还远远未到位，更谈不上用正式法律去要求和规范司法机关和司法官员在办案中谨遵"慎之又慎"的职业道德和规范要求了。

末了，还值得一提的是，《立政》还论及帝王对军队的领导问题。这并非游离主题，因为是周公对成王的"用咸戒于王"的内容，故属于一种稀有官箴，"古之大事在祀与戎"，战争是初民社会和新创国家的助产婆，故在上古时代军事和战争的重要性比之后代乃至当今都有过之而无不及。周公告诫成王说："其克诘尔戎兵以陟禹之迹，方行天下，至于海表。"

"诘"训为治，"戎兵"即为今日的军队。整句话的意思就是：您（指成王）要治理好军队，像大禹那样平治天下水土，用军队统一天下，让天下所有人都臣服周朝。这里提出两个重要军事思想，一是由帝王统帅军队，二是用兵的目的在于大一统、安天下。当今世界上差不多所有国家，军队通常都是由国家元首任三军统帅，统一领导军队；军队更是用于对外防御或侵略（限于帝国主义），对内镇压叛乱，维护国家统一和社会稳定。人们认为这很正常，是通行于现代的军事理念。然而，有谁能想到，中国上古时代的周朝竟也能坚定地提出由帝王亲自治理军队，以统一天下，安抚老百姓并使他们臣服。这是何等卓越的政治理念和军事思想！再如就同篇司法思想和体制的比较而言，周公一再告诫切不可干预狱讼和敕戒事务，两相对照，更显出军队由帝王独统思想和体制有别于其他国家事务的独特之处，实难能可贵，令今人感叹、敬佩。

二十五 《周官》

《周官》也是一篇充满浓烈官箴气息的典型诰辞，是周成王平定淮夷叛乱之后写下的，告诫在位的大小官员出令、执行、守典常之法，以及如何对待功名利禄，等等，其官箴价值意义至今不仅不过时，还使我们反思现代的官德、官风并值得我们借鉴。有几个亮点试析如下。先看原文："官不必备，惟其人。"①

王朝中央在前代曾设太师、太傅、太保"三公"。原文应指"三公"之设不必求全，只考虑选用合适之人，我们可以放到设官任长充员的一般平台上看。用现今的政治哲理考量，应当说这是极有见地的任官原则。将设官长与用合格之人放在同一天平上称重，当然两全其美最好。然而，任官和选人毕竟是天平两端各自独立的砝码，如情势不允许两两平衡，取何端为优选，周成王所选"惟其人"。这是何等的设官选人的真知灼见！即使在今天，通行于世界的人事行政管理都奉行如下的铁的法则，就是设官任长"宁缺勿滥"。这一原则如今在业内耳熟能详，不承想，在上古时代竟有"官不必备，惟其人"的设官任长原则的记载，令今人大开眼界。

《周官》中有两段官箴要义的记载十分深刻，值得详加分析。先看第一段："王曰：'呜呼！凡我有官君子，钦乃攸司，慎乃出令，令出惟行，弗惟反。以公灭私，民其允怀。学古入官，议事以制，政乃不迷。其尔典常作之师，无以利口乱厥官。蓄疑败谋，怠忽荒政，不学墙面，莅事惟烦。'"②

其中值得分析的有如下几点。

第一，"钦乃攸司"。用现代语言表示，就是"认真对待你们所负责的工作"。这是当今中外任何官员都应当遵守的职业操守。一位官员被任命担当某种职能工作，如不认真负责，任用就失去了应有的必要性和正当性，"当官不为民做主，不如回家卖白薯"就是对官员要求的最贴切的表达之

---

① 江灏、钱宗武译注，周秉钧审校：《今古文尚书全译》，贵州人民出版社 1990 年 2 月版，第 385 页。

② 江灏、钱宗武译注，周秉钧审校：《今古文尚书全译》，贵州人民出版社 1990 年 2 月版，第 388 页。

一。然而，要让一个官员认真负责自己职责范围内的事，谈何容易？古之教诲已在官场回响了几千年，至今仍有大量的不负责任的官员存在。所以党和国家三令五申，下大力气纠正相当普遍的各种不负责任的状况，诸如"门难进，脸难看"；相互推诿，"踢皮球"；"久拖不决"；等等。"钦乃攸司"看似简单，实际上是知易行难，治理起来并不容易，除了大量的规章制度、"权责清单"之外，内在的品德修为也是一个极其重要的方面。没有良好的个人品德修养，内在素质差，就更不必侈谈外在职司的责任担当了。

第二，"慎乃出令，令出惟行，弗惟反"。巧了，这又是当代政治学、行政学、宪法学和行政法学等学科所蕴含的重要原则之一，用现代术语表述，就是"令行禁止"，但这种表述似乎还不能包括"弗惟反"的内涵；此外，"慎乃出令"，用现代术语取其反意为"朝令夕改"。对于出令不慎，现代通俗表达也形象地比喻为"拍脑袋决策"。出令不慎往往会造成办事不成，事倍功半的后果，甚至遭遇重大的政令挫败，历来是官家决策的大忌。上古之人都能体察出出令务必谨慎的深刻决策原则，不仅具有经验理性的性质，而且成为通行古今中外、科学决策的经典理论。

"令出惟行"是指号令一出，必须执行。这是号令的严肃性和权威性所要求的。议而决，决而行，这是任何正确决策所必然经历的过程，而行动是要取得最后的成果，没有行动，就不会有任何结果，往前推所经历的议、决环节都等于做了无用功。由此可见，一个好的决策（号令）一定要紧跟相应的行动，最终取得预期的成果。行在于果，这是古今中外任何决策者都必须遵循的法则。我们上古先祖率先总结出这一符合科学规律的令行信条，实在难能可贵！

"弗惟反"，就是不许违抗。这种表述彰显了"号令"的严肃性和权威性，显然又比"必须执行"更进了一步。上古之人就积累了这种政治经验，他们知道社会和国家总有一些利益上的冲突，一种政策即号令能使一些人受益，或可令一些人受损，潜在利益受损者心有不甘或不满，其代表官员就会作出违反"号令"之事，这种违抗行为一定会或多或少地干扰"号令"的执行，也相应地、必然地影响"号令"预期结果的获得。因此，在号令、执行过程中，注意排除相应的违抗干扰，也是任何科学决策所必不可少的一个重要环节。对于当今的科学决策过程而言，也不失其重要价值。

第三，"以公灭私，民其允怀"。中国自古就是依赖甚至崇尚集体主义的国度，在政治结合和国家体制上也是熔家、国于一炉，至今我们仍然用"国家"来表达这种政治结构。如果说"家"是小公，那么"国"则是大公，天下为公，在集体主义作为国人世界观和国家的基本价值观的长期历史沉淀中，"国"在中国古今之民的心目中占有重要的地位，在没有国教信仰的国情下，国家就是中华民族精神的信仰，具有崇高的神圣性。而个人在"家国"结构和情怀下，被放置在最微末的地位，个人那点私利相对于"家"和"国"的公利来说，也无关紧要，充其量也只是"大锅有水小锅满"的关系。"以公灭私"就是充裕天下之大公利，以及建树天下之公心，一切以国家为重，"灭私"不是完全不要私人之利，也不完全否认个人在"家国"结构和情怀中的地位，而是将个人及其私利置放在大家、大国公利和公心下考量，给以适当的安排，这是一个主次、本末的关系。所以"灭私"并非罔顾和取消有关个人的一切社会地位和私利，"以公灭私"的价值就在于极大地宣扬和发挥国家的公利和民众的公心。

如果真能做到"以公灭私"，那么接下来的价值逻辑就是"民其允怀"，意即老百姓就会信任归向执政者。民心好比是一杆秤，官员"以公灭私"，发扬公心，必然以国家为自己治国理政的立脚点和出发点，并贯穿治国理政的全过程，况且还能通过灭掉私心，不追求个人名利，达到克己奉公的崇高为官境界，人民群众就会自然地信任和归向执政者，进而使执政者所效力的国家得到民众的支持和拥护，国家也就能维持安定、祥和、富足的局面。"以公灭私"是一根完整官箴链条，环环相扣，具有很高的官箴价值和意义。

近代以来，西风东渐，衰败腐朽的大清王朝为时局和情势所迫，被迫进行国体改制，希图用西方的政治体制来挽救行将倾倒的帝国大厦。辛亥革命灭清建立民国之后向西方的政治体制和个人权利本位渐进的过程中，虽然不乏值得称道之处，但总体来说充满挫折和窒碍。毕竟是在中国几千年传统社会和国家体制的基础上进行现代化改造，水土不服在所难免。但始自清末改革维新派，中经民国中的先进知识分子直至中华人民共和国成立后的意识形态在全新的基础上进行建构的过程中，对于传统思想和观念的把握并没有一个清晰的脉络，在彻底切割还是有批判地借鉴方面拿捏不准。一方面，孙中山高调揭倡"天下为公"，以及中华人民共和国成立后，在20世纪60年代发动"文化大革命"，提出了更为严苛的"斗私批修"和"狠斗私心一闪念"的"以公灭私"官方立场；另一方面，自近代以来先进知识分子引进西方个人权利本位的主张，以及自改革开放以来高扬个人人权甚至欢呼要迎接伟大的"权利时代"的到来。两种反差分明，极难融汇与协调，这或许就是造成当代社会和人们价值观的混乱，以及新型社会价值观难以准确定位和形成的主要原因之一吧。

以今人的观点来看，"以公灭私"并不具有传统意义上的绝对正面价值，特别是"灭私"已然过时并被"人权"取代。但若从官箴的立场上看，出于公心，不追求名利，廉洁正派，仍然是官箴中值得倡导的基本价值。至于"民其允怀"在现代语境下也得到了极大的丰富，如关注民生，为群众办实事，提高民众生活水平，消除贫困等都可取得民众信任和拥护，也是新型政治合法性的重要政策资源，并非一定要以"灭私"为手段。在现代行政法体系中，保障各级各类官员的合法权利不受消损，也是重要的内容和基本原理之一。

第四，"学古入官，议事以制，政乃不迷"。

先析"学古入官"，站在上古之人的立场上看，民智初开，智识资源极为有限，除了主张向古人学习积累的智识和经验之外，更无超前意识和预知未来的智识能力。"学古入官"则反映出致仕任官的一个基本素质要求，那就是要有知识，知识固然可以凭个人生产、生活经验积累，但那是感性的，古人的经验和知识则是理性的，那些知识可以提高治国理政的智识基础和作出政治决策的能力。尽管只有向古人学习才可以入官的说法有些偏颇，但体现的"学习"观念和人生规划则具有普遍的价值期待性。有些文盲当然也可以做官，也能干事，或许干得还不错，但那些只是个例。就普遍性规律而言，要求"入官"者先学习，获得知识，才是不可逾越的正途。现今进入官场先要接受系统的高等教育或具有相当学历并通过国家组织的公务员年度考试，这种录取入仕的做法正是本于"学古入官"的基本途径。

如果我们将古人的"学古"指向变成一般学习指向，通过学习乃至系统的高等教育而获得必要的基础知识，然后通过国家的考试才能进入现代公务员队伍，则"学古入官"仍不失其现代意义和价值。

次析"议事以制"，从现代行政法学和政治改革的立场上看，机械地遵循"议事以制"似乎并不完全可取。治国理政的"议"是一个专门的概念。古今中外，所有的国家都会在权力的中枢系统设立一个专门从事国家大政方针的"议事机关"，不论其名称有多少差异，其基本职能都是为治国理政"议决"大政方针，决定国策。在现代它演变成为"立法机关"或执行立法权的机关，但议事的基本职能不变。这反映了治国理政中复杂因素的一个基本面向，议事谋划需要集中各方面智慧，经过充分的讨论，中和各方面的意见，然后形成决议，作出有关国家各项重大方针的决策，其中许多还要被纳入成文的法典，议事职能因此必不可少。古人凭借自己的政治经验，早已懂得"议"的重要性和必不可少，而且还能找出获得"议"的有效性的可靠途径，那就是议事必以"制"。"制"者，成文或不成文的典章制度，包括长期以来形成的较为固定的传统、习惯等，在古代都可以成为议事的根据，议事有根据，就可以减少盲目性，增强可靠性。从现今的观点看，议事总以先前或古来的制度为据，似乎缺失前瞻的决策信息，要使议决的大政方针具有科学性和预期性，就必须综合利用各种信息，包括先前的经验和成制，并不会只以"成制"为根据。但在上古时代政治达人就懂得"议事以制"，真是难能可贵了。这对当前个别盲目决策的官员来说，不啻为一副治疗各种决策乱象的猛药。

再析"政乃不迷"。"不迷"是指按照《尚书》"学古""议事"，治国理政自然不会迷失方向，最终通达政治预期目标。但值得强调的一点是关于"迷"的概念的提出极有价值。在传统的中国文化中，社会和国家运行的总体目标是向"善"的方向发展，此即所谓的"止于至善"，这是一般哲学意义的"真、善、美"在政治和社会领域的表现。"善"的反面是"恶"，社会和国家的施政如果偏离了向"善"的目标，就是迷失了方向，最后走向相反的方向，即走向"恶"。"政乃不迷"的根本价值就在于提醒执政者，施政不可轻率、盲目，必须以智识和成制的经验为根据，否则就会使政治方向迷失，造成政务的失误。这是多么有见地的官箴忠告啊！

第五，"其尔典常作之师，无以利口乱厥官"。"典常"即为旧典常法。《孔传》："其汝为政，当以旧典常法为师法。"① 个人的智识和经验有限，即使是集体的智识和经验也可能带有偏狭性，古今皆然，所以需要以人为师，以经验为借鉴。前已指出，古人尊祖敬古，就是向古人之古人学习智识和经验的具体表现。古人的古人积累政治智慧和经验，既以传统、习惯使之得以传承，又以制成的"典常"即旧典常法这种较为固定的形式将其留存下来。

旧典常法于古人而言是施政的理由和根据，在古人之后则成为经验和智识的资源，可以学习，可以反思，又可以作为现实的施政参考。一个"师"字，其意蕴则是拜古人旧典为师，虚心学习古人治国理政的经验。为政者谨记拜古人（君作师）和典常为师，虔诚求教，其施政行为和结果就会大致不差，因为学习可以最大限度地排除盲目的和愚蠢的决策和施政行为。

"利口"即巧言、辩言，现在通常用"油嘴滑舌"来形容这种能言善辩之人。作为常人也许会招人不待见，但一般无伤大雅，如果是官员，则另当别论了。前已指出，上古之人就懂得并实践职事有分工、各司其职、各负所责的职务运行原则与机制。但有些官员特别是上级官员总以为自己既然官大一级，自然就高人一等，聪慧胜下级官员或其他官员一筹。"乱厥口"就是胡乱议论下级或其他官员的行为，对他人的政务活动指手画脚。此种行为终会造成"无益害有益"的结果，造成不必要的政务混乱和政局损害。如此看来，"以利口乱厥官"的现象古已存在，流传几千年以至当今仍有大量干涉其他官吏职司的现象。"以利口乱厥官"与懒政、怠政及相互推诿、不负责任同时存在，是为官场的通病，应大力整饬。《周官》所录对于今日官场作风的转变，仍具有现实的官箴意义和价值。

第六，"蓄疑败谋，怠忽荒政，不学墙面，莅事惟烦"。此四种官场乱象总结十分到位，表达极为清楚，每一种不良官风都会引出一种不良政事后果。"蓄疑败谋"，就是积疑不决败坏所谋，政由议出，议而不决，必然

---

① 江灏、钱宗武译注，周秉钧审校：《今古文尚书全译》，贵州人民出版社 1990 年 2 月版，第 389 页。

损坏谋划即预期政务目标的实现。议而不决，就是缺乏政务的紧迫感，也是缺乏政事责任担当的不负责任的表现，历来是官家大忌。如今更是一个讲究政治和行政效率的时代，久议不决或议而不决在议会政治中是常见的现象，往往是党派利益激烈斗争的结果。在"议行合一"的政府体制下，尽管没有党派之争，但各种利益群体在共同利益的基础上仍各有所求，也可能造成久议不决的现象。此等政治现象尽管难以避免，但如果议事和行政机关及其首长能把握时机当断则断，就可以避免"败谋"的不良后果，提高国家政务活动的效率。"怠忽荒政"就是懈怠、疏忽、荒废政事。这种现象古已有之，今日亦然。人类在几百万年的进化中，为了保存体力，节省思力，进化出包括睡眠在内的强制性休息机制，以蓄养生机和力气，以应对生存的艰难及困苦。然而，这一机制也同时造成了人类的另外一个困扰，就是难以把握劳逸之间的合理关系。一些人因此顺势误导，养成懒惰疏忽的负面性格，再加上好吃，则造成了人类中最缺乏进取和奋斗精神的一群人，其中甚者只有靠他人为之劳作才能生存。表现在官员身上，就是懒政、怠政、玩忽职守，这些现象历来为官家大忌。古今社会制度不同，但为官总有一个不变的目的论，就是为官家或公众办事，古代为官家办事实质上也是为天下百姓办事。至于今天，更是高扬为人民群众服务，为百姓干实事。办事也好，服务也罢，总要付出精力和时间，为官者干的是很辛苦的活，如果尸位素餐，饱食终日，无所事事，漫说出不了什么政绩，连基本的为官底线也没有守住。上古之帝王要求他的官员勤勉和谨慎行政；今日的官场大力整饬懒政、惰政和玩忽职守等乱象，都是出于对官员坚守基本职业操守的要求。为官之人本来就应当勤恳办事，为官家或广大民众努力谋福祉。"怠忽荒政"历来为官家所不容。劝喻官员勤恳敬事，不辞辛劳是古今官箴通行的一项基本内容。

"不学墙面，莅事惟烦"，说的是人不学习如同面对墙壁什么也看不见，遇事就会烦乱。难得上古之人就懂得知识是如此重要的道理，知识生不带来，上天也不会赐予，只有靠个人在后天学习才能得到，不学习没有知识，没有知识，脑子就是一片空白，如同一个人眼睛再明亮，但面对的是雪白的墙壁，眼前也只是白茫茫的一片，什么也看不见，还不止于此，没有知识，就没有见地，形不成主张，即使遇到并不复杂的平常事，也难以处置或处置不当，更何况作为官员，政事繁杂，日理万机，没有丰富的学识和从政经验，绝无可能在政务运作上做出清晰的判断，更何谈果敢地执行和对于未来情势发展的远见卓识。这是古今官场共通的运作规范要求。无论古今，都容不得没有学识和经验的官员在官位上懒惰疏忽，无所作为甚至乱作为。因此，《周官》中这一官箴价值特别值得重视和践行。

再看另一段："王曰：'戒尔卿士，功崇惟志，业广惟勤，惟克果断，乃罔后艰。位不期骄，禄不期侈。恭俭惟德，无载尔伪。作德，心逸日休；作伪，心劳日拙。居宠思危，罔不惟畏，弗畏入畏。推贤让能，庶官乃和，不和政庞。举能其官，惟尔之能。称匪其人，惟尔不任。'"①

其中值得分析的，有如下几点。

第一，"功崇惟志，业广惟勤，惟克果断，乃罔后艰"。② 这说的是功高在于立志，业广于勤勉，只要能果敢决断，就不会有后续的艰难。这里是为官的三大素质要求，极显见地，至今熠熠生辉。首先是志向问题，干大事者先立大志，没有远大的志向，目光如豆，从起点上就决定了干不成大事。古来欲创伟业者，必先立下宏愿。然后瞄准目标，对准前进方向，锲而不舍，才能达致最后的目标。做人如此，为官亦然。凡要在官场上创下佳绩伟业，必须先立下宏愿大志，否则，绝难干成大事。其次是勤勉问题。做人为官可以立下宏愿，立志高远，做到这一点并不难。见过万万千千的凡人和官员都曾立志干一番大事业，但到头来终至一事无成，何以然？除了志向不切实际难以实现之外，更重要的就是缺乏后续的行动，没有勤勉努力、艰苦奋斗，自然就不会取得事业的广博和宏伟。这一点不难理解，世界上的事情，即使是天然赐予，也要人去劳作获得，更何况人类社会和国家的事务都不是天成之事，更是要官员勤勉付出才能取得成果。后世哲人总结出一条做人的箴言"天道酬勤"，就是讲这个道理，所以勤勉做人，勤勉

---

① 江灏、钱宗武译注，周秉钧审校：《今古文尚书全译》，贵州人民出版社1990年2月版，第388页。

② 江灏、钱宗武译注，周秉钧审校：《今古文尚书全译》，贵州人民出版社1990年2月版，第388页。

为官，是中华文化积淀下来的优良传统，向来为许多国人所认可与践行。

市场经济以及相应的社会转型，假现代性的名义对传统文化和观念造成了巨大的冲击，其中之一就是对"天道酬勤"以及相应的"业广惟勤"的冲击。按照现代成功学的观点，一个人的成功和政务成功并不仅仅通过勤勉努力获得，还要或者至少部分要靠机遇，如果说勤勉加机遇的成功之道还会被很多人认同的话，那么，完全靠运气、靠胆大进行豪赌，就很难被人们认同了。你还真别说，如今"一夜暴富"的还真是大有人在，有些胆大的也能赚得钵满盆盈，甚至被人戏称被财富"撑死"，还有人说靠投机取巧竟也能挣得"除了钱，穷得什么都没有了"。我们智识有限，对于那些"机遇""运气"之类的"神话"还不能从哲理上参透和解释，但作为常人，我个人还是愿意接受"天道酬勤"的传统观念的。我穷尽一生都在努力实践这个我个人认为是至理的名言。顺便附上一句节外的话，我在赠送自己的作品给我的学生时，也总喜欢写上"天道酬勤"那样的勉励文字，希望他们也要信奉和践行这个座右铭一样的名言。

"惟克果断，乃罔后艰"，说的是只要能果敢决断，就不会有后来的艰难。这里强调的是"断"在于果敢和坚决。现今行政学和行政法学中的一个原理意涵就是指在作出行政决定时，一定要遵循"断在于独"的原则，无论先前的种种"谋在于众"如何审查和谋划，一旦作出决议，相关负有责任的行政首长或主管执行人则不能拖泥带水，必须果断、坚决地贯彻执行下去。有了这样的行政执行方式，就避免了久拖不决而致生的各种拖沓以及烦乱。这种极具现代性的行政学和行政法学的原理和理念，竟然早在几千年前的上古时代，就被先贤及政治家悟透并准确地表述出来，甚至其用以表述的古代语言，也与当代语言一般无二，真令人惊叹！我们对古人不得不刮目相看。

"位不期骄，禄不期侈"，讲的是"处位"和"取禄"的态度问题。古今为官总要面对官位的高下以及与常人的关系问题，当官取俸禄也与个人生活的品质息息相关。但为官者个人道德修养有高下之分，因此，对待上述两个为官的基本问题就出现了两种极端的分化。

先说"位不期骄"，从价值论上说，无论是老百姓还是官家，总是期盼为官者无论位高权重，还是位低权轻，都不要骄傲，不能自视高人一等，对待下级乃至广大百姓都不可以权压人，也不要以位尊而卑下。其实，古今官员无论是皇家仟命，还是人民依法选举，都会被赋予与官位相当的职权，这个职权是让其干实事的，或为皇家效力，或为百姓服务，绝不是傲视下级和骄对百姓的资本。有的官员在这方面做得很好，像现代的县委书记焦裕禄那样为改变兰考县的贫穷落后状态，提高人民群众生活水平而累死在岗位上，对于那样全心全意为了人民而丝毫没有骄奢之态的好干部，人民群众定会永远铭记在心。有些则相反，为官一任，骄横跋扈，更有甚者，欺压百姓，横行一方。周成王告诫其治下百官位不期骄，既是治官的经验总结，又是具有深厚的官箴价值和意义的表达。"位不期骄"在当今仍有极强的官箴价值和意义。

"禄不期侈"则是讲为官如何对待俸禄之事。这是任何时代为官都绕不开的话题。禄多禄少均为皇家或国家所定，个人不可与官家讨价还价，这是为官常理，大可不必为此纠结，如果嫌官禄低微，可以辞官"下海"或另择其他高俸禄的职业。古今做此选择的官员大有人在。然而，既然愿意留在任上为官，俸禄自由皇家或国家厘定，心态大可放平。不过，有些官员则不然，既要为官享受其职位所应得的俸禄，也要其他官场利益，如权力、名誉和其他有利于行使权力的保障措施或待遇，如官衙或办公室、护卫及其他便利条件，如作为交通工具的轿子或汽车，等等。古今官家或国家为官员所厘定的俸禄通常都是很优厚的，以保障官员能过上衣食无忧甚至更优裕的生活，使其能全身心地投入公务活动中。在今天的中国，虽然公务人员的薪金仍被认为处于较低水平，但其他的为保障公务活动顺利进行的财务支持，却是一笔不小的数字。甚至有人戏称一些官员特别是一些职位较高的官员，"工资基本不用"也能过上较高水准的生活。如此看来，周成王的"禄不期侈"的教诲是中肯的，作为官员应当懂得其中的道理并能遵从。

然而，现今有些官员似乎不懂甚至根本不知道上古时候就有"禄不期侈"的箴语，一味地追求禄外的物质和金钱利益并假以"补偿"之名以弥补薪俸的"低廉"。更有些官员，为了"禄不期侈"竟然大肆敛财，直到不择手段地贪污受贿，最终导致身败名裂，其实这早已超出"禄不期侈"的范围了。上古"禄不期侈"的官箴价值和意义至今未有丝毫的减少，更不过时，是古今一切官员都应当永远铭记在心的官箴诫训。

"恭俭惟德，无载尔伪"，说的是恭敬勤俭是美德，不可行使诈伪。恭敬勤俭历来被奉为中华传统美德，是国人优良品德中的突出的一个特质，对常人都要求做到这一点，作为官人更应当做到，这是对官员最基本的素质要求，前已多次从《尚书》各种诰训中提出并作出分析，无须再作深论。

"无载尔伪"的"伪"即通今日之"诈伪"，"诈伪"历来即是最令人厌恶的品德之一，中国人历来讲究诚信，对人坦诚相待，不用心机或权谋损害他人权益。除了在军事斗争中推崇所谓"兵不厌诈"之外，在日常生活和人际交往中都竭力排斥乃至厌恶诈伪行为，因为"作伪"一向被视为破坏良好人际关系的恶劣品质。

"作德，心逸日休；诈伪，心劳日拙"，这是对前述"无载尔伪"意义的延伸阐述。从正反两个方面阐释"作德"和"作伪"的不同结果。一个人有了好的品德修养，就能做好事、善事，心情总是处于宁静和安逸的状态，因而一天比一天快乐，在心与身两方面都是这样；相反，作伪是坏事，本不当做而做了，心于是就不安，久而影响判断和行动能力。

现代医学心理学所取得的诸多成果之一，就是以大量的研究成果和结论确凿无疑地证明了人的心理、心态与包括癌症在内的许多疾病都有直接的、密切的联系，在现代的养生四大因素中，心理健康被列为首位，正是因为心理状态的良好与恶劣对身体各项机能特别是免疫力的影响极大。我们常常听说或看到，有些疾病包括癌症虽然治疗有一定的难度，但绝非不可治，而许多患者之所以不治而亡，与其说是病死，倒不如说是被疾病吓死的。人早晚总有一死，这是可以理解的人生规律，但忧虑太多，反而进一步损害身体健康，促成了早衰速死。

中国先祖早在几千年前就从实践中发现了心理与身体健康之间的密切关系，《黄帝内经》早已总结出这种经验，并用流传几千年的经典语言加以表述："恬淡虚无，真气从之，精神内守，病安从来。""恬淡虚无"即是心神上的安静、闲适，排除种种杂念，包括各种不能或难以实现的愿望。用现代的话说，就是思想不背包袱，没有精神负担，有了这样的心态，个人的免疫力就会增强，于是病就少了、没了。《周官》用官箴话语所表述的"作德"与"作伪"实际上是从政治的角度进一步阐发了上述古老的健康理念。为官就应当有个明智的选择。"作德"就会身心健康而休美，"作伪"就会心劳日拙而蠢笨，应当做何选择再清楚不过了。

上古时期的政治法律文献竟能用如此娴熟而非教条式的说教对官员进行官箴训导，实在是难能可贵！莫说在古代，就是在当今，有些官员竟然也选择"作伪"，如贪赃枉法、贪污受贿、欺上瞒下、谎报政绩等，而心中有鬼、心中有愧，自然心神不安，以致起居无常、坐卧不宁，有的一听说纪检的干部来了，竟然起身欲跳楼而自行了断。有的官员因"作伪"甚至犯下重罪，被判入狱服刑。有些精神脆弱者甚至导致精神崩溃，不久便病死狱中；本人年轻时曾在公检法部门工作，就亲眼见到被收监的人员在短短二三个月内病亡的实例。这些鲜活的事例再次印证了《周官》的这种官箴劝喻，实在不因时代久远而消弭其价值。

"居宠思危，罔不惟畏，弗畏入畏"说的是处在尊崇的地位，要想到危险，没有一件事不应该敬畏，不知道敬畏，就会进入畏辱的境地。这里的官箴要点有两个，一个是"居宠思危"，再一个是"罔不惟畏"。

为官得宠是官员的幸运，官场是一个庞杂的综合系统，官官相连、职权相接，一环扣一环，形成如同网状的庞大系统。一个官员总要有自己的上级和同僚以及下级，调整好官位与职权的各种错综复杂的关系，实际上是推行政务、取得佳绩的必要条件。但这种关系的调整十分困难，要受到各种因素的制约，只有少数深谙其中道理并能处理好这种关系的官员，才能得到上级的赞许或进而"得宠"。从积极的意义上来说，得上级之宠就是得到上级的信任，信任之后被赋予更多的责任担当以及获得与职务有关的各种荣誉及奖赏，获得提升也是大有希望。一般说来，上级如果能与更多的"得宠"的下级形成良好的互动，不仅有利于政务的推行，而且有利于佳绩的达成。这也是"得宠"者本人取得佳绩的必要条件。但古今官场都蔑视与拒斥用不当手段和方式"邀宠"的官员，不择手段地或以不正当手段"邀宠"，不仅为官员的正直品格所不容，而且为常人的道德所不齿。

《周官》中的"居宠思危"则是从另一种角度对"得宠的潜在负性后果提出告诫"。无论是正当的"得宠"还是不正当的"得宠",都潜在地存在着"失宠"的可能性。"失宠"发生在常人身上,其后果或好或坏,不能一概而论。但是,如果发生在官场,一个官员的"失宠"可能是一个极其严重后果的先兆。"失宠"的官员轻则失去官位,重则身家性命不保,株连九族。历史上这类事例成千累万,不可计数。问题是,很多"得宠"的官员只关注眼前的"得宠"现实,尽情享受"得宠"的美好时光和利好,对于潜在的危险毫无警惕之心。结果往往是得宠忘形,以致造成不可挽救的后果。《周官》正是基于此种官场现象和官员心理,作出了"居宠思危"的严正告诫。从官箴的意义上来说,这是掌权者对属下官员的最大关爱和深远的戒惧,而不论出于什么目的。

"罔不惟畏,弗畏入畏"说的是没有一件事不应该敬畏,不知道敬畏,就会进入危辱的境地。这里的主题是"敬畏",包括两层意思,一是世上万事万物,一切都值得敬畏,人在待人处事方面也应该时时敬畏;二是从否定方面看,不敬畏就会出现的负性结果是陷入危辱的境地。就人生而言,"危辱"境地是负性的,人人都应当尽可能远离,也会作出最大努力加以避免。当官的更是如此,没有哪位官员愿意或能够在危辱的境地下开展政务活动并取得佳绩。当然,要避免进入"危辱"境地,就要处处小心谨慎,敬畏官场中每一项规则制度,敬畏所在岗位及其职责,敬畏上级、同事和下属,敬畏政务活动中的每一件事。总之,要敬畏所遇到和预期会遇到的各种政务工作和活动。此外,更重要的还要敬畏所服务的公众或人民。一个官员如果能保持如此高的敬畏之心,不仅说明他个人道德素质好,而且表明他深谙为官之道,对人、事敬畏就是个人谦逊品质的外在表现。有良好的个人素质以及为官敬惧是一定能够得到良好的回报的,至少不致陷入危辱的境地,这就是为官敬畏所具有的官箴价值和意义。

末了,关于"敬畏"还想多说两句。敬畏在信仰和精神依归方面具有很高的价值品质,尤其是在宗教领域,敬畏神圣,依归宗教信条,是维系宗教和信徒精神信仰的不二法门,可以说没有敬畏,就不会有宗教信仰存在的基础。除了宗教领域之外,其实在生活中的许多领域,敬畏也是维护人类心灵健康，社会和谐、安详的法宝。敬畏的基础是个人将自身的身段放低，不再那么自恋、张扬，过度奉行个人本位主义，并对自己周围的人和事予以必要的尊重与戒惧，尊敬他人就能得到他人的敬重，戒惧事物就能小心谨慎，既可避免伤人害理，又可保全自己不受伤害。现实的问题是，随着市场经济的不断发展，个人权利本位的追求日盛一日，人们的思想也发生了重大转变，传统上一向受到敬畏的信仰和事物被逐渐冷落以至淡忘，更有甚者竟然发展出"我怕谁"的无所敬畏的精神状态。如果这种状态不能改变，于个人会变得张扬跋扈，于社会则麻烦连连，并不断激化矛盾以至于冲突，社会和谐、安详就是一句空话。在当前的社会精神文明建设中，这是一个亟待解决的重大问题。

"推贤让能，庶官乃和，不和政庞"，说的是推贤让能，百官就会和谐相处，百官若是不和，政事就会杂乱。关于推贤让能，在前面已经多次提及，表明古人在这方面的意识很强，不断强调，这不必再深论。但这里自有其亮点，就是从百官和谐相处的立场，对推贤让能的良性价值加以强调，先前文献是从官箴的立场出发，强调举贤让能是一个优秀官员所必备的个人和官员素质，而这里强调的是百官之和。中国传统优秀文化一向强调一个"和"字，"家和万事兴"就是一个典型的表达，早已深入国人之心。如果再将"和"延伸到治国理政层面，则又可以说"官和国家兴"。这种"和为贵"观念和实践具有对社会形态的超越性，无论何种社会形态，包括现今的国际社会，一切有识之士及负责任的国家都在倡导和平共处，反对暴力，尤其反对"暴恐"，主张用和平方式解决国内的政治纷争与战乱；在国际争端领域，也大力倡导和平共处，彼此尊重对方的核心利益，反对以武力征服或干涉他国内政，等等。

必须承认和尊重这样一个事实，就是中国自上古时代起，国家的主导意识形态都倡导"和"的价值和意义，无论在私人领域还是在公共领域都是这样。现实中国的国内外政策也正在充分运用"和"的力量和影响，这既是对中国优秀传统文化的继承，也是在新的社会情势下的创造性发扬，值得肯定和赞誉。

"举能其官，惟尔之能。称匪其人，惟尔不任"。其意是说选拔的官员称职，是你们有才能的表现；选拔的官员不称职，表明你们不能胜任。这里讲的是选拔官员对选拔者来说，绝不是一个简单的遴选和任命的过程，而是一个有重大的责任担当的事情。如果选拔的官员称职，说明选拔者有才能，足以胜任其职；如果选拔的官员不称职，说明选拔的官员不能胜任，本人不称职，言下之意，选拔者的官职可能不保。这种出现在上古时期的选任官员的理念，与当代的行政责任观念极为吻合。在现代，领导干部的一项重大职责就是选拔任命所属的官员，以往在选拔中执行的"德才兼备""老中青三结合"的标准，本来就是具有很高价值的选任官员的原则。而西风东进，现时的人才选拔都通过各级各类的考试来完成，政治上的审查也更严谨，与此同时，对年龄一般都有严格的限制，老年人基本上被排除在选任官员之外。但不管怎样，新时代官员的选任原则和操作再科学、再精细也不能代替对人的严格审查和遴选的内在责任心，更不能避免在人事任命上的种种不正之风乃至犯罪行为，诸如任人唯亲、任人唯近等，还有人以选拔官员的机会实现组织个人的"小山头"或利益"共同体"的目的；或者利用领导人的身份干预有关官员的选拔任命；更有甚者竟然公开半公开地接受求任者的贿赂，通过"买官卖官"以获取金钱利益。针对官员选拔任命方面的种种乱象，当前党和国家作出了一系列的重大决定，严厉禁止并有严格的责任追究规定。然而，对选拔任命官员不当、失职责任的追究规定，在执行上有一定的难度，不像重大的矿难、交通事故，由于即时发生、后果明显和责任明确或相对明确，可以即时对负有责任的官员予以撤职或追究刑事责任，也可以让主官通过"引咎辞职"担负相应的领导责任。所有这些，都是基于领导官员应负领导责任而作出的规定。比较之下，上古关于选拔官员的原则规定，尽管显得粗疏，缺乏相应的操作程序的规定，但那是距今近四千年的上古周代，而且只是在周成王的一份诰令中的宣喻，所以今人对此不能苛求。无论如何，上古时代能有如此优秀的官箴文化，也是极为宝贵的，于当今也有很高的参考和借鉴价值。

　　总而言之，如同《立政》，《周官》也是一篇极其珍贵的上古文献，就其中的官箴文化而言，不仅浸透着浓厚的优秀传统文化气息，而且在新时代也还在彰显高价值并闪耀着光芒。

二十六 《君陈》

《君陈》一文，记述的是周公死后，周成王策令周公之子君陈继任周公职务，继续监管、教化迁至都城洛邑东郊成周的殷遗民，并在策令中训导君陈如何掌控法度、施行德政，从而彻底改造殷遗民。《君陈》的官箴要点如下。

第一，"尔尚式时周公之猷训，惟日孜孜，无敢逸豫"。① 意思是说你（指君陈）要效法你父，像你父周公那样每日孜孜不倦地努力，不要贪图安逸享乐。"无敢逸豫"这一官箴要义，在前面已经多次论及，情理相通，不必赘述。

第二，"凡人未见圣，若不克见；既见圣，亦不克由圣，尔其戒哉"。② 说的是凡常人没有看见圣道，好像自己不能够看到；等到常人见到了圣道，又不能用圣道，你可要戒慎啊！这里隐含着如下的官箴道理，即作为封地之长，要对老百姓施行教化，使他们都能够懂得什么是"圣道"；等到常人都懂得了"圣道"，又不去践行"圣道"，你一定要戒慎，不可不教又不走"圣道"，因为这是你的职责。

第三，"尔惟风，下民惟草"。③ 这里讲的是人的道德影响力，你的道德好像是风，老百姓的道德是草，风吹草偃，上行下效。你自己一定要修德戒慎，为老百姓作出表率；风、草的关系还隐含着这样的意思，即榜样的力量是巨大的。这种官箴价值通行于世俗社会，在官场尤其彰显表率的作用和力量，是古今官场深潜的官箴义理。

第四，"图厥政，莫或不艰，有废有兴，出入自尔师虞，庶言同则绎"。④ 这里讲的是两层意思，一层意思是说，为官治理政事，没有一件事不是艰

---

① 江灏、钱宗武译注，周秉钧审校：《今古文尚书全译》，贵州人民出版社1990年2月版，第394页。
② 江灏、钱宗武译注，周秉钧审校：《今古文尚书全译》，贵州人民出版社1990年2月版，第394页。
③ 江灏、钱宗武译注，周秉钧审校：《今古文尚书全译》，贵州人民出版社1990年2月版，第394页。
④ 江灏、钱宗武译注，周秉钧审校：《今古文尚书全译》，贵州人民出版社1990年2月版，第394页。

难的，有废有兴，日理万机，要有攻坚克难的思想准备，这是比前面诫勉的不要贪图安逸享乐更进一步的戒慎；另一层意思是说要广泛征询众人的意见并与众人商量如何行动，这正与当今发挥集体智慧和力量、发扬民主是同一意思，不过，即使众人的意见相同，也不要盲从，而是要穷究深思，然后施行。后世孟子对此又有深化的演绎，他说如果国人都说此人贤良，你就要深察了，看其是否真的贤良；如果国人都说这个人可以杀掉，则又要深察之，看此人是否真的该杀。这种既要注意倾听众人的意见并与他们商量行动对策，又不要盲目地相信众人一致的赞同或反对的意见，而是自己深入考察，然后通过深思熟虑再采取相应的行动的做法，无疑是符合科学和事理逻辑的处事方式，当然更是为官必须遵循的治理政事之道，具有极高的官箴价值和意义，古今可以通用。当前，世界上一些国家和中国台湾地区"民粹"主义盛行，究其原因，除了政治主导势力的利益偏私驱使外，或许还与他（它）们对中国上古的"庶言同则绎"缺乏起码的理解有关。

第五，"君陈，尔惟弘周公丕训，无依势作威，无倚法以削，宽而有制，从容以和"。[1] 翻译成现代语言大意是：君陈，你执政要弘扬光大周公的伟大训导，不要依仗权势作威，不要凭借法制施行苛刻的政策，应当宽容有制，举动和谐。短短几十个字，却蕴含深刻的官箴隽理，有好几个亮点值得分析。

首先，"无依势作威"，这是许多有依靠的人最容易犯的过错，像君陈那样的"官二代"尤其容易依靠父辈的权势作威作福。何以然？官家历来存在两大优势，一是俸禄优厚，家境殷实，不虞衣食有缺且生活优裕，长期过着衣来伸手、饭来张口的日子，就容易产生天然的优越感，以为人生本来就是这个样子；二是官家掌握公共权力，形成特定的权势，权威本身就具有天然的威慑力量和影响力，所谓"公生威"，更不必说滥用权力者获得的法外之威严了，人们在敬畏官家权威的同时，也会敬畏其家族和子女，缺乏教养的子女习以为常，误以为自己本来就应当受到敬畏，于是放肆地

---

① 江灏、钱宗武译注，周秉钧审校：《今古文尚书全译》，贵州人民出版社 1990 年 2 月版，第 396 页。

作威作福。周成王告诫君陈，其父周公官历三朝，权倾一时，功高盖世，在官民中享有极高的声望，你作为他的儿子，应当像乃父所教导的那样，切不可依仗父亲的权势和声望作威。"无依势作威"，从小处看是对君陈个人的劝勉和关爱，从大处看，具有对所有"官二代"的教育和启迪作用，具有普遍的和极强的官箴价值和意义。

其次，"无倚法以削"。"倚"为凭借、倚恃；"削"，刻削之谓也，全句意思是不要凭借法制以行刻削之政。法制为行政务之本，如今的"依宪治国"和"依法执政"都是对"倚法"的现代演绎。然而，倚法须有一个必要的法理前提，即须倚良法，倚良法出善政，古今皆然。法本来就具有权威性，严苛也就是刚性是其必要的特点，不然就等同于其他的社会规范如道德等。但这绝不意味着"倚法"就必须一味地凸显其刚性，以致严苛得令人生畏，让人畏法应有一定的限度，过于严苛乃至达到严刑峻法的程度，不仅不利于治国理政，还会造成相反的后果。秦王朝就是因为奉行严苛的"法治"而不知节制，结果造成民众不堪忍受，纷纷揭竿而起，以致强大的秦帝国竟短命至二世而亡，这是一个惨痛的教训。如此看来，周初的君王反倒在"倚法"上有清醒而又明智的认识，治国理政既不能不凭借法、依赖法，又对法制的严峻性保有足够的警觉，绝不让法的实施过于刻削，以免伤民害国。

最后，"宽而有制，从容以和"，既要"倚法"还要做到宽容有制，举动和谐。这是对前述"无倚法以削"的补充和延伸。"倚法"不仅要做到不严苛、不冷峻，还要做到宽容，但宽容不是没有限度，更不是纵容，一定要做到不离法制，不能超出法制所设定的边界和底线。举动和谐，讲的也是"倚法"必有举措和动作，既有举措和动作就有过激和不到位的问题，必须谨慎把握，小心拿捏举动的尺度和分寸，既不可过激，又不可过缓，目的是取得中和和协调的效果。说到此，又回到中国传统哲学的原点之一，即"阴阳和谐"，衍化人事、自然都以"和谐"为贵，不走极端。"倚法"施治也适用这一哲学原理。"倚法"虽然必须，但要削减其严峻性，不过于严厉也不纵容，直取中道。如前所述，中国刑法理论界和实务界目前在理论上深耕刑法的"谦抑性"，司法实践大力推行刑事和缓政策，所要达到的目的，无非克服以往对刑法严厉性的过度强调和实施。不论今人的刑法理论和实施观念的转变和进步是从西方法理论与实践中得到启示，还是我们从自己的刑罚理论与实践中得出的经验和教训，当代人能够想到和努力实践的理念，我们的上古祖先早就意识到了，不论在"倚法"实践上是否能够真正做到，但其理念的早熟和先进是不容置疑的。

还有一点该文虽未提到，但我们可以引申加以诠释，古人之所以在"倚法"上有"从容以和"之论，或许已经洞察了法背后所隐含的利益关系和利益冲突。按照马克思主义的法的本质论，世界上所有的法都是统治阶级和其他阶级乃至利益集团的物质利益在法律上的表现，法虽为统治阶级利益的体现，但也不可能不包含其他阶级乃至利益集团的某些利益。作为"良法"总是包含各方面的利益，以免在社会利益冲突中使社会崩解。在现代民主制度下，法更是各种阶级和利益集团相互协商、博弈之后取得的具有妥协性的结果。立法之所以难，不是难在文字的起草工作，也不是难在要通过的程序上，而是难在各方面利益的满足与让出上。法律总是各方面利益均衡的体现，任何利益偏私的法律都不可能执行，也不能长久。上古先祖关于利益均衡的理念虽未见到明确表述，但在观念层面上是存在的，这一点毋庸置疑，否则，就不会有"倚法"须"从容以和"的表述。

第六，"殷民在辟，予曰辟，尔惟勿辟；予曰宥，尔惟勿宥，惟厥中"。[1]这段训辞有两层意思值得分析。

首先，周成王虽对君陈的任命有明确、严格的职责要求，但并不想因此就捆住他的手脚。殷民虽然犯了罪，可以惩罚，也可以赦免，但不是我说要惩罚你就惩罚，也不是我说赦免你就赦免。你要根据实际情况和法制予以公平合理的判决，既不过于严苛，又不至于枉纵，适中处理就可以了。在这里，我们尽管没有看到前面《立政》和《周官》中那种君臣绝不可相互干预的言辞，周成王说他可以惩罚，也可以赦免显然是一种干预司法的理念与活动，较不干预这虽看似是一种倒退，但并不具有决断性。因为周成王还是把最终的决断权赋予了君陈，让他自主决定，这就如同当今中国

---

① 江灏、钱宗武译注，周秉钧审校：《今古文尚书全译》，贵州人民出版社1990年2月版，第396页。

式的"审判独立性"。于杂芜之中也能见到司法独立、法官自主决断的真谛。

其次，就是司法的独立原则，也就是上面分析过的"从容以和"的原则，不必再论。

第七，"有弗若于汝政，弗化于汝训，辟以止辟，乃辟"。① 这句话是说，有人不顺从你的政令，不接受你的教化，惩罚能够制止犯罪就惩罚。其中的亮点就是"辟以止辟"，以刑罚制止犯罪，这也是现代刑罚理论的一大支柱，即用刑罚制止犯罪，与所谓杀一儆百、惩前毖后是同一法理。刑罚除了对犯罪者个人以国家的名义实行社会报复之外，也有警示其他人不要重蹈覆辙的教育意义。上古之人也具有这一深刻的法理见地，故有此说。

第八，"狃于奸宄，败常乱俗，三细不宥"。② 此句说的是，有人习惯于犯法作乱，败坏常典及圣教，扰乱风俗，即使犯的是这三者中的小罪，也不赦免。对于惯犯，即使在当代惩罚也是从严的。而对于败坏常典及圣教和扰乱风俗的行为，在现代法制下，也许不必定罪惩罚，但严重者除教育外，治安处罚有时也是必要的，并不像上古周代时那么严厉。也许上古民风淳厚，败坏常典及圣教和扰乱风俗之事为民众和官家所不容，故必处罚且不能赦免。上古时代法治之严，由此可见一斑。

第九，"尔无忿疾于顽，无求备于一夫"。③ 对一个人不求全责备，即使对那些冥顽不化的人，也不要愤怒嫉恨。人无完人，金无足赤，古人就懂得这个道理，所以周成王告诫君陈对那些冥顽不化之人，也不要记恨，言下之意，也要善待他们，容他们改过自新。任何人，都有优点也有不足，世上没有完人，不能求全责备。作为一个官人，对待下属和民众就应当如此，这既是一种个人品德修养，也是一种官德，一个官员是否宽容和有气量绝不是一件小事，而是关系到官员的重要品德修炼。

---

① 江灏、钱宗武译注，周秉钧审校：《今古文尚书全译》，贵州人民出版社1990年2月版，第396页。
② 江灏、钱宗武译注，周秉钧审校：《今古文尚书全译》，贵州人民出版社1990年2月版，第396页。
③ 江灏、钱宗武译注，周秉钧审校：《今古文尚书全译》，贵州人民出版社1990年2月版，第396页。

第十，"必有忍，其乃有济，有容，德乃大。①"这里说的是官员个人品德修养问题。有忍，就是要有耐心，对人对事都是如此，有了耐心就能顺乎情理待人接物，即使遇到不顺和窒碍，也有机会加以克服，办事也会成功；相反，没有耐心，动不动就火冒三丈，粗暴对人对事，即使有成功的可能，也往往会把事情搞砸。有容，就是有容人容事之量，这不仅是个人修为的外显，也是官员所必备的官德。外显不容他人，实则是个人或官员自私、狭隘的心理作祟。无私心，就是道德修为有广阔的容留空间，后世的成语"有容乃大"极有可能由此演化而来，成为中华传统优秀文化的一个重要方面。

第十一，"简厥修，亦简其或不修；进厥良，以率其或不良"。为官必识人，要鉴别那些修德之人，也要鉴别那些有时不修德之人；任用那些贤良之人，以勉励那些不贤良之人。为官不同于凡人，凡人可以根据自己的好恶鉴别人，亲近好人，避免与品德不良的人打交道。为官则必须两者兼顾，那些有时不修德之人毕竟也是你治下的"子民"，人无完人，可以用其所长；任用贤良之人，为的是办事可靠，同时也可以作为那些不那么贤良之人的榜样，以勉励他们上进，争做贤良之人。

总之，从以上分析不难看出，《君陈》作为一篇重要的官箴文献，内容十分丰富，意义隽永深厚，涉及治国理念、对职责的态度、法制和刑罚、个人和官员品德的修为等各个方面。其中有很多内容和义理至今仍闪烁着优秀官箴文化的光辉，在当今仍有重要的官箴价值和意义。特别是其中的"惟日孜孜，无敢逸豫""图厥政莫戒不艰""无依势作威，无倚法以削""无忿疾于顽，无求备于一夫""必有忍，其乃有济，有容，德乃大"等，至今都应当为官员所深警和践行。一个好的官德的培养需要从诸多方面着手，上述各方面应当不可或缺，作为现代的官箴教育来说，上述各方面当不失为一个良好的教材和践行指南。

---

① 江灏、钱宗武译注，周秉钧审校：《今古文尚书全译》，贵州人民出版社1990年2月版，第396页。

二十七 《君牙》

《君牙》是周穆王时期的作品，穆王册令君牙为大司徒，向其昭示了敷典、正身、思艰、安民的治国大法，极具官箴价值。该文献的官箴亮点集中在第二段：

"今命尔予翼，作股肱心膂，缵乃旧服。无忝祖考，弘敷五典，式和民则。"①

就其主要内容分析如下。

"弘敷五典，式和民则"，说的是普遍地传布五典，用来作为和谐老百姓的准则。"五典"是当时的法律，于今自不适用，但如果我们替换成当今的法律，此话颇有普遍的价值期待。我们甚至可以理解为国家最早的"普及法律宣传教育活动"。因为既有传布五典于民众的普及性，又有使社会安定、百姓和谐的明确目的性，与当代普法宣传教育的普及性和使民众懂法、守法的明确目的性完全吻合。看来，自改革开放以来由国家主导开展的四次普法宣传教育活动，不仅适应了当代中国法制建设的现实需要，也不期然地继承和发扬了中国传统优秀普法文化。当代中国的普法活动竟然在无意间融汇了中国传统优秀文化的历史基因，这可能是意料之外又在情理之中的法律活动了，从一个方面显示了传统法律文化的厚重与力量。

"尔身克正，罔敢弗正，民心罔中，惟尔之中。"这句是说，如果你自己能够端正，没有人敢不端正，民心没有中正，希望你能表现出中正。这种上行下效、以上率下、以身作则的道理，在前面有关"君德之为风"与"民众之为草偃"部分曾分析过。道理是同样的，都是强调为政者首先自己要做到正派、中正和公正，才能要求别人和民众走正道，做正派人，社会整体才会和谐，国家也就安定。

"夏暑雨，小民惟曰怨咨；冬祁寒。小民亦惟怨咨。厥惟艰哉！思其艰以图其易，民乃宁。"此句深意值得推敲。芸芸众生，大抵都在过平凡日子，顺畅时欣悦，艰难时嗟叹，此为人之常情，如同夏天怨恨暑热难熬，寒冬冰雪

---

① 江灏、钱宗武译注，周秉钧审校：《今古文尚书全译》，贵州人民出版社1990年2月版，第425页。

连天，苦寒难耐，不免心生怨恨。老百姓过日子可真艰难啊！要常常想到你的老百姓在艰难困苦中过日子，因而要想方设法减轻他们的负担，休养生息，让他们的日子好过些。如果这样做了，天下就会太平，百姓也就安宁了。为官当关心民众疾苦，全心全意地为民众谋利益，不断改善和提高他们的生活品质，这是古今官员共通的心系民众的理念与经验总结，是政治统治中为官治政的基本立足点。而如今，党和国家一再强调关心民众疾苦，致力于社会安宁，以满足民众过好日子的迫切需要；在财力和物力方面加大扶贫力度，提出精准扶贫的硬性要求，2021 年我国脱贫攻坚战已取得全面胜利；加大城乡居民的医疗保险、养老等费用的支出；提高全民族的文化教育水平；增加职工工资等。这一系列重大举措都是执政党和国家心系民众的体现，致力于让民众过上高品质的生活。从本质上说来，这也可以看作心系民众在现今社会仍受到国家高度重视，但站在古今政治共通的立场上看，也可以视为对上古优秀传统文化中关注民众疾苦的一种继承和发展。树有根、水有源，当代高度发达的群众路线正是扎根于上古时代的官箴沃土中。只是这一历史关联的必然性可能并未引起当代政治家和学术界的注意罢了。

二十八 《囧命》

《囧命》在《尚书》中是一篇别开生面的文献。囧就是伯囧，周穆王时被册命为太仆正，太仆为官名，掌管皇帝的车马事宜。正为长，太仆正就是太仆长，该官职相当于古时的太御、中大夫，掌管王辂之官。太仆正相当于现代的办公厅（室）主任，也可以视为秘书长。总之是首长的贴身工作人员。《囧命》是《尚书》唯一一篇强调君王贴身侍从官员重要性与选任原则的文献，非常难得，我们从中不难解读上古先祖是如何理解和看待这种不同于一般君王与重臣之间关系的另一种特殊的君主与仆从之间的关系的，对于当今的这类关系有着重要的启示和借鉴意义。下面就其要点进行分析。

"王若曰：'伯囧，惟予弗克于德，嗣先人宅丕后，怵惕惟厉，中夜以兴，思免厥愆。'"① 伯囧啊！我不能够敬修德行继承先王出于大君的位置，

---

① 江灏、钱宗武译注，周秉钧审校：《今古文尚书全译》，贵州人民出版社 1990 年 2 月版，第 29 页。

恐惧得很厉害，甚至半夜起来，思考怎样免除过失。这里显然是为册封同命设置一个必要前提。君王治国理政事繁难且复杂，日理万机，难免有疏失。作为一个有强烈责任心的"明主"就要像周穆王那样能够清醒地意识到自己的责任重大，容不得犯下过失，但自己并不是"圣人"，不能洞察一切，需要臣子帮助，其中就包括伯冏那样的仆从和管理仆从的长官。这个前提预设很重要。如果像夏桀、商纣王那样的君主，专横跋扈，连身边的重臣劝谏的话都听不进去，甚至杀害敢于直言进谏的大臣，就不会有此文献对这种特殊关系进行思考与处置。

"昔在文、武，聪明齐圣，小大之臣，咸怀忠良。其侍御仆从，罔匪正人，以旦夕承弼厥辟，出入起居，罔有不钦，发号施令，罔有不臧。下民祇若，万邦咸休。"①

此段追述周初文王、武王圣明，所用的大小臣子都心怀忠诚善良之心，连那些侍奉左右、掌管车马服侍的近臣仆役，也没有一个不是忠贞正直之人。早晚侍奉、匡正他们的君王，所以君王出入起居，没有不慎重的；发号施令，没有不美善的。老百姓恭敬顺服，万国和洽休美。

站在今天的立场上，我们对此的解读绝不应当只拘泥于周初文王、武王用人得当的经验总结，更不能解读为文王、武王作为"明君"的"圣哲"之处。从官箴的意义上来说，此段申明了一个深远的意涵，即侍御仆从之重要性体现在"正人"方面，具体说来，一是通过早晚贴身服侍，指出君王的缺失，以辅佐、匡正君王的行为举止，更好地实现其作为表率的榜样力量。二是通过服侍君王的出入起居，对君王不断地提醒哪些是该做的，哪些是不该做的，使君王待人处世的举止没有不慎重的。三是发号施令，没有不美善的。其中原因可从两方面解读，一方面是君王得到侍御仆人在出入起居方面的良好照顾，不用分心打理自己的个人生活，可以全力以赴地专注谋划治国良策，所以所发出的号令自然美善；另一方面是通过身边的近臣向外传达号令，由于他们忠贞正直，对君王没有二心，所传达出去的号令不会走样，更不会有假传圣旨之类的事情发生，故此保证了由近臣

---

① 江灏、钱宗武译注，周秉钧审校：《今古文尚书全译》，贵州人民出版社1990年2月版，第429—430页。

传达出去的君王号令准确无误，从而保持了美善的原样。四是利用忠诚敬事的侍御仆人，收到更广泛的外溢的良好作用，那就是使老百姓都能恭敬顺从君王的治理，天下诸侯都能和洽休美。从以上四点的简单分析就不难看出，上古时代的政治达人对于君王与臣仆之间关系的微妙性和重要性有清醒的认识，从任用正直忠贞的人入手，正确引导他们尽好侍从职责，服侍好君王的早晚起居，以及匡正君王举止的过失，并严格如实地传达君王的号令，最后达到天下老百姓恭顺和万国咸宁的理想化政治目标。

接下来的一大段充分展现了上古时代的君仆官箴要点，分别浅析如下。

"惟予一人无良，实赖左右前后有位之士，匡其不及，绳愆纠缪，格其非心，俾克绍先烈。"①

此句大意是说，我（指穆王自己）没有善德，实在要依赖你们前后左右的任职的贤士，匡救自己的不及，批评错误，纠正邪心，使我能够继承祖先的功业。这是对前文分析过的"前提"的进一步强调。作为君王，权力至高无上，言出法随，万方臣民都必须要臣服于他，不怒自威，神圣不可侵犯。但作为"明君"的周穆王却是如此谦卑，竟坦陈自己没有善德，全赖左右前后的近臣辅佐，帮助他弥补自己的思虑不及以及做不到的地方，犯了错误能及时得到批评，因此才能够继承祖先的功业。这种谦卑态度的明显展现，不仅不像大多数君王那样令人望而生畏因而敬而远之，让人有伴君如伴虎的感觉，而且还有一种亲切感，让身边的侍御仆人都愿意接近他，在提供贴身服务之余，也能匡正他在行为举止上的不及或失范，使他能够像个"明君"那样治国理政。

"今予命汝作大正，正于群仆侍御之臣，懋乃后德，交修不逮。"② 用现代语言表述，此句的意思是说，现在我命你担任大正这个官职，领导群仆近臣，你和你的属下都要努力使你们的君王行德，共同督促、勉励我做得更好，不要有疏失。

---

① 江灏、钱宗武译注，周秉钧审校：《今古文尚书全译》，贵州人民出版社 1990 年 2 月版，第 430 页。

② 江灏、钱宗武译注，周秉钧审校：《今古文尚书全译》，贵州人民出版社 1990 年 2 月版，第 430—431 页。

此句在宣布君王任命的同时，也明确交代了大正的职责，其中作为官职的职务所系，是领导好我的群仆近臣。作为大正，即太仆正，对君王的群仆近臣负有领带职责，官理使然，古今无二，这也是现代法学和政治学所一再强调的职有专属、责有官负的行政领导原则。但《囧命》并未止于此命，而是从权能上进一步明确了太仆正还负有职务之外的引导职能，那就是要让你的君王行德，勉励、督促他做好应做的事，纠正做得不到位的地方并要求其加以改正。从本质上说，督导、勉励君王行德，改正过失本不是太仆正职责内的事，应当由朝内大臣特别是负有专责的箴官去承担此项职能。如果只从职责上看，这可能是周穆王加于太仆正职责以外的负担。但从官箴的意义上看，作为"明君"将身边的群仆近臣这类贴身侍奉人员也纳入他的箴官范围，时时听取他们的劝勉意见，确实在他的立德行正的作为方面，起到特定的不可取代的作用。

"慎简乃僚，无以巧言令色，便辟侧媚，其惟吉士。"① 其意是说，你要谨慎地选择你的部属，不要选用那些巧言令色、阿谀奉承的小人，只能选用品德高尚的君子。这里指出选用君王群仆近臣的标准问题。具体说来，首先，选用部属必须持严肃谨慎的态度，不能随意，这是一个选用人员普遍适用的前提。选任官员如此，选用仆人也应当如此。君王身边无小事，君王的服饰、车马礼仪等关系到皇家的权威、尊严，从深层次上体现皇权的合法性，自然不可随便用人。其次，进一步指明不该选什么人，具体地说，就是不要选用那些花言巧语、假装和善的人以及那些只会溜须拍马、阿谀奉承的小人。这两类人之所以不能选，盖因为他们的品行不正，极具伪善性。放任他们在君王身边，日复一日，年复一年，就会使君王在潜移默化之中受到影响，或致失去对事务的理智判断，作出错误的决策，这类事情在史上可以说举不胜举，造成国灭身亡的极端后果者也不在少数，所以这类人绝不可用。那么，应当选用什么样人呢？周穆王也明明白白地告诉大正，只能选用那些品德高尚的君子。俗话总是说上梁不正下梁歪，或者只说在"君子之德风，小人之德草"之类的影响下，"下效法上"的单向

---

① 江灏、钱宗武译注，周秉钧审校：《今古文尚书全译》，贵州人民出版社1990年2月版，第431页。

影响，很少提"下"也会影响"上"，下梁歪了，上梁也可能不正，甚至导致整个房子倒塌。此句在实际上弥补了传统文化观念上的一种哲理认知缺失。它明确地体现了如下的官箴价值，即为官要正直廉洁，一个重要条件就是为官者的贴身服侍人员要具有高尚的品德。

"仆臣正，厥后克正；仆臣谀，厥后自圣。"① 此句意思是说，群仆近臣正，他们的君主才能正；群仆近臣谀媚，他们的君主会自以为圣哲。群仆近臣与君主的关系是如此之密切，以致产生直接的影响并成正比。

只要君主周围的服侍人员正直良善，就会直接影响君主，使其也正直良善，言下之意，只要君主正直良善，就自然会有治国理政的善策。这种关系还不重要吗？相反，群仆近臣谀媚，他们的君主会自以为圣哲。这道理不难说明，君主身边服侍人员几乎昼夜不离左右，耳濡目染、身教言传、潜移默化，就会影响君主本人的观念和行为举止。再从最基本的人性来看，君主也是人，也有一般人的七情六欲、喜怒哀乐。一个不能保持清醒头脑的人当他终日听到的都是赞美和谀媚的话时，会情不自禁地得意忘形以致飘飘然，自以为他们说的都是实情，进而认为自己本来就是明于哲理的"圣人"。其实，圣哲之人本来极为稀少，孟子说过五百年才一出，而如今在近千年的历史中选来选去，也只选出十位对历史产生重大影响的人，还未必都可以称为圣哲之人。绝大多数的人，包括上古以降的各朝各代君主，都是平凡之人，许多君主的智力和能力甚至赶不上普通人，但他们拥有皇权和至高无上的地位，周围往往环绕着谀媚的群仆近臣，极容易产生错觉，以为自己真的很圣哲，其实往往不是甚至根本不是。这就是一群围绕在君主身边的谀媚群仆近臣必然对君主形成的误导效应。

"后德惟臣，不德惟臣。"②

这句话是说君主有德在于臣下，君主失德也在于臣下。直接将君主的有德或失德与群仆近臣联系起来，是对刚刚分析过的"君主行德"的进一步强

---

① 江灏、钱宗武译注，周秉钧审校：《今古文尚书全译》，贵州人民出版社 1990 年 2 月版，第431 页。

② 江灏、钱宗武译注，周秉钧审校：《今古文尚书全译》，贵州人民出版社 1990 年 2 月版，第431 页。

调。一个"惟"字就突出了这个强调。"惟"者，即是"只有、只在于、决定于"的强调词。突出强调之意至为明显，其内涵的官箴价值看来有些绝对。即使在当下，也很难见到负有领导职责的官员的有德或失德，简单地归于包括秘书在内的近身服务人员的影响。但是在现实的反腐败案件中，我们却不难发现领导官员与秘书等在腐败链条中相互利用和庇护、共同犯案，只是当代人对与此密切联系的危害性认识，远不及上古之人罢了。

"尔无昵于憸人，充耳目之官，迪上以非先王之典。"①

此句是说，你不要亲近能说会道的小人，此类人古人称为"憸人"，更不要让他们充任近臣，以免他们诱惑、引导君主去违背先王的法典。上古之人对尊崇和执行先王的法典极为重视，这是尊祖敬先在治理上的体现，这在当时政治法律资源极其有限的情势下，可以说是一种治国战略上的重大选择。一旦让那些"憸人"充任近臣，他们这些巧舌如簧的人就会鼓动、引导君主去违背先王的法典，使治国理政偏离正确的既定轨道。此事关系重大，所以周穆王特别告诫他的太仆正伯冏，务必不要亲近更不要选择那些能说会道的小人充任群仆近臣。

"非人其吉，惟货其吉。若时，瘝厥官，惟尔大弗克祗厥辟，惟予汝辜。"②

此句深含官箴意蕴。表述虽简，但意思明确，是警告伯冏在任用群仆近臣时一定要格外注意，选人不是看人品质是否善良，而是看到他有财货就认为他善良，像这样，就是败坏自己的官职，就是你很不敬重你的君主的表现，我就要惩罚你。

好一个"非人其吉，惟货其吉"。看来在上古时代就有买官卖官的现象存在了，作为君主身边的群仆近臣，虽没有什么重大的职权，但不离君主左右，日日夜夜贴身服侍，其政治地位远高于平民百姓，而其衣食无忧甚至能过上优裕生活更是普通百姓无法相比的，其争任者自然不是少数。既然有竞争就会有人使用不正当的手段，其中花钱买官就是非法获取此类侍

---

① 江灏、钱宗武译注，周秉钧审校：《今古文尚书全译》，贵州人民出版社1990年2月版，第431页。

② 江灏、钱宗武译注，周秉钧审校：《今古文尚书全译》，贵州人民出版社1990年2月版，第431页。

从职位的手段之一。但买官之所以能顺利成交，还必须有卖官者加以配合。但凡卖官者并不会在意是什么人来买，只要有钱就卖，谁给钱多就卖给谁。因此，买官卖官须两人秘密交易，协同进行。周穆王告诫他的新任太仆正，要看被选者人品是否善良，绝不要只看重金钱，只认钱是好的、美善的，从而走上卖官的犯罪之路。如果真像这样卖官，你就是犯罪，就要受到惩罚。即使在上古时代，卖官也被视为败坏官场风气的犯罪行为，也是对当权者的不敬重，受到惩罚就是必然的结果。

从以上分析不难看出，《冏命》确实如本文开篇所指出的是一篇别开生面的上古官箴文献。在条分缕析之后，现可再做一个古今观照性的总结性分析。

先说上古，古代君王的群仆近臣对王朝统治的地位和作用，关系重大，"冏命"一文已经作了高度的强调。总结起来，可以再概括如下几点。

第一，群仆近臣的作用能够达到"下民社祗若，万邦咸休"的治国、安民、定邦的总结效果。

第二，群仆近臣是通过侍奉左右、掌管车马服饰等贴身的劳役性工作，发作上述巨大影响和重大作用的。他们的服务性工作看似卑贱与低微，但因其所处的地位非同一般，故影响和作用巨大。

第三，群仆近臣通过匡正君主的行为举止，令其在起居出入和发号施令方面慎重而直接影响君主向有德的方向进取，君王德行深厚，治国理政中自然以公心去私欲，故佳绩可期。

第四，选任群仆近臣有硬性标准，即绝不能任用那些巧言令色、阿谀奉承的小人，相反，只能任用那些正直的君子。这是对群仆近臣的任用所格外强调的硬性标准。

第五，提出"后德惟臣，不德惟臣"的官箴经典表述，强调君德的有无全赖群仆近臣的影响。君主有德或无德，关系到国家和皇家的命运，其关系之大，由此可见一斑。

第六，严禁"非人其吉，惟货其吉"的买官卖官的行为，此等行为不仅是渎职，而且也是对君主的大不敬。这在古代被视为极其严重的犯罪行为。

第七，在任用群仆近臣时犯下过错和违反法律，必定要受到"惟予汝辜"的惩罚。渎职、犯罪、处罚构成一条完整的逻辑链和官箴法律关系体系。逻辑清楚，法理昭然。在上古时代，"明君"能从过往的政治经验中总结出如此丰富的官箴思想，实在难得，值得我们认真地体味、反思和借鉴。

在当代，大量因腐败"落马"的官员特别是"落马"的高级官员，尽管腐败的成因各有不同，情节各异，但他们之间也有一些共通之处，除了个人的主因之外，也与相关官员用人失察、失当甚至别有用心地利用他人以谋私利有密切的关系。其中除了负责一方或一部门的相关官员之外，大量的官员特别是高级别的官员的腐败案件，几乎毫无例外地与他们身边之人或工作班子有关。在一些被公开披露的腐败高官的案件中，直接、间接涉案的人员有其配偶、子女、秘书、司机、工作班子的负责人、兄弟、叔伯、远近亲友、老部下、老熟人、老同学、老同事等。对于这类腐败案件，媒体通常称为"家族腐败案"，这成为当代中国腐败案件的一大特点。当从新闻媒体中听到、看到一个个高官因家族成员相继"落马"时，民众不由发出喟叹。家族腐败案与媒体称为"窝案""串案"的贪腐案类型，共同形成当代官员腐败的三大特点。人们在赞美和欣喜国家反腐败又取得一个胜利，国家政治进一步清明的同时，基于善良的本性，也在惋惜一些高官、一些家族竟从此沦落到身败名裂、家族衰败的境地！人们不难想象，一位曾飞黄腾达的高官，一个曾辉煌的家族，竟在短时间内遭遇如云泥一般的命运转换，有的要在高墙内度过漫长的牢狱生活，还有少数人为此结束自己的生命，该是多么的痛苦和煎熬！人兽关头，一念之差，设想在这一即将转换个人及其家族命运的关头，如果他身边的亲人、工作班子成员，以及其他与其关系密切的人，对他进行劝喻、警告和阻止，而他又良心未泯，还保持必要的理性思考的话，可能会感到惊悚、害怕而收手，从而避免个人及其家族的悲惨下场。许多现实官员腐败案例再一次证明了官员特别是高级官员身边的亲人、工作班子成员及其他与其关系密切的人对他们是何等重要。借用《冏命》中的"后德惟臣，不德惟臣"的告诫，我们似乎也可以说"官德惟亲，不德惟亲"。这就是《冏命》留给我们当代人的最大教训，值得我们深思、体察、借鉴和铭记。几千年前的古训言犹在耳，可叹一些不肖子孙竟充耳不闻，为官一任，网罗一个、几个乃至一帮"恬人，充耳目之官"，致使身败名裂，演出了一幕又一幕个人及其家族的悲情活剧，令世人感叹不已！

当代官箴文化、思想资源之丰富与浑厚，早已不是上古时代所能比拟。但现实的官箴文化、思想资源再丰富与浑厚也不能构成我们对上古官箴文化、思想中优秀的元素加以忽视、轻视乃至漠然无视的理由。中国的官界特别是学术界这种对上古更至中、近古时代的优秀官箴文化和思想漠视和拒斥的时间真是太久了。莫说是官界，就是学术界也几乎从未有人引介与分析像《冏命》这样优秀的官箴之作。这种学术生态实在应当有所改变了。

二十九 《秦誓》

《秦誓》是《尚书》中最后一篇，说的是鲁僖公三十三年，穆公派遣大将孟明视、西乞术、白乙丙率军队远道偷袭郑国。老臣蹇叔竭力劝阻，穆公不听，终致大败，全军覆没。被晋军俘获的秦军三将帅被释放回国后，秦穆公对他们发表此篇誓词。其中有四处官箴要点，值得体味和分析。

第一，关于"任性"必出差错或失败。先看原文：

"古人有言曰：'民讫自若，是多盘。'"① 此处借古人之言，说的是人都有随心所欲的品性，所以都会出差错。人为什么会随心所欲？现在生物学、心理学会给出复杂的原因或理由。上古之人没有这方面的知识，不能知其所以然，但他们并不缺乏实际生产、生活经验，更不缺乏对那些经验的理智思考和总结成一般经验的能力。他们总结出的一般规律性的经验就是：人总有任性而为的倾向，而一旦任性而为，泰半就要出差错，甚至招致更大的错误。对于春秋时代，史上就认为是上古或中古时代，那么春秋时代认为的古人，可以肯定是上古之人。上古之人早就对人的任性行为及其后果有如此深刻而又正确的体认，实难能可贵。

"任性"的现代官箴意义仍值得高度重视。为官一任，大权在握，按照西方哲人孟德斯鸠的经典分析，权力人的权力行使有无限扩张的趋势，非

---

① 江灏、钱宗武译注，周秉钧审校：《今古文尚书全译》，贵州人民出版社 1990 年 2 月版，第 459 页。

遇到权力边界不能停止；而权力的超越行使，必然致使权力行使者本人走向腐化。正是基于此种对人性和权力本质的深刻认识，孟德斯鸠以及其他西方启蒙学者发展出一套精致的权力分立学说，提出以权力制约权力的政治理论以及国家的政权实体结构。这一宏大的政治理论与设计，最终目的还是约束、控制权力行使人的个人"任性"行使权力的行为。美国的"制宪先父"在美国建国和设计国家政权的初期，就结合美国的实际情况，具体设计出一套权力相互制约又达到权力平衡的国家权力机构。作为国家的主权权力，美国在世界格局中的确很"任性"。在第二次世界大战以来的六七十年间，美国多次对外用兵，通过发动大规模的侵略战争，以维护其在世界格局中的霸权地位。然而，其在国内的政权结构中的各个分支部门，以及从总统到普通公职人员，鲜见有"越权""滥权"等任意行使公共权力的行为发生。换句话说，美国的政治体制及其公共权力行使者的观念，已经防范了公职人员行使公共权力时的"任性"。不是美国的公职人员不想任性，是观念和体制不允许他们任性，一旦任性就会招致强力约束，即使想"任性"也难以做到。例如美国总统特朗普，作为"政治素人"在候任和初任时期，其所言和所行的确很"任性"，不过，时隔不久，他就为自己的"任性"付出了政令施行受阻的政治代价，不得不有所收敛，难以"任性"而言或"任性"而为了。

中国在自改革开放以来的社会转型期间，对公职人员"限权"观念的培育还有欠缺，约束性的制度更是匮乏。一些官员一旦大权在握，就恣意行使，不仅越权、滥权的现象屡屡发生，更有甚者，由"任性"而致"霸凌"，横行一方或乡里，极大地败坏了党和国家的形象，在人民群众中造成了恶劣的影响，成为当前反腐败斗争中一个重点整肃环节。由此可见，"民讫自若，是多盘"的上古之训，在当代仍有重要的现实启迪和教育意义。

第二，责人易，被责难。原文是：

"责人斯无难，惟受责俾如流，是惟艰哉！我心之忧，日月逾迈，若弗云来。"[1] 其意是说，责备别人不是难事，被别人责备却如流水一样地顺从，

---

[1] 江灏、钱宗武译注，周秉钧审校：《今古文尚书全译》，贵州人民出版社1990年2月版，第459页。

这就困难啊！我（指秦穆公）心中忧虑，一天天时光逝去，就是回不来啊！秦穆公不听老臣的劝阻，擅自发兵偷袭郑国，终遭大败。事后他反躬自省，深有体悟，所以才有责人容易，而受人责备却能像流水一样顺从就很困难的感慨，而且此次战败还使他产生了深深的忧虑，久久不能消解。作为一个上古帝王有此种见识，也称得上难能可贵了。责人易，被责难，具有普遍的道德教化意义，在官箴价值上更值得肯定和践行。

第三，为官要能容人，切不可嫉贤妒能。原文如下：

"番番良士，旅力既愆，我尚有之，仡仡勇夫，射御不违，我尚不欲。惟截截善谝言，俾君子易辞，我皇多有之！。昧昧我思之，如有一介臣，断断猗无他技，其心休休焉，其如有容，人之有技，若己有之。人之彦圣，其心好之，不啻若自其口出。是能容之，以保我子孙黎民，亦职有利哉！"①这两段的意思是：一个官员，即使没有别的技能，只要诚实专一，心胸宽广而又能容人，就是一个可以接受的官员。这样的官员对人总是能采取正确的态度，别人有能力，就好像是自己的一样；别人美好明哲，他打心眼里喜欢，喜欢的程度都超过了他在口头上的称赞。任用这样能容人的官员，对于保护君王的子孙和国家的民众，应当是很有利的。

相反，有的官员则反其道而行之，别人有能力，就嫉妒，就厌恶。别人美好明哲，他却尽力阻挠不让君主知道。任用这样不能容人的官员不仅不能保护君王的子孙和国家的民众，而且还很危险！

一个人之所以胸怀宽广，能容人，进而能够赞赏别人的美好明哲，不只是口头上称赞，而是打心底里喜欢，这种人堪称道德高尚的典范。实难人人做到，非长期坚持道德修养，绝不能达致此种境界。能做得这样好的实属不易，在官场中更是鲜见。人一旦为官，大权在握，八方簇拥，轿子高抬，赞美之声不绝于耳，溜须拍马、阿谀奉承者有之，歌功颂德更是习以为常，如此长期的耳濡目染，很少有官员能够自持并保持清醒的头脑。结果往往是飘飘然，自以为高人一等，哪里还会从心里去赞美他人的美好明哲？正是基于这种古来官场的怪象，秦穆公才特别提出希望能有这样的

---

① 江灏、钱宗武译注，周秉钧审校：《今古文尚书全译》，贵州人民出版社 1990 年 2 月版，第 460 页。

官员去辅佐他佑国安民。其实,世上所有的君王或统治者,谁不希望能有这样既能容人又品德高尚的官员去辅佐他们成就治国理政的大业呢!其中的官箴意义和价值就显现出来了。这可以视为古今一切官员个人修为和为官之德的一个道德标准。对于今日之官场,也应当成为个人和官德品性修养的一个高标准要求。

至于"容人"反面,就是不能"容人",不能"容人"的一个重要表现,就是见到别人有能力,就嫉妒,就厌恶。对别人的美好明哲尽力隐瞒,不让君主或上级知道。这样的官员就绝不是一个好官员,任用这样的官员不仅不能辅佐君王成就大业,而且还存在危害国家的风险。这就从另一方面,即反面突出了其官箴价值,意即这样的官员不堪任用。一正一反,相得益彰,从一个角度提出了官德教育和任用官员的一个既有高要求,又设置一条底线的标准。官箴意义得到彰显。

第四,勇于自我责难。

秦穆公作为上古时代的一个君王,倡导为官要勇于接受别人的责难,而且还要如流水一样地顺从。他说到做到,而且率先垂范。在兵败之后,面对被释放回来的被俘将领,他不仅没有惩罚他们,甚至连一句责难的话也没有说。反而认真地反省、检讨自己的过失和错误。这等于说他自己完全承担起这次战败的责任。他的反省和检讨主要体现在以下三个方面。

首先,对往日的谋臣,特别是像蹇叔那样经验丰富的老臣的劝阻听不进去。之所以听不进去,原因之一就是老臣总责难他"未就予忍",即不能接受指导;他还总亲近身边的当任谋臣,再怎么亲近都嫌不够,言下之意是说他听了他们力劝他举兵伐郑的意见才导致失败,但他并没有明说,只是表示以后要多请教旧日的老臣,以免再次出现失误,自责之心溢于言表。

其次,检讨自己亲近那些浅薄善辩之人,被他们的花言巧语迷惑,以致贸然举兵才导致失败。此是检讨自己用人不当,而且轻易被他们的话迷惑,才导致战败的。

最后,就是检讨在用人上有过失误。表面看来,他在宣示用人的标准,即用能容人的人,用那些能赞美他人的美好明哲的人,而不用那些嫉妒有能力之人的人，用那些不能容人的人治国安民，就存在危险。这种宣示的背后，或许就暗含他以往用人存在这方面的失误，即用了不能容人，又心怀嫉妒之人。一位上古帝王能如此勇于承认错误和担当责任，不仅令今人感慨和赞许，而且更值得一切官员自警和学习。

第四章 《尚书》官箴精粹辑要及价值点评

引 言

在前一章，我们已就《尚书》中最重要的记言载事进行了较为详尽的梳理和分析，自不待言。其中最有价值的官箴是我们梳理和分析的重点。为便利读者查找，更便于读者体悟和分析，特辟本章，将有重要价值的官箴精粹挑选出来集中编纂。编辑并不采取典型的词典式，而是以《尚书》名篇的先后顺序编排，每个经典表述只注明篇名和页码，鉴于所有经典表述均摘自江灏、钱宗武译注，周秉钧审校的《今古文尚书全译》，① 故不在每个经典表述后面重复注出书名，只注出页码，以方便读者查阅。又鉴于有关经典表述已在前面做过详细分析，此处只做扼要点评，并指出相关的官箴价值和意义，不过，也只是点到为止。一般不再详细论列，点评附列在译文之后。

一 《尧典》（1）

1.（帝尧曰放勋）钦明文思安安，允恭克让，光被四表，格于上下。克明俊德，以亲九族。九族既睦，平章百姓。百姓昭明，协和万邦。黎民于变时雍。（《尧典》，14）

译文：帝尧治国理政敬慎节用，明察四方，思虑通达，宽容温和，恭

---

① 江灏、钱宗武译注，周秉钧审校：《今古文尚书全译》，贵州人民出版社1990年2月版。

敬待人，还能让贤，他的光辉普照四方，至于上下。他能发扬才智美德，使宗族亲密和睦。宗族和睦以后，又辨明百官的善恶。百官的善恶辨明了，又使各诸侯国协调和顺，天下民众从此也就友好和睦了。

官箴价值： 为官应当具备的综合个人素质。只有具备这些综合素质的人治国理政，才能取得善美的政绩。

二 《舜典》（2—7）

2.（帝舜曰重华）协于帝。浚哲文明，温恭允塞，玄德升闻。（《舜典》，23）

译文： 舜帝的圣明与尧帝相合。他有深邃的智慧，文明温恭的美德充满天地之间，（这都是）他潜心加强自身道德修养（的结果）。

官箴价值： 为官应当具有的美德，这些美德都是个人潜心修养而成。

3. 惟刑之恤哉！（《舜典》，27）

译文：（为官）使用刑罚要十分慎重。

官箴价值： 为官不可滥用刑罚，延及对下属或民众滥用处分，刑罚和处分必须慎重使用。

4. 食哉惟时，柔远能迩，惇德允元，而难任人，蛮夷率服。（《舜典》，28）

译文： 耕种田地、生产民食，必须不违农时！安抚远方的臣民，爱护近处的臣民，亲厚有德的人，信任善良的人，拒绝邪佞的人，做到这样，边远的外族都会顺从你们。

官箴价值： 为官就要关注民生，安抚、爱护广大民众，亲近和信任善良的人，拒绝心术不正的奸佞之人。这是为官治国理政的最起码的标准。

5. 五刑有服，五服三就。五流有宅，五宅三居。惟明克允！（《舜典》，29）

译文： 五刑各有使用的方法，五种用法分别在野外、市、朝三处执行。五种流放各有各的处所，分别流放三个远近不同的地方。要明察案情，处理公允。

官箴价值： 司法官要严格依法办事，明察案情，公正办案。

6.（命汝典乐），教胄子，直而温，宽而栗，刚而无虐，简而无傲。（《舜典》，33）

译文：教导年轻人，使他们正直而温和，宽大而谨慎，刚毅而不粗暴，简约而不傲慢。

官箴价值：为官要把教育青年的任务放在重要地位，使他们从年轻时代起就培养优良的品德，其中关于"刚而不虐"的古训在当代尤其具有重大的现实价值。

7.（舜帝）三载考绩，三考，黜陟幽明，庶绩咸熙。（《舜典》，33）

译文：舜帝三年考察一次政绩，考察三次后，罢免昏庸的官员，提拔贤明的官员，于是，各方面的工作都兴盛、发达起来了。

官箴价值：对官员的考察至关重要，关系到政绩的佳美或衰微。

三 《大禹谟》（8—29）

8.（大禹）后克艰厥后，臣克艰厥臣，政乃乂，黎民敏德。（《大禹谟》），36）

译文：如果君王把当好君王看得很难，臣子也把做好臣子看得不容易，政事就会得到很好的治理，民众也会勉力修德了。

官箴价值：这是一个站在从政者的立场上考虑的问题，想到为政的艰难，当官的人就不会有私心和非分之想了。

9.（舜帝）嘉言罔攸伏，野无遗贤，万邦咸宁。稽于众，舍己从人，不虐无告，不废困穷，惟帝时克。（《大禹谟》，37）

译文：好的意见不致被埋没，贤德的人也不会隐居在民间，万国都会太平。参考众人的意见，抛弃自己的错误部分，采纳别人的正确意见，不虐待鳏寡孤独没有依靠的人，不抛弃困苦贫穷的人，只有尧帝能够这样做。

官箴价值：治国理政要集思广益，任用贤德的人才；还要虚心听取别人的正确意见，勇于改变自己不正确的想法和意见；关注民生，惠及鳏寡孤独及困苦贫穷的弱势群体。尧帝的为官之道，于今仍有重要的启迪价值。

10.（禹曰）惠迪吉，从逆凶，惟影响。（《大禹谟》，37）

译文：遵循正道就吉利，做坏事就凶险，吉凶与善恶就如同影子与形体，回声与原声一样相伴相随。

官箴价值：用寻常的事理告诫人们要从善避恶，做好事不做坏事。

11.（益曰）戒哉！儆戒无虞，罔失法度。（《大禹谟》，37）

译文：要警戒啊！要戒备没有预料到的事情，不要违背法则、制度。

官箴价值：为官治理政事不能只顾眼前，要有前瞻性眼光，对未来可能出现的事态要有应对预案；治国理政不可偏离法则、制度。

12. 罔游于逸，罔淫于乐。（《大禹谟》，37）

译文：不要放纵游玩，不要过分享乐。

官箴价值：为官放纵游玩，过分享乐，不仅有害于政事治理，还极易导致腐败。

13.（益曰）任贤勿贰，去邪勿疑。（《大禹谟》，37）

译文：任用贤人不要三心二意，除去奸邪不要犹豫不决。

官箴价值：为官应当谨记基本的用人之道，即用贤而去奸。

14.（益曰）疑谋勿成，百志惟熙。（《大禹谟》，37）

译文：有疑惑的计谋不要去运用，各种思虑应当周全。

官箴价值：为官切不可仓促拍案决策，更不可未经详细论证就仓促上马执行；所有计划都要反复思考，多方论证再决定和实行。

15. 罔违道以干百姓之誉，罔咈百姓以从己之欲。（《大禹谟》，37）

译文：不要违背正道去谋求百姓的称誉，不要违反百姓的意愿去顺从自己的愿望。

官箴价值：为官要博得百姓称誉，就要做出良好的政绩，只做表面文章或弄虚作假会适得其反；同样地，官员是民众的公仆，不要颠倒反成为人民的主人。

16.（益曰）无怠无荒，四夷来王。（《大禹谟》，37）

译文：为政不懈怠，不荒废，四方的诸侯国都会向往归顺了。

官箴价值：懒政、惰政、荒政为官场纪律所不容，敬政、勤政就能在国内获得良好的政绩，在四方诸侯国中也会赢得声誉和尊敬。

17.（禹曰）德惟善政，政在养民。（《大禹谟》，37）

译文：德就是善于治理政事，治理政事在于教养百姓。

官箴价值：道德修养对于官员不只是注重个人品德修养，更重要的是能治理好政事，而教养百姓又是治国理政中的首要大事。

18.（禹曰）水火金木土谷惟修，正德利用厚生惟和，九功惟叙，九叙惟歌。（《大禹谟》，37）

译文：水火金木土谷这六件事要治理，端正人们的德行，便利人们的用物，富足人们的生活，这三件事还要配合实行。这九件事要安排好，九件事安排治理好了，人们就会对君王歌功颂德。

官箴价值：古之治国理政的大事，无非发展生产、教化民众、疏通物流交易、改善民众的生活，这几件事做出佳绩，就会得到民众的赞誉和拥护，今之治国理政亦然，为官当谨记。

19.（禹曰）戒之用休，董之用威，劝之以九歌，俾勿坏。（《大禹谟》，37）

译文：要用美好的德政告诫人们，用刑罚督察惩戒人们，用九歌勉励人们，使德政不致被败坏。

官箴价值：用德政激发人们的信心，用刑罚惩治犯法者，用教育勉励人们，此三大治国理政的要务，古今皆然，为官务必践行。

20.（舜帝曰）明于五刑，以弼五教。（《大禹谟》，40）

译文：明确五种刑罚，用来辅助五品教化。（五品指君臣、父子、夫妇、长幼、朋友。）

官箴价值：当代法治虽然早已超越"明刑弼教"的层次，但刑罚作为手段，最终要服务于社会总的规范治理，包括教育引导人们树立良好的社会道德规范。

21.（舜帝曰）刑期于无刑，民协于中。（《大禹谟》，40—41）

译文：使用刑罚，正是期望以后不再使用刑罚，人们都服从正道（自然不用刑罚了）。

官箴价值："期于无刑"尽管是一种难以实现的理想社会境界，但值得期待，应当为此付出努力。人们都服从正道了，自然就不用刑罚了。这关系到治国理政的长远目标，为官应当深察和践行。

22.（皋陶曰）宥过无大，刑故无小。（《大禹谟》，41）

译文：误犯的过失，不论多大都能宽恕，故犯的过失，不论多小都要判刑。

官箴价值：宽恕过失犯罪，严惩故意犯罪，通过考察犯罪之人的主观因素决定处罚的轻重，实行宽严相济的刑事政策，即使在当代也正在对此加深理解和贯彻执行。

23.（皋陶曰）罪疑惟轻，功疑惟重。（《大禹谟》，41）

译文：可重可轻的罪罚取其轻，可轻可重的赏功取其重。

官箴价值："罪疑惟轻"的刑罚思想，竟与几千年后的西方近现代法治相关原则完全契合，当今中国的法治也引进了这一原则，谁料中国古代早已有之，可谓舍近求远，我们真不必妄自菲薄。"功疑惟重"的奖赏原则在当代中国的实行也有一个从拒斥到接受的过程。在过往的很长一段时间内，我们只实行精神鼓励，国家和社会都设立了各种名分的奖励称号，对各方面有功个人或集体进行精神奖励，并授予相应的荣誉称号。近十几年来，国家也相继设立了一些重大的科技奖项，对作出重大科技贡献的自然科学家给予重大经济奖励，最高奖金可达 500 万元人民币。这尽管不属于"功疑"范畴，但重奖却与上古时期"从重"原则完全契合，符合中华传统优秀文化中源远流长的官箴之道。

24.（皋陶曰）好生之德，洽于民心。（《大禹谟》，41）

译文：爱惜生灵的美德，顺适民众的心。

官箴价值：爱惜生灵，植根于民众的心中，为官之人有此美德，人民就会赞美和拥护。当今重视人权，刑法修改后大幅度减少死刑的刑种，都可以视为对上古好生之德的继承和发扬。

25.（舜帝曰）克勤于邦，克俭于家，不自满假，惟汝贤。（《大禹谟》，43）

译文：（指禹）能为国家大事不辞辛劳，居家生活俭朴，不自满、不浮夸，也是你的贤能。

官箴价值：为国辛劳，居家生活俭朴，不自满、不浮夸，这是做人的应有品德，为官者更应当做到。官家生活要做到俭朴，行事谦虚谨慎，尤其不能浮夸，谨守官道，尤其重要。于今仍有重要的现实意义。官员腐化堕落，背后总能找到懒政、怠政的影子，生活奢靡更是与腐败如影随形。

26.（舜帝曰）人心惟危，道心惟微，惟精惟一，允执厥中。（《大禹谟》，43）

译文：（现在）人心动荡不安，社会道义幽暗难明，（为君者）必须精诚专一，实实在在地实行中正之道（国家才能治理好）。

官箴价值：在国家权力交接时期和社会转型时期，总会出现人心浮动、社会道义变化不定的状况，治国者此时一定要有定力，精诚专一治国，持守中正之道。这一治国大道，古今皆然，于当代中国更具重要现实警示意义。

27.（舜帝曰）无稽之言勿听，弗询之谋勿庸。（《大禹谟》，43）

译文：没有经过验证的话不轻信，没有征询过众人意见的谋略不轻用。

官箴价值：耳闻为虚，必须经验证（有时要多次）才能确定事实真相；谋在于众，众之议通常可集合形成统一而且正确的意见，实行起来最大限度地减少失误，并取得成效。如今的实事求是路线、民主集中制就是此种官箴价值的现代应用及发扬。

28.（舜帝曰）慎乃有位，敬修其可愿，四海困穷，天禄永终。（《大禹谟》，43）

译文：谨慎行使你的职守，恭敬地施行你希望做的事，如果天下的百姓困苦贫穷，你的禄位就会永远终结。

官箴价值：忠于职守，为立下的宏愿努力奋斗，这是为官起码的职业操守；为官一任，造福一方，这是检验官德、官品的硬性标准。如果做不到，你治下的百姓仍然过着困苦贫穷的生活，这是你的失职，失职的官员或被动或主动终究必须离职，你的禄位自然就会终止。

29.（益曰）满招损，谦受益，时乃天道。（《大禹谟》，47）

译文：自满会招致损害，谦虚会得到益处，这是自然规律。

官箴价值：满招损，谦受益，其官箴价值早已外溢为做人的道德标准或准则，至今不失其价值，且历久弥新，成为为人做官的箴言。

四 《皋陶谟》（30—37）

30.（皋陶曰）允迪厥德，谟明弼谐。（《皋陶谟》，50）

译文：诚实地施行德政，就会决策英明，群臣同心协力。

官箴价值：古之治国倡行德政，并将其视为治国总的方略和基础，有了这个大的正确前提，就可保证决策英明，群臣同心协力。如今实行依法治国，与实行以德治国并不冲突，更能收到相辅相成的效果，目标同样是实现决策英明，公务员队伍团结一致、同心协力。

31.（皋陶曰）慎厥身，修思永。惇叙九族，庶明砺翼，迩可远，在兹。（《皋陶谟》，50）

译文：要谨慎其身，自身的修养要坚持不懈。要使近亲宽厚顺从，使贤人勉励辅佐，由近及远，就从这里做起。

官箴价值：为官要谨慎自身，而且要长期坚持修养，永不懈怠。为官要使包括自己亲属在内的百姓宽厚顺从，要使贤达之人勉力辅佐。要脚踏实地，治国理政从这里做起，就能实现远大的目标。这种为官之道，从自身修养做起，坚持不懈，建立从民众到贤人都和谐融洽的政治生态环境，脚踏实地又着眼远大目标，至今仍有重大的启示和教育意义。

32.（皋陶曰）在知人，在安民。（《皋陶谟》，50）

译文：（除了自身的修养之外），还在于理解臣下，安定民心。

官箴价值：理解下属官员，安定民心，两者必须兼顾，不可偏废。即使在当今也有重要的施政价值。

33.（皋陶曰）知人则哲，能官人。安民则惠，黎民怀之。（《皋陶谟》，50）

译文：理解臣下就是明智的，明智的上级就能任人唯贤。安定民心自己就受民众拥戴，百姓都会怀念他。

官箴价值：知人善任既是官员，特别是上级官员的品德修养标准，又是官员的职业操守。安定民心，使百姓安居乐业，绝不仅仅使百姓受益，也使官员得到民众拥护、爱戴等实实在在的好处。官箴价值凸显，古今皆然。

34.（皋陶曰）亦行有九德。亦言，其人有德，乃言曰，载采采。（《皋陶谟》，52）

译文：用九种美德检验一个人的行为；（以事效）考察一个人的言论。（检验的结果）证实此人有德行，就可以告诉他说，你可以出来做些公务工作，即被任用为官。

官箴价值："亦"古意为迹，检验之谓也。古人用九种美德检验、考察一个人的言行，考核合格后才准任用为官。其官箴价值就在于，任人唯贤不只是凭感觉，凭印象，而是用道德标准对其言行进行实实在在的考察，只有在考核符合标准以后，方可任用。今人考核候选人才，标准更加丰富、全面，但总是将一个人的道德品行放在考核的首位，这其实是对优秀传统文化中考察候选官员的标准和做法的继承和发扬。

35.（皋陶曰）宽而栗，柔而立，愿而恭，乱而敬，扰而毅，直而温，简而廉，刚而塞，强而义。彰厥有常吉哉！（《皋陶谟》，52）

译文：宽宏大量却又谨小慎微，性格温和却又独立不移，老实忠厚却又严肃庄重，富有才干却又办事认真，柔和驯服却又刚毅果断，为人耿直却又待人和气，志向远大却又注重小节，刚正不阿却又内心充实，坚强不屈却又符合道义，应当明显地任用这类具有九德的好人啊！

官箴价值：每一种美德一正一反，相辅相成，九种美德合为一体，构成一个人的完美品德，虽然并非人人都可以做到，但作为道德标准，却又为每个人特别是为官之人树立了努力争取达到的理想目标，无论是对做人还是对为官都有着重大的道德和品行教化的意义和价值，古今皆然。

36.（皋陶曰）无教逸欲，有邦兢兢业业，一日二日万几。（《皋陶谟》，54）

译文：治理国家的人不要贪图安逸和私欲，要兢兢业业，因为（国家事务繁复）在一两天内也有千变万化。

官箴价值：为官从政日理万机，只能兢兢业业地干好公务，切不可贪图个人的安逸和追求自己的私利。公而忘私的为官之道，古今皆然，在今天更具勤政和反腐败的现实意义。

37.（皋陶曰）无旷庶官，天工，人其代之。（《皋陶谟》，54）

译文：不要虚设各种职位，老天命定的工作，应当由职守之人代替完成。

官箴价值：不设虚职具有权责一致的政治价值。为官之人以服务国家为天职。这在当代具有更为重要的现实价值，体现了简政和治国的效力原则。

五 《益稷》(38—41)

38.(禹曰)帝。慎乃在位。……安汝止,惟几惟康。其弼直,惟动丕应。(《益稷》,59)

译文：舜帝。你要谨慎地对待你在位的大臣啊！……在你履行（帝王）的职责时,不可妄动,不折腾,以免扰民。要虑及大臣的危险和安康。如果你用正直的大臣辅佐你,只要你想施行某项国策,天下就会大力响应。

官箴价值：为官者安于自己的职守,不折腾,不妄动,就不会扰民。在上位者,要关心自己臣属,使他们不致陷入危险境地,保障他们的安康,他们就会忠实地辅佐你,你所施之政必定得到天下的响应。在当前的政治生态环境中,各级官员都忠于自己的职守,不折腾,不扰民,尤其具有重要的纠正时弊的价值和意义。

39.(舜帝曰)工以纳言,时而飏之,格则承之庸之,否则威之。(《益稷》,60)

译文：做官的人要采纳下属的意见,好的就称颂宣扬,正确的就进献上去以便采用,做官的人如果不采纳意见就要惩罚他们。

官箴价值：上古时代就激励当官的人要听取下属的意见,实属难得,今之从政者尚有听不进下属意见者,更有不少"一言堂",独断专行者,当省察之,努力培养现代从政者的民主作风。

40.(皋陶曰)念哉！率作兴事,慎乃宪,钦哉！屡省乃成,钦哉！(《益稷》,67)

译文：要念念不忘啊！统率起你所兴办的事业,谨慎地对待法度,要认真啊！经常考察你的成就,要认真啊！

官箴价值：为官要认真做好两件大事,一是兴办实业,二是实行法度；与此同时,还要认真地考察自己的成就,以增加执政信心。此为官之道于当今仍有极强的现实意义,认真实行起来,庶几可以收到纠正时下少数官员只讲空话、大话,不干实事,以及以个人意志随意决策而罔顾法度的弊端的效果。

41.(皋陶曰)元首丛脞哉！股肱惰哉！万事堕哉！(《益稷》,67)

译文：君主琐碎无大志哪！大臣们懒惰懈怠哪！什么事都会荒废哪！

官箴价值：懒政、怠政一向是治国理政之大害，古今皆然，此箴言对于消除当今官场的懒政、怠政现象具有极强的现实意义。

六 《五子之歌》（42—48）

42.（五子借禹训）皇祖有训，民可近，不可下，民惟邦本，本固邦宁。（《五子之歌》，97）

译文：我们伟大的祖先大禹有训示，对待百姓，只可以亲近，不能视他们为卑贱之人。只有百姓才是立国的根本，根本稳固了，国家才会安宁。

官箴价值：尊重和亲近人民，才能稳固国家的根基，国家有了这个坚实的根基，才会安宁。这种国家与人民之间依从关系的上古体认，与当今的民主理论中国家与人民之间的关系完全契合，当政者务必深刻体悟，确实实行执政为民的民本理念。

43.（五子借禹训）予视天下愚夫愚妇一能胜予，一人三失，怨岂在明，不见是图。（《五子之歌》，97）

译文：我认为天下的愚男愚女都能胜过我。一个人有许多失误，难道在遭人强烈怨恨的时候才去反省吗？应当在连细微之小事都不发生的时候就要注意了。

官箴价值：人贵有自知之明，连上古圣王大禹都承认自己有很多的失误，何况常人如你我！防微杜渐人人适用，为官者更应谨慎自己的施政行为，从治未失做起，不要在铸成大错、造成严重损失后再去反省、注意。这种为人做官的道理古今都适用，今日为政者更应深察。

44.（五子借禹训）予临兆民，懍乎若朽索之驭六马，为人上者，奈何不敬？（《五子之歌》，97）

译文：我（指禹本人）面对亿万人民，心存敬畏和恐惧，就好像用腐朽的绳索驾驭着六匹马拉着的马车一样。地位在人们之上的人，为什么不谨慎对待他治下的民众呢？

官箴价值：为君为官只有对人民心存敬畏和戒惧，才能谨慎地对待他们。这是一个为官必备的政治心理和基本态度，没有这个基础性的前提，执政者就可能变成一个飞扬跋扈的官僚，或骑在人民头上作威作福的作恶者，其官箴价值至关重要，于今天的官场仍有重大的警示、教育意义。

45.（五子借禹训）训有之，内作色荒，外作禽荒。甘酒嗜音，峻宇彤墙。有一于此，未或不亡？（《五子之歌》，98）

译文：（皇祖大禹的）训诫有这样的话：在内迷恋女色，在外沉迷游猎。纵情饮酒不知节制，嗜好歌舞不知满足，住着高大的屋宇，还在墙上绘上彩饰。这四项中只要有一项，就没有什么人不会败亡的，（即使国君也不例外）。

官箴价值：直击为君做官最容易腐败的四个方面，见识深刻，寓意宏远，于今仍有极强的警示价值。现今被查处的腐败官员中，差不多都可以找到这四方面中一项或全部，教训十分深刻。但愿以此为警示，少有或不再有类同的后来者。

46.（五子歌）惟彼陶唐，有此冀方。今失厥道，乱其纪纲。乃致灭亡。（《五子之歌》，98）

译文：古时尧帝在冀州建国（实行圣王之道），今天君王太康失去了尧的治国理念，搞乱了尧的法制，于是招致灭亡。

官箴价值：国君（延及官员）失去治国理政之道，搞乱法制，就会招致灭亡，此理在当今的官场同样适用，无数贪官或被监禁或被处死，就是对有了种种失道乱制招致"灭亡"的最有力诠释，上古教训值得深省。

47.（五子歌）明明我祖，万邦之君。有典有则，贻厥子孙。关石和钧，王府则有。荒坠厥绪，覆宗绝祀。（《五子之歌》，99）

译文：我们十分英明的圣祖大禹，统帅万邦为天下君主，他把治国时制定和实行的典章法则，留给了他的后世子孙继续实行。（他治国时）还使民用物资互通有无，调剂余缺，百姓所用各种物资不缺而且无论是有还是短缺大家都是均等的。（结果是民富之后）国库也得到充实和富足。现在的（君王）荒废了前人的业绩，（造成了）宗族的覆灭并断绝了对先祖的祭祀！

官箴价值：集中两点，一是先祖创业留下了两大宝贵的遗产，即建章立法和建立良好的生产和贸易关系所打下的物质基础，这两种宝贵的遗产都值得珍惜和传承。二是太康对前人业绩的荒废导致宗族覆灭和子孙绝祀的严重后果。其官箴价值就在于后人要珍惜前人创下的业绩并加以继承和发扬，这为后人包括今人不断地强化尊重历史和传统特别是革命传统的努力奠定了最初的历史基础，以反面的教训开创了这一正能量的先河。今天有些人大搞历史虚无主义，抹杀前辈的业绩，抹黑历史上的先哲或英雄人物，正是对此官箴之道的背离，值得反思！

此外，此处官箴还蕴含另外一个值得珍惜的治国之道，那就是民有国有、民富国足的经济法则。这也值得今人深刻体察、领悟，特别是在国家层面应加紧进行税赋方面的改革，建立健全更科学的财政税收体系，调整好民富与国强之间的关系。

48.（五子歌）呜呼曷归？予怀之悲。万姓仇予，予将畴依？郁陶乎予心，颜厚有忸怩。弗慎厥德，虽悔可追？（《五子之歌》，100）

译文：哎呀！我们将归向何方啊！每念及此就痛感悲伤。普天之下的人都怨恨我们，我们依靠谁呢？我们面带羞愧，神情郁结愁苦，愧不能言。平时不注重自己的品德修养，即使现在想改悔，难道还来得及挽回吗？

官箴价值：丧德、失位、陷入困窘、心情郁闷、羞愧难言、追悔莫及，这一情理逻辑链条的演绎，古今皆然。当今一些腐败落马的官员，在失去包括人身自由的一切后，在高墙之内想必多有反悔。然而，一切为时已晚。空余"弗慎厥德，虽悔可追"的悲叹！但愿当今的官员能早日读到此段箴言，并深加体悟以为警戒，不让"五子"们的悲剧再次重演。

七 《胤征》（49—53）

49.（胤侯誓曰）官师相规，工执艺事以谏，其或不恭，邦有常刑。（《胤征》，102）

译文：各位官员相互规劝对方的过失，各种工匠艺人依据技艺规程也有责任向主管官员提出规劝，特别是他们命令制作淫巧、奢侈的艺术品的时候，更要大力规劝、阻止，以免有些官员放纵奢靡之风。如果以上官员和工匠艺人没有执行各自的戒令，国家将按常法处以刑罚。

官箴价值：上古官员责令相互规劝对方的过失，实为建设清明政治的重大举措。当今只在民主生活的层面上提出要求，倡导批评和自我批评。

然而上古之官员的相互规劝成为一种法定责任，不实行者要受到刑事责任追究，较之当代是一种更为刚性的硬要求。工匠艺人依照技艺规则也负有劝喻官员不要追求奇技淫巧的责任，以减少官场奢靡之风，更具有重大的现实启迪价值。在当代，不仅是技艺人员，就是下属官员也很少有向主管领导提出减少有关奢靡之风的建议。通常情况下，多是上有所好，下必应之。上古工匠艺人的官箴，值得我们认真体悟和借鉴。

50.（胤侯誓曰）惟时羲和颠覆厥德，沈乱于酒，畔官离次，俶扰天纪，遐弃厥司……（《胤征》，102）

译文： 羲氏与和氏败坏了各自的道德，好酒贪杯，违背职守，擅自离开了岗位，搞乱了自己掌管的天时历法的观测与预警，把他们主管的工作远远地抛在脑后……

官箴价值： 此段痛斥了羲氏与和氏所犯罪行，完整地揭露了二人的罪行链，首先，不注重个人品德修养，导致道德败坏，其次，贪图享乐，好酒贪杯，再次，违背职守，擅自离开职务岗位，最后，全然不顾地抛开了自己主管的工作，以致掌管国家天时历法的人竟然不知当时发生的日食（更没有采取任何行动以拯救遭到损毁的太阳）。这类错误乃至罪行发展逻辑链在当今腐败获刑的贪官身上一再发生，显示了古今所犯这类错误或罪行的共通性。

51.（胤侯誓曰）火炎昆冈，玉石俱焚。天吏逸德，烈于猛火。（《胤征》，104—105）

译文： 大火燃烧昆山时，美玉和顽石都会被焚毁。天子官吏犯下的大错，那危害（国家）的程度甚至猛于焚烧昆山的烈火。

官箴价值： 官吏所犯的错误和罪行，对国家的危害程度比火烧昆山的大火还要猛烈，这一形象的比喻显示了官员腐败的极端危害性。古之如此，今之亦然。当今反腐败坚持高压力度，决心进行到底，正是基于古今同理的腐败的极端危害性。

52.（胤侯誓曰）歼厥渠魁，胁从罔治，旧染污俗，咸与维新。（《胤征》，105）

译文： 我们只要杀掉他们的首恶，被胁迫跟从的人就不要惩治了，对于那些染上污秽旧俗的人，都允许他们改恶从善、弃旧图新。

官箴价值：在上古时代，统治者就明定了区分主从，采取不同对待方式的惩罚原则，这实难能可贵，现代国家采取的主犯重办、胁从不问的刑罚原则，当可认为是对上古这一惩罚原则的继承和发展。不过，在"严打"的政治环境下，这个刑罚原则的执行往往走了样。其实，在任何情况下这一原则都应当得到认真对待和执行。

53.（胤侯誓曰）威克厥爱，允济；爱克厥威，允罔功。（《胤征》，105）

译文：如果威严战胜私惠，就认为是执法者的成功；（相反）如果以私惠战胜威严，那执法者是不成功的。

官箴价值：尽管疏于简单的极端事例的对比，但的确道出了情与法之间的对立统一关系。即使在当代，包括执法者在内的人对于情与法之间的关系仍然纠结不清，斩不断，理还乱。上古之人关于法的威严优于私情的司法理念，值得我们认真地加以体味。

八 《仲虺之诰》（54—58）

54.（仲虺诰曰）惟王不迩声色，不殖货利。德懋懋官，功懋懋赏。用人惟己，改过不吝。克宽克仁，彰信兆民。（《仲虺之诰》，118）

译文：君王您不亲近歌舞女色，不聚敛金钱财物；您用提拔任官勉励德行高尚的人，奖赏勉励建功立业的人；任用别人就好像任用自己一样深信不疑，改正自己的过错一点也不吝惜；对人宽厚又仁爱，对亿万人民彰显了自己的诚信。

官箴价值：一个君王，延及所有从政为官的人都应当努力做到的为官之道，其中最重要的就是不近声色，不聚敛金钱财物；用人为贤、为能，排除其他亲近、货利等因素，用人不疑，充分信任，让其放手工作；对人宽厚仁爱，用诚信对待民众，全心全意地为人民服务。这种为官从政的品德与宗旨，在古代已立下标准，今日也不失其价值，且更具有现实意义。

55.（仲虺诰曰）德日新，万邦惟怀；志自满，九族乃离。（《仲虺之诰》，120）

译文：修养道德每天都达到新的境界，万国都会来归附；内心自我满足，亲戚也会背离。

官箴价值：以德立国，且不断提高修养，就能赢得周边国家的尊重并进行友好交往；相反，自以为是，搞霸权主义，就必然在国际环境中遭到孤立。将古代中央政权与诸侯国的这种亲疏关系置换到当今的国际社会，同样彰显了"得道多助，失道寡助"的国际关系原理。

56.（仲虺诰曰）王懋昭大德，建中于民，以义制事，以礼制心，垂裕后昆。（《仲虺之诰》，120）

译文：君主要努力显示出大德，在百姓中树立大中之道，用义去裁夺事务，用礼去控制人心，把治理之道传给子孙后代。

官箴价值：作为国家的领导者，延及各级官员，在治国理政中要用大德去治国，具体表现为在民众中建立中道，即公正、正义之道，用符合义的理念去处理问题，用礼法规范人们的行为，聚拢人心，形成凝聚力，并为后世作出表率，让子孙传承下去。尽管由于时代的变迁，上古时代的德、义、礼于当代已经不再完全适用，但其治国理政的思路还是可取的，如果我们用当代的相关理念去置换过去的理念因素，对当今的治国理政还是具有重要的官箴价值的，值得认真体味。

57.（仲虺诰曰）能自得师者王，谓人莫己若者亡。好问则裕，自用则小。（《仲虺之诰》，120）

译文：能够给自己找到老师的人可以称王，认为没有人能比得上自己的就会灭亡。谦虚好问的人必然伟大，自以为是的人必然渺小。

官箴价值：此语隐喻的官箴应当是能够自己找到老师者必定谦虚好学，谦虚好学的人，自然具有高尚的道德和求知的潜质，这样的人为官当然就会作出良好的政绩；相反，自以为是、目中无人的人为官，必定缺乏容人的品德，无人诚心辅佐且更容易独断专行，这样的人为官必定不能成为好官，失败在所难免。前者伟大，后者渺小。此理古今皆然，那些专横跋扈的官员当深鉴之。

58.（仲虺诰曰）慎厥终，惟其始。（《仲虺之诰》，120）

译文：要得到好的结局，只有从现在做起。

官箴价值：为人总希望一生平安，为官更希望有一个好的结局，得以荣退。要达到此种目的,就必须从成人和任职时就兢兢业业、小心谨慎。在当今官场上,所谓的"五十九现象",即怀着在即将退休时大捞一把的心理并付诸贪腐行为的官员,倒在为官最后一里路上的现象频频发生,这些官员就不知或明知故犯了这种"慎厥终,惟其始"的官箴之道。

九 《汤诰》(59—60)

59.(汤诰曰)凡我造邦,无从匪彝,无即慆淫,各守尔典,以承天休。(《汤诰》,125)

译文: 凡是我建立的诸侯国,不要遵从不按常情所规定的法则,不要过分追求享乐,要各自遵守你们的常法,接受天赐的吉祥。

官箴价值: 如果用官人置换诸侯国,此话完全可成为对官员个人的告诫,特别是其中不要过分追求享乐,更具有极强的现实价值。无数事例表明,所有"落马"的腐败官员几乎无一例外的都是从"慆淫",即过分追求享乐开始走上腐败的道路的。三千年前的古训言犹在耳,所有当今的官员都应当自警。

60.(汤诰曰)尚克时忱,乃亦有终。(《汤诰》,125)

译文: 如果能够做到如此的诚信,就会有一个好的结局。

官箴价值: 诚信不仅是做人的必备品格,也是为官必须具备的官德素质。人无信不立,官无信通常不会有好的结局。

十 《伊训》(61—66)

61.(伊尹曰)立爱惟亲,立敬惟长,始于家邦,终于四海。(《伊训》,130)

译文: 树立友爱的风气要从亲近的人开始,树立尊敬的风气要从年长的人开始。这样,开始在家族和诸侯国实行,最终扩及天下。

官箴价值: 具体路径并不一定很可取,但作为一方或一部门之长官,"立爱"和"立敬"都是很必要的,即使在当今建构和谐社会,"立爱"和"立敬"都是必不可少的元素。否则,在一个人人只求自保、相互防备甚至以邻为壑、以人为防的社会,根本建立不起来什么和谐社会。

62.（伊尹曰）肇修人纪，从谏弗咈，先民时若。（《伊训》，130）

译文：努力修炼做人的行为规范，虚心听取别人的意见和规劝，顺从前辈贤人的正确意见。

官箴价值：做人为官都应当从修养自己的道德开始，再加上虚心听取他人的规劝和听取前辈有益的教训和经验，这些对个人的成功和为官取得政绩来说都是极为重要的基本素质。与那些自以为是、骄横跋扈的个人和官员相比，在做人和为官的素质上形成了优劣的鲜明对照，做人和为官都应当以前者为榜样。

63.（伊尹曰）居上克明，为下克忠，与人不求备，检身若不及。（《伊训》，130）

译文：在上位时能够明察下情，在下位时能够多尽心竭力，结交别人不求全责备，约束自己唯恐有所疏漏。

官箴价值：为官在位有高下，在上位最重要的是要体察下情，以免脱离实际作出错误决策，在下位则要忠心耿耿，认真贯彻执行既定的方针政策和上级的指示，不闹独立性。对人不求全责备，律己要严格、不放松。这些上古的为官之道完全适用于当今。现实官场上存在的一些弊病，和与上述官箴之道相背离存在很紧密的因果关联。为官当自警，应当切实遵守。

64.（伊尹曰）敢有恒舞于宫，酣歌于室，时谓巫风。敢有殉于货色，恒于游畋，时谓淫风。敢有侮圣言，逆忠直，远耆德，比顽童，时谓乱风。（《伊训》，132）

译文：这是伊尹转述成汤的教诲，胆敢有经常在宫室里纵情饮酒、观赏歌舞的，这叫作巫觋的风俗。胆敢有贪求财物、女色，迷恋游乐、打猎的，这叫作邪恶的风俗。胆敢有轻慢圣贤的言论，拒绝忠直的规劝，疏远年高德劭的人，亲近顽愚幼稚的人的，这叫作荒乱的风俗。

官箴价值：将贪求歌舞、货色、游猎，侮圣言，逆忠直，远耆德，比顽童这些行为分门别类归结为"巫风""淫风""乱风"，这是上古之人的一大创造。当时既然已经成为风气，可见已是相当普遍的现象了。好在成汤并没有视而不见，也没有为粉饰"太平景象"而故意掩盖。将"三风"揭露出来是为了移风易俗，改善社会风气。面对社会现象，不掩盖不良倾向，不粉饰有瑕疵的"太平"，这体现了一种官箴价值。对于今天的社会治理有着重大的启迪作用。

65.（伊尹曰）惟兹三风十愆，卿士有一于身，家必丧，邦君有一于身，国必亡。（《伊训》，132）

译文：这也是伊尹转述成汤的教诲，以上三种风俗（指巫、淫、乱）、十种恶习（指歌、舞、货、色、游、畋、侮、逆、远、比），卿士如果染上其中的一样，他的食邑必定会丧失；诸侯如果染上其中的一样，他的国家必定会灭亡。

官箴价值："三风十愆"危害极大，必定导致丧家亡国的悲惨结局。这种警告振聋发聩。在古代如此，今日亦然，现实中许多染上"三风十愆"的官员，包括一些高级官员纷纷"落马"，身陷囹圄，人生之惨痛结局莫过于此。所有官员都应当牢记"三风十愆"的危害，并时刻警醒，切不可重蹈丧家、亡国、灭身的覆辙。

66.（伊尹曰）尔惟德罔小，万邦惟庆；尔惟不德罔大，坠厥宗。（《伊训》，133）

译文：（为君做官）行德不怕小，即使是小德，天下的人也感到庆幸；行不善，即使不大，也可能导致亡国灭族的结局。

官箴价值：治国理政一定要行善政。善政可致国家兴盛，万民同庆；相反，不实行善政，哪怕小小的恶行，也可能会导致亡国灭族的结局。当今倡行"善治"，除制定和实行"良法"之外，也要同时施以"德政"，发扬人道主义精神。

十一 《太甲上》（67）

67.（伊尹曰）慎乃俭德，惟怀永图。（《太甲上》，138）

译文：要慎行你节俭的美德，不要只看眼前，谋虑要尽可能长远。

官箴价值：为官虽有权支配公款公物，但用之要慎之又慎，任何时候都要发扬节俭的美德，绝不可铺张浪费；定方针、政策和做计划，一定不要只顾眼前，一定要着眼长远。这些为官之道于当今仍有重要的启迪和警示价值。如今的官场之所以出现大手大脚地花钱用物，不计成本地大搞

"形象工程"，无疑都是与节俭美德的流失有很大关系；与此同时，在做规划特别是城市规划时，一任一改的现象十分突出，这当然与只顾眼前，缺乏远见和深思熟虑有关。

十二 《太甲中》（68—71）

68.（太甲曰）欲败度，纵败礼，以速戾于厥躬。（《太甲中》，140）

译文：放纵情欲既败坏法度，又败坏礼仪，给自身招来罪过。

官箴价值：情欲原非都是贬义，但放纵起来，就会走向反面。其结果就会败坏国家法度和社会共同遵守的礼仪。将个人置于国家法度和社会礼仪的对立面，就必然损害基于国家和社会共同价值观之上的行为规范，自然就会给自己招来罪过。古今同理，今日贪官的贪腐行为，背后都有放纵自己的情欲的内在原因。所有官员都应当自省、自警，将自己的情欲置于国家法律和社会规范允许的范围内，切不可逾越做人为官应守住的底线。

69.（太甲曰）天作孽，犹可违；自作孽，不可逭。（《太甲中》，140）

译文：老天造成的灾祸，还可以避开；自己造成的灾祸，就不可逃脱了。

官箴价值：至理名言。所有"落马"的贪腐官员，说起来都是自我作孽的结果，为官真的要引以为戒，切不可重蹈覆辙。

70.（伊尹曰）奉先思孝，接下思恭。（《太甲中》，141）

译文：遵奉祖先要想到孝顺；接近臣民要想到谦恭。

官箴价值：尽管古人常说"忠孝不能两全"，但那指的是在特殊情境下才发生的忠孝价值冲突的情景，在一般情境下，为官为国尽忠与在家中孝顺父母、尊崇先祖并不冲突，而且都是做人为官的基本道德素养的重要内容。为官接近下属及百姓应本着谦恭的态度，绝不可以上傲下看不起民众，这在古代可称为官基本之道，而在今天，为官更应遵奉全心全意为人民服务、保持民主作风和坚持群众路线的行为准则。"一孝""一恭"贯通古今，为官当警戒，不可轻忽。

71.（伊尹曰）视远惟明；听德惟聪。（《太甲中》，141—142）

译文：只有向远处看，才能高瞻远瞩，展现雄才大略；只有听得进别人的道德教诲和好的意见或建议，才称得上聪慧、睿智。

官箴价值：站得高，看得远；听得进，善采纳。这既关系到官德、官风，又是取得良好政绩的重要途径和方法。与之相对的，是只顾眼前利益，罔顾长远和大局；自以为是，听不进他人意见，只搞"一言堂"。为官一任，成败得失，全在"明"和"聪"这两个字的取与舍。

十三 《太甲下》（72—80）

72.（伊尹曰）民罔常怀，怀于有仁。（《太甲下》，143）

译文：百姓并不归附某个特定的人，他们只归附有仁爱和施行仁政的人。

官箴价值：民为邦本，本固邦宁，但要获得老百姓的支持和拥护，执政者就必须对老百姓施与仁爱，实行仁政。古今同理，今之亦然。为政者不可不察，须悉心领会。

73.（伊尹曰）鬼神无常享，享于克诚。（《太甲下》，143）

译文：鬼神也不保佑某个特定的人，而只保佑真诚的人。

官箴价值：古人虽迷信鬼神，但此言却是针对人说的，该训诫隐喻的是，连鬼神尚且护佑真诚的人，那么，人呢？自然更支持和拥戴真诚的同类了。所谓"人不信不立"，正是这个古训要告诫人们的。今人不再迷信鬼神，但人只相信有诚信的人并愿意与其交往，却是与古人并无二致的。当今社会，诚信大失，人人自警和畏惧他人，大大地损伤了人们的社会交往和社会和谐气氛。做人为官当引以为戒，为重建诚信社会作出自己的贡献。

74.（伊尹曰）德惟治，否德乱。与治同道，罔不兴；与乱同事，罔不亡。（《太甲下》，143）

译文：实行德政，天下就得到很好的治理，不实行德政，天下就会发生动乱。采取与德政同样的治理做法，天下就会兴旺发达；采取不实行德政的致乱的做法，就会自取灭亡。

官箴价值：古人倡行德政，认为实行德政就会致天下太平，造就升平盛世；相反，不实行德政，就意味着实行暴政，必然招致社会动乱，最终走向灭亡。当今中国倡行法治，但并没有泯灭德治的价值。于法治中配合实行德治，使国家和社会的治理相得益彰。特别是在法治没有得到全面、深刻理解状态下，以德治和德政弥补法治中的缺失，以及匡正法治的弊端，显得尤其重要。古人此一训诫，于当今的国家和社会治理仍有重大的现实启迪和借鉴价值。

75.（伊尹曰）若升高，必自下；若陟遐，必自迩。（《太甲下》，144）

译文：要登高，一定要从脚下开始；要行远路，一定要从近处开始。

官箴价值：这是一般的事理逻辑，简单明了；与之相对的是"好高骛远"，意为好大喜功，不切实际。如果用在官场上，对那些只喜欢放空话、说大话，不愿脚踏实地做好眼前细小的具体工作的官员来说，具有极为现实的警示意义；对于那些脱离实际，一心搞"形象工程"，做表面形式主义文章的官员来说，更具有切实的教训价值。

76.（伊尹曰）无轻民事，惟艰；无安厥位，惟危。（《太甲下》，144）

译文：不要轻视老百姓从事的劳作，因为那是很艰难的；不要认为自己的君位是很安稳的，因为那也是很危险的。

官箴价值：如果将其从对君王的告诫延及官场，对所有的官员也具有警示和告诫的价值。即使在当代，所有官员都应当体察下情，体恤普通民众的生产、生活的艰难和困苦；自己尽管为官，但究实说来，仍是人民的公仆，如果不能很好地为人民服务，甚或再作出滥权、违法之事，迟早都要为此付出失去官职的代价。一批批腐败、失职的官员纷纷"落马"或离职，就是此一告诫的最鲜活的例证。

77.（伊尹曰）慎终于始。（《太甲下》，144）

译文：从始至终都要谨慎。

官箴价值：为官总要用权，权力运用得当与否，既关系到一方或部门的兴衰成败，又关乎他人的福祸，还关系到个人的安危，因此，必须谨慎用权，从始至终都不可懈怠和轻忽。这真是古今都不能改易的为官之道。

78.（伊尹曰）有言逆于汝心，必求诸道；有言逊于汝志，必求诸非道。（《太甲下》，144）

译文：有些话不符合你的心意，就一定要用道义来衡量；有些话顺从你的心意，就一定要用不合道义来衡量。

官箴价值：俗话说，忠言逆耳，良药苦口，其实世上很多事理都是相反相成的。有些话听起来不顺耳，违背你的心意，但如果从道义上去衡量，却是对的；相反，有些话听起来很受用，很顺你的心意，但不符合道义，如口是心非、言不由衷，或溜须拍马、阿谀奉承，再或者是欺瞒蒙哄，为你布下"钓饵"，引你"上钩"等。这真是人生听声辨是非、识真假的至理箴言。如果是官员，由于身份和地位的关系，往往会自以为是，抱持一种盲目的优越感，只愿听顺耳并符合心意的话，而对那些如金玉一般的良言却往往听不进去，为此造成的职场失败何止万万千千。现今的官员有些盛行"一言堂""老虎屁股摸不得"，大多也是以是否符合自己的心意做评判的标准。所有的官员应当以此为戒，慎重对待下属、民众对你所说的话，不论是逆耳的，还是顺你心意的，听了之后，要用"道"和"非道"加以考量，然后再决定是接受还是用戒心提防。

79.（伊尹曰）弗虑胡获？弗为胡成？（《太甲下》，145）

译文：不思考怎么会有收获？不实干怎么能够成功？

官箴价值：思虑，就是谋划，才会有收获，后世所谓"事不预不立""行成于思，毁于随"，都可以认为是对这一古训的继承和发展；光说不练，那是嘴皮子功夫，纸上谈兵罢了；业广惟勤，凡事都是通过实干才能成功，正如扫帚不到，灰尘不会自己跑掉一样。这样的事理逻辑古今都不会改易，天上不会自己掉下馅饼，只有稼穑和耕耘，才有粮食收获，才有可能做成馅饼供人食用。为官更是如此，订计划、出政策、施政事之前必须仔细谋虑，详细规划，才能制定出良好的计划和政策方案，才可以进一步推行；推行过程中还要脚踏实地，认真苦干，才能取得成功。如有些官员动不动一拍脑门就作出决策，显然缺乏深思熟虑，其结果往往是施政的失败，给国家和人民的财力、物力造成极大的损失。而有些官员喜欢搞形式主义，浮在上面，泡在无休止的会议中，夸夸其谈，不深入基层，不体察下情，不干实事不说，甚至懒政、怠政，尸位素餐，同样也不会取得什么好的政绩。由此可见，此一官箴在当代仍有极现实的启迪和警示价值，值得当政者悉心体味与借鉴。

80.（伊尹曰）臣罔以宠利居成功。（《太甲下》，145）

译文：臣下不要凭恩宠和利禄居功。

官箴价值：凭宠利居功的官员在古代在所多有，而于今的官员队伍中同样大有人在。一些官员罔顾自己作为人民公仆的地位和身份，背离了为人民服务的宗旨，一心只为谋取个人及小家庭的私利，为了能够升职和提薪，采取各种不当的甚至违法的手段讨好上司，争取领导的重视和信任。为了"抱紧"领导的"大腿"，他们竭尽阿谀奉承之能事，有言必听，有计必从，目的是博得领导的青睐，以争取日后的升职和提薪。更有甚者，不惜以财色施贿，重金买官，一旦达到目的，反过来又疯狂地非法敛财，成为贪腐官员。这一切都彰显了此一官箴的重大价值和现实意义。如果我们的官员能够以此为戒，远离凭宠利而居功，国家公务员队伍就会清明得多、纯洁得多。

十四 《咸有一德》（81—83）

81.（伊尹曰）常厥德，保厥位。厥德匪常，九有以亡。（《咸有一德》，147）

译文：人如果能经常不懈地修德，就能使自己的地位安定。如果不能经常修德，国家也会因此灭亡。

官箴价值：此箴言的价值在于强调修德的重要性，修德关系到个人的地位存失和国家的存亡。这就是古代高度重视个人修德和在国家实行德政的内在动因。今人的治国理念无论有多大的改变，但个人修德的重要性并没有降低。现实的官场中之所以有如此多的官员倒在贪腐的路上，以致身陷囹圄，抱憾终生，其实都是因为他们放纵了自己的情欲，一味地追求现实的利益，全然忘记了对自己的思想修养和良好品德的培养，在错误和贪腐的道路上越走越远，以致不能回头。现实中无数落马的贪腐官员的事例再次彰显了官员个人修德的重要性。所有的国家公务人员都应当以此箴言为警示，切实加强个人的品德修养，这不仅关系到国家和人民的福祉，而且也关系到官员个人及其家庭的安康与幸福。此一警示确实值得深察并努力经常践行。

82.（伊尹曰）德无常师，主善为师。善为常主，协于克一。（《咸有一

德》，149）

译文：德没有固定不变的标准（榜样），正善就是标准。善没有固定不变的标准，纯一就是标准。

官箴价值：上古之人认为德没有固定的标准，但认为善可以作为标准，这就把善在道德体系中的重要地位凸显出来并把其价值彰显出来了。进而认为，善也没有固定不变的标准，但把纯一视为标准，这就把纯一在善的总体系中的地位和价值凸显出来了。在今人看来，道德和良善的内涵已经大大地丰富了，但无论如何，德与善之间的最基本的关联却是固定不变的。世界上没有一种道德体系不是以善作为主要基础支撑和重要内容的。与善相对立的非善特别是邪恶无论如何都要被排除在道德体系之外的。此语的官箴价值就在于，为官要有道德，立政就要行善，不仅要有善行，而且还要行善政。这对当今的官场的净化意义是不言而喻的。君不见当今为数不少的官员无德、丧德竟到了贪污受贿、横行一方、鱼肉乡里的地步。如今的官德宣传教育突出和强调行善、施德政以及教育官员洁身自好，秉持个人品质的纯净方面的内容，不仅是重要的，而且是适时的。

83.（伊尹曰）无自广以狭人，匹夫匹妇，不获自尽，民主罔与成厥功。（《咸有一德》，150）

译文：不要认为自己有多么宏大而人家又是那么渺小，如果平民百姓不尽力扶持你，即使是君王也难以做出政绩来。

官箴价值：除了君王，其实也完全适用于官场。就是在当代，在干部队伍中，自以为是，以为同僚和下属皆不如我，而普通群众更不在话下的官员并不少见，他们不尊重群众，轻视民众，平日总摆出万人皆应听命于我、万物皆可役于我的架势。这类官员不会有什么好的政绩的。由此可见，此一在上古时代针对君王的劝喻，在当代仍然具有很强的警示和启发价值。

十五 《盘庚上》（84—85）

84.（盘庚曰）若网在纲，有条而不紊；若农服田，力穑乃亦有秋。（《盘庚上》，159）

译文：就好像（打鱼人）把网结在纲上，才能有条理而不紊乱；就好像农民从事田间劳动，只有努力耕种，才可望有好收成。

官箴价值：两个形象的比喻来源于生产、生活实践，其寓意前者是做事一定要有条理，而条理的形成就必须在事前作出妥善的安排，好像渔民打鱼前一定要先整修好渔网一样，而将渔网编织在粗大的纲上，就保证了渔网不会紊乱，打鱼就会有收获。后者的寓意则是强调凡事必须下功夫去做才能取得成功，好像农民种田，只有精耕细作、辛勤耕耘才能有所收获。以上两种寻常事理用在官场上同样具有价值。现今的官员中，有些人做事全无章法，对本部门、本辖区内的各项事务，特别是对突发的人为或自然灾害状况缺乏事前预判，临事慌乱，给国家和人民的生命、财产造成巨大的损失，而另有些官员懒政、怠政，为官一任却做不出值得让人称道的政绩来。这些官员无疑应当从这样的官箴中受到教益，以改进自己的作风和工作。

85.（盘庚曰）乃不畏戎毒于远迩，惰农自安，不昏作劳，不服田亩，越其罔有黍稷。（《盘庚上》，159）

译文：如果你们不怕将来或眼前会有大灾难，（那么迟早总会发生）就像懒惰的农民自己只顾寻求安逸，不操劳，也不好好地从事田间劳作，结果就没有黍稷收获一样。

官箴价值：为官一定要有使命感、责任心，要避免从政失败招致灾祸，就要从事辛劳的理政工作，切不可只贪图自己的安逸和享乐，这就是为官一定要守住的责任心底线。现实中许多官员由于各种原因纷纷"落马"，为自己、家庭和一方的人民招来各种灾祸，包括在"高墙"内度过余生乃至付出生命代价的惨痛教训，究其最初的起因，无一不是从只图自己的个人安逸享乐、缺乏责任心和使命感、懒政怠政开始的。由此可见，此一官箴在当代仍有显著的价值和启迪、警示意义。

十六 《盘庚中》（86）

86.（盘庚曰）永敬大恤，无胥绝远，汝分猷念以相从，各设中于乃心。（《盘庚中》，169）

译文：要永远重视大的忧患（指当时的水患），不要互相疏远！民众应当考虑互相依从，各人心里都要想到和衷共济。

官箴价值：此处的官箴价值在于，即使是上古帝王，也懂得做民众思想工作的必要性和重要性。面对有怨言、不顺从的民众，盘庚并没有一味地用强力迫使民众搬迁，也没有对不顺从的民众进行惩罚，而是反复向他们解释搬迁的好处，不搬迁的害处，更难能可贵之处还在于，他规劝民众要树立牢固的忧患意识，号召民众不要相互疏远，而是要互相团结，和衷共济，共同应对时艰。这样的思想教育和组织动员工作所体现的爱心、诚意和宽容精神，在当代也有启迪和教育意义。改革开放以来，面对城市建设中需要解决的大量拆迁问题，我们不少的地方和官员都面临拆迁的动员和组织问题，无论这些拆迁的范围和规模多大都不能与迁都相比，但总是要面对一部分乃至全体被拆迁民众的不满、怨愤、不顺从乃至暴力抗阻问题，所面临的说服工作同样很艰巨，这就需要负责动员和组织拆迁的官员和工作人员要有耐心地做思想工作。先王盘庚在这方面的态度和做法值得我们借鉴。至于那些官员和工作人员用简单粗暴的态度和做法对待不顺从的拆迁民众，以致造成群体事件甚至酿成血案的严重后果，必须竭力加以避免，不能重蹈覆辙。由此看来，盘庚的态度和做法，从官箴的价值来说，在当代仍有重要的现实意义，值得我们深察和效法。

十七 《盘庚下》（87—88）

87.（盘庚曰）无戏怠，懋建大命！今予其敷心腹肾肠，历告尔百姓于朕志。（《盘庚下》，170）

译文：不要贪图享乐，不要懒惰，努力传达我的教命吧！现在我开诚布公地把我的意见全部告诉你们各位官员。

官箴价值：可以从两方面分析，一是告诫官员不要贪图享乐，不要懒惰。这在前面的官箴中多次提到并分析过，此处不必赘言。二是盘庚作为一国之君，普天之下，莫非王臣，然而他并没有一味地居高临下，没有以万人万物皆役于我的居高姿态出现，而是坦诚面对臣属和民众，直言相告自己的意见和看法，希望得到理解和支持。这种态度和做法对当代的官员也有教育和启示意义。在当代，党和国家正大力倡导干部走群众路线，与群众交心、比心，在制度上正大力推行政府信息公开化、透明化。

88.（盘庚曰）今我既羞告尔于朕志若否，罔有弗钦！无总于货宝，生生自庸。式敷民德，永肩一心。（《盘庚下》，172）

译文：我现在已经把同意或不同意的意见告诉你们了，不要有不顺从的！不要聚敛财宝，要为百姓谋生立功。要把恩惠施给民众，永远能够与民众同心。

官箴价值：这与前述官箴意义近同。君王本着诚恳的态度把同意和不同意迁都的理由都坦率地告诉众位大臣了，希望有一个好的结果，使迁都顺利进行。与此同时，再次告诫各位大臣不要贪财，要以实际行动为百姓谋生并建立功业；还要与民众同心，把实实在在的利益施于民众。换成现代话语表述，就是要求官员自律，保持清廉，要干实事，以勤勉谋取政绩，要始终想到群众，与他们同心同德，把切实的利益带给广大群众。此官箴看似平常，但意义深远，值得深思并付诸实践。

十八 《说命上》（89—90）

89.（高宗武丁曰）朝夕纳悔，以辅台德。（《说命上》，177）

译文：你要早晚赐教，以便帮助我修德。

官箴价值：商王高宗武丁遍求天下终于求得傅说为相后，要他早晚赐教，目的是帮助自己修养道德（以便更好地治理天下）。在崇尚明君贤相的上古时代，君王虚心接受大臣的意见和建议，而且是每天听、经常听，而大臣也是天天进言，经常提出自己的看法。武丁和傅说的这种互动或许就是一个有代表性的生动事例。如果撇开上古君臣的特定角色，放在一般的官场上包括现在的官员队伍中，也有重要的官箴参考价值，那就是上级领导一定要虚心地、经常地听取下属的意见和建议，特别是一把手，更应当努力去听取下边的意见和建议，这不仅有利于领导者自己修养道德，保持清廉品德，而且也有利于工作开展，取得更好的政绩。

90.（高宗武丁曰）若药弗瞑眩，厥疾弗瘳；若跣弗视地，厥足用伤。惟暨乃僚，罔不同心，以匡乃辟。（《说命上》，177）

译文：如果吃了药一点也不头昏眼花，病就不会好；如果赤着脚走路不看地下，脚就可能因此受伤。希望你同你的下属，无不同心合力，纠正你们君王的过错。

官箴价值：关于中草药的药理作用，中国还有"药毒乃得除病"之说，与之相匹配的良言逆耳也有另一种说法："言切乃得去惑。"说的就是俗话所表达的意思："良药苦口利于病，忠言逆耳利于行。"放在官箴上看，所表达的就是要官员特别是负领导责任的官员虚心听取下属的意见和建议，因为这有利于官员弥补自己的不足和片面性，提高决策质量，从而取得施政佳绩。当然，官员特别是领导者自己的态度和谦虚精神固然重要，但下属的态度和勇气也同样重要，高宗勉励傅说及其下属同心合力致力于纠正君王过错的诫勉之言，同样具有官箴价值。那就是官员要精诚团结，协力合作帮助上级领导改正工作中的错误，提高工作质量，这同样需要负责的态度和精神。要有敢于进言的勇气，这显然是要纠正那种饱食终日、无所用心，或者事不关己、高高挂起的不良政风；再或者要消除明哲保身、一团和气的官场不正之风。没有良好的政风，没有积极向上的政治环境，没有团结、合作、宽容的政治氛围，显然是无法取得执政佳绩的，这就是此段官箴的现代意义所在。

十九 《说命中》（91—95）

91.（傅说曰）惟治乱在庶官。官不及私昵，惟其能；爵罔及恶德，惟其贤。（《说命中》，181）

译文：（傅说告诫武丁）一个国家的太平或动乱在于百官。官职不要授予自己偏爱和亲近的人，要看他们是否有才能；爵位不要赏赐给品德不好的人，要看他们是否具有贤德的品质。

官箴价值：上古之人认识到官员在国家中的地位极其重要，甚至关系到国家治与乱这一重大的国运问题，这一体认非常重要。更难能可贵的是，古贤还提出了任人的标准问题，就是任命官员只能依其才能，而不能出于私情，不能因为是自己偏爱和亲近的人就授予官职。同样地，赏赐爵位也不能给那些品德不好的人，只能授予品德贤良的人。在今人看来，这种标准看似不高，但无论如何，这种最低限度的标准必须守住，否则，官员队伍的质量就会大打折扣。即使在今天，这种任人唯贤、反对任人唯亲的任用官员的底线，也必须守住，以保证官员队伍的纯洁性。现在各级领导官员和组织部门早已深刻体认：在方针、路线决定之后，官员就是决定性因素。此段官箴的意义和价值，由此得以彰显。

92.（傅说曰）虑善以动，动惟厥时。有其善，丧厥善；矜其能，丧厥功。（《说命中》，181）

译文：确认是善政才行动，行动还要选择时机。自以为是善政而人家不承认，反而丧失了自己的善绩；自己夸耀自己的才能而人家不承认，反而丧失了自己的功劳。

官箴价值：为政不能轻率，在实施重大政策之前，一定要反复考虑是否有利于取得政绩的良好预期。这样做了之后，选择实施善政的时机也很重要，早了条件还不具备，政策推行就有窒碍；晚了又可能错失良机，政策难以推行。只有恰逢其时，才能取得预期的佳绩。是否是善政，官员不能凭个人的主观臆断，还要接受别人的看法和评判，自以为是地认为自己推行的是善政，结果可能适得其反。同样，自己夸耀自己的施政才能，如果别人认为是不当的或愚蠢的行为，不仅做了无用之功，还可能造成损失。此箴言即使放在当今的官场上，仍有启迪和警示价值，值得我们每一个官员深察和戒惧。

93.（傅说曰）惟事事，乃其有备，有备无患。（《说命中》，181）

译文：做任何事情，都要有准备，有准备就没有后患。

官箴价值："有备无患"现在早已成为人们日常行为的箴言，常常被人提起。但放在官箴的价值和意义上，仍有极强的警示作用。随着当代社会的急剧转型、社会结构的极大变化、科技的高速进步和发展，以及如潮水般的信息的不断翻涌，人们的生活、生产和工作处在急剧变化和难以把握的不确定状态中，要想得到预期的成功，在做任何事情之前都要做好思想和各方面物质、资金的准备。否则，临时抱佛脚，于事无补，只能招致损失或失败。据报道说，在西北地区发生的一次大地震中，人民的生命和财产遭受了巨大的损失，但一座中学却无一学生伤亡。这种奇迹的出现不是偶然的，而是因为学校领导经常组织师生进行防震减灾演习。在地震发生时，师生们井然有序地撤离即将倒塌的校舍而到了安全地带，所以无一例伤亡。这就彰显了有备无患的价值和意义。在2016年夏季各地的洪水灾害中，有准备的地方，就大幅度减少了人员伤亡和财产损失，而没有准备或准备不足的地方，就造成了大量的人员伤亡和巨大的财产损失。这些最新的事例也足以证明有备无患的官箴价值和意义。

94.（傅说曰）无启宠纳侮，无耻过作非。（《说命中》，181）

译文：不要宠爱小人而自讨轻侮，不要认为有过错是羞耻而文过饰非。

官箴价值：在古今中外的官场上，这种现象屡见不鲜，在当代新型的社会主义官场也在不少官员身上有所表现。其根本的原因还在于官员的个人道德修为欠缺，有些官员怀着各种不良的动机进入官场，又不注重自己的道德修养，为人施政充斥着利己的打算，宠爱小人，用现代的话说就是宠爱品德低劣的人。之所以宠爱那些品德不良的人，无非为了满足自己虚荣或不当甚至非法利益的需要。现代不少的官员包括高级官员就是用了一些品德不良之人担任秘书或其他主管日常事务的职位，以为其贪腐行为提供支持和便利。很显然，这不仅是"自讨轻侮"的问题了，而是自取败亡之道了。至于犯了过错只认为是耻辱，不仅不能做到知错必改，反而错上加错，千方百计予以掩饰，这也是官员个人品德修为欠缺的表现。人生谁无过错？官员亦是。但面对自己犯的过错，有的人和官员做到了知耻而后勇，承认自己的过错并加以改正；而另一些人和官员则相反，他们试图找各种理由和方式来掩饰自己的过错，以满足自己的虚荣心。这样做的结果，不仅于过错无补，而且会使自己错失了改正的机会。

95.（傅说曰）非知之艰，行之惟艰。（《说命中》，182）

译文：懂得这些道理并不难，实行起来才难。

官箴价值：这也许是流传至今的"知易行难"箴言最初的版本。它的最大意义就在于知道道理并不难，难的是付诸实践，把道理化成实实在在的行动。无论为人做事还是为官从政都是这样。这个官箴简单明白，无须深论，只需认真地付诸行动。

二十　《说命下》（96—99）

96.（傅说曰）人求多闻，时惟建事，学于古训乃有获。事不师古，以

克永世，匪说攸闻。（《说命下》，184）

译文：一个人要求多听，是想要建立功业，只有学习古人的教导，才会有收获。做事情不向古人学习，而国家能够长治久安，我傅说没有听说过。

官箴价值：做人为官要成就一番事业，就必须有知识，通古今之变。人如何有知识，怎样才能通古今之变？只有靠后天习得。向人求教，多闻多问，就会增长知识和才干。除此之外，向古人学习也很重要，古人的教导是过往生产、生活的经验结晶，是实践检验过的真知，虚心学习古人的教导，就是传承过往的经验和知识、技能。向古人学习，就是增长知识和才干的重要途径。这样的官箴价值就在于突出了学习的重要性。几千年前的古贤有此见识实在是难能可贵，于今也有重要的启迪和教训价值。现代是一个科学昌明、知识爆炸或增长的时代，官员不学习，就不能获取从政必需的知识和信息，就不能有效地提高从政水平，早晚将被淘汰。这种激励官员学习的箴言，在当代仍有重要的启迪和警示价值与意义，值得每个官员深深领会并努力实践。

但应指出，此句中的向古人学习，不必过于拘泥地理解。不能绝对地认为凡事不向古人学习，国家就不能长治久安，这不符合创新和发展、进步的理念。我们尽可以将这一观点理解为学习一切先进文化，包括优秀的传统文化的必要性和重要性。

97.（傅说曰）惟学逊志，务时敏，厥修乃来。允怀于兹，道积于厥躬。（《说命下》，184）

译文：要通过学习使自己的心志谦虚，自己务必时时努力，品德的完善就自然实现。相信并记住这一点，道德就会在自己身上积累下来。

官箴价值：这是为人做官思想修养的重要一环。学习使自己的心志谦虚，就能放下做人的优越感和为官的高傲感，只有虚心和谦逊才能向他人学习，听取意见和建议，这是做人为官品德修养的第一步，是个态度问题。但仅此还不够，还要经常坚持，时时努力，才能潜移默化，使自己的品德逐步完善起来。此语的官箴价值重在强调品德修养。首先要端正态度，要养成谦逊的品格，还要长期坚持不懈，才能最终达到使自己的品德完善起来的目的。相信并记住这一点很重要，因为人的道德是一点一点地积累起来的。

98.（傅说曰）惟敩学半，念终始典于学，厥德修罔觉。（《说命下》，184）

译文：教是学的一半，自始至终念念不忘学习，道德就会在不知不觉中逐步完善。

官箴价值：后世的教学相长的最初表述或许就是出于此番教诲。教与学相辅相成不单表现在知识的积累方面，同样表现在道德的积累上，只要自始至终坚持学习，道德就在潜移默化中逐步完善起来，做人是这样，为官亦然。教导别人的同时，自己也在不知不觉中得到学习，坚持下去就会使自己的道德在日积月累中完善起来。

99.（傅说曰）监于先王成宪，其永无愆。（《说命下》，184）

译文：借鉴先王早已制定的大法，就会长久地没有过失。

官箴价值：先王制定的成法肯定是一种经过探索而逐步成熟起来的经验结晶，借鉴这些成法，就是继承先王的治国理政的经验和方略。这也是一种学习，是实现国家长治久安，少犯错误、不犯错误，避免走弯路的重要官箴之道。当然，借鉴不是对成宪原文照搬，而是要根据现实的国情选择性运用。这种官箴价值对当代的治国理政也有重要的启迪作用，其中蕴含着治国理政必须学习和借鉴一切有益的政治、法律资源，包括古人的治国经验和优秀的法律这种开放、包容的治理智慧和方略、方法。

二十一　《泰誓上》（100）

100.（武王曰）同力度德，同德度义。（《泰誓上》，207）

译文：力量均等则有德者胜，道德均等则秉义者强，（揆度优劣，胜负可见）。

官箴价值：两个人或两股势力势均力敌，不相上下，如何分出优劣，预判胜负？此官箴的价值就在于确立了一个标准。在力量均等的情势下，看谁的德性更好。得道多助，德性好的一方更胜一筹，失道寡助，德性差的一方就会失败。同理，在道德均等的情势下，看谁更能秉持义理。秉持义理好的一方胜，秉持义理差的一方就会失败。所谓有理走遍天下是也。这个揆度优劣以预判胜负的标准蕴含一条极其重要的官箴之道——考察人和势力优劣的最高标准就是道德和义理。放在官场上考察官员和某一势力或组织，就必须首先考察其道德水准和义理的持与失，而不是单纯看他（它）们的力量大小。此一官箴在当代，无论是作为官员个人道德修养和义理秉持，还是作为考察官员或组织的一个标准，仍有现实的价值和意义。

二十二 《泰誓中》（101—102）

101.（武王曰）受有亿兆夷人，离心离德；予有乱臣十人，同心同德。（《泰誓中》，210）

译文：纣王受有亿兆平民，都离心离德；我有齐心协力的治国大臣十人，都同心同德。

官箴价值：离心离德、同心同德作为力彰团结的箴言，流传至今并被广泛地使用。商纣王虽有亿兆臣民，但由于他荒淫无度，残害忠良，致使近臣众叛亲离，臣民既不同心，又不同德，结果像一盘散沙，形不成合力，被武王一讨伐，顷刻国灭人亡。相反，周武王起兵时虽治臣和军民人数不多，但大家同心同德，齐心合力，高度团结并形成强大的凝聚力，结果以弱胜强，终于推翻商王朝，奠定周朝的建国基业。史上这类关乎国家兴亡、个人成败的实例还有很多。作为官箴，即使放在今天的官场上也具有极强的现实价值和意义。为官一任掌管一个部门也好，或者管辖一片或大或小的行政区域也罢，工作千头万绪，任务异常繁重，但无论如何都不可轻忽属下及民众的力量，只有靠好的治理思想，靠惠民的政策以及全心全意为人民服务的精神，凝聚人心，团结各方面积极的力量，万众一心，大家同心同德，其利断金，就没有任何克服不了的困难，也没有任何战胜不了的艰难险阻。这就是离心离德和同心同德所导致的不同结局。

102.（武王曰）虽有周亲，不如仁人。（《泰誓中》，210）

译文：（纣王受）有至亲在身边辅佐，比不上我（指武王）有仁人帮助治理朝政。

官箴价值：国君在治国理政中，总要有人辅佐，通过分官设职，任用官员各司其职。官员的任命无论是亲近的人，还是疏远的人，都不是问题的关键，关键是选对人，只有选任那些既贤德又仁义的人充任各级官吏或政府雇员，才能建立起政治清明的官场氛围，才能把各项公务和政府职能担当好。这种官箴价值和意义在当代也必须坚持。任命政府官员一定要选任那些品德优良、仁义的人士，这样才能把国治好、把政理顺。

二十三 《泰誓下》（103）

103.（武王曰）树德务滋，除恶务本。（《泰誓下》，216）

译文：建树美德，务必要慢慢培养；清除邪恶，力求根除彻底。

官箴价值：一个人的美善品德不可能在一天内养成，务必时常培养，使其逐渐完善起来，这显然完全契合道德培养的客观规律；对于邪恶，无论是邪恶势力、身心顽疾，还是思想上的邪恶观念，都要彻底清除，如不清除干净，留下隐患，势必又慢慢滋长，终致大害。此箴言，无论是对个人的品德修养还是对为官治国理政，都有极强的警示和戒惧价值与意义。每个人、每个官员都应当细心领会、努力践行。

二十四 《武成》（104—105）

104.（记武王政事）建官惟贤，位事惟能。（《武成》，230）

译文：建立官职只任用贤人，安排吏治只挑选能人。

官箴价值：从上古传说中的三皇五帝到夏、商、周三代之所以被后世尊崇为古代政治文明的典范，其中一个重要的原因就是上古圣王和贤相极为重视建官任事中的用人问题，在开基立业之初，没有哪一个朝代不重视选用贤能之人为治国理政的大臣和各级各类官吏的。周武王开国之初也是这样做的。"建官惟贤，位事惟能"，就是周武王重视选拔贤能的人士充任各级各类官吏的记述。如此看来，上古时代延至中古和近古时代，官吏的贤能与否关系到国家的兴盛与败亡这种治国理政的根本大计，可以称之为一种治国理政的关键性要素，也可以称之为一种普遍性规律。及至当代，党和国家在选用各级各类公务人员时，也同样重视对选任人员进行严格的考察，以确认其是否德才兼备。这既可以看作对传统优秀的政治文明的传承，也可以视为对上述普遍规律的遵循，其价值昭示显明，其意义流布深远，于今也应当认真遵行，丝毫不可懈怠。

105.（记武王政事）惇信明义，崇德报功。（《武成》，230）

译文： 敦厚诚信，显明忠义，尊崇有德的，报答有功的。

官箴价值： 人无信不立，政无信无功，诚信是人类普遍崇信的价值观，周武王在立国之初，之所以要敦厚诚信，一是为了坚守人类的共同价值观，二是对商朝末代君王因弃守诚信而造成人心浮动、思想混乱的时弊的匡正。义通常与信连用，称"信义"，其实义也有自己独立的意义。无论在哪个时代，无论各个阶级对义的理解和诠释有多大的不同，对其中的某些核心要素都是普遍承认和践行的，如救危济贫、扶助弱小等。至今我们仍在全国范围内大力倡导"见义勇为"，很多地方还专门设立了"见义勇为奖"，以奖励那些不顾个人危险而救人于危难中的人。由此可见，"惇信明义"虽然早在上古时代就提出了，但今日仍然可以作为社会主义核心价值观的重要内涵，值得我们认真地提倡和践行，特别是在当前社会普遍存在诚信和道义缺乏乃至危机的情势下，更应当大力传承优秀的诚信和道义文化。

尊崇有德的、报答有功的在当代仍有重要的价值和意义，包括优秀传统道德观念和文化在内的社会主义道德体系，是国家和社会精神文明建设的核心内容，优良的公共道德体系是一个社会团结与和谐的重要力量，作为一种社会风气，引领社会充分发挥各方面的正能量，共同为建构一个善良、美好的社会贡献力量。因此，要建设一个强大的社会主义国家，树立良好的道德风尚，尊崇一切有德的行为和有道德的人，是极为重要的思想建设工程，是增强软实力不可或缺的内容。同样地，对那些于国家于社会作出贡献，特别是做出重大贡献的单位和个人予以表彰，包括一定的物质奖励，也是社会主义精神文明建设的一个重要的内容。国家和社会以各种方式表彰那些有功的单位和人员，不仅可以激励单位和个人更加努力，而且可以充分发挥榜样的力量和影响力，人人为国家和社会争做贡献。现在，在国家层面设立了各种重大的科学奖项，以奖励那些在科学技术领域作出突出和重大贡献的单位和科学家，就是在当代新型国家和社会体制内践行"报功"的具体方式。作为官箴，也是各级政府和官员努力践行的一项重要工作。

二十五 《洪范》（106—114）

106.（洪范·五事）一曰貌，二曰言，三曰视，四曰听，五曰思。貌曰恭，言曰从，视曰明，听曰聪，思曰睿。恭作肃，从作乂，明作晰，聪作谋，睿作圣。（《洪范·正事》，235—236）

译文：一是容貌，二是言论，三是观察，四是听闻，五是思考。容貌要恭敬，言论要正当，观察要明白，听闻要广远，思考要通达。容貌恭敬就能严肃，言论正当就能治理，观察明白就能昭晰，听闻广远就能善谋，思考通达就能圣明。

官箴价值：作为上古治国大法中排在第二位的大法，其所列举的"五事"分别是貌、言、视、听、思。这"五事"在今天看来是很寻常的，根本登不上治国大法的位列。但仔细审视，其中的言、视、听、思的确有事关治国大计的意涵，但这并不是这里所要分析的，意拟另一题详加诠释。放在官箴的立场上考察，也有很高的价值。容貌恭敬就能严肃，言论正当就能治理，观察明白就能昭晰，听闻广远就能善谋，思考通达就能圣明。这些对于每一位党政官员来说都是提高政绩所必需的品质和条件。如听闻广远用现代语言表述就是广泛收集信息，这是作出任何正确决策都必不可少的条件。表情严肃、言论正当、观察细微、思考通达这些都可以用现代语言和观念来置换和诠释，当代的党政官员特别是高级官员更应当身体力行，加强这几方面的修养和锻炼，这对于提高工作质量、治理水平至关重要。这"五事"的官箴价值值得认真发掘和开发。

107.（洪范·皇极）凡厥庶民，无有淫朋，人无有比德，惟皇作极。（《洪范》，237）

译文：凡是老百姓没有结成邪恶的帮派，百官没有私相比附的行为，只在君王作出榜样后才能实现。

官箴价值：此箴言突出了皇帝作为百姓和百官的表率和榜样的作用和力量，意含上梁正、下梁不歪的寻常事理。只有君王以身作则，成为道德的表率，百姓和百官才能效法，形成风清气正的社会氛围和清明的政治环境。如果我们将此箴言意涵放在当代的社会和政治环境中，将君王置换成领导干部，这种事理和官箴价值同样适用。现实中有很多实例足以证明：一个部门、一个地方的主要领导班子，特别是一把手清正廉洁，不拉山头，不搞帮派，该部门或地方的社会风气和政治氛围通常就比较好。这就是执政党和国家一再强调组织纪律性，不允许党政官员拉山头、搞宗派，更不允许结党营私的原因。此官箴的深刻内涵就是为官要正直清廉，既不能拉帮结派，也不要私相比附，还特别突出领导干部特别是一把手的表率作用和榜样力量。

108.（洪范·皇极）凡厥庶民，有猷有为有守，汝则念之。（《洪范》，237）

译文：凡是百姓中有计谋、有作为、有操守的，您要重视他们。

官箴价值：作为官员特别是负主要领导责任的官员，应重视从老百姓中发现人才，凡是那些既有良好品德，又有才能，还善于思考并能想出解决问题的对策的人，都应当充分发挥他们的作用，有些还可以委以重任。这体现了朴素的民主思想和民主作风，在当今也有启迪和教育意义。

109.（洪范·皇极）不协于极，不罹于咎，皇则受之。（《洪范》，237）

译文：行为不合法则，又没有陷入罪恶的人，您要宽容他们。

官箴价值：远在上古时代，人们已经能够区分人所犯下的过错与罪恶之间的差别。人即使犯了"王法"或其他行为不合法则，只要没有犯下罪恶，就应当给予宽容，不给予严厉的刑罚处理。用今天的话语表述，就是区别对待，对不合法则的行为给以宽容，以便使行为者能够知错必改，达到治病救人的目的。就全社会和国家的层面来说，也可以收到化消极因素为积极因素，减少冲突和对抗的效果，这有利于维持社会和谐的氛围和良好的政治生态。

110.（洪范·皇极）而康而色，曰："予攸好德。"汝则锡之福。时人斯其惟皇之极。（《洪范》，237）

译文：假若有人和悦温顺地说："我遵行美德。"您就要赐给他们幸福。这样，臣民就会思念君王的法则。

官箴价值：这里的官箴价值集中体现在官长要鼓励他人修德向善。既然古今道德都是保持和促进社会正气，那么，古今的官员都应当鼓励人们强化道德修养，培育整个社会和国家良好的道德风尚。因此，如果有人表示修德向善的良好愿望，官长应当予以肯定，并以各种手段和方式予以支持和鼓励。

111.（洪范·皇极）无虐茕独而畏高明，人之有能有为，使羞其行，而邦其昌。（《洪范》，237）

译文：不要虐待无依无靠的人，要敬畏明智显贵的人。假若某人有才能有作为，就要让他施展才能，这样，国家就会繁荣昌盛。

官箴价值：由于时代和阶级的局限，在上古时期就提出不要虐待无依无靠的人已实属难得。尽管只是从消极方面提出"不虐待"，但也为后世提出敬老、尊老打下了基本的道德观念基础。在当代全新的社会和国家中更提出了敬劳、养老的问题。在如今的老龄化社会中，国家和社会各个层面都不断地出台社会化养老的新政，一些社会组织和经济实体也在创造各种不同形式的养老机构如养老院等。对于丧失劳动能力的残疾人等也提供了各种不同形式的社会保障和社会救助。这些都可以视为对上古时期"不虐待"无依无靠的人的朴实观念的继承和发展。当然，这方面的工作还有不少应该和可以改进的方面，随着国家和社会的不断进步与经济条件的改善，这方面的工作以后肯定会逐步加强。

至于敬畏明智显贵的人，在当代应进行具体分析。对于明智显贵的人在不同时代有不同的认识。在古代，或许出于身份、等级等方面的考虑，阶级偏好和阶级歧视现象普遍存在。但放在当代的社会情势下，基于阶级和社会出身的原因而敬畏明智显贵的人，显然不仅不可取，而且是应当抛弃的过时观念。但是，如果有人经艰苦努力，学有所成，对社会和国家都作出了重大的贡献，如英雄模范人物、先进工作者、科学家和其他成功人士，就值得人们尊敬和爱戴。从这个意义上来说，"畏明贵"在当代并非毫无价值和意义，只不过需要全新的诠释和演绎而已。

假如有人有才能，就要让他施展才能，国家因此就会繁荣昌盛起来，这可以视为古今不变的官箴价值，在当代完全适用。鉴于这方面的官箴价值在前面已经多次诠释，此处不再论列。

112.（洪范·皇极）凡厥正人，既富方谷，汝弗能使有好于而家，时人

斯其辜。于其无好德，汝虽锡之福，其作汝用咎。（《洪范》，237）

译文： 凡百官之长，既然有常年的丰厚俸禄，假如您不好好地利用他们对国家有所贡献，臣民就将责怪您了。对于没有好德行的人，即使您赐给他们幸福，他们也会导引您施行恶政。

官箴价值： 这里蕴含两层官箴价值，前一层是要君王务必任用正人君子，或让有德之人为各级各类官员，而不要任用那些德行不好的人为官。这可以说是前面多次论及的任人仅以贤能为标准，而不是相反，即不能选拔那些品德不良的人为官。后一层意思是在前一层任人标准的前提下，尽可能发挥品德好的官员的才干，要创造和提供一切可能的条件使他们发挥自己的聪明才智，创造良好的政绩，对国家作出贡献。而对于品德不好的为官之人，其一本不该加以任命，其二即使任用了，并且让他们享有丰厚的俸禄，他们也会导引您实行恶政。这一正一反所体现的官箴价值贯穿了全部国家史和吏治史，正反的事例史不绝书。这种官箴价值在当代依然适用，如任用制度和各种考察机制将那些德才兼备的人选拔到各级领导岗位上来，并充分调动他们的工作积极性，包括不断地提高他们的薪金待遇，依然是当代党政公务人员政策应该注意并着重解决的重大课题。

113.（洪范·皇极）无偏无陂，遵王之义；无有作好，遵王之道；无有作恶，遵王之路。（《洪范》，237—238）

译文： 不要偏颇不正，要遵守王法；不要私心偏好，要遵照王道；不要为非作歹，要遵行君王指明的正路。

官箴价值： 作为人臣，应当遵守的三项标准，依次为施政要采取中道，不要左右摇摆，忽冷忽热；不要有个人的治政偏好，更不可以有自己的私心，要遵守王道；不要为非作歹，要遵行君王指明的正路。这三项标准看似不高，要真正做到并不容易。不论古今，凡处在官位上，总要行使人人必须服从的公共权力，再加上为保障这些公共权力的行使，国家总会为官员提供一些便利条件甚至是特权。长期处在这种万人皆服命于我、万物皆役于我的政治生态中，不知不觉地就会滋生某些特权思想，养成某些特权行为。再加上人性中本来就有的偏好、私心及恶的倾向的影响和作用，就在某些官员身上出现与为官之道背离的行为与现象，如唯长官意志是从，搞"一言堂";搞各种特权,侵害百姓利益;横行乡里,鱼肉百姓;甚至贪污受贿,走上违法犯罪的道路。由此可见,此"三无"实为金子般的官箴,古今一切为官之人都应当谨记,警钟长鸣,戒惧在心。

作为时代的印记,此处提到"三遵",即遵王义、王道、王路,是历史决定的时代特点。放在当今的语境下,将其置换为"法治",也是顺理成章的。在"法治"之下,为官的三项标准不仅不能降低,还要提出更加严格的要求。

114.《洪范·皇极》无偏无党,王道荡荡;无党无偏,王道平平;无反无侧,王道正直。(《洪范》,238)

译文:不要营私,不要结党,王道宽广;不要结党,不要营私,王道平易;不反不乱,不偏不倚,王道正直。

官箴价值:这里的官箴最大价值在于告诫为官之人切不可结党营私,因为结党营私的最大祸害就是造成社会动乱和国家的不安定。因事关重大,所以这里一连用六个"不要"加以强调,《尚书》中仅此一例。这种官箴价值在当代仍有重大的现实意义。一切国家公务人员和党的干部特别是领导干部都应当将其作为铁的纪律加以遵守,切不可以身涉险,万不能触碰这个为官的底线。事关国家的安危、社会的稳定和动乱,也关系到自己的身家性命和祸福。应当警钟长鸣,时刻戒惧,切!切!

二十六 《旅獒》(115—123)

115.(召公曰)人不易物,惟德其物。(《旅獒》,248)

译文:(如果)人身上有永不改变的事物,那不是别的,只是道德。

官箴价值:召公见远方国家向周武王贡献名叫獒(疑似今之藏獒)的大犬,对周武王说,远方各地贡献的奇珍异宝,无非吃的穿的用的器物而已,分给诸侯表示亲情,让他们不要荒废职事也就罢了,因为那些都是身外之物,只有道德才是人身上永远不变的事物,道德是别人贡献不来的,也不能分给别人,只有靠个人修炼,伴随一生。这种只把道德看作人生内在之物的见识是极为宝贵的,强调了人终其一生都要修炼道德,以提升自己的内在品质的重要性,值得当代人特别是为官之人深思和警示。

116.（召公曰）德盛不狎侮。狎侮君子，罔以尽人心；狎侮小人，罔以尽其力。（《旅獒》，249）

译文：君王有很高的道德修养，就不会轻视怠慢。君王轻视怠慢官员，就没有人替您尽心；君王轻视怠慢百姓，就没有人替您尽力。

官箴价值：如果我们抛离君王这个特定指向，放在一般为官的立场上看，此言仍有重大的官箴价值。一个官员特别是负有领导责任的官员，无论是以往的"父母官"，还是如今的人民公仆，关爱下属官员和平民百姓，都是为官者应当做到之事，本质说来，也是官民关系的应有之义。不轻视怠慢属下官员和普通老百姓，是一个最低的官民关系准则，凡为官者都应当做到。但事实上，由于官员掌握公共权力以及处在特权的地位，并不是每个官员都能做到这一点，通常能见到的则是居上傲下，自视高人一等，更有些官员骑在老百姓头上，作威作福。结果必然引起下属官员和老百姓的反感甚至反对。那样一来，谁还能为主管官员尽心尽力？无人替主管官员尽心尽力，谈何政绩。因此，尽管这只是一个为官者与属下和官民关系的最低标准，也极其重要，真正做到也不容易。召公以此理告诫武王，诚可谓发自肺腑，诚心诚意为武王基业着想。当然，要做到不轻视怠慢或进而尊重、爱戴，也必须有思想基础和道德修养这个前提。使自己的德行日益高尚起来就是这个基础和前提。此官箴看似寻常，其实意涵丰富，价值极高，隽永且深刻。

117.（召公曰）不役耳目，百度惟贞。（《旅獒》，249）

译文：不贪恋歌舞女色，处理任何政务都会正确而不失误。

官箴价值：首先，为官不贪恋歌舞女色，就能集中精力处理政务；其次，歌舞女色必然造成生活的奢靡与大量财物、金钱的浪费，往往还潜藏着权色交易等腐败行为，官员的堕落往往以此为起点。由此可见，虽短短八个字，其官箴价值极其重大，为官不可不警，不可不戒。

118.（召公曰）玩人丧德，玩物丧志。（《旅獒》，249）

译文：玩弄人会丧失德行，玩物会丧失抱负。

官箴价值：上古之人没有现代的人权和相互尊重的平等观念，在一个等级社会中，因特权形成了压迫人和奴役人的阶级结构与非平等关系，在这种社会总体形势下，富人歧视穷人、权贵奴役奴隶是正常的社会现象。在官场中，官员利用手中的权力和占有的特权地位肆意玩弄他人的现象极为普遍。上古之人虽然没有被现代的民主观念约束，但道德观念的约束还是很强的，以保障人际关系处于一种基本的和谐状态，包括玩弄别人在道德观念的约束下也不是可以肆意而为的。玩弄人也许不构成那个时代的法律责任问题，但是绝对构成了那个时代的道德问题，玩弄他人被认为是道德品行低下的表现，而一个人，特别是为君、为官的人一旦背负道德水平低下的评价，即会被人不齿，而被人不齿的人势必在个人名望和社会交往中处于极端不利的地位，其为人难以立足，而为君、为官更不可能取得好的政绩。为君品德低下，就会像商纣王那样最终落得亡国灭身的悲惨下场。

玩物丧志作为为人做官的箴言流传下来，当代人早已对其耳熟能详。一个人的精力有限，如果把时间和精力都用在把玩奇珍异宝上面，哪有心思去从事正当的职业？当官的哪还有心思去专注施政？不仅是为官之人，就是普通人，一旦染上玩物的恶习，就不用奢谈什么抱负或远大的理想了。

玩人丧德，玩物丧志，作为官箴所具有的极大价值，值得物质条件得到大幅度改善、生活水平极大提高的当代人特别是官员牢牢记在心里，警钟长鸣，时刻保持戒惧。

119.（召公曰）志以道宁，言以道接。（《旅獒》，249）

译文：自己的志向只有依靠道才能安定，别人的言谈只有依靠道才能应对。

官箴价值：这句箴言强调道的价值和重要性。道就是道义，事理的逻辑，是人类共同生产和生活经验的结晶，也是对自然规律的观察和认定。现代人通常用"理性"来表达。这句话是说应该做一个理性的人，用理性坚守自己的志向，就不会走邪路偏路，用理性与他人交往，就能和谐人际关系，创造良好的社会氛围。此箴言言简意赅，意义隽永，无论为人还是做官都应谨记在心，努力践行。

120.（召公曰）不作无益害有益，功乃成；不贵异物贱用物，民乃足。（《旅獒》，249）

译文：不做无益的事妨害有益的事，事业才能成功；不看重奇珍异物，不轻视日常用品，百姓才能富足。

官箴价值：这两句箴言极其朴实浅明，但寓意隽永，无论做人还是为官都应当铭记在心，时刻警惧。人生精力和时间有限，要做成任何一件有益的事都很不容易。如果同时做几件事，除少数超人之外，鲜有成功。对绝大多数的普通人来说，即使集中全部精力和时间做一件有益的事，都要经历千难万险才有望成功，如果还把时间和精力用在做一些或许无益的事上，必然妨碍去做有益的事，就很难建立功业。

同理，在奇珍异宝和日常用品方面，除少数专事收藏和从事专门技艺的人之外，绝大多数的普通人都要过寻常的日子，一天开门七件事，柴米油盐酱醋茶，使用的也多是锅碗盆勺和普通交通工具，即使当代的私家车取代了传统的马、牛车及其他大型牲畜的脚力，也还是代步工具而已。如果一个国家、一任地方长官把自己的从政精力和时间都放在追求奇珍异物方面，势必影响一国或一个地方的经济建设和社会发展，进而影响国家或地方百姓的日常生活，甚至造成饥荒和日用品的极度匮乏。中国在 20 世纪六七十年代所遭遇的饥荒和日用品匮乏的情景，给经历过那个时代的人留下了痛苦而又难以忘怀的印象。为官一任，造福一方，致富一地，这是为官的基本目标，也是百姓的普遍愿望。不贵异物贱用物，民乃足，正是达到这种目标和愿望的起步之点，寻常事理，但要做成，也还要认真领会，努力践行才行。

121.（召公曰）犬马非其土性不畜，珍禽奇兽不育于国。（《旅獒》，249）

译文：犬马不是土生土长的不畜养，珍禽异兽国内也不畜养。

官箴价值：此句的箴言价值应辩证地看，上古时代财力资源有限，用大量的财力畜养外来的犬马和禽兽肯定会影响初民社会的国计民生，为节省资源，召公劝阻君王不要畜养外来的犬马和禽兽，当在情理之中。而在今人看来，为丰富人们的精神生活，包括满足儿童内在的好奇心，乃至进行国际友好交往和增进各国人民之间的友谊，以国家的名义引进一些外来的珍禽异兽并兴建动物园进行饲养，也是兴国利民之举，国家和人民是能够接受并且欢迎的。至于在国家富裕之后，一些人凭借个人拥有的巨大财富引进和畜养外来的犬马、珍禽异兽的行为，国家虽不干预，但也不予鼓励，有些还应当禁止。如在中国一些人斥巨资引进和畜养藏獒，在美国有人畜养老虎、豹子等，从动物保护的角度上看，也是不应提倡的。至于近年来有人不断地引进外来物种的行为，已经严重地影响本地的生态平衡，甚至造成一定程度的环境灾难，应当明令或以法律的形式予以禁止。从现代行政行为的复杂性和行政治理的全面性的立场上看，此处的官箴仍有一定的警示价值和意义。

122.（召公诫武王）不宝远物，则远人格；所宝惟贤，则迩人安。（《旅獒》，249）

译文：不看重远方的物产，远方的人就会归顺；所尊重的只是贤才，附近的人就会安居乐业。

官箴价值：召公用宝物和贤人作对比，内含严肃的官箴寓意。无论是君王还是主事一方的大员只能从二选一，不能两者兼得。如看重远方的宝物，则边远之人要么被迫要么自愿陆续地贡献。无论宝物是玉石等自然之物，还是人造的奇异物品，得来绝不会容易。既然要费力费财去获取或制造，必然会加重边远之民的负担，负担重了，边民自然不高兴，乃至不满甚至产生对抗心理或行为，这对统治者来说，绝难满足稳固政权的预期。相反，不宝远物，则边民不必承担额外的经济负担，对于本来就处在贫穷状态的初民社会的边民来说，肯定是一个有利于维持他们低水平生活的利好的举动，自然会得到他们的拥护和支持，也就不会产生二心，更不会发生武装暴动或举兵反抗之事了。相反，还会率先来投，归顺中央王朝，边境无事，国家自然安定了。

至于"所宝惟贤"，指的是最值得尊重的人就是那些贤德之人。任人唯贤在上古时代是一个永恒的主题，在《尚书》的文论中曾多次论及，我们也分别作过评述。不过，在这里又补充了一句"则迩人安"。"迩"可以指君王或主管官员的臣属或部属，也可以引申为内地的国人，因为如果对应前句的"远人"，则这种引申更为合理，这种引申之意在前面尚未出现过，颇有创意。因为国家一旦得到贤臣治理，如果再加上一个"明君"，那就是上古之人最理想的政体了。由明君贤臣协同治国理政，国家就会兴旺发达，百姓自然从中受益，生活有了保障且得到改善，百姓自然就会拥戴王朝，民心安定下来了，安居乐业了，那国家怎么会不安定、稳固呢？

好一个"不宝"和"所宝"，一反一正，相得益彰，蕴含了深刻的治国战略思想和智慧，同样值得当今官员深切体悟和实践。

123.（召公诫武王）夙夜罔或不勤，不矜细行，终累大德。为山九仞，功亏一篑。（《旅獒》，250）

译文：从早到晚，不能有不勤奋的时候。不慎小德，终将损害大德。譬如堆垒九仞高的土山，只差一筐土，还是不算完成。

官箴价值：业精于勤，为官从政也是同样的道理，你不勤奋，就出不了政绩。因此，为官从政勤奋是题中应有之义。不仅如此，为官从政还不是一般的勤奋就能取得佳绩的，还要高出一般标准，直到达到从早到晚都不能懈怠，一天从早至晚都要勤奋的程度，推而广之，还要日复一日，月复一月，年复一年，只有保持那种超常的勤奋状态，才能在官场上有所作为，才能取得治国理政的良好政绩。

不慎小德，终累大德。这种官箴在前面的"慎始终"，以及要得到良好的结局只有从最初的时刻做起，作过相应的解析。不慎小德，终累大德，只是换一种表达。道德是逐步积累起来的，不从小德修起，到头来就会失去大德。在古今的官场上，一再上演这样的人生和官场的悲剧。直至今天，又有多少官员包括高级官员由于平日不注重道德的修养，在贪腐的泥潭中越陷越深，最终得到了身败名裂、家破人亡的悲惨下场，教训极其深刻。此处官箴虽非新意，但其价值卓著，值得当今每一个从政人员特别是领导干部永远牢记在心，戒惧终生。

同理，为山九仞，功亏一篑，现在虽为平常事理，为世人所耳熟能详，但在官场上仍有高度强调的价值。它涵括了官员从政需始终勤奋，不能懒政、怠政，以及慎终于始，坚持道德的培养和修炼，才能取得休美的从政结局之意，这两个官箴之道，值得深入体悟，永远铭记。

二十七 《康诰》（124—134）

124.（周公代成王诫卫康叔）克明德慎罚。（《康诰》，274）

译文：能够崇尚德教，慎用刑罚。

官箴价值：此处是指周文王开创周朝基业之初所实施的基本方略。在上古之主流价值观看来，道德既是个人立身之本，也是建国立政之本。文王"明德"就是抓住了根本，所以才有后来的武王伐殷成功以及西周王朝的建立。同样，"慎罚"也是立国的重要指导思想和方略之一。殷商末期特别是商纣王当政时期，由于纣王极度奢靡和腐败，招致包括一些正直的大臣在内的人的普遍反感和不满，纣王因此滥施酷刑加以镇压，于是激起更大的社会矛盾和冲突。周文王看准了这一点，改用慎重的态度和做法惩罚犯罪之人，减少了社会矛盾和冲突，得到了民众的拥戴和支持，最终武王灭纣建立了西周王朝。"明德慎罚"因而被周代视为开基立国施政的基本方略，并成为上古时代重要的官箴。及至当代，法治虽被提升为治国的基本方略，但丝毫没有减损德治在立教治国方面的重要价值和作用。至于慎罚则被减少死刑和实施轻缓刑罚以及宽严相济等刑事政策及指导思想取代，表达方式不同，但意义大体一致。因此，"明德慎罚"在当代仍有重要的官箴价值，值得深入体悟和践行。

125.（周公代成王诫卫康叔）不敢侮鳏寡，庸庸，祗祗，威威，显民。（《康诰》，274）

译文：不敢欺侮无依无靠的人，善于任用那些可以任用的人，尊重那些值得尊重的人，威慑那些应当威慑的人，显示于民众。

官箴价值：不敢欺侮鳏寡孤独，这在前面已经评析过了，此不重述；善于任用那些可以任用的人，也无非关涉前面分析过的任人唯贤唯能的任用标准，并无新意可析；同样，尊重那些值得尊重的人，也无非那些德高望重、正直、老成之人；值得关注的是敬畏那些应当敬畏的事，这在当代仍具有现实性极强的人文价值和官箴价值。由于当代的社会急剧转型，传统的道德体系衰微，新的适应市场经济的社会道德体系尚未定型，造成了相当严重的人与人之间的信任危机。有些激进者已然无所敬畏，甚至不惧怕任何人和事。他们中如果是普通民众则表现为胆大妄为，甚至对国家的法律权威全然不顾，为害他人，祸乱一方。而如果是官员，一旦无所畏惧，其情景更为可怕，其后果更为严重，直至腐败透顶、奢靡成风。即使在社会上，人们一旦不知敬畏天地和自然，破坏环境的现象就会屡屡出现；不敬畏道德，则肆意损害公共道德和社会公序良俗的行为随时随处都可能出现；不敬畏父母和长辈，虐待、遗弃的行为就会发生；诸如此类，不胜枚举。"威威"在当代仍有重要的人文和官箴价值，不可轻慢对待。至于"显民"，在当代的民主思想和政治环境中，其意义又远远地超出了尊宠人民的范畴，此处不作深论。

126.（周公代成王诫卫康叔）恫瘝乃身，敬哉！（《康诰》，276）

译文：治理国家应当苦身劳形，要谨慎啊！

官箴价值：倒不必机械地理解为为官从政一定要累到"苦身劳形"，乃至搞垮身体的地步。但为官从政的确是一个辛劳的工作，日理万机，政情复杂多变，绝不像请客吃饭或绘画绣花那样轻松自在。如今许多国家和执政党的工作人员懒政、怠政，这绝非正常状态。要做到一心为公，全心全意地为人民服务，确实是要下功夫、出大力气，从早忙到晚，时不时地还要加班加点，假日也要当班值守，确也辛劳。这是为官从政应有之义，虽不至于一定要造成"恫瘝乃身"的严重后果，但也要付出大量的额外的精力和时间。但我们也并不完全赞同时下舆论，名为赞赏暗中却是鼓励"拼命三郎"式的工作态度。如果一个人在工作岗位上累到一再病倒，直至身体垮掉，最终导致死亡（指累死或有病不治致死），也不是科学的工作态度。国家官员如同普通公民一样，也享有宪法所保障的休息权和健康权。只有劳逸结合，既保持身体健康，又做好工作，才符合当代对为官从政官员工作态度的理性要求。

127.（周公代成王诫卫康叔）往尽乃心，无康好逸，乃其乂民。（《康诰》，276）

译文：要尽你的心力，不要贪图安乐，才可以治理好百姓。

官箴价值：为官从政要尽心尽力，不要贪图享乐，这虽是最低限度的标准，要做到也并不容易。但为官从政本意如此，这是天职。如果做不到，要么自动离职，要么被免职。这对当代有些从政官员懒政、怠政又贪图安乐的现象，也是一种警示和纠弊诫语。

128.（周公代成王诫卫康叔）怨不在大，亦不在小；惠不惠，懋不懋。（《康诰》，276）

译文：民怨不在大，也不在于小。要使不顺从的顺从，不努力的努力。

官箴价值：在任何政治环境中，总有些人在利益格局中受到不公正对待或处于不利地位，这部分人表示出不满甚至积淀成民怨也在所难免。民怨有大有小，但作为国家当权者不应当只关注民怨的大小程度，不能以为民怨大就一定表示事态严重，或以为只有以强力手段应对才能减少民怨，那样做，反而可能激化矛盾，加剧民怨。当然，也不能以为民怨小就可以轻视或漫不经心对待，同样也应当重视。在上古哲人看来，对待民怨不能只就事论事，或只针对民怨来采取对应措施。其着眼点应转移到下列两个方面：一是要采取必要的措施和相应的政策调整，使不顺从的百姓变得顺从；二是要使用适当的奖励和激励措施，使懒人变勤，使不努力的人变成努力的人。人人奋进不仅可以保障个人生计的安稳以获得幸福，而且也利于国家的兴旺发达。这两点做好了，社会的和谐氛围建立起来，人心安定了，民怨自然就会大幅度减少。这两点对应之策的官箴价值极其隽永，值得当今的各级官员深入体悟。现实中我们的各级政府和官员用大量的精力和时间去做"维稳"的工作，但这种工作却有"水来土屯""兵来将挡"之嫌，哪里出现了矛盾激化的状况，特别是出现了群体事件，有关的政府官员第一个采取的措施就是组织各级国家公务人员特别是公检法的干警前去劝阻，有时还采取强力措施予以驱散。这样做的结果是虽解了一时的燃眉之急，但终究会留下不同程度的后遗症。与上古哲人的思路和做法比较起来，倒显得在认识和对待方式上有较大的差距，事实证明这也往往并非对待此类事件的良策。真正需要我们的各级政府和官员认真关注的是事件的起因，为什么会激发如此不该发生的群体事件？找出个中的原因特别是找出政府以往采取的相应措施是否有不当之处，并从根本上加以调整，或许就能达到上古之哲人所提出的使不顺从的人变得顺从、使不努力的人变成努力之人这样理想的施政和公共治理的目的。总之，这里的官箴极具价值和意义，对当代的官场也有极强的警示和启迪作用。

129.（周公代成王诫卫康叔）敬明乃罚。人有小罪，非眚，乃惟终自作不典；式尔，有厥罪小，乃不可不杀。乃有大罪，非终，乃惟眚灾；适尔，既道极厥辜，时乃不可杀。（《康诰》，277—278）

译文：要谨慎严明刑罚。一个人犯了小罪，不是无意的过失，而是经常自作不法，如果是这样，即使他的罪行小，却不可不杀。一个人犯了大罪，不是坚持作恶不肯悔改，而是因过失造成的祸害，假如这样，他已经全部坦白了他的罪过，这个人就可以不杀。

官箴价值：这是上古时代哲人所表述的一种最明确的刑罚思想，其核心意涵有二：一是要谨慎严明刑罚；二是所谓的"杀终赦眚"以及"坦白从宽"。前者表明在上古时代，人们就已经树立了刑罚的严肃性、权威性以及与慎对刑罚和罪罚相当的刑罚思想，从根本上排除了滥施刑罚和过度用刑的刑罚观念，体现了从严惩处和从轻发落相结合的刑罚思想。对于惯犯、累犯，即使罪行不严重，但有故意犯罪的动机，屡次犯罪对于社会稳定和治安的保障也有重大的影响，也应从重惩处，这种刑罚思想在当代的刑法和刑事政策上也有明确规定并得到了贯彻，这也可以看作对上古时代的刑罚思想的体认和继承，这又从另一方面反衬出上古时代的这种刑罚思想所具有的先进性，令我们今人倍感骄傲和叹服！

至于一个人犯了大罪，只要不是坚持作恶不肯悔改，又是过失造成的祸害，特别是能够"道极厥辜"，即自己如实地交代了犯罪的原委和经过，就可以减轻刑罚，把杀的处罚改为不杀。这种"道极厥辜"我们以往长期用"坦白从宽"予以表达，最近，在国家推出的司法改革中已经采用"认罪、认罚从宽制度"的术语来表达，并于 2016 年 7 月 22 日在中央全面深化改革领导小组第二十六次会议上审议通过了《关于认罪认罚从宽制度改革试点方案》，又于 2016 年 9 月 3 日在第十二届全国人大常委会第二十二次会议上，表决通过了《关于授权最高人民法院、最高人民检察院在部分地区开展刑事案件认罪认罚从宽制度试点工作的决定》，决定在北京等 18 个城市开展这一试点工作，试点期限为二年。[1] 这一法治进展的现实在不经意间印证了某种历史循环主义的主张和观点确有一定的合理性。早在三四千年以前的西周时代，政治达人周公就提出了罪犯"道极厥辜"可以免死不杀的法律思想，在三四千年以后的今天的现代法治环境中，正在为我们所重

---

① 详见《检察日报》2016 年 9 月 3 日电（记者郭美宏），《检察日报》2016 年 9 月 4 日，第 1 版。

新认识，以至肯定和施行。这一事实既让我们感叹和敬佩我们的先祖在那刚刚脱离洪荒状态的初民社会能有如此高超、精妙的刑罚思想，也让我们当代这些先祖的诸多子孙感到汗颜，竟不知我们正在施行的"认罪认罚从宽制度"原来并非真正意义上的"创新"，而是回归到三四千年前中国刑罚思想的历史原点，只是以往我们过于高傲和自恋，轻慢了我们先祖的智慧和经验。

130.（周公代成王诫卫康叔）若有疾，惟民其毕弃咎。若保赤子，惟民其康乂。（《康诰》，278）

译文： 看待臣民犯罪，好像自己生了病一样，臣民就会完全抛弃罪恶；保护臣民，好像保护小孩一样，臣民就会康乐安定。

官箴价值： 这种观念颇有些理想主义。犯罪自古至今皆有，是社会内在的痼疾之一，作为国家统治者无论如何看待臣民犯罪，即使好像自己生了病一样，也不能指望天下从此太平，完全没有了犯罪行为和现象。不过，最新的国外刑罚理论已经从以往社会报复以及以惩罚为目的的立场，改变为以教育、感化、矫正为目的的全新观念，以使犯罪者回归社会过正常生活。在犯罪的原因方面，也不再单纯地归结为犯罪者个人的犯罪动机或生理倾向，同时考虑社会的责任和国家相关政策失当所造成的贫富差距、不平等和歧视等方面的原因。为减少犯罪行为和现象，全社会和国家都应动员起来共同努力。如果从这一新的观念角度上考量，上古的此处官箴的价值就凸显出来了。国家统治者通过反省自己的错误和疏失，并采取积极的措施加以改进，使社会环境变得更好，政治变得更加清明，虽不致完全消灭犯罪现象，但大幅度地减少犯罪行为还是可以预期的。

至于像保护小孩一样保护臣民，恐怕世界上没有一个国家统治者能够完全做到，国家固然有保护民众之责，但国家的本质也有暴力镇压的一面，即使是现代的民主制度也不可能做到使每一个人都能康乐安定。但如果在治国理政中多为民众的利益和福祉着想，少一些严苛的政策或举措，确实也能收到社会和谐、政治环境安定的效果。一旦出现这种社会和政治局面，民众的康乐安定同样是可以预期的。尽管上古时代的此处官箴具有理想主义的色彩，但作为社会和国家治理的终极目标，即使在当代仍有现实价值和意义，值得当代各级政府和官员认真体察和努力实践。

131.（周公代成王诫卫康叔）非汝封刑人杀人，无或刑人杀人。非汝封又曰劓刵人，无或劓刵人。（《康诰》，278）

译文：你要亲自掌管刑杀大权，要做到不是你封刑人杀人，没有人敢刑人杀人；不是你封有言要割鼻断耳，没有人敢施行割鼻断耳的刑罚。

官箴价值：上古之人在国家政权结构中缺乏分工负责的观念与机制，在君权至上的专制体制下，将相关刑事处罚的司法大权授予最高统治者（诸侯国的国君）独自掌管，既符合国家的政权结构，又符合君权独立的机理。其中蕴含重大的政权组织原理，即国家权力必须进行必要的分工，像司法这样的重大国家权力必须由专员负责，且必须高度集中，不能由任何一级的官员分散行使。这一政权组织原理具有普遍的适用性，在上古时代，由国君或邦君亲自负责掌管生杀予夺的最终裁判权。这种由专员或专门机关行使司法权的政权建构机制在近现代西方又以相同的机理和不同的机构呈现出来。在西方，在所谓的"三权分立"中，法院专司司法权；在中国，由于实行人民代表大会制度，则法院和检察院共同行使司法权。当代政治学和法学在研究政权组织原理时，很少有人关注上古文献中的这一论证，这是当代人对先祖政治和法律智慧与技艺的轻慢表现之一。今人在相关研究中，绝大多数依然陶醉在各种相关理论的"深入研究"乃至"创新工程"之中，或者沉溺于对西方理论与实践的盲目批判与拒斥之中，再或者是不管是否符合国情就贸然引进甚至全盘西化，却对我们上古时期的先祖在三四千年以前对司法权的设置与实施机制浑然不觉，更别说进行深入研究，这既令人感到意外，又着实令人慨叹！

"司法专司"的政治法律机理在当代仍有强化和实施的必要。在"文化大革命"中，中国就曾严重地背离了"司法专司"的政治法律机理，在大搞"群众专政"中实行"群审群判"，许多无辜的群众在"群审群判"中受到了严重迫害，有不少人还为此付出了宝贵的生命，造成了一大批冤假错案。此种严重背离"司法专司"的现象虽然早已成为历史，但教训深切，应当永远铭记。其警示价值和意义即使在今天，仍然丝毫不能减损。君不见在 2016 年夏秋之际，菲律宾新任政府在打击毒贩、禁毒的运动中，不仅赋予警察暴力执法乃至就地击毙贩毒、吸毒人员的权力，甚至允许普通群众直接杀死有关的贩毒、吸毒人员，在菲律宾国内乃至国际上引起强烈关注和反应。对照中国上古时期的这一官箴，当代的政治统治者仍有必要学习和实践"司法专司"的政治法律机理，警示应当长记。

132.（周公代成王诫卫康叔）外事，汝陈时臬司师，兹殷罚有伦。（《康诰》，278）

译文：对于判断案件的事，你要宣布上述法则给治狱官，让他们执行。这样做，对殷人的刑罚就会有条不紊。

官箴价值：看似与上述由国君或邦君直接掌管刑罚大权的"司法专司"是矛盾的，其实不然，这里指具体案件的审判不是由国君或邦君亲自实行，而是交由专司治狱的官员进行审判，且审判不能在朝廷内进行。"外事"指的就是在朝廷之外另设法庭，暗含司法独立的意旨。这一点长期以来都被今人忽视，并持一种固定的偏见，认为古代司法都是由国家各级最高长官亲自实行审判，且独断专行。这种固定的偏见不被这里的官箴支持。或许我们应当对司法独立的观念和起源重新进行研究和评论，似乎应当确认，今人视为极为重要的司法原理之一的"司法独立"观念和体制，其实在中国的法律文明史上有绵长、古远、幽深的起源与开端。

此处官箴还蕴含另一个重要的司法原则也应当引起我们的关注，那就是由国君宣布法律并让治狱官施行，这意味着司法是以国家的名义，在古代则以代表国家的皇帝的名义实行的，这就是司法的最高权威的根基和来源。司法之所以有诸多包括刑杀在内的对人处罚的权威，不是靠别的什么神、上苍之类的权威，而是国家的现实统治乃至国家本身。因为只有国家才有对犯罪者个人实行以人类群体的名义进行惩罚性报复的绝对权威。这一司法设置的政治原理在当代仍然适用并沿用。包括中国在内，世界各国所有的审判和检察机关组织和活动都是由国家最高权力机关设置并授权，所有的审判和检察活动都是以国家的名义进行的，其权威性无人也无任何组织能够挑战，个人和组织更不能从事任何与国家司法有关的活动。

此处的官箴所蕴含的价值较为隐秘，但词分句析之下，还是可以发现如上的潜在价值，而这种价值仍在当代以不同的名义和表述方式发挥着重大的治国理政的作用，值得我们深入体悟和发掘。

133.（周公代成王诫卫康叔）要囚，服念五六日至于旬时，丕蔽要囚。（《康诰》，278）

译文：对于监禁犯人的事，必须考虑五六天甚至十天时间，才能作出最终决定。

官箴价值：当今各国的刑事诉讼法，对于囚禁犯罪嫌疑人都有严格的限定条件，包括审判前必须采取的强制拘禁措施的时间限制，中国亦然。中国刑事诉讼法第六章专门对"强制措施"作出如下规定：拘留后，除有碍侦查或者无法通知的情况之外，应当把拘留的原因和羁押的处所，在二十四小时以内，通知被拘留人的家属或者他的所在单位；公安机关对于被拘留的人，应当在拘留后二十四小时以内进行讯问。在发现不当拘留的时候，必须立即释放，发给释放证明。对需要逮捕而证据还不充足的，可以取保候审或者监视居住。公安机关对被拘留的人，认为需要逮捕的，应当在拘留后的三日以内，提请人民检察院审查批准。在特殊情况下，提请审查批准的时间可以延长一日至四日。人民检察院应当在接到公安机关提请批准逮捕书后的三日以内作出批准逮捕或者不批准逮捕的决定。人民检察院不批准逮捕的，公安机关应当在接到通知后立即释放，发给释放证明。当代的刑事诉讼法的这些规定，表面上看是为了使刑事案件得到公正处理，避免产生冤假错案，深层的理念是为了彰显人权保护，实现司法公正和社会正义。反观在古代中国，特别是在上古时代，尽管根本不存在如当今时代的人权理念，但从必须考虑五六天甚至十天才能决定是否拘禁犯人的时间严格限定看，依然体现了对刑事处罚人的严谨和慎重的立场和态度。表面上的时间限定，所体现的依然是对人自身自由的深度关怀和司法公正的追求。这种司法上的谨慎与古今滥禁滥杀有罪和无辜的行为与现象形成了鲜明的对照，体现了初民社会朴素的人道主义精神，具有极深沉的人文关怀。当今，在我们几乎无保留地引进西方的法律文化，包括刑事诉讼法等程序正义时，切不可遗忘和忽视中国上古时代就已存在的刑事程序理念与制度，以及所体现的博大的人道主义和人文关怀。这或许再次印证了我们所一再申明的如下观点，即在许多时候我们也许真的不需要妄自菲薄，以致舍近求远地向西方去求取法律上的"真经"，因为确实中国从上古时期起就有很多优秀的法律文化资源，连同其体现的博大的法律价值，真的需要我们努力去发掘、传承和发扬。

134.（周公代成王诫卫康叔）汝陈时臬事罚，蔽殷彝。用其义刑义杀，勿庸以次汝封。乃汝尽逊曰时叙，惟曰未有逊事。（《康诰》，278）

译文：你宣布这些法律进行刑罚，判断案件，要依据殷人的常法。采用合理的刑杀条律，不要顺从你的心意。假如全顺从你的意志断案就叫承顺，应当说没有办好那件事。

官箴价值：从法治的意义上来说，有五点价值在这里得到了强调。一是法律要向公众宣布。法律作为人们社会生活的强制性规范，在官家是要施行的，在民间是要公众遵守的，从这两个方面来说，都是要广而告之，最好做到家喻户晓，以便公众遵守和官家施行。这种法制宣传教育的意义和价值即使在当代依然得到凸显，中国从 20 世纪 80 年代以来，在国家层面就在全国范围内开展了四次大规模的普及法律的宣传教育活动，并取得了显著成效。这可以看作当代社会和国家对上古"陈时臬"的传承和发扬。

二是施行"蔽殷彝"的观念值得关注。周朝至成王时代已然平定了叛乱，稳固了江山社稷。在一统天下的根基上，按常理应当统一实施中央王朝的法律。然而，却让卫国国君康叔在卫国实施前朝殷商的常法。表面上看似不合情理，实际上暗含着法律实施的一大智慧与技巧。中国从上古时代起，就是一个多元、多族群的社会和国家，鉴于这种历史给定的社会、国家环境和条件，上古的统治者从实际出发，没有采取纯粹一统的政治体制和法律体系，而是因地制宜，以族群设制。鉴于周王朝已将殷朝的遗民集中在卫地建立卫国以实行特殊的治理，故实施的法律也与周王朝有别，仍沿袭殷商的法律体系，为的是便于殷民遵守和施行。这种因族设法的做法很是高明，极大地减少了殷民的对抗情绪，以便更顺利地使其接纳周王朝的统治。这一做法在后世有了很好的传承和发展，直到今天，中国实行的三大基本政治制度之一的"民族区域自治制度"，也是由上古时期多元一体的国家体制和法律制度演化和发展而来的。这一事实再次彰显了周王朝时期"蔽殷彝"官箴的价值和意义。香港、澳门回归祖国以后，具体实施由宪法规定的"一国两制"制度，也具有与"蔽殷彝"同样的价值与意义。

三是判断刑杀的案件必须依法进行，而不能仅凭长官个人的意志进行审案。在上古时代就能提出这样先进、成熟的刑罚思想，令人惊叹！即使在当代实行法治的过程中，我们仍然须反复强调依法办事、据法审判的重要性和必要性，在中国，甚至还把"以法律为准绳"作为司法方针中重要的一环加以强调。而在当前的司法改革中，党和国家也一再强调禁止有关领导进行司法关说，甚至对有关领导人员干涉司法机关办案的行为进行严肃的查处。这一切表明，上古政治法律先贤提出的刑杀必须依照有关律令，禁止国君和邦君依个人意志去干涉司法断案的思想多么具有远见！直到今天，这一思想仍须我们下大力气去贯彻执行。

四是所谓的"义刑义杀"问题，特别值得我们加以关注。有史以来特别是包括西方近现代法制史中，从来没有停止有关"恶法"是不是法律，"恶法"是否应当施行的争论。我们上古的先祖早已意识到这一问题的存在，并且明确提出"义刑义杀"，即以合理的刑法合理、合法地对人进行处罚，包括处以死刑。用现代法律术语来说，"义刑义杀"体现的是法律及其实施的"正义性"，法律及其实施应当体现的正是正义的原则，正义性是法律及其实施机制的灵魂、第一要义。一个冤假错案，一个人的被冤杀、错杀，会在社会和人们的心理上引起强烈的反应，所造成的对司法正义性的损害是极为严重的。这一点在中国的法治现实中有极其沉痛的教训。媒体披露出来的不多的几个冤杀、错杀案件给司法机关的公正形象和公信力已然造成了难以估量的损失。好在现实的政治层面包括司法界自身正在大力纠正冤假错案，特别是已经和正在查处几起冤杀、错杀的案件，追查相关办案人员的责任。这一现实的严峻情势，更加凸显我们上古先贤建树的"义刑义杀"的理念的正义价值，值得我们认真去体悟，并在全新的法治时代更好地贯彻执行。

五是审案定狱切不可由长官个人自行裁决。这在前面已做了申明。不过，为突出和强调这一法理，这里又从反面加以说明，即如果顺从长官个人意志办案，在上古时代称为"承顺"，即今日之"干预司法"。在当代，审案的国家权力为法院所专属，任何其他政府机构，非承办案件的法官都不能对案件的审判予以干预，这被认为是保障司法独立或审判独立的核心机理和必要机制，也是实现司法正义最重要的理念和制度保障。令今人感佩的是，这种机理和机制在当代理解、贯彻和实行起来尚且如此艰难，而在四五千年之前的上古时代，我们的先祖却形成了如此清晰和明确的概念并建构了相关的制度，实在是难能可贵！

二十八 《酒诰》（135—136）

135.（周公命康叔戒酒诰）古人有言曰："人无于水监，当于民监。"（《酒诰》，293）

译文：古人有句格言："人不要只在水中察看自己，应当在民情上察看自己。"

官箴价值：上古之人没有后世的铜镜和如今的玻璃镜子，只能用平静的水面作为镜子察看自己。如果只是为了察看容颜或许这就够了，但是，人本身还具有多种生活面向，别的不说，社会生活和政治生活就不可缺少。为官从政者就是专搞政治的，搞政治无非就是一个为民的问题，而为民有着极其丰富的内涵，其中就有民众对施政的看法，是满意还是不满意。民众的看法总是要通过各种不同的形式和渠道表达出来，这就是民情。故此，民情就像一面镜子，这面镜子就能直观地反映出政治的优劣和政策的得失。睿智的政权掌握者总是不放过任何的民情和民意，依据民情和民意调整自己的政策，以更好地实现自己的统治利益。这种上古时代的官箴价值在当代并未过时，不仅不过时，而且具有现代民主政治的意义。作为一个政权，一级政府和每一个执政者特别是负主要领导责任的政府官员，更要随时观察民情和民意，对于民众满意的政策要坚持贯彻实行下去，民众不满意的政策就要及时加以调整，从而更好地实现善政，以达到为民众谋福祉的最终施政目的。

136.（周公命康叔戒酒诰）勿庸杀之，姑惟教之。（《酒诰》，293）

译文：（对殷之旧臣百官沉溺于酒中）不用杀他们，暂且先教育他们。

官箴价值：这里的官箴价值体现在两个方面，一是区别对待，二是教育当先。区别对待其实也是法律实施的基本原则之一。法律实施自有其刚性的强势，这是区别法律规范和其他社会规范如道德规范等最显著的特点。其刚性的特点表现于施行方面的严厉性，这是基于人性恶的方面往往需要强制的力量才能遏止，如任由每个社会成员任性行事，那么人类社会势必变成由"丛林法则"主宰的社会，不仅没有和平、秩序可言，就是让人类社会存在和延续下去都变得不可能。但是，人性的复杂性有时也并不全由个人人性复杂多变体现出来，而是由社会情势所决定。所谓"人在江湖，身不由己"就是这种社会情势左右个人行为举止的写照。殷商后期酗酒成风，从君王、百官到普通百姓嗜酒如命，酒风奢靡遍布整个社会和国家。要在新的王朝甫建即行彻底消除，根本做不到，甚至社会文明发达到今天，许多社会弊端的消除都不是一朝一夕的事情。周公及周初的政治家对此有清醒的认识，充分意识到在殷朝遗民中禁酒的艰巨性和长期性。正是基于这种政治睿智，所以对殷朝遗民区别以待。其他周朝的臣民一旦聚众饮酒，决不放纵，不仅不放纵，还要全部拘捕起来杀掉，而对殷朝遗民则不是一律杀掉，而是先教育他们，让他们自己改正先前酗酒的恶习。但是，在这样宽宏的对待之后仍不改过自新的，则不再姑息，同其他聚众饮酒的臣民一样，一律杀掉。

从第二个方面来说，就是教育当先。这种惩罚政策体现了深沉的人文关怀。人生于复杂的社会，由于多种个人的、社会的甚至国家的情由，难免犯错，甚至触犯法律。严厉的惩罚确有惩前毖后、治病救人之社会功效。但如果能施以教育，使其幡然悔悟，知错必改，也可以收到多方面的良好社会效果。正是基于此种理念，在当代的法治观点和制度设计中，已从多方面对此加以考虑，并付诸实践。如惩罚与教育相结合的政策、刑事宽严相济的政策，以及现在正在试点并准备大力推行的"认罪认罚从宽制度"等，都是根据这种理念设计出来的。这种司法理念的先进性和科学性在几千年以后的当代法治实践中一而再，再而三地得到了验证。写到此，我们情不自禁地为我们的上古先祖感到自豪和骄傲，他们竟能在四五千年之前孕育和发展出如此先进和经得住时间考验的法律思想和法律制度。

二十九　《梓材》（137—142）

137.（周公对康叔治殷诰）封，以厥庶民暨厥臣达大家，以厥臣达王惟

邦君，汝若恒。（《梓材》，296）

译文：封，从殷的老百姓和他们的官员到卿大夫，从他们的官员到诸侯和国君，你要适用殷商的常典（法）办事。

官箴价值：根据不同的社情、地情适用不同的法律体系，这是中国上古先祖对法律思想和法律制度的另一大贡献。国家法制统一，包括制定和实施，这是古今中外法治的要义之一。但由于国情、社情和地情的复杂性，立法和执法从来都具有多样性，并非完全强调统一与一致。于是，在一个国家，根据不同的社情和民情制定和施行不同的法律，也是法治的另一项重要法则，是法治灵活性的重要表现。周朝以推翻殷商王朝立国，建国之初殷商遗民不服从周王朝的统治，甚至举兵进行反抗。面对这一历史遗留问题，周初统治者从实际情况出发，在镇压殷民叛乱的同时，也用各种怀柔的政策对殷民进行治理，其中就包括用殷商的常法处理在殷民的治理中遇到之事，以期达到以殷治殷的目的和效用。"若恒"就是在这种背景下产生的治理国策。这一官箴价值在后世的西方世界，特别是在当代的西方联邦制国家，国家和它们的"国中之国"如邦、州、省、盟等都各自实行独立的法律及相关制度，各不相扰。在当代中国，作为国家三大基本政治制度之一的民族区域自治制度，也是根据民族地区不同的社情、民情而实行的。在民族地区，根据宪法和民族区域自治法等法律的规定，对于国家层面的立法，还可以变通实行甚至不实行，以保障实行少数民族区域自治地方的各项事业的健康发展。从这个意义上来说，《梓材》这一以殷法治殷民的国策，已然惠及后世的全世界包括中国，只是我们当代人对历史渊源没有足够的体认罢了。

138.（周公对康叔治殷诰）越曰：我有师师、司徒、司马、司空、尹旅曰："予罔厉杀人。"亦厥君先敬，肆徂厥敬劳。（《梓材》，296）

译文：对我们的各位官长、司徒、司马、司空、大夫和众士说："我们不滥杀无罪的人。"各位邦君也当以敬重慰劳为先，努力去施行那些敬重慰劳人民之事的事。

官箴价值：这里的官箴价值体现在两个方面，一是不要滥杀无罪的人；二是要"敬劳"，即认真慰劳包括邦君在内的各级官吏。不滥杀无罪之人其意显然。人的价值在世间被认为是最可宝贵的，不滥杀无罪之人就是对人的生命最低标准的尊重，古今皆然，无须深论。而慰劳各级官吏，也是对他们治国理政辛劳和功绩的一种肯定和奖赏。在上古乃至中外的中古和近古时代，通过西方的政治哲学倡导一种政治理念，即睿智的国家统治者为了维护和巩固自己的统治利益，通常在国家制度的设计上，就把对人的奖赏留给自己，而把对人的惩罚留给专门的大臣或专门的机构，如警察和法官、监狱等。前者是一种恩惠，目的是收买人心，并以此获得官吏和民众的拥护和支持；后者是"得罪人"的角色，由专门的官员和专门的机构担任，可以转移对最高统治者的反感或嫌恶，以便更好地维护最高统治者在官员和民众中的良好形象。中国上古的先哲很早就意识到了这样做的好处，所以周公教封认真去做"敬劳"之事，不是一般地去做，而是要努力去做，做好这件事。如此强调并专门发一《命诰》，可见在周公心中这件事是多么重要。当然，这种官箴价值并不因时间的推移和时代的改变而消损。在中国的当代，国家设立了许多重大的奖项和荣誉称号，以奖励在各项国家事业中作出重大贡献的有功人员，从一定的意义上说，这也可以看作对上古先哲的政治上的"敬劳"理念与实践的继承和发扬。

139.（周公对康叔治殷诰）肆往，奸宄、杀人、历人，宥；肆亦见厥君事、戕败人，宥。（《梓材》，296）

译文： 往日，内外作乱的罪犯、杀人的罪犯、虏人的罪犯，要宽恕；往日，泄露国君机要大事的罪犯、残害人身体的罪犯，也要宽恕。

官箴价值： 这里的关键词就是"宥"，宥即是宽恕。诰词中所列举的罪行都是重大的，即使在当代也被认为是罪大恶极，不可容忍。而为什么周公却要封去宽恕他们呢？首先，周公设定了一个前提条件，那就是"肆往"，即过往，是过去犯过的罪行。过去杀过人的罪行如果在后来"收手"了，现在又不犯了，就有了可原谅或饶恕的理由。这种法律理念在当代仍在延续和实行，这就是大家耳熟能详的"既往不咎"，难得的是，我们的上古先哲早在初民社会时期，就孕育了这种理念并进行了成功的实践。

其次，是否"宥"或"宽恕"还要依情势而定。周朝甫建，立基未稳，百废待兴，加之内乱和被灭国的殷朝遗民不服从周朝的统治，甚至举兵叛乱，在这种情势下，周初的最高统治阶层审时度势，因势利导，通过宽恕殷朝遗民中过去犯过重大罪行的罪犯，以达到减少殷遗民的反抗情绪、减轻社会对立和矛盾、给新王朝以喘息和生养之机的目的。这样做归根到底还是为了维护和巩固新王朝的统治。由此可见，法律的实施总是紧紧地联系政治情势，绝非如常人所理解的那样，既然有了法律，就是统一实施，没有例外。事实上，政治情势常常会左右法律的实施，有时治乱世用重典，而有时治乱世用轻刑，甚至用"宥"，即宽恕对待本该用严刑惩罚的罪犯。我们上古的先哲在初民社会早就熟稔地掌握了这一政治智慧和法律施行的机理，而且这一政治智慧和机理的价值经住了时间的考验，历经四五千年并没有丝毫减损。在当代，在国家的政治和法律理念与制度方面，已然发展出各种成熟的赦免、大赦以及特赦的原理和制度，并在最近几十年间得到越来越广泛的实行。这不能不令我们感叹上古先祖富有创造性的政治思维和法律实践。

140.（周公对康叔治殷诰）无胥戕，无胥虐，至于敬寡，至于属妇，合由以容。（《梓材》，296）

译文：不要互相残害，不要互相虐待，至于无妻无夫的老人，至于孕妇，即使犯了罪，同样教育和宽容。

官箴价值：古之王者封建诸侯，大都为教化老百姓。教化的内容之一就是不要互相残害，不要互相虐待。当然，这只是一条最低标准，一个社会或国家如果百姓互相残害、互相虐待，整个社会或国家肯定不可救药了，这无须深论。这里的官箴价值并没有简单地止于这种最低限度的标准，而引申到了更富政治哲理和人道主义色彩的层面，专门针对无妻无夫的老人和孕妇。对这些特殊的人群，不仅不能残害和虐待，还要格外照顾。具体是指，即使他们中有的人犯了罪，同样要教育和宽容。在上古时代，社会的农耕生产方式、家族中的亲属在社会和国家中的基础作用，都决定了"家"这个概念具有极其重要的社会地位，举凡有关上古乃至后世调整社会关系乃至治国理政的重要的观念、原则、政治法律制度以及社会规范、礼仪制度等，无不是围绕着"家"的观念和体系展开的，都是在以各种方式和途径精心地呵护和维系"家"这个传统中国社会的核心概念和体系。这里的不残害、不虐待无妻无夫的老人以及怀孕的妇女，就是在"家"的观念和体系下提出的，而且在这个底线的基础上，又进一步提出给以特别的法律关怀，即在他们即使犯了罪的情况下，也要给予教育和宽容，而不是像对待一般罪犯那样按律惩处。这里的官箴更加凸显了中国传统社会早已形成的"恤老怜幼"观念的价值。敬老、尊老、恤老，护幼、怜幼、恤幼被认为是中华传统美德的重要内容。其由来有自，早在上古初民社会就已经孕育和成熟。《梓材》一文就是一个鲜明的证明。特别值得提出的是，敬老、恤幼的优良道德传统，在当今社会仍得到倡导和发扬。在国家的相关政治、经济政策等方面，对老人和儿童进行了多方面的照顾和优待。在法律上，除了大量立法予以特殊保护外，对老年罪犯，对怀孕、哺乳期内的罪犯，也给予逮捕、羁押等多方面的特殊照顾。作者本人在十几年前进行的"大赦"课题研究中还提出，对年逾70岁的老年服刑罪犯优先考虑予以大赦或特赦，对于80岁以上的罪犯，建议免除在监狱羁押服刑，而改用其他适当的方式如社区监管等予以教育和改造。这些观念和建议的提出，部分原因也是受到上古文献和古代法制的启发。

141.（周公对康叔治殷诰）引养引恬。自古王若兹，监罔攸辟。（《梓材》，297）

译文：要不停地教养老百姓，要不断地安抚老百姓，自古以来君王都是这样的，你到卫国去做监国，不要发生偏差！

官箴价值："引养引恬"，即教养和安抚老百姓，用现代语言表述就是执政为民。教养可以使老百姓在物质生活方面有保障，使他们安居乐业，衣食无忧。在精神方面的教育也很重要，可以使他们知法度、懂礼仪、尽忠孝、守本分，事关老百姓的精神素养和道德水准；安抚老百姓意在正确对待社会中各种问题或矛盾，处理好邻里等各方面的社会关系，减少和化解各种社会矛盾，防止和尽可能减少社会冲突，以营造和谐、亲睦的社会氛围和社会关系。这是上古朴素的政治观和社会理想目标，其官箴价值不言而喻，于当今的执政者也极具教育和启发意义，现实的和谐社会建构和一系列重大的"维稳"措施的推行，从一定的意义上来说，都可以认为是当今的执政官员为实现"引养引恬"的社会和国家治理目标所作出的努力。

官员心中常记"引养引恬"的治国理政目标，于国、于民、于己都是大有裨益的，功德无量！

142.（周公对康叔治殷诰）惟曰：若稽田，既勤敷菑，惟其陈修，为厥疆畎。若作室家，既勤垣墉，惟其涂塈茨。若作梓材，既勤朴斫，惟其涂丹雘。（《梓材》，299）

译文：我想，治理国家好比种田，既已勤劳地开垦、播种，就应当考虑整治土地，修筑田界，开挖水沟。又好比建造房屋，既已勤劳地筑起了墙壁，就应当考虑完成涂泥和盖屋的工作。也好比制作梓木器具，既已勤劳地去皮砍削，就应当考虑完成油漆彩绘的装饰工作。

官箴价值：周公在这里一连用了三个比喻，即种田、建屋和制作梓木器具来申明治理的道理。在上古的初民社会，今日视为平常之事的种田、建屋和制作木质器具乃民生之大事，但要做好这三件事并不容易。每件事中都有几道工序，缺一不可，构成了每件事理的自然逻辑链条。治国理政自然要比种田、建屋和制作本质器具复杂得多，更具有其内在的事理逻辑。这个治国的事理逻辑是什么？周公并没有明说。其实治国非一道，治世非一法，并没有什么治国的固定模式，周公在这里只是要求康叔在治国时"应当"像种田、建屋和制作木质器具那样事前"考虑"好下一步方略，慎重谋划，谨慎出台施政政策。这显然暗指治国是一个"精细活"，绝不可马虎从事，更不能任性而为。这一治国思路被后世的老子以另一种更为简洁的"治大国若烹小鲜"的比喻重新表述出来，以凸显这一治国理路的正确性和重要性。现今的一些当政者，显然不懂得这一治国的理路，表现于外的就是施政中存在诸多的前瞻性不足、计划不周、盲目决策、即性拍板、一官一政、时政变化不定等行为和现象，这也许主要是考虑不周所致。故此，此处的官箴价值更值得为官者加以重视，治国理政是个精细活，各个方面都要考虑周全，力求做好预判，以此提升施政水平，做出更多的施政佳绩。

三十 《召诰》（143—146）

143.（召公勉成王施德政诰）惟王受命，无疆惟休，亦无疆惟恤。呜

呼！曷其奈何弗敬？（《召诰》，305）

译文：大王接受了治理天下的大命，幸福无穷无尽，忧患也无穷无尽。唉！怎么能够不谨慎啊！

官箴价值：这里的官箴价值体现的是一个为官者的精神层面，是一个执掌大命的官员的基本态度问题。古人认为人一旦为官，都是天命授予的，故称为"大命"。受"天命"治国理政之人绝对是人中的少数，为君者更是只有一人，为官者也只是民众中的极少数，被"上天"看中授命确属不易，绝大多数的民众都不能有此机遇。人因受"天命"而神圣尊贵，同时因人数极少而凸显在人世的珍贵。就人生机遇的意义上来说，神圣尊贵和人世珍贵必然会给其带来无穷无尽的幸福，包括受人尊敬的人格、受尊崇的社会地位，以及令人嫉妒和艳羡的官俸待遇和优裕的物质生活。相较寻常百姓过着一般甚至贫寒疾苦的生活来说，其幸福的确是无穷无尽的。为官之人为治国理政付出了巨大的心血和辛劳，能够享受皇家或国家提供的丰厚的物质待遇，过着优裕的生活，完全是应当的、正当的，为官之人应当保持这种荣誉感和幸福感，并以此激励自己更加珍惜人生机遇和官场经历，更好地、尽全力地为官家、为国家效劳，鞠躬尽瘁。

然而，这只是为官受命的一个方面，另一个方面更加不可忽视。那就是为官也应具有强烈的忧患意识。忧患什么？其实官家和权威人士并没有一个固定的界定，一切均由时代和为官者个人意志所决定。在中国古代，最受推崇的忧患价值体系当属忧国忧民。"致君尧舜上，再使风俗淳""先天下之忧而忧，后天下之乐而乐"，就是这种忧国忧民意识的最经典的表述。当然，在古往今来的官场上，尽管这种忧国忧民的价值体系备受推崇，但能具备这种忧患意识的官员毕竟不多，大多数官员都难以做到，有些甚至根本不具备这种忧患意识。而一旦缺乏这种意识，在为官时往往会走向只追求自己为官获得的利益的一面，而放弃了自己为官的责任和使命的一面，甚至为了追求个人的奢华享受，竟然利用自己所处的官场地位和手中的权力以各种非法的手段谋取个人及家庭、家族的私利，造成了官场上种种腐败现象。这就是这里官箴的价值所在。为官要树立忧患意识，即使做不到忧国忧民，至少也要忧虑自己不知哪一天因失职、渎职、滥用权力、贪污腐化、欺压百姓而官位不保，甚至身陷囹圄、身败名裂，直至落得杀身灭种的悲惨下场。古往今来的官场上，这样的悲剧已经连续上演了百十千万次，难道还不值得一切有官位在身的人们警醒吗？

"呜呼！曷其奈何弗敬？"为官之人当真应该谨慎啊！

144.（召公勉成王施德政诰）王敬作所，不可不敬德。（《召诰》，309）

译文：王重视造作新邑，不可以不敬德。

官箴价值：当今的人们通常将做人与修德联系起来以表达两者之间的密切关联。尊者或长者经常教导晚辈要做好人，而要做好人必先修德，反过来说，只有修养好个人道德才能真正成为一个好人。这里的官箴价值超越了个人修德的视域，将君王为天下做事与修德联系起来，其价值就在于：无论是做君王还是为官，其天职或大命就是为国为民治国理政，这是事中的要事、大事。要做好这件事，除了各方面的政治智慧和才能之外，更重要的是为君为官者个人要有优良的修养，要有忧国忧民的意识，还要有大公无私、不追求个人私利的品德，以及鞠躬尽瘁、竭尽全力为国为民的奉献精神等。很显然，这些优秀的个人意识、品德和精神不是上天或任何其他人赐予的，更不是生来就有的，全靠个人在后天一点点地修炼出来。所以要做一个好君主、好官员就要在治国理政中认真地做事情。要干大事，就要先修德，只有做一个品德高尚的君主和官员，才能做好治国理政这一大事，履行好自己的天职或大命。这就是此处箴言表达出来的重大价值。很显然，这一从政人员的价值取向并不会因为时代的变迁而有所减损。特别是在当代，更有继承和彰显的必要性和迫切性。这对于纠正现实官场中一些重大的弊端有着极为现实的启迪和引领意义。

145.（召公勉成王施德政诰）我不可不监于有夏，亦不可不监于有殷。我不敢知曰：有夏服天命，惟有历年；我不敢知曰：不其延。惟不敬厥德，乃早坠厥命。我不敢知曰：有殷受天命，惟有历年；我不敢知曰：不其延。惟不敬厥德，乃早坠厥命。今王嗣受厥命，我亦惟兹二国命，嗣若功。（《召诰》，309—310）

译文：我们不可不鉴戒夏代，也不可不鉴戒殷代。我不知道夏接受天命，该有多久时间；我也不知道，夏的国运会不会久长。我只知道他们不认真行德，才早早地失去了他们的福命。

我不知道殷接受天命，该有多久时间；我也不知道，殷的国运会不会久长。我只知道他们不认真行德，才早早失去了他们的福命。现今王继受了治理天下的大命，我们也该鉴戒这两个国家的命运，继承他们的功业。

官箴价值：这里官箴价值在于，它提出了一个严肃而又重大的政治课题，即如何和为什么要充分吸取历史教训的问题。一个新生政权是在原政权的基础上建立起来的，新的阶级或政治势力之所以能用武力或其他方式推翻旧王朝，建立新王朝，固然有新势力的崛起和强大的力量足以推翻旧王朝的原因，然而，旧王朝的灭亡归根到底还是由于自身的原因。按一般的历史命运或定数来说，旧王朝中后期的统治者特别是末期统治者往往由于丧德而导致极端的腐化，由于民心丧失、众叛亲离最终走向覆亡。新建的王朝鉴于前朝的教训，通常都能做到励精图治，使王业得以振兴，民生得以改善。正是基于此种历史命运和定数，召公在这里向新建立的周朝统治者周成王提出严肃的训诰，要周成王吸取夏、商两朝覆亡的历史教训，注重修德，以保基业绵长和久远。如果脱离上古时代的历史情境，这一政治智慧可能早已变成一般的官箴乃至人生的哲理了。时至今日，人们时常用耳熟能详的成语"殷鉴不远"来诫勉官员或普通人，一定要注意吸取先人或他人的教训，注重修德，走好为官或做人之路。由此可见，这里的官箴价值并不会因年代的久远和时代的变迁而贬损，相反却得到了彰显。

146.（召公勉成王施德政诰）其惟王位在德元，小民乃惟刑用于天下，越王显。（《召诰》，310）

译文：愿王树立仁德君王的形象，让老百姓效法施行于天下，发扬王的美德。

官箴价值：中国上古时代崇尚以德立国、治国的同时，也强调以德立教，以德育人、化人。这与后世孔子等儒家经典大师利用"君子之德风，小人之德草，草上之风，必偃"作比喻以宣传道德榜样的风化作用是一致的。作为君就应当成为道德楷模，你君王以仁德形象立于君位，就是树立了高尚无比的道德榜样，天下万众就会仰慕于你，也会效法于你，待世上百姓都做到了崇德向善，天下归仁了，那么，就会进一步显扬君王的美德，以及天下治理的休美。这虽然在实践上难以做到，并有些夸大了榜样的作用和力量，但作为一种价值体系，却是值得肯定的，如果作为价值理想，也是值得通过切实可行的实践达成的。辅佐君王的老臣召公以此来诫勉年幼的成王，勉励他在周公还其政之初，就要努力修德，并率先在天下施仁政，以统帅、感化天下百姓共同崇德向仁，以达成天下大治的政治理想。

此处的官箴价值在当代也有承继和彰显，几十年来，对县委书记的好榜样焦裕禄、人民的好公仆孔繁森等优秀干部的宣传，已经在广大官员队伍中产生了重大的和深远的影响，一批又一批优秀的公职人员不断涌现，这表明官员的模范带头作用和榜样力量是巨大的。在当今不断加大官场反腐败力度的情势下，在加大利用腐败官员作为反面教材力度的同时，更应当加大对模范官员的宣传力度，以各种方式彰显他们的模范带头作用和榜样力量，把当代的官员治理工作做得更好，俾使官场风气更加纯正。

三十一 《无逸》（147—148）

147.（周公诫成王不可逸乐）君子所，其无逸。先知稼穑之艰难，乃逸，则知小人之依。（《无逸》，337）

译文：君子做官不可贪图安逸享乐。首先了解耕种收获的艰难，然后再逸乐，就会知道老百姓的痛苦。

官箴价值：古今之人为官，全然不是为了自己的安逸享乐，这是通理，也是为官从政的底线，其理自明，无须多论。不过，这里周公的告诫却有一个亮点值得关注和分析，那就是周公的此番告诫并不像前述的几篇文献所提出的种种告诫那样机械而显得有些生硬，让人一时难以接受。周公并不一味地反对逸乐。逸乐首先是一种休息、放松的活动，古今为官从政者都身担重任，既繁忙又饱受各种压力，这对官员的身心健康肯定是有损害的，除了其他保养手段之外，休息就是必要的修复受损伤的身心、消除疲劳、恢复体力和精力的重要手段。周公深知这个道理，所以他并没有一味地告诫成王不要逸乐，而是为君王的逸乐设置了一个前提，就是成王首先要了解耕种收获的艰难。在上古时代，农耕既是民生之本，又是国家立基的最基本的经济手段，农耕对于国计民生之极端重要性自不必多言。周公设身处地地为成王着想，作为一国君王应当也必须了解耕种收获的艰难，以保持君主与国计民生之间的紧密联系，增强自己作为万民之君的责任感。只有在这个前提下，君王才可以逸乐，即进行适当的娱乐生活和物质享受。君王了解耕种收获的艰难，才能在自己逸乐的同时，知道和体察老百姓的痛苦。这样，君王的逸乐和百姓的痛苦形成一种互动的关系。在这一全新的"逸乐观"的审视下，君王的逸乐一是要有度，切不可成为"淫乐"，二是要为老百姓谋取更多的善政，以减轻他们的负担和痛苦。

这种上古时代的逸乐观对于当代的官员也应当有启发和教育意义。休息权已写入宪法，成为包括官员在内的所有国家公民的一项基本权利，为官者的休息权应当得到国家和相应机构、组织的保障。但作为人民的公仆，切不可过度地追求个人的吃喝玩乐，避免陷入享乐主义而忘掉自己的本职责任和作为人民公仆的本色。但无论怎样，老百姓的生产和生活依然存在各种各样的艰难困苦，需要从政的官员了解，并推行善政，以改变他们的困苦状况，用现代的话说就是了解群众疾苦，加大扶贫力度，改善他们的医疗条件，提高他们的社会保障水平，推行现代的养老制度等国家和社会政策所表达的新型政群、党群关系。由此可见，上古时代的此一官箴，在当代的价值仍需要关注和彰显。

148.（周公诫成王不可逸乐）自殷王中宗及高宗及祖甲及我周文王，兹四人迪哲。厥或告之曰："小人怨汝詈汝。"则皇自敬德。厥愆，曰："朕之愆允若时。"不啻不敢含怒。（《无逸》，343）

译文：从殷王中宗，到高宗，到祖甲，到我们的周文王，这四位君王都很明智。有人告诉他们说："老百姓在怨恨你骂你。"他们就更加谨慎自己的行为；有人举出他们的过错，他们就说："我的过错确实像这样。"不但不生气，反而想要多听听有人指出各样的过错，为了知道自己施政得失的根源在哪里。

官箴价值：上古四王是否真的如此明智姑且不论，但作为开明政治和明智君王乃至官员的政治理想和树立的良好形象，在价值上是极为可欲的，是应当努力实现的。建树开明政治环境和领导人的良好形象是各方面因素合力才能达成的，施政的成功固然要靠推行善政才能促成，但作为精神和价值层面的理想追求也必不可少。这里的官箴价值就在于突出这一点，一位君王、一名官员要取得施政佳绩，就应当像古四"圣王"那样谦虚谨慎、虚怀若谷，敢于听取民众的意见，哪怕是怨恨的指责甚至责骂。听了以后，不但不生气，反而愿意多听听这样的埋怨乃至责骂。之所以能够如此做，最根本原因的就是把自己施政的得失放在第一位，有失必补，有错就改，以使自己真诚的治国经世为民的愿望得以实现，而不是只顾自己的表面形象和尊严，为了死要面子，甚至不惜给提出批评意见的人，无论是官员还是百姓小鞋穿，甚至实行打击报复。这样的价值取向和施政的做法对当代的清明政治建设和各级各类官员对己对人对政事的立场和态度，无疑具有重大的和现实的启发与价值上的引领作用。现代的政府官员都应当像古四"圣王"那样做人为官，密切联系群众，努力听取群众的意见，尤其要听得进批评、指责乃至怨恨的意见，以此检讨自己的施政措施，改进工作，为国为民创下佳绩。

三十二　《蔡仲之命》（149—152）

149.（周公诫蔡仲治蔡国）皇天无亲，惟德是辅。民心无常，惟惠之怀。为善不同，同归于治；为恶不同，同归于乱。尔其戒哉！（《蔡仲之命》358—359）

译文：上天不亲近谁，只辅佑贤德的人。老百姓的心中没有常主，只归向惠爱的君主。行善的方法不同，都归于天下大治；为恶的方式不同，都归于国家大乱。你要谨慎戒惧啊！

官箴价值：西周初年"天命观"向"人文观"的转向在此又一次得到体现，周公虽假借上天之名申述人世道理，但实际上是在强调治国理政任用贤德之人的重要性，皇天或可以作为人类的某种精神支柱，但人世上的事归根结底还是要人类自身去办的。治国理政是纯粹人世上的事，自然也要人类自身去做。但治国理政不同于一般的人世上的事，要复杂和精细得多，非常人可以胜任，只有那些具备贤德品质的精英人士才能胜任。上古的先哲明白并阐述了这一真理，强调治国理政用人的重要性和标准。这对于当代全新的治国理政来说，仍不失为一条重要的任官的原则。无数正反两方面的经验教训一再表明，用人适当则政事清明且佳绩必现，而用人失察则政事败乱且危害深重。

老百姓都渴望过上丰衣足食的安稳生活，在现代，更希望过上标准越来越高的现代性的富足生活。老百姓不是神仙，也不是"圣人"，他们只希望过上好日子，这是最基本的政治哲学，过去如此，现在如此，将来也不会改变。正是基于此种政治哲学，为政者应当清醒地认识到，老百姓的政治意向永远与他们的日常生活密切相关。谁领导得好，谁能让他们过上安稳的生活并不断提高生活品质，他们就拥护谁、支持谁，这样的为政者就能得民心，得民心者得天下，这是一条铁的政治规律，过去如此，现在如此，将来还是如此。这一简单的政治原理早在上古时代就被我们先祖发掘出来并表述得如此朴实、明白。当代的所有从政人员都应当从中受到教益，受到启迪，把自己施政中的基点和方向永远放在为民众争取福祉、不断提高民众生活水平上，这是治国的根本，也是为政的根本方针。

不论用什么方法对国家实行善政，都会达到天下大治的良好效果；不论用什么方法实行恶政，都会导致天下大乱的必然后果。这一善一恶形成了鲜明的对比和反照，彰显了实行善政的必要性和避免实行恶政的重要性。用"善"与"恶"表述治国理政的不同目标、结果与治国方针、策略的优劣，其价值不能忽视和低估。这是治国理政的出发点，虽一念之差，却是天堂与地狱般的差别，这是所有执政者所不能轻慢对待的。当然，在理论上，可能世上没有一位执政者故意施行恶政，以达到天下大乱的邪恶目的，是否恶政，还需要主观以外的实践检验，这就要求执政者在实施某种攸关治国方略和国计民生的重大方针、政策时慎行，应当经过详细的调查研究，反复论证，以求尽量避免重大失误，造成不必要的社会损失。这一官箴价值也应当引起当代执政者的高度关注和践行，庶几可避免仓促决策，大搞"形象工程""面子工程"之类的行政败笔的反复出现。

150.（周公诫蔡仲治蔡国）慎厥初，惟厥终，终以不困。不惟厥终，终以困穷。（《蔡仲之命》360）

译文：慎重事物的开始，也考虑它的终局，终局因此不会困苦。不考虑它的终局，终局因此就会困迫。

官箴价值：上古时代的明君贤相在治国理政上有一个一以贯之的指导思想，那就是极为谨慎，任何一种施政决策和措施的提出都要仔细斟酌，从最初的提出就要考虑到最后的结果，这样做的目的是确保施政终局不会失误而是有好的结果。相反，不考虑施政的终局，结果就因此会困迫。这一反一正，突出强调了治国理政是个精细活，一定要进行仔细的谋划，反复推敲、论证，务必不要仓促决策、盲目拍板、草率施政。这种官箴在前面已经反复出现，可见上古之人对此价值的高度重视和强调，又鉴于当今的一些决策者和执政者仍在很大程度上存在草率决策、仓促拍板的施政现象，给国家和人民群众的利益、给政府的公信力造成了不同程度的严重损失这一久治不绝的行政弊端，反衬其官箴价值的宝贵及其现实的适用性。一切参与治国理政的官员都应当以此为戒，重新审视自己的施政过程中是否存在谋划不周、不计后果的行为和现象，如果能从此官箴中受到启迪，切实从自己开始努力实践，一定会对提高政绩大有裨益。

151.（周公诫蔡仲治蔡国）率自中，无作聪明乱旧章。（《蔡仲之命》360）

译文：要循用中道，不要自作聪明扰乱先王的成法。

官箴价值：中道、中庸这些传统的政治哲学用语早已淡出了现代话语，但从治国理政决策和施政不偏激、不极端、稳妥有序的意义上来说，中道、中庸仍不失其应有的官箴价值。毕竟，施政不是游戏，更不是赌博，不能输了又重新再来。循行中道，表面看起来四平八稳，没有轰轰烈烈的气氛，但也可以避免施政上的大起大落、大上大下，更不至于造成严重的或难以挽回的灾难后果。这不是一般意义上的谨小慎微，更不是一般意义上的畏首畏尾，而是高超的政治智慧和施政艺术，非那些睿智聪颖的政治家和执政者所难为。由此可见，"率自中"的官箴价值仍不可低估，更不能轻视。当今的一切政府官员都应当悉心领会，深刻体察并努力践行。

至于"无作聪明乱旧章"可以不必拘泥于将"旧章"理解为"先王的成法"，如果将其置于当代法治的情境下，其官箴价值仍可得到突出的体现。在当代建设法治的过程中，法律已然成为国家和政治、社会生活中的重要支点，法律是要执行和遵守的，无论是官员还是普通群众概莫能外。

如果执政的官员枉法施政，无论是自作聪明还是故意，都是有损甚至是破坏法治的行为，是绝对不允许的，并且是要受到追责乃至司法惩罚的。所以"无作聪明乱旧章"应当成为一切政府官员的座右铭，时刻牢记在心，一刻也不要懈怠，事关政绩优劣乃至官员个人的进退与荣辱，切不可漫不经心地加以对待，以免日后悔之不及。

152.（周公诫蔡仲治蔡国）详乃视听，罔以侧言改厥度。（《蔡仲之命》360）

译文：要审查你的见闻，不因偏听偏信改变法度。

官箴价值：这里的官箴价值比较明了，一见即知。兼听则明，偏信则暗，这是古今人人熟知的治国理政常识。在政治情境中，由于各种利益关系，执政者所能听到的信息肯定来自四面八方，各式各样、有虚有实、真假难辨，这就需要官员在听到各种信息后认真加以甄别，切不可听风便是雨，切莫因一面之词、一种说法就信以为真，进而仓促决策，草率施政。如果那样做，其结果往往是事与愿违，给其治下的行政事业造成损失，还会使官员个人和政府的公信力受到损害。

俗话说，眼见为实，耳听为虚，实不尽然。人们所能看到的，也可能是一种假象，也需要仔细甄别，切不可以假当真，误判形势，做出错误的决策和施政行为。在现实政治情境中，有些违规违法的企业或工厂，为了逃避自己的社会责任，避免受到处罚，在统计数字、产品质量、排放有毒有害的气体或废水等方面，经常会存在弄虚作假、瞒报骗报等情况，如果不进行深入调查和仔细分析，就会作出错误的判断或结论。最典型的环保例子当是检查人员来检查时，就关闭排放废水的闸门，放出清水，一旦检查人员走了，就继续排放污水、废水。在此情形下，检查人员所看到的，就是排放的假象。由此可见，详尽审查自己所见对于作出正确的结论和提高施政质量是多么重要。上古的先哲早在四五千年前就懂得了这个道理，今天的官员仍然需要引以为戒。牢记"详乃视听，罔以侧言改厥度"的上古官箴之隽永深意。

三十三 《多方》（153—154）

153.（周公代成王诰命各邦国君臣）（成汤）慎厥丽，乃劝；厥民刑，用

劝；以至于帝乙，罔不明德慎罚，亦克用劝；要囚殄戮多罪，亦克用劝；开释无辜，亦克用劝。(《多方》，364)

译文：谨慎地施政，是勉励人；惩罚罪人，也是勉励人；从成汤到帝乙，没有人不明德慎罚，也能够用来勉励人；他们监禁罪犯，杀死重大罪犯，也能够用来勉励人；他们赦免无罪的人，也能够用来勉励人。

官箴价值：谨慎施政的重要性，在前面已经作过详尽分析，兹不重述。勉励人是《尚书》中常见的政治思维，是上古政治思想中的一个亮点，极具官箴价值，值得予以分析。在近现代人的政治思想中，曾认为国家机器是暴力的机器，对敌对阶级应当予以无情的打击和镇压；对人民一般停留在实行民主的层面上，只在国家职能中留出极少的一部分机制用于激励或奖励民众。而上古政治观念却把勉励人的政治机制放在极其重要的地位。明智的君王所做的一切施政行为，包括明德慎罚都是用来作为勉励人的机制。"明德"用作勉励机制这不难理解，明德是为了教化民众，教化自然就会有对人的劝勉和鼓励民众的内容，这是不言而喻的。至于惩罚罪犯包括监禁乃至杀掉那些罪大恶极之人，也是在勉励人。但应注意，这里的勉励人不是指个人，而是指广大民众，用当今的话语就是通过严惩罪犯包括处决重大罪犯，在广大民众中起到震慑作用，让其他犯罪者感到恐惧，让没有违法的行为人警觉而不敢走向犯罪之途。这就是通过惩罚罪犯达到法制的宣传教育作用。当今中国30多年间进行的四次全国性的"普法"宣传教育活动，就含有通过惩罚罪犯达到教育广大人民群众提高法治观念的作用，最终达到减少社会犯罪活动、维持社会和国家安定的目的。

难能可贵的是，上古政治哲人还明确提出，赦免无罪的人也是用来勉励人的政治行为。赦免无罪之人就可以避免冤枉好人和滥杀无辜，这是彰显社会公正、提高执政者公信力的最重要的机制之一。古代中国和当今的东西方社会，先后创造和发展出各种各样的赦免制度，包括大赦、恩赦、特赦等，推行的结果一般都取得了较好的社会和政治效果，对于维护国家的统治和安抚民众、保持社会稳定，都发挥了一定的或重要的作用。然而不论怎样，我们的上古先哲在四五千年之前就提出的"开释无辜，亦克用劝"的理念，是极宝贵的政治和法律遗产，应当充分进行研究，取其精华，用以完善和健全当代的赦免制度。从这个意义上来说，此处的官箴价值在当代更应当受到重视，执政者可以从中领悟并加以借鉴，用于当代的政治、法律治理活动中。

154.（周公代成王诰命各邦国君臣）惟圣罔念作狂，惟狂克念作圣。（《多方》，367）

译文： 明哲的人不思考就会变成无知的人，无知的人能够思考就能变成明哲的人。

官箴价值： 这是关于明哲与思考之间的辩证关系的一般哲理的论述。明哲之人不思考也会变得无知；相反，无知之人由于思考也会变得明哲。后一句或许有不周延之处，但从总的方面看，都是强调人的思考的重要性。放在官箴的价值上，同样适用于从政之人。前已述及，政事是一个非常复杂的类别，大者关系国计民生，小者关乎个人的进退和成败，只有善于深思熟虑，善于谋划，发布的各种政令和推出的行政措施只有经过反复的论证，充分考虑到各种可能变化，并作出预判和充分准备，才能取得预期的施政效果。这一官箴价值在当代尤其具有重要的意义，目前在官场上，存在相当的懒政、怠政的现象，这表明一些官员不仅不认真思考自己的职责，还懒惰于自己的本职工作，怠慢于自己的权责。这既有害于国计民生，也是对个人不负责任的表现。为此，重温这一官箴隽语，改进自己的思想作风和工作作风，对于每一个官员来说，都是极具教育和启迪意义的。

三十四　《立政》（155—160）

155.（周公对成王发设官理政立长的诰词）谋面，用丕训德，则乃宅人，兹乃三宅无义民。（《立政》，374）

译文：（假如）不依循德行，以貌取人，又任人唯亲，这样任用人，你们的常任、常伯和准人就没有贤人了。

官箴价值： 任人以貌取人，唯亲取人，这是设官理政之大忌。在上古时代就存在这种现象，夏、商两个王朝的覆灭，在很大程度上就是任人不当所致，像商纣王那样，用犯罪的刑徒和暴虐之人任官，任用众多亲戚和失德之人治国理政，与此同时又打压甚至杀害像比干那样的贤良大臣，国家焉有不败亡之理？周公总结这样的历史教训，又结合夏初、商初和周文王、周武王任人唯贤的正面经验，提出任人为官必须遵循设官理政的基本原则，既不能以貌取人，更不能任人唯亲，只能任用贤德之人为官治理国家的政事。这一任人设官的法则遂成为后世具有普遍价值的通则，容不得违反，谁违反了就会导致败亡的严重后果。这一官箴价值贯穿全部《尚书》设官立长的主题思想，前已多次述及，这里再次加以强调，而且还特别提出不准以貌取人，也不准任人唯亲，很鲜明，很具体，值得关注和体察。

以貌取人、任人唯亲在当今官场上仍然在相当程度上存在。只要仔细考察一下一大批因腐败"落马"的官员背后的原因，就会发现基本上都存在着以貌取人特别是任人唯亲的现象，从而形成腐败现象最典型的特点之一，即所谓"家族腐败"，而"家族腐败"又是任人唯亲的典型表现。有此现实的"家族腐败"的鲜活案例作为参照，又反衬了上古时代周公所立下的任官立长原则的正确性和普遍价值所在。现实一切为官之人都应当从中受到启迪和教育，以现实的反面教训为镜鉴，在设官立长时切实遵守任人唯贤重德的原则，模范遵守党和国家早已立下并一再强调的组织路线和干部路线。

156.（周公对成王发设官理政立长的诰词）庶狱庶慎，惟有司之牧夫是训用违；庶狱庶慎，文王罔敢知于兹。（《立政》，377）

译文：各种狱讼案件以及各种敕戒的事，只准由主管长官和牧民的人去决定是否治狱或敕戒；对于各种狱讼案件以及各种敕戒的事，文王是不敢过问的。

官箴价值：政治哲学以及现代行政法的一个重要原则，就是职有所分，责有所定，各负其责，各担其职，分工负责。上古时代肯定没有如今发达的政治哲学以及行政法理论与实践，但是，在初民社会虽简单却又一统的治国理政中，上古政治先哲却清楚、明确地表达了政治和职权上分工的必要性和重要性，甚至像周文王那样的开国之君都不兼管各种教令，还特别强调提出不干涉狱讼和敕戒事务。这两类事务由于其特殊性，特别是其专门性、知识性和技能性，必须由专司狱讼职务的官员和负责牧民的官员从事。由此可见，早在四五千年以前的上古时代，中国古代先哲就深谙其中的司法和"准司法"的专门性和特殊性的原理，并付诸实践。这不只是一般的了解和认识，而是深刻认识，不然，像周文王那样的开八百年周朝基业的君王不会"不敢"干涉司法事务和救戒事务，好一个"不敢"，足显其敬畏之心有多深厚，这真是难能可贵！令今人不由得不发自内心地感佩。

应当指出，现代的官员对政府职能的分工和各负责任的理解，对司法的专门性和司法机关的专设以及司法人员的特殊任命和管理的必要性的理解，已然不是上古先哲所能比拟，但仍有一些官员特别是负主要领导责任的官员认识不到位或根本不认识，不然就不会一再利用手中的权力、政治影响力以各种不同的方式干预司法事务，这是造成当前司法公信力下降乃至冤假错案的一个重要原因。虽经党和国家多次发文强行禁止，此类干涉司法活动有了大幅度的减少，但我们仍不能放松监管力度。为了最大限度地改变官员特别是领导干部干预司法活动的现状，对各级领导干部加强这方面的宣传教育是十分必要的和重要的。上古政治先哲的此处官箴，就可以引来作为教材。通过古今相映观照，提高广大官员特别是领导干部在这方面认识的深度和预防的自觉性。

157.（周公对成王发设官理政立长的诰词）相我受民，和我庶狱庶慎。时则勿有间之，自一话一言。（《立政》，379）

译文：（成王）您要管理我们的人民，平治我们的各种狱讼和各种救戒的事务。这些事务别人不可代替，甚至一言一语的干涉都不可以。

官箴价值：再次强调了司法的专司性和不可干涉性，以至于哪怕只用一言一语这种方式进行干涉都不行。这样严苛的强调，使得此处的上古官箴的价值得到彰显。这方面的内容前已分析，此处不再赘述。

158.（周公对成王发设官理政立长的诰词）继自今文子文孙，其勿误于庶狱庶慎，惟正是乂之。（《立政》，380）

译文：从今以后，先文王的贤子贤孙的继任者，千万不要在各种狱讼和各种救戒事务上犯错误，这些事只让主管官员负责去治理。

官箴价值：前已分析，不再重述。

159.（周公对成王发设官理政立长的诰词）其勿误于庶狱，惟有司之牧夫。（《立政》，380）

译文：（成王）您可不要在各种狱讼案件上犯错误，只让负责牧民的主管官员去治理。

官箴价值：前已分析，此则不论。

160.（周公对成王发设官理政立长的诰词）司寇苏公式敬尔由狱，以长我王国。兹式有慎，以列用中罚。（《立政》，380）

译文：司寇苏公规定要认真地处理狱讼案件，以使我们的王国长治久安。现在规定慎上加慎，依据常例，使用中罚。

官箴价值：前已分析，此处从略。

三十五 《周官》（161—175）

161.（周成王宣布官制的诰令）若昔大猷，制治于未乱，保邦于未危。（《周官》，384）

译文：遵循以往的治官大法，在社会没有出现动乱时就制定政教之令（以防止动乱出现），在国家还没有出现危难时，就安邦固国（以防止国家危难出现）。

官箴价值：如同"上医治未病"一样，道理很简单，人一旦发起病来再去治疗，不仅浪费了金钱，而且身体也已经受到伤害。国家设官立长也是一样，上古先哲已经积累了丰富的经验，先立教并设官立长进行有效治理，就可以避免社会发生动乱。因为各种政教法令制定并有官员负责执行，使各种世事都按一定的轨道运行，动乱自然就可以避免；同样的，在捍卫国家政权方面也是这样，设官立长各负其责，国家的政治秩序就会井井有条，自然也不会发生危难。

这一官箴在当代的治国理政中仍有重要的价值。尽管我们不必拘泥于以往的官员管理办法，但依法治理官员队伍仍然完全必要，有了良好的对现代官员、公务员队伍的治理，使其清正廉洁，满溢责任心，各项事业进展顺利，特别是各项行政工作安排得井井有条，群众办事受到公正对待且得到良好的服务，广大人民群众自然就会对党和政府心存感激而不致引发不满，更不会使矛盾激化，造成各种群体事件，社会因此也就保持了和谐、安定的局面。在当前，党和国家为了"维稳"投入了大量的政治资源和人力、财力成本，效果却并不十分理想。如果我们现在的国家工作人员特别是负主要领导责任的官员能从上古的这一官箴中受到启迪，努力改进自己的工作作风，厉行良好的法治，那么，社会和谐、稳定和国家安固的局面一定会更好地实现。

162.（周成王宣布官制的诰令）明王立政，不惟其官，惟其人。（《周官》，385）

译文：（上古的）英明的君王设立官长，并不考虑官员数量的多少，而是想任用得人。

官箴价值：古今为政，总是要由官员来实施的，一定数量的员额是任何时代的善政所必需的。在尧、舜时代，只设了上百个官职，但也能保证政事和顺、万国咸宁了。到了夏代、商代，官职增加了一倍，也保证了两朝治事的需要。官职尽管稀少，但英明的君王仍然把社会治理得很好，原因就在于他们并不以官职配比的员额多来取胜，而把自己考虑的重点放在用人得当上，只选用贤能之人充任官职，所以把国家治理得很好。到了后代，官职增加何止百千倍，但有些朝政完全是失败的，其原因就在于用人不当，有时甚至奸佞当道，败坏朝纲，以致败家亡国。上古先哲早已熟谙用人之道，任人不以官职众多为胜，只在意用人是否得当，可以说这极得设职任官之真谛。在当代，行政编制也是一扩再扩，虽经多次简政放权，但成效甚微，变相扩编花样层出不穷，国家财政为支付人头费有增无减。这表明，在我们的任人思维中，以人多为胜的观念依然存在；至于用人不当之处，也多有存在，任人唯亲、任人唯近的现象仍然没有完全清除，这也是现实反腐形势严峻的一个重要原因。由此可见，这一官箴价值在现实的官员队伍管理和在现代的官治中仍具有很强的启迪和参考的意义。

163.（周成王宣布官制的诰令）凡我有官君子，钦乃攸司，慎乃出令，令出惟行，弗惟反。（《周官》，388）

译文：凡我在位的大小官员，都要认真对待你们负责的工作，发号施令要谨慎，号令一出，必须执行，不允许违抗。

官箴价值：大小官员都要认真对待自己的本职工作，切实负起相应的责任，这是为官的天职与公理，无须多论。但如何能够成为一个认真负责的官员，却没有那么简单了。这里提出一个重要的为官标准，即不论官职大小、所负责任的轻重，一旦施政，总要发号施令，让属下或百姓服从或执行。但在发号施令之前必须进行缜密的分析，不能仓促拍板、草率决定，这同前面所分析的"慎厥初"是同一道理，无须重论。不过，这里又提出了一个新的为官施政的亮点，那就是谨慎地作出决断和决策之后，在接下来的施政环节中，首先要做的就是发号施令，只有通过发号施令才能组织和发动部属及广大民众行动起来，以部属和民众的力量实现先前所作出的战略或战术的谋划和部署。这一环节是极为重要的，它关系到先前的谋划与部署的实现与否或成功与失败的结果。这就要求为官施政者准确地把握这一环节，既要求不折不扣地宣达下去，更重要的是要求坚决、准确、果敢地执行下去，不允许在实行号令的过程中犹豫不决、瞻前顾后，更不允许部属及民众违抗，连消极执行也不允许，因为这关系到施政的成败。这里的官箴价值不仅早在四五千年之前就在古朴的政治舞台上得到了承认和总结，而且在当代也被公认和尊崇为治国理政的重要原理与准则。这在官场上虽极为普及，乃至耳熟能详，但做起来并不容易。仍须所有的为官理政者悉心体会、深察和践行。

164.（周成王宣布官制的诰令）以公灭私，民其允怀。（《周官》，388）

译文：用公心消除私欲，老百姓就会信任并归向执政者。

官箴价值："以公灭私""斗私批修"这些政治口号和话语，对上了岁数的人可以说是耳熟能详，在四五十年前最为流行。不仅在官场上，就是在亿万民众中我们都曾大力宣传和倡导过。然而，随着社会的转型和人权、法治观念的增强，在现代的政治、法律意识中，社会和国家已经不再一般地排斥私有观念了，不仅不排斥，在权利本位价值观的主导下和法律框架内，还对包括政府官员在内的所有公民的私人权利和利益予以周到和严密的保护。在这样的社会观念和法律价值观及法律体制的主导和规范下，人们已然不再一般地反对和排斥私心了，不仅不反对、不排斥，而且还在不断地倡导人权并加强法律的规范和保护。既然如此，"以公灭私"还有其一般社会、政治价值和官箴价值吗？这正是值得当代人和政府官员反思和调适的一个重要的观念和价值方面。

我们应当肯定，为官治国理政，应当而且必须出于公心，政治上的事就是众人之事，人类的政治理念及其制度的产生，归根到底是要把民众和社会安顿在一个秩序体内，让广大民众首先求得安稳、和谐的生活、生产环境以安身立命，进而获得福祉的保障和生活品质的提高。就是这样一个简单政治事理逻辑要求所有从事治国理政的官员必须树立公益心，排除为己谋利的私心。为官之人一心一意为公众的事着想，为广大民众谋福利，这应当是一切为官之人的本分。做到了，广大人民群众看在眼里，记在心里，自己就会"民其允怀"，即拥护你、归向你。俗话说，人心好比一杆秤，在一般的人情上是这样，在为官的官情上更是如此。因此，每一个为官之人都要以此为戒，你要做出优秀的政绩，你要博得广大民众的拥护和支持，就应当以此为戒，树立公心，消除私念，一切从公共的利益出发，为广大民众的利益和幸福着想。

165.（周成王宣布官制的诰令）学古入官。（《周官》，388）

译文：学习古代先哲的训导和古代的典章制度，才能入政为官。

官箴价值：学古入官，古人早有训教。《孔疏》中说："将欲入政，先学古之训典，观古之成败，择善而从之，然后可以入官治政矣。"[1] 解释得如此清楚明白，无须再深论。况且，关于学古的官箴在前面已经做过分析了。这里只想再强调一点，就是不能拘泥地理解为凡是欲从政的人都要学古，不学古就不能从政。现代正确的解读应当是既学习古人的经验，特别是优良的传统和作风，又要学习现代的知识、观点和技能，这也是现代一切从政人员必须具备的素质。总之，要学习一切人类的知识、经验和技能，最大限度地提升自己各方面的素养，只有这样，才能勇于、善于担当自己的官职责任，做出政绩。

166.（周成王宣布官制的诰令）议事以制，政乃不迷。（《周官》，388）

译文：议定治国理政之事，一定要依据典章制度，施政就不会迷乱。

官箴价值：上古之政治达人早在四五千年之前就认识到按成制议事从政的重要性，这是政治早熟的重要标志。政治或者换句话说治国理政，是

---

① 江灏、钱宗武译注，周秉钧审校：《今古文尚书全译》，贵州人民出版社，1990，第389页。

一种极为严肃、复杂的从政行为，来不得一丁点的草率和马虎。而人即使是睿智的政治家，由于时代知识的限制，个人智识与才能的局限，以及很难收集、整理和厘清全面的、准确的政治信息和其他相关信息，再加上国情、社情的分析和把握上的难度，是很难做到决策正确、万无一失，并如愿取得和实现施政的预定目标的。有鉴于从政人员日理万机，不可能事事亲为，更不能做到事事有先例和成功的经验可以借鉴。所有这些施政环境和情事都决定了，古往今来的从政者都要依据和参照从先前的施政经历中总结出来的经验和教训。而先前的经验和教训往往通过政治贤达的遗训，特别是业已形成的或旧的或新的成制，包括法律、典章、规则、戒律等成文或不成文、成制或不成制的制度形式表达出来。在通常情况下，这些训诰、成制都是先前经验、教训总结后的产物，因而成为后来从政者不可或缺的施政依据，甚至是从政合法性的凭证。时至今日，这一官箴价值依然继续得到彰显。当前中国实行的依法治国、依法行政，就是"议事以制"在当代的最准确表述。但在这种法治大背景下，并不意味着每一位从政者都能做到"议事以制"，每一位从政者都能悉心体会"议事以制"的官箴价值，使自己所作出的一切施政决策都有章可循、有法可依。因此，"议事以制，政乃不迷"在当代的官箴价值依然值得每位从政人员，特别是负有领导责任的高级从政人员很好地体悟和践行。

167.（周成王宣布官制的诰令）其尔典常作之师，无以利口乱厥官。（《周官》，388）

译文：要师法典章常法，不要凭借辩言干扰官员的施政行为。

官箴价值：师法典章常法去施政，这同上述"议事以制"意义相通，无须再申论。不要凭借辩言干扰官员施政倒值得重点分析一下。前已指出，施政是一件极为严肃、复杂的事务，要取得政绩或良好的施政效果，涉及极为复杂的因素，其中信息来源可靠、全面是一个必要条件，前面已作了分析；同时，施政者的决策和发号施令除了坚决、果敢的要求外，更重要的是要作出独立的判断。而能否作出独立判断通常都是由入仕之前和入仕之后的培养、锻炼养成的良好道德、业务素质所决定的。如果在作出独立判断的过程中受到干扰，可能就会影响这种独立判断的结果。因为人是情感丰富、思想易变的动物，极易受外界或旁人的干扰而影响自己作出独立的判断。一个人在从政的经历中，多少都会受到部属、亲近之人乃至家属的影响，其中的所谓"枕边风"也许是对官员从事独立判断影响最大的一种。这种现象古往今来都不可避免。正是基于此种政治、人性的经验，上古政治达人提出不要用花言巧语去迷惑官员，以免使其失去独立判断的能力。这种官箴很贴近生活、切中政弊，古今所有从政的官员都应当悉心体会，牢记在心，这是每一名公正、廉洁的官员都应当引以为戒的。做一名正直、正派的好官员，而他的亲近人员也应当洁身自爱，做一名知道进退、懂得回避政事的官员的好助手。古今中外，由于不适当干政，包括高级官员的配偶干政所造成的自毁前程、人死家破的历史教训实在太多了，每一名从政人员都要引以为戒，慎重对待这一官箴。

168.（周成王宣布官制的诰令）蓄疑败谋，怠忽荒政，不学墙面，莅事惟烦。（《周官》，388）

译文：积疑不决败坏所谋，懈怠疏忽荒废政事，人不学习如同面对墙壁什么也看不见，遇事就会烦乱。

官箴价值："当断不断，反致其乱"这就是"蓄疑败谋"的价值所在。当代的行政法中有一条重要原理，就是所谓"谋在于众，断在于独"，意思是说，众人合谋取长补短获得更好的施政方略和决策，这是古今中外国家设立各种名目繁多的议事机构的原理的体现形式。方略与决策一出，在执行的环节，通常交由一个负全责的行政人员去执行，而负这种执行责任的官员就需要以果敢的态度、强有力的措施去执行既定的谋略。如果负有执行责任的官员瞻前顾后、疑虑再三、前怕狼后怕虎，必然不会有后续的果断执行行为，这样，原来的谋略，即使是最优良的谋略，也只能停留在纸上，无法实现。这一政治法律原理早在上古时代就形成了政治法律智慧，难能可贵，今日仍不失其固有的优良价值，值得悉心体悟并予以践行。

"怠忽荒政"其意显明。凡事都是干出来的，光说不做，将一事无成，这是人人都懂的日常事理。为政也是一样，政事繁复，日理万机，不付出辛劳要把政事干成、干好，绝对不可能，更无须奢谈取得优良的政绩了。但事实上却有这样一种现象，为政者身居特定的职位而不积极地作为或怠政、懒政，必然不能很好地履行自己的职务使命，造成政事荒废，误国害民，贻害无穷。古时有官员如此，现实中这种官员也大有人在。现实中执政党和国家下决心并采取一系列措施纠正官员队伍中怠政、懒政的行为和现象，是非常适时的，也是完全必要的。这一现实进一步彰显了"怠忽荒政"的官箴价值所在，所有的从政人员都应当以此为训，尽职尽责，以积极的作为为国家和民众交出答卷。

"不学墙面，莅事惟烦"的官箴价值是强调学习对于从政人员的重要性。这与前面的"学古入官"以及更前面有关学习重要性的官箴，是同一意义上的记述，都是在刻意强调通过学习获取知识对于治国理政的重要性。从政人员不学习，自然就没有深厚的学养，在贫乏甚至空白的知识基础上所作的对政事的分析或判断就很难达到精细和准确的程度，而在此基础上所作出的决策更可能脱离政治生活的实际，强行推行下去又会造成各种意想不到的不良结果，甚至是毁灭性的失败后果。人没有知识，就没有信心去作出正确的判断，从政人员没有知识，遇到政务就会烦乱，不知道如何处理才好，政绩自然就会因此而打了折扣。可见，对于普通人特别是从政的官员来说，怎么强调学习的重要性都不过分。"不学墙面"的价值因此得以彰显。

169.（周成王宣布官制的诰令）戒尔卿士，功崇惟志，业广惟勤，惟克果断，乃罔后艰。（《周官》，388）

译文：告诫你们各位卿士，功高在于立志，业广在于勤勉，只要能果敢决断，就不会有后来的艰难。

官箴价值：这里告诫为官从政的人要牢记精神品格方面的三项原则，一是只有立下远大的志向，才能取得更高的功名和成就；二是只有勤勉为人做事，才能取得广泛的业绩；三是只要临事做到果敢决断，言必信，行必果，知难而上，就不会有后来的艰难险阻。

人类的精神文明的高低，个人品德的高下，很重要的一个表现就是是否有志向，为官从政的官员也是这样。一个人，一名官员，胸无大志，庸庸碌碌，就不可能有所作为，为官从政也做不出什么好的政绩。这个道理至显且明，古今一理，无须申论。

"业广惟勤"的官箴价值也在勉励人去努力进取。世界上的事都是人干出来的，稼穑之人不去耕种，不去田间劳作，自然就没有收获。这个道理前面已作过分析。凡事都是一样，人不去做，自然一事无成。为官更是这样，如果从政之人怠政、懒政，怎么会有政绩？后世人说"勤能补拙""天道酬勤"，都是对"业广惟勤"的价值延伸。当今所有从政人员都应当牢记这个训诰，切实做到为政勤勉，保持人民公仆的勤劳本色。

"惟克果断，乃罔后艰"其官箴价值是在强调从政人员的行政魅力。政务的推行要果敢决断，相反，如果犹豫不决、瞻前顾后、畏缩不前，政事就推行不下去，其后果是更为艰难。这是所有为官从政人员引以为训的重要施政原则，务必深察和践行。

170.（周成王宣布官制的诰令）位不期骄，禄不期侈。（《周官》，388）

译文：位尊不应当骄傲，俸禄丰厚不应当奢侈。

官箴价值：为官权力大，地位尊贵，这是事理逻辑使然。然而，为官者对官位的态度却是判若云泥。一类为官者借势变得骄傲乃至骄横起来，这类为官者无论官有多大，地位有多高，人品和官德都显然低下，为人所不齿和鄙弃；而另有一类为官者，位高权重，但不骄狂，严以对己，宽以待人，兢兢业业地履行自己的职权，这类官员因人品、官德高尚，一般都会受到老百姓的敬重。有了民众的拥护和支持，获得优良的政绩就是顺理成章的事了。在现实的官场中，仍有为数相当多的官员做不到"位不期骄"，相反，他们自以为高人一等，盛气凌人、专横跋扈，严重地损害了人民公仆的良好形象。凡这类为官者通常都做不出什么好的政绩，还严重脱离群众，为广大民众所厌恶。显然，这类为官者应当警醒，深以"位不期骄"为戒，改变立场和态度，虚下心来，做一名人民的好公仆。

"禄不期侈"更是对为官者的人品和官德的高标准要求。古今为官，皇家和国家总要发放俸禄，以保障官员本人及其家庭的生活。除了保障官员及其家庭的基本生活开支外，国家为鼓励为官者全身心地投入本职工作，免除其后顾之忧，还往往给以较为丰厚的待遇，使他们过上优渥的生活。然而，古今中外有些官员并不以此为满足，在追求无限财富的欲望指引下，渴望获得更多的俸禄以满足其奢侈生活。正所谓欲壑难填，得寸进尺，如达不到这种奢侈生活，接下来极可能会利用职权贪污受贿，用各种非法手段敛财，最终堕落成为腐败官员，走上人生的不归路。再接下来就是被查处，落得身败名裂、家破人亡的悲惨结局。正是基于这一事理逻辑和古时众多的教训，上古政治先哲用"禄不期侈"的官箴警示为官从政之人。严肃的话题之中也隐含着对官员人生和人性的人文关怀。今之为官者更应当警醒，切不可看着一个个贪官"落马"而无动于衷。一念之差，一失足成千古恨，说不定过往"落马"贪官的悲惨命运和下场也会落在失警官员的身上。在当前反腐败的严峻形势下，所有官员都应当以此为戒，切实体悟"禄不期侈"内涵的官箴价值，廉洁自律，做一名清正无私的人民好公仆。

171.（周成王宣布官制的诰令）恭俭惟德，无载尔伪。（《周官》，388）

译文：恭敬勤俭是美德，不可行诈使伪。

官箴价值：恭敬可以表现在两个方面，一是恭敬待人，二是恭敬做事。这都属于人的良好的道德范畴。古人没有人人平等的观念，但是通过待人以敬，即尊重他人和诚恳待人，同样可以达到人与人之间和谐共处的目的，最终实现人人平等。由此可见，人人平等这个近代兴起的人际关系新观念，上古先祖却以自己的独特话语表达出来了，难能可贵。执事以敬更值得赞赏，因为在当今的西方观念中，恭敬处事并不只是包含在平等的观念中，还须用责任、义务等另一套话语体系来表达。而在中国的传统文化中，这种意思用一个"恭"字就可以涵括了。

"俭"通常是与"勤"联合表达的人的一种美德。"勤俭"是一个相辅相成的道德体系。正如前面刚刚分析过的"业广惟勤"，说的是勤劳致富是创造财富的重要途径。当然，在当代，光勤劳还不足以创造财富，尤其不能创造巨额财富。创造财富还需要先进的经济理念和善于把握机遇的经营之道、先进的科学技术等，毕竟，这些都是现代用以提高生产力的基本要素，这且不论。"俭"即节省开支，量入为出少花钱也能日积月累地获得大量财富。上古时生产力低下，凭个人和家庭成员的体力劳作是创造不出大量财富的，在农耕时代，人们只能维持最低限度的生活水平。在漫长的数千年中，除极少数权贵之外，平民百姓要生存别无他法，除了勤劳工作之外，就是节俭，珍惜一茶一饭、一针一线。几千年下来，就养成了节俭作风，并逐渐积淀成为传统美德。在当今社会，物质财富如潮水般地涌来，人们开始过上了富裕乃至奢华的生活，积日既久，传统的节俭美德渐渐被抛弃，甚至被很多人遗忘，在少年儿童中甚至连节俭为何事都不知道了。这就提醒我们应该在精神文明总体系中重建节俭的价值观。民以官为表率，现今所有的为官从政人员都应当在重建节俭作风中率先行动起来，以自己的模范行为教育、影响广大人民群众重建节俭观念，树立以节约为荣的道德风尚。"风吹草偃"，在全社会大兴节俭之风，重建全社会的节俭传统。这就是"恭俭惟德"的官箴价值所在。

"无载尔伪"的"伪"，就是今人常说的"诈伪"，是与"诚实"相对立的道德体系，在人们的道德观念中，不论古今，"诈伪"都是最具负性的道德体系，一个人一旦背负诈伪的社会评价，便被世人不齿。而在官德中，诈伪更是容不得官员背负。在古代，行诈使伪的官员，除在个别军事或外交场合，都被视为官德最败坏的一种，与奸佞同享恶名。但既然在人性中诈伪总会占据一席之地，为官从政之人也难免存在各种诈伪行为。今日官场亦然，虽表现形式古今有异，但绝不少见。现实官场中，大量存在的严重的形式主义、浮夸风、弄虚作假、欺上瞒下，甚至严重的"上有政策，下有对策"之类的官场恶习和弊病，从广义上说，都可以归为诈伪之类。由此可见，"无载尔伪"的官箴价值在当代并没有泯灭，相反还应当予以彰显。一切为官从政人员切记全心全意为人民服务的宗旨，忠诚于国家的信念，忠实地履行国家和人民赋予的法定职责，全心全意地秉公执法办事，远离一切与诈伪相关的现象和行为，做人民忠实的公仆。

172.（周成王宣布官制的诰令）作德，心逸日休；作伪，心劳日拙。（《周官》，388）

译文：做好事，就心安，从而一天天地显示出休美；做诈伪的事，就心苦，从而一天天地显示出笨拙。

官箴价值：这里的官箴价值突出体现在精神或心理层面，这在全部《尚书》官箴中独树一帜，很有特色。看来，上古之人已然懂得人的心境、精神状态是与相关人自己所营造的环境有关。做好事，有益于他人，有益于社会，对于自己来说，做了好事，就等于用自己的行为证明了自身的价值，感受了人生的意义；对于社会和公众来说，由于你做了好事而受益，自然对你赞赏有加，社会和公众因对你的好感就会相应地建立起和谐的人际关系，正如孔子所言"德不孤，必有邻"。一个人有良好的个人心境并处在这样和谐的社会氛围中，心情肯定是愉悦的、放松的，个人感觉到自己是如此具有成就感，世界也随之变得美好起来，这就是事理逻辑的必然结果。

作伪即行诈使伪，所做之事都是损人、有害社会的。只要一个人没有彻底泯灭人性，只要还保留一点点的良知，他就会自责，而社会对他更是不齿，甚至视其为人渣。这样的人必然遭到社会的鄙夷和周围民众的唾弃，在社会中事事受阻，步步不畅。不难想象，在这样恶劣的心境和社会环境下，他的精神肯定长期处于高度紧张的状态，心理压力不堪承受，个人感觉笨拙也就是合乎逻辑的结果了。这种作用于个人心理的上古官箴在当代仍具有重要的现实意义。如果说一个官员在位时还可能感觉不出这种心理价值期待的迫切需要，而一旦因腐败而"落马"特别是身陷囹圄之后，可能感觉就非常强烈了。一个人在位时大权在握，一呼百应，那是何等的风光，而一旦"落马"入监处于非自由状态，生活环境、条件与在位时判若云泥，恍惚如隔世一般，人在这种状态下，心情会一落千丈，悔恨、自责、哀叹、伤感，真可谓五味杂陈。这种精神糟糕状态是所有常人都不难想象的。本人在早年从事"公检法"工作时，就亲眼见到一些刚刚收监入狱的服刑人员，在短短的三五个月期间健康状态迅速恶化，有的还因得了恶性疾病而去世。这种现象，即使在一些曾身居高位的服刑贪官中也绝不少见。这些事实再一次表明"作伪，心劳日拙"的见地是多么入木三分。其官箴价值在后世乃至当代的彰显，应当引起当今一切从政的官员的自警和戒惧。

173.（周成王宣布官制的诰令）居宠思危，罔不惟畏，弗畏入畏。（《周官》，388）

译文：处于尊崇的地位，要想到危险，没有一件事不值得敬畏，不知道敬畏，就会陷入危辱的境地。

官箴价值：荣辱不惊，是对一个具有高尚道德和淡定人格的人的最恰当的赞美。处在尊崇的地位不自视高人一等，是一种处于尊荣地位而不惊的表现，一个人或一个官员怀有这种心境，保持一颗平常心，已属不易，很值得称道了。但在上古政治哲人看来，这样做还是不够好，应进一步做到"思危"，即想到危险存在。一个人处于特定的社会地位或者因官位而受到荣宠，绝不会永远如此，中途永远不发生变化，一个人的命运或一名官员的境遇不是完全由个人把握和决定的。一种局势、一个事件甚至一个上级官员的去职或一个新的上级官员甚至平级官员的履任，都可能局部甚或彻底改变一个人或一名官员的命运和处境，这在古今中外的官场上有着无数的先例，在人类史和官吏史上数不胜数。但似乎许多官员并没有从中吸取教训，这类的人间或官场上的悲剧仍在不断上演，令人不胜唏嘘。这里的官箴价值就在于提醒人们或官员们切不可盲目自信，以为受到的荣宠会永远保持下去而不会突然改变，天堂和地狱可能瞬时就会发生转换，一个人或一名官员要警惕可能的危辱局面会随时到来，即使处在荣宠的地位也不要忘记危辱的存在，要随时准备应变，以免人生和仕途陷入不可挽回的悲惨境地。

"罔不惟畏，弗畏入畏"，讲的是人在这个世上对万事万物都应当有所敬畏。人之所以要对万事万物有所敬畏，是基于人在这个世界上所处的地位与世上万事万物相互关系的深刻的哲学认知和准确的实际把握。按照上古流布及积淀的"天人合一"的传统文化的哲学精髓，人是宇宙万物中的一个有机组成部分，按照爱因斯坦的观点，从绝对的意义上说，人在宇宙中的出现这一事实是没有任何意义的。人之所以能在宇宙万物中脱颖而出，纯粹是极为偶然的机缘使人进化出具有智能的大脑。但人类对此并没有一个清醒的关于自己在宇宙中地位的正确认识，误以为自己是宇宙的主人，可以任意控制、改变宇宙中的万事万物。在这种观念的指导下，人类自以为有权力任意支配世界，对自然界进行贪婪的索取，肆意地、毫无节制地对地球资源（将来或许对外太空资源）进行开发和利用。到如今，至少已对我们赖以生存的地球的自然环境和生态系统造成了严重的破坏。这种后果的造成需要从最深处的精神层面进行反省，应当承认我们人类是太过自恋了，自以为是宇宙的主人可以对世上万事万物进行任意的支配和利用，而不必对它们心存敬畏之情并在行为上有敬畏之举。这里的官箴之所以在当代仍具有现实的价值，就在于当代的我们人类依然严重缺乏对宇宙万事万物的敬畏之情和敬畏之举。"弗畏入畏"即是不知道敬畏，就会进入危辱的境地，当今人类所面临的是何等严重的环境困境和生态灾难，再次证明了上古先哲的至理箴言并非虚妄的警告之言。作为当代人类的我们，特别是各级治国理政的官员，因为对自然环境和生态资源负有不容推卸的保护之责，更应当深刻体察和领悟"罔不惟畏，弗畏入畏"的真谛，执事以敬，治法以敬，争取实现良好的治国理政的预期，避免使自己的施政陷入畏辱的境地。

174.（周成王宣布官制的诰令）推贤让能，庶官乃和，不和政庞。（《周官》，388）

译文：推贤让能，百官就会和谐，百官不和，政事就会杂乱。

官箴价值：自上古时代起，政治哲学就奠定了设官任职以贤与能为基准的基础，这在上古时期政治制度与机能初始阶段，是最合理、最优化的选择。这不难理解，在缺乏制度规制的情势下，依靠任用那些既贤且能的官员来实现上古国家初期粗放的治国理政目标，至少可以部分奏效。其中不乏理想政治的色彩，即使不能完全实现，但作为一种价值体系，还是值得努力争取和倡导的。这里的官箴价值就在于，在原来的任人政治哲学的基础上，又向前作了有意义的引申，即为官一任，如果能做到推贤让能，不仅保证了新任或后继官员个人的良好品质，维系了官员队伍的纯洁性，更可能使继任交接程序得以顺利进行。这且不论，更重要的政治效应是百官相互关系维系和谐的状态，避免了自上古以来在官场上通常所能见到的嫉贤妒能、相互猜忌、争权夺利，甚至买官卖官等丑陋现象和腐败行为。为进一步强调这种具有新意的任人政治哲学，这里的官箴还特别强调如果相反的情形出现时将会是什么样的结果。换句话说，如果百官不和，政事就会杂乱。这种景况不难理解。百官不和，不仅政事运行不会顺畅，还可能形成互相推诿，乃至尔虞我诈、相互倾轧的官场乱象。到那时，政事的推行与实施不仅杂乱无章，甚至可能造成政局混乱乃至倾覆的严重后果。

如今的官场可以从中受到很多的启发与教益，任人唯贤、退职让能应当是官场一个永恒的主题，与每名官员都有密切关系，几乎无一例外。但我们现今的官场，在推贤让能方面，还有很多的问题需要解决，官员之间的团结与和谐关系也亟待改善。每个官员都与此息息相关，故人人都应当以此为戒，努力实践、传承和延续官场推贤让能的优良传统与作风，使我们的官场风气有一个明显的改观与进步。

175.（周成王宣布官制的诰令）举能其官，惟尔之能。称匪其人，惟尔不任。（《周官》，388）

译文：选拔的官员称职，是你们的才能；选拔的官员不称职，是你们不能胜任。

官箴价值：这是前一句"推贤让能"官箴的延伸，进一步强化了任人唯贤能是举的价值。不过，这里是从任官之人的职分上讲的。如果你任命的官员称职，则表明你是认真履职的，而且有举人得当的"伯乐"才能，这样的官员自然应当得到褒奖。相反，你选拔的官员不称职，则表明你不能胜任你的官位和职责。至于不能胜任的结果如何，这里没有明说，但给人以想象的空间，对不称职和不能胜任的官员，通常都要求其承担相应的后果，要求其引咎辞职或径直予以免职。今日如此，古之亦然。

现今的官员选拔、任用和考核已经形成了一整套完整的制度，通常已经不再是由上级长官个人任命下级官员了，但也不能否认，上级官员在推荐及选拔官员的过程中，仍然起着重要的甚至关键的作用。在罗列的一些"落马"官员特别是"落马"的高级官员的"罪状"中，经常看到不正当干预官员的任命或接受跑官要官人员的贿赂等情节。这表明我们在官员任命中并没有完全实现公开化、制度化，仍有一些漏洞可供违纪官员插手任命事项。在这种情势下，此处的官箴价值就得到了凸显，官员称职是选拔的上级官员或人事组织部门有才能的表现，应列入正面的政绩考核；相反，不称职的官员泰半是选拔时把关不严，甚至是"带病提拔"的结果，如果确实如此，就不仅是提拔的官员或人事组织部门无能或不能胜任的问题了，还要追究其相应的领导责任，甚至是行政责任乃至法律责任。在当下从严治党、从严治政的情势下，如何彰显此处提拔任命官员的官箴价值，依然是每个从政官员必须思考、认真面对和正确处理的重要现实课题。

三十六 《君陈》（176—186）

176.（周成王策命君陈治殷）至治馨香，感于神明。黍稷非馨，明德惟

馨。(《君陈》，394)

译文：最好的政治，馨香远闻，能感动天上的神明。黍稷的香气不是远闻的馨香，只有明德才是远闻的馨香。

官箴价值：政治可以简单地表述为治国理政，治国理政做到最好，又可以简化称为"至治"，政治达到"至治"的境界，一定是清明的、和谐的，连带是经济繁荣、社会稳定的，民众能从中受益。如果是这样的"至治"，民众自然会对清明政治颂扬远播，说感动神灵未必是真，但要说感动广大民众的确不假。人民即是"神明"，鉴察人间的一切政治活动。如果说"至治"感动上苍神明似乎有些虚幻，那么道德的馨香就是远闻的馨香。上古之人就已经懂得，道德是一种社会性的价值体系，凡是"明德"一定是在社会中流布和传扬的，所以才能远闻，黍稷虽也馨香，但只有在灶厨做饭时，才能在附近闻到香味，所以只能近闻。但这只是在传统的农业社会中才会出现的事。笔者小时候在饭点进村，只要在路上闻到小米饭香，就知道有人要吃上香喷喷的小米饭了，这已经成为儿时最美好的记忆之一。在现代农业生产模式下，即使是用"香米"做出来的米饭，也难再散发什么香味了，要想在附近就能闻到，已然不可能了。此是题外的话，无须多说，但是并不能因此就否定这条官箴的价值。毕竟，"至治""明德"都是政治和道德传播的最高目标和境界，值得每一位从政官员尽力争取。古人如此，今日官场更应当呈现"至治"，至少是"善治"的清明景象，而道德的传播让人人都树立起社会主义的核心价值观，更是当代从政官员所应追求的最高目标。

177.（周成王策命君陈治殷）尔尚式时周公之猷训，惟日孜孜，无敢逸豫。(《君陈》，394)

译文：你要效法周公这一教训，每天孜孜不倦地努力，不要贪图安逸享乐。

官箴价值：作为统领一方的大员或其他担任公职的官员，都应当孜孜不倦地努力工作，不能贪图安逸享乐，这既是职责所系，也是对官员的道德要求，在古今官场上都是公认的原则，没有例外。作为人民公仆的当代各级官员，更应当奉为圭臬，率先实践，彻底摒弃为官一任，无所用心，又懒政、怠政，只贪图安逸享乐的不良思想和作风，努力做到如三国时期的蜀相诸葛亮所说所做的那样："鞠躬尽瘁，死而后已。"

178.（周成王策命君陈治殷）凡人未见圣，若不克见，既见圣，亦不克由圣，尔其戒哉！尔惟风，下民惟草。（《君陈》，394）

译文：大凡常人没有领悟到圣人的道理，就好像自己也没有领悟到一样，等到人们领悟到圣人之道，又不能践行圣人之道，你可要戒慎出现这种情况啊！

官箴价值：这里的官箴价值主要是教化百姓并激励百姓践行圣人之道。看来，上古的政治达人早已领悟到治国不仅是理政方面实务性的工作，在精神、思想领域的教化同样必不可少，而且极为重要。教育、引导人们领悟圣人之道，按今日的话说，就是领悟当时社会和国家的精神思想主旋律。这也是所有为官从政之人重要的职责之一，或可视为职责分内之事。值得注意的是，上古之政治达人并不满足一般地体认这种重要性，而是极为认真地强调官员自身要同民众一样感同身受，凡是对百姓教育、引导不到的地方，就是如同自己也没有领悟到一样，而民众即使领悟到了但做不到，就视为自己也没有做到。如果做不到这样，就要引起警觉了，就应当反思为什么会这样，反思之后再加以改进。反思中重要的是要看自己是否起到模范带头作用。此处官箴把为官之人贴切地比喻成"风"，而老百姓为"草"，有了风，草才会随风摆动，你不行动就如同没有风吹一样，老百姓如何能随风摆动，效法你一起行动起来呢？我们说榜样的力量是无穷的，但官员都做不到，更不要侈谈要老百姓做到了。这种官箴价值是内在的、深沉的，丝毫看不出任何形式主义、做表面文章的影子，这难道不值得当今所有党政官员认真反思、体察和戒惧吗？想想我们从政人员种种形式主义和做表面文章的表现，这里的官箴实足应当成为纠正时下官场相关弊病的金玉良言。

179.（周成王策命君陈治殷）图厥政，莫或不艰，有废有兴，出入自尔师虞，庶言同则绎。（《君陈》，394—395）

译文：治理政事没有一件不是艰难的，有废除，有兴办，要反复和众人商量，即使众人的意见相同，也要探究事理并在深思之后再去施行。

官箴价值：这里的官箴价值有二，一是一定要切记为官从政绝不是一件轻松愉快之事，要对其艰难程度有充分的预计。其中可以想见的就是改革一些旧的制度会遇到困难和阻力，打破既得利益格局，要么遭到民众的反对，要么遭到既得利益集团或个人的阻挠，需经过艰苦的努力与斗争才能取得改革的成功；同理，对于兴办新兴事业或创建新的制度来说，其难度更是大到超出原来创意或设计时的预期，非下定决心，花工夫下力气绝不可能成功。这种官箴价值看似不稀奇，但在古今官场上持续倡导绝非无益之举，在现今官场上仍具有重要的现实意义。君不见现今的一些为官从政人员对政事的艰难在履新之前就估计不足，缺乏应对困难的必要心理准备，在困难面前畏缩不前，造成该废不废、该立不立的被动局面，其结果是为官一任都没有获得什么令人称道的政绩，往好的方面看，这样的官员最终只能黯然离职，其治下的民众及下属对其也不会有什么眷恋之意。这里的官箴当是对这样的官员的一个训诫，教他们知难而进，不是畏难而无所作为。

二是为官从政不要个人盲目拍板决策，搞"一言堂"，这在前面的官箴中已经多次作出分析。这里不妨再强调一下，政治乃众人之事，多与众人商量，群策群力，胜算就会大得多。相反，个人盲目拍板、决策，就不能借助众人智慧集结之力，失败的概率就会大些。这里的官箴还进一步强调，即使充分吸取众人意见，并且众人意见已然一致，也不能保证众人的决议一定就是正确无误的。上古政治达人也这样认为，他们从政治经验中已然懂得更深一层的道理，那就是即使众人的意见一致了，按现代的话说，就是已经在充分发扬民主的基础上得到了一致的结论，仍不能盲目地相信相关的决策就一定是正确无虞了，还须进一步寻根追底，再深入思考，按现代的话说就是要进行反复论证，深入进行可行性研究，只有在完成这一论证的程序后，才可以下令施行。古人这样训教，无非要更稳妥、更谨慎地施政，以取得预期的施政效果。这种官箴价值在当今的官场中仍然具有十分重要的现实意义。当今为官从政所发生的失误，细究起来，泰半都是在决策过程中缺乏如此缜密的操作过程。现今的官员特别是负重大领导责任的官员从中可以受到重要的启示和教益，以此为训，政绩当会显著达成。

180.（周成王策命君陈治殷）无依势作威，无倚法以削，宽而有制，从容以和。（《君陈》，396）

译文：不要倚仗权势作威，不要凭借法制施行苛刻的政治，对人宽容但不超越法制，举动要和谐。

官箴价值：倚仗权势作威古来有之，除权势的依附者作威外，权势拥有者本人作威更是多有。依附或拥有权势就作威，因作威就能获得更多的利益，这就颠覆了依靠个人的勤劳、努力而获得利益的事理逻辑，被视为人性中卑劣因子的负性外现，向来被人憎恶。这种卑劣行径沿袭成习，至今仍不断出现。此处官箴当是对当代为官从政之人，包括有权威背景的人一个严肃的警示，有权势切不可作威，庶几可免道德沉沦，或可预防因依仗权势作威而带来的其他更为严重的后果，如仗势欺人、横行乡里，乃至违法犯罪等。

"无倚法以削"的官箴价值在当今更具有极为现实的意义。当今实行依法治国，社会和国家已然进入法治的时代，各种立法如雨后春笋般纷纷出台，各种司法、执法机关和机制日益完善。为官从政之人更是日益强烈地依赖法治推行自己的治国理念和施政方针、举措。法治对现代社会和国家治理的地位和作用无论多么重要和必要，但也绝不是万能的。法制较之其他的社会规范具有刚性即强制性的特点，这是法制的优长，但这种优长同时也带有严峻、苛刻的特性。在法治的环境下，司法或执法官员往往最大化地利用法制的刚性，以快捷、有效地达到施政目标，而忽略法制这种严峻、苛刻特性所带来的负面影响，其中最主要的就是民众对公权力的畏惧而造成的社会关系的疏离乃至仇恨、亲情的损害等。上古时期的政治统治者竟如此睿智、理性地理解和处理了法制的刚性与柔性之间的关系，实让今人叹服。在当今大力推行法治的大环境下，我们的从政官员同样存在对法制的刚、柔、进、退把握失据与失衡的状况。这种官箴价值在这里得到凸显。

"宽而有制"就是要正确处理为政之中宽容与法制的关系问题，同"倚法以削"一样，宽容与法制的严苛之间也有张力，为了缓和政治矛盾，统治者往往需要在一时一地或一事问题上采取宽松的政策，或者对某些个人或群体的过激乃至反抗行为予以宽容，以获得缓和社会矛盾或阶级对抗的最大化政治利益。上古政治达人有此见识实属不易，更难能可贵的是，他们并不一味地主张实行宽松的政治理念与政策，国家毕竟需要强大的政治强制力才能得以维系，这是国家的本质所在。为此，上古政治达人强调，在实行宽容的政治或政策的同时，切不可忽略法制刚性的一面，这就是说，宽容不是无限度的，而是有节制的，换句话说，就是在法制的允许范围内实行宽容。

"从容以和"是对前三种施政原则和行为的总括，目的是给出一个于施政力道可把握的标准，简单地说，就是各种施政措施都要以中庸、中道为标准，最终达到社会和国家和谐的目的，上古的政治哲学认为这是最理想的政治局面。这在前面已作过分析，这里不再深论。

181.（周成王策命君陈治殷）殷民在辟，予曰辟，尔惟勿辟；予曰宥，尔惟勿宥，惟厥中。（《君陈》，396）

译文： 殷民犯了罪，我说要处罚，你不要去处罚；我说要赦免，你不要去赦免，应当公平合理地判决。

官箴价值： 只要我们把此处官箴价值的前提置换一下，就可以凸显其一般性的官箴价值了。把殷民犯罪置换成一般人犯罪，把君王置换成上级官长，这样我们就会领悟到这里的官箴实际上是在凸显作为一名司法官员要独立进行审判，不论上级说要处罚还是要赦免，你都不要盲目听从，而要自己独立判断，作出公平、合理的判决。在上古时代，就有如此鲜明的司法独立审判的观点与实践，该是多么成熟的法律思想。而我们在当代要贯彻宪法和法律中规定的独立审判原则，竟仍然困难重重，特别是以往基于体制上的原因，上级领导机关或主要负责官员长期以来对司法案件横加干涉，这是造成司法不公乃至大量的冤假错案的原因之一，亟须改变。为此，党和国家三令五申，严令禁止，到目前才有基本的改观。这一事实表明，此处上古官箴的价值该有多么重要，至今仍值得所有为官从政人员包括全体司法人员深刻体察、认真实践。

顺便提及，现代人通常认为司法独立和审判独立的理论与实践是西方人自启蒙时代倡导起来的，被认为是最具现代性的法律文明的一大原则。

而国人包括法律学术界通常认为，中国自古以来就实行官审合一的政治与司法体制，一个地方长官既主管行政事务，又亲自担负审判职能，所以中国自古以来就缺乏司法独立和审判独立的观念和实践。上古这条官箴不仅不支持这样的观点，相反，还极鲜明地表达了司法审判独立的观念。只是我们对传统的法律思想和资料重视不够，特别是缺乏深入的专业研究，才造成了诸如此类的历史性误解。

182.（周成王策命君陈治殷）有弗若于汝政，弗化于汝训，辟以止辟，乃辟。（《君陈》，396）

译文：有人不服从你的政令，不接受你的教化，（如果）惩罚能够制止犯法，就惩罚。

官箴价值：这里再次突出了法律的惩罚作用。前已指出，法律具有刚性，长有"铁嘴钢牙"，最终是要咬人乃至吃人的。法律实施的要旨之一就是以强制性的惩罚发挥威慑作用。首先是对犯罪者本人的威慑作用，通过各种对人身自由的限制和对犯罪者身体及其行动自由强加的惩罚，使其遭受程度不同的人身痛苦和行动限制，使其身心受到震撼，以致使绝大多数犯罪之人悔不当初，不敢再犯；此外，法律的威慑作用还突出地表现在社会方面，使其他人以犯罪者为戒，不敢轻易冒犯法律。"辟以止辟，乃辟"的价值就在于要果断执行和实施罪罚的法律，该惩罚的就实行惩罚，决不姑息，充分发挥法律的威慑作用，以实际案例警示后来者切勿以身试法。这种官箴价值对当代惩治犯罪者，乃至进行治安处罚、行政处罚都有现实的启发和教育意义，须深刻领会并努力践行。

183.（周成王策命君陈治殷）尔无忿疾于顽，无求备于一夫。（《君陈》，396）

译文：你对于冥顽不化的人不要愤怒嫉恨，对于一个人不要求全责备。

官箴价值：这是一个做人和为人的基本态度问题，对于为官从政之人同样适用。俗话说："人群过百，形形色色。"人的秉性、脾气、道德水平乃至对法律的态度各有不同，自古皆然。面对这样一个基于人性差异和社会教育背景不同等综合因素造成的现实，作为人类社会群体中的一员，该抱持什么样的态度呢？这是一个问题。有的人抱持正确态度，则获得对自己和对他人、社会有益的结果；相反，有的人抱持不正确的态度，则会造成对他人、社会乃至个人有害的结果。上古政治达人虽身处初民社会，但有着丰富的人生经验的积累，创造性地总结出了这种极具超前性和智慧性的人生指导哲学，就如此处官箴所示，对于冥顽不化的人不要愤怒嫉恨，因为愤怒嫉恨只会伤害自己的身心健康，而无助于改变冥顽不化之人的做人和处世态度，这种性格和品质的缺陷，泰半都是因为受某些外在因素影响和欠缺个人道德修为背景，现代基因科学家还从极具现代性和前沿性的基因科学方面作出了相关的解释。无论如何，在我们的社会乃至我们的周围，总会遇到或面对一些冥顽不化的人，要改变他们极为困难，而对他们之中反社会、反国家、违反法律的一小部分人，哪怕动用国家暴力工具对他们进行监禁或劳动改造，在社会和国家付出巨大的社会资源成本包括金钱在内之后，也未必就能收到使他们回归社会的预期效果。面对这种情势，作为包括官员在内的个人，没有必要对冥顽不化之人愤怒嫉恨，而是要冷静处之，用包括法制在内的一切社会资源和手段加以应对。

至于"无求备于一夫"的为人处世态度，则是对包括官员在内的个人提出了更高标准的道德修为要求。之所以说是高标准，是较之那种持憎怒嫉恨的态度而言的，即以平常心平和地对待他人。由于教育背景和个人修为等方面的差异，人各有优长，同时也各具缺点，金无足赤，人亦无完人，即使对上古神话传统或深远历史传说中的"三皇五帝"来说，他们虽被赋予最理想化的个人人格魅力，但绝不能认为他们就没有缺点和不足。后世春秋、战国时期的思想家就对尧舜只能亲力亲为而对全社会进行教化之功有限和不足有过清醒的反思。连圣人都有欠缺，更何况我辈常人，人各有缺点是一个不争的事实，对此，每个人都不应要求他人品性尽善尽美而没有缺点。后世的中国，此种待人处世的人生哲学被流传下来，并得到世人普遍的承认。对人不要"求全责备"，成为耳熟能详的处世待人的隽语。对普通人是这样，对为官从政之人更不例外，不仅不例外，还应当做得更好，为官者本人不仅要做到严于律己，还应当做到宽以待人，要宽以待人首先就要有包容精神，对人不求全责备。

由此可以看出，对冥顽不化之人不愤怒嫉恨，对普通人不求全责备，不仅对普通人教益多多，对为官从政之人更是一种警示，值得深刻体味和努力践行。

184.（周成王策命君陈治殷）必有忍，其乃有济。有容，德乃大。（《君陈》，396）

译文：必须有忍耐，才能够取得成功；必须宽容，德才算大。

官箴价值："忍"是中华传统文化中一个重要概念和元素。忍有多义，既可以理解为坚韧、勇于负重，又可以理解为对人宽容、礼让，是指导中国人的一种处世态度或人生哲学，构成了国民的重要性格特性，这与西方一些民族那种对外张扬、富于冒险性和挑战性的民族特性形成了鲜明的对照。

"容"即是宽容、善以待人，这也是国民性格的重要概念和元素之一，已在前面作过分析。

普通人如果能够做到忍和容，在古代可被视为谦谦君子，具有儒雅之风；在当代亦可称为人中典范、道德楷模。为官从政之人做到了这一点，大致可以推断出他为官能够做到尽职尽责、兢兢业业，政绩大致不差。而这样的为官者亦可能是一个严以律己、宽以待人的好官，他所建立起来的与民众的关系是和洽的，与同僚的关系是和睦的、协和的。良好的人际关系对政绩的提升是可以期许的。

在当代对官员的选拔、任用、考核、教育过程中，忍与容的概念及元素已经不再作为选拔的标准了。但我们认为，传统文化中这种国民性格特征在当代仍具有现实的价值，应当适度地借鉴和传承。要做一个好人和好官，难道不应当具有坚韧，百折不挠，勇于克服困难又能严于律己且能够宽以待人，在社会和同事之间建立起和谐、亲睦的关系这样的品质和个人性格特征吗？故此，上古这一官箴的当代价值和教育意义不容忽视，更不应予以否认，而应当适度发扬。

185.（周成王策命君陈治殷）简厥修，亦简其或不修；进厥良，以率其或不良。（《君陈》，396）

译文：鉴别那些修德的人，也要鉴别那些有时不修德的人；任用那些贤良的人，以勉励那些不贤良的人。

官箴价值：这里的官箴对于选人任官具有独到的价值。从上古到现代人们通常认为，选人任官只能选那些贤能之士，这在《尚书》前面的多篇文论中都有论及，我们也不止一次地作过分析。这里不同的是，上古政治达人首先告诉我们同以前一样的选人标准，就是要通过鉴别选出那些坚持修德变得贤良之士担任官职，这是一个选人的底线，不能逾越；然而，上古政治达人又告诉我们，这个底线标准并不是绝对一成不变的，对那些有时不修德的人也要进行考察，看其是否也能够任用，有些人一时没有修德，或可造成在道德上的瑕疵，对这类人要从整体上和用长远眼光去看，如果认为他们能知错并能改错，并非冥顽不化不可救药之人，仍然可以考虑任用，毕竟人无完人，没有任何缺点的"圣人"是不存在的。这也是一种实事求是、客观看待人才的态度。这较之那些对选用之人过于挑剔，以苛刻的眼光对人求全责备的态度来说，也是一种创新观念与行为。从社会和政治效果上看，这也许更为有利，可以避免陷入选来选去竟无一人可用的困窘之地，毕竟，"蜀中无大将，廖化作先锋"，总比无人充任"先锋"为好。即使退一步说，不任命那些道德有所缺欠之人，也可以通过任命贤良之士以勉励那些一时还不那么贤良之人，通过榜样的力量激励他们努力修德，日后也能成为贤良之人，同样存在入仕就职的可能性。这样的效果同样值得期待，也值得肯定和赞誉。

任人唯贤与拒绝"带病提拔"之间确实存在微妙的平衡关系，端赖选官的态度与睿智。这里的官箴无疑给我们当代的官员培养、选拔提供了很好的启示，值得我们为官之人深思与领悟。

186.（周成王策命君陈治殷）惟民生厚，因物有迁。违上所命，从厥攸好。（《君陈》，396）

译文：老百姓本性敦厚，因为外物的影响有所改变。至于抗拒君命的人，你也要顺从他们的喜好。

官箴价值：说老百姓本性敦厚，是基于上古朴素的历史人本主义而作出的判断。这一对民众的定性认知一直延续到后世的"人之初，性本善"以及当代的"人民群众是历史真正的英雄"的历史唯物主义，揭示了中华传统文化已经成为当代科学社会主义理论的重要组成部分，足见上古时期政治达人对老百姓的政治哲学所具有的强大生命力。但与此同时，上古政治哲学对民众的另一方面的基本认识也弥足珍贵，即认为民众的敦厚纯朴本性不是一成不变的，社会因素的复杂多变，特别是各种实际利益和物质利益的诱惑，往往使其背离敦厚纯朴的本性而表现出人性中邪恶的一面，做出种种违背公序良俗，乃至违法犯罪之事，其中就包括本文提到的违抗君命一事。于是，人类一系列的道德规范、法制乃至实行强力镇压的一系列暴力工具被发明和创造出来，用以规范、镇压民众中的一些违反社会公德、国家法律等的行为和活动。正是基于对人性这种两面性的基本认识，上古政治达人强调要顺应老百姓的喜好。用现代话语表述，就是顺从民意，民心所向是治国理政成败的关键，上古政治达人对此就有深刻的认识，所以才明确指出，政治统治者一定要做到对民众"从厥攸好"。这一治国理政思想已被当代中国的政治哲学充分吸收，所以才提出"政为民所系"或"实行群众路线"以及为民众办实事的执政方针。但并不是所有的从政官员都能做到这一点，现实中一些从政者做出的违背民意的事真是太多了，有些简直令人匪夷所思。所以，这里的官箴价值在现实中仍有重要意义，应当视为对做出违背民意之事的少数官员的警告，虽然发自上古，但其声仍有极强的穿透力，在当代的官场上仍在震响，对全体官员当是一种警示。

三十七 《毕命》（187—190）

187.（周康王册命毕公续治成周）彰善瘅恶，树之风声。（《毕命》，420）

译文：表扬良善，斥责邪恶，树立良好的社会风气。

官箴价值：为官从政治理一方，除处理各种大小政务外，还负有教化民众、树立良好社会风气之责。后一方面的责任之重并不亚于政务处理的及时、精当。上古之人如此重视和强调对民众的教化，实为政治经验之总结，足见在中国上古时期政治成熟已到了令人惊叹的境界。这种官箴对当代的政治文明仍具有极其重要的启示价值。在现实中，由于社会的急剧转型、商品经济的高度发达，不少民众被钱财之物诱惑，重利轻义、物欲横流，恭喜发财之声高唱入云。人不分阶级，地不分南北，许多人都在倾心追逐金钱，以满足极度膨胀的奢华生活的需要。与此同时，社会的道德风气却是每况愈下，令人感叹！尽管国家一再强调在依法治国的同时，也要重视以德治国，但现实中仍然存在重法轻德的不良现象。面对这种社会情境，重视和强调社会主义核心价值观，树立良好的社会风尚就显得极为重要和紧迫。为此，这里的官箴价值尤其显得重要，值得每位为官从政者认真加以体味，看看自己任内是否把社会精神文明的建设放在重要的执政视野范围内。"彰善瘅恶，树之风声"当为每位为官从政者牢记于心、勤励于实际工作之中。

188.（周康王册命毕公续治成周）政贵有恒，辞尚体要，不惟好异。（《毕命》，420）

译文：施政贵有常法，言辞应当精当且能抓住重点，不要喜好奇异。

官箴价值：政令的颁布、政事的施行，要靠实践来检验，实践总要有一个过程，所有政事都不是一蹴而就的，这是施政的常理，也是政事的常识。正因为如此，施政、颁令最忌朝令夕改，让人无所适从。上古之人就懂得这个道理，"政贵有恒"就是他们施政经验的总结，至于言辞，一定要做到精当与抓住重点。这些治国理政的道理至今仍有现实的借鉴价值。所有为官从政者都要谨记颁令、施政切不可朝令夕改，不能凭自己所处的领导地位率性拍板定策，不能换一届政府就改一次施政思路，特别是对城市规划、旧城改造、新城扩建，以及确立本地区的主打产业等方面的重大政事，应当慎之又慎，切不可草率变动、动辄推倒重来。正是这种现实决定了这里"政贵有恒"的官箴价值应当得到凸显。每一位从政者特别是地方党政首长更应当谨记在心，从政期间时刻警示自己，切记"政贵有恒"的施政道理，以做出优秀的政绩。

"辞尚体要"在当代也同样具有重要的现实价值。说话要精当，要体现要点，让人一听就明白，这是古今对言辞表达的共同诉求。即使是要求普通人做到这一点，也绝非苛求。而作为为官从政之人更应当以此等标准要求自己，道理不难理解。为官总要说话，无论是发号施令，还是理论政事，抑或宣谕政纲，以至信誓旦旦地下各种决心，都要通过言辞表达出来。还不止于此，官家政事的推行还离不开民众乃至下属的理解和支持，如果说话不精要，就可能得不到他们的正确理解和支持，或可能引起误解，以致影响政务的推行。所以，从一般的意义上来说，无论是常人还是官员都应当把自己想要表达的想法和意见说清楚，用精当、简要的语言表达出来。

更值得注意的是，如今官家说话通常是以各种大小会议形式表达出来，这就牵涉出一个如何开会，或更严肃地说引出了一个"会风"的问题。相信我们每个从事过政务的人，无论是官员还是公务员、办事员，都经历过大大小小难以计数的会议，有些会议非常重要，是非开不可，但也有些会议并无十分必要，更有些会议纯属不必要。这就需要为官从政之人采取更加严肃、负责的态度，每次开会前应当首先进行思量，斟酌再三，只开那些非常必要的会，不开不能解决问题的会，而另有些政务，则用其他的形式特别是要利用现代极为发达的通信手段进行传达、布置和讨论。无论怎样，只要开会，就要说话，说话就要简明扼要，把想要表达的思想明白、简洁地表达出来。像这样的"会风"，党和国家的领导层也曾多次提出过严格要求，对会议中种种不正之风也发文严厉地予以制止过。这就是此处的官箴价值在当代的意义所在，切不可以为这是小事就漫不经心地加以对待。如果我们每个人都能从亲历一些乏味的会议，听了一通又一通套话、空话、言不由衷的话之后的感受来理解此处的官箴价值，则更会强化它的现实指导意义。

"不惟好异"含有两层意义，一是不要喜好奇异的宝物，恰如前面引介和分析过的《旅獒》一文中所提出的官箴"不贵易物贱用物"一样，因为喜好奇异之物，就会"玩物丧志"，又"不宝远物，则远人格；所宝惟贤，则迩人安"。① 另一层意思是指治国理政应当按照既定路线、方针稳步推进，不能"一朝天子一朝臣"或"一朝天子一朝政"，这与前面分析过的"政贵有恒"相对应，强调的都是维持政治生态的稳定性、持久性，这对于取得社会的进步与国家的发展，或推进改革取得预期的成果，都极为重要，任何为官从政者不可不察，不能不鉴，都应奉为治国理政的重要指导思想与

---

① 江灏、钱宗武译注，周秉钧审校《今古文尚书全译》，贵州人民出版社，1990 年 2 月版，第 249 页。

施政理念。当然，这并不是在倡导政治保守主义，反对必要的政治改革与施政创新。必要的政治改革和创新如果能够在历史前进的关节点上得到大力推动，往往能促进政治变革和社会转型的巨大成功，正如中国在20世纪80年代初开启改革开放以来社会进步和国家的巨大发展所表明的那样，这与这里的官箴所倡导的"政贵有恒""不惟好异"并不矛盾，把握得好，可以取得相得益彰之效。

189.（周康王册命毕公续治成周）敝化奢丽，万世同流。（《毕命》，420）

译文：败坏的风化，奢侈华丽，世世代代都是一个样子。

官箴价值：这里说的是社会和国家的腐败，个人的腐化所表现于外的，都是一个样子，无非社会风气的败坏，官场追求奢华，个人生活追求奢侈等，尽管各个社会时期生活水平和生活方式不同，但在表现的内容实质方面却是一致的，就是追求奢华的官场排场乃至全部个人生活。这里的官箴价值在于强调社会腐败和个人腐化都是由于追求超出官场和个人生活需要的高度铺张浪费和个人物质享受，这是一种腐败与腐化的普遍性特征。认识到这一点，无论是对个人的人生态度还是对官场风气，都有极重要的启示意义。现今的公共权力机关建筑不断形成超大、豪华之势，虽党和国家严令禁止，甚至对各种级别官员办公场所的面积加以规制，也并未完全制止，少数官员为追求奢华的生活不惜贪污受贿，犯下累累贪腐罪行。这一切表明，深刻认识"敝化奢丽，万世同流"普遍性的深刻内涵是多么重要，以及对当代反腐败具有多么大的现实价值与意义。每位从政官员都应当深察与自警！

190.（周康王册命毕公续治成周）罔曰弗克，惟既厥心；罔曰民寡，惟慎厥事。（《毕命》，422）

译文：不要说不能胜任，要尽心尽力；不要说老百姓人数少（不足治），要谨慎推行政事（不可轻慢对待自己的本职工作）。

官箴价值：这里的官箴价值隽永深长。古今之人为官考察之初，通常都会谦称自己不能胜任，说出望另择高明之类的话。对于已经下达的任命，这类话只可表明自己低调做人的态度，本质上是一种消极性的反应。正确的态度，正如本文献中所示，对你的任命实际上是公共权力体系希望你尽心尽力，不愿听你说不能胜任之类的无意义的话。为官者只有尽心尽力，才能获得良好的政绩。

"罔曰民寡，惟慎政事"同样具有深刻的含义。官职有大小，治下的属民有多寡，但无论多寡，作为公共事务的治理却没有多少的差别，麻雀虽小，五脏俱全，为官一任，事无巨细都要打理。所以，为官从政对职事的考量出发点不是治下的民众多与寡，而是如何把自己职责范围内的事办好，如果不谨慎地对待自己分内的职事，治下的人数再少，也不会有政绩。这里的官箴价值就在于加强为官从政人员的职业责任感和兢兢业业的敬业精神，无论官职大小，对待职事的态度是一致的，就是要慎重对待本职工作。提高职业责任心，全心全意、尽心尽力地对待自己的职事，谨慎地推行政事，这种职业态度和精神在当代的官场仍然具有重要的启示和教育意义，每一位公共权力的掌管人，无论级别大小、职位高低，都应当细心体味、努力践行。

三十八 《君牙》（191—192）

191.（周穆王册命君牙为大司徒时提出的治国理念）尔身克正，罔敢弗正，民心罔中，惟尔之中。（《君牙》，425）

译文：如果你自己行为端正，没有人敢不端正，民心不知道中正，你就率先表现出中正。

官箴价值：这里的官箴价值就在于以上率下。为官从政之人在道德修养和树立公正观念方面，要自己率先垂范，做民众的榜样。如前面所分析过的，人类作为社会群体相互间必定会模仿、效法、学习。其中作为人之精英阶层的长官、有影响的公众人物、长老等尊贵人士自然就成为公众效法、学习的对象，所谓"榜样的力量是无穷的"，就是这种以上、以尊贵率下的义理叙事。鉴于相关官箴价值已在前面作过详尽分析，此处不必重述。

192.（周穆王册命君牙为大司徒时提出的治国理念）夏暑雨，小民惟曰怨咨；冬祁寒，小民亦惟曰怨咨。厥惟艰哉？思其艰以图其易，民乃宁。（《君牙》，425—426）

译文：夏天炎热大雨，老百姓只知道怨恨叹息；冬天严寒大雪，老百姓也只知道怨恨叹息。他们自伤生计的艰难啊！你想到他们的艰难，从而考虑如何使他们过得好些，老百姓就安宁了。

官箴价值：从社会哲学和政治哲学最本质的意义上说，人类之所以组织社会、建立国家，归根到底是要让人类自身能在规范和建制的体系内过上有序、安宁和和谐的社会生活，只有认识到这一点，才能真正体察社会和国家的真谛。令人惊叹的是，作为政治早熟的中华上古先祖早在四五千年之前就认识到这一点，并且在文献中明确地表达出来，其中最核心的内容可以分为三个方面。其一，充分体察老百姓生计的艰困和生活的艰难，就老百姓中的绝大多数来说，他们都是普通人，要讨生活，要过日子。在上古时代，生产力水平低，战胜自然灾害能力差，更无力改变自然环境使之更适合农业耕种，无论是夏天的炎热、大雨，还是冬季的严寒、大雪，都会使他们的生活处于艰困之中。他们怨恨天气严酷，叹息自己的无能为力，在情理上是一种自然心理的表达，不仅无可责怪，反倒令人同情。其二，就是为官从政之人的反应。官人有国家俸禄保障，过着衣食无忧甚至优裕的生活，自然不必为生计操心费力。但正由于此种处境，为官之人往往对此官民生活差距视为天然合理，不以为然，还可能自视高人一等，严重者还可能骑在老百姓头上作威作福。正是针对这种反应，上古政治达人对这类官员提出严肃的劝勉，让他们要想到老百姓生计的艰难和过日子的艰困。这是一种将心比心的同情心理。其三，最重要的是要采取切实的步骤，包括推行一系列的善政来改变老百姓艰困的生活状态，让他们过上衣食无忧的安定生活，这又回到为官从政的最基本出发点，也就是施政的根本目标。至于采取什么样的举措以及何种形式的善政，这里并没有明确指明，这正是上古政治达人的高明之处，是一种最可称道的政治智慧。"治世不一道"，每个朝代，每个时期，社情和国情都有所不同，推行的国策和国政也应有所不同。没有给出具体说明，一是没有必要，二是留给为官从政之人以更多政策选择的空间，一切都要依情顺势而为，只要是有利于老百姓生计和生活的善政，都应当推行。在古代，奖励农耕、轻徭薄赋、化干戈为玉帛、马放南山等，都是优先选择的善政。

心为民所系，政为民所施，为官从政之人就是要想老百姓之所想，干老百姓想要干的事，这是治国理政的根本宗旨。在当代，这种治国理政被浓缩于具体的群众路线，切实践行群众路线，是为官从政之人的奋斗目标和宗旨。从这种施政的情势上看，这段上古官箴的价值得到凸显，今后更应当继续发扬光大。

三十九 《冏命》（193—198）

193.（周穆王册命伯冏任太仆正）惟予一人无良，实赖左右前后有位之士，匡其不及，绳愆纠谬，格其非心，俾克绍先烈。（《冏命》，430）

译文：我没有善德，实在要依赖左右前后有职位的贤士，匡救自己的不及，批评错误，纠正邪心，使我能够继承祖先的功业。

官箴价值：这里首先剔除王者的特殊身份及其承继先王功业的时代背景，只从一般性的官员如何对待自己的领导地位以及对待其属下的工作人员的态度和施政目的进行分析。其中可以发掘的亮点至少有三个。一是为官要谦虚如常人，也就是要放下官架子，不以上位居功自傲，自己有如常人一样，也是有缺点、错误的，甚至还有私心乃至邪恶之心，同样需要左右前后的工作人员加以匡正，批评错误，纠正私心和邪心。这个态度极为重要，它提出了一位官员如何摆正自己的位置，以什么态度面对民众的严肃话题。二是为官之人也如常人一样具有缺点，也会犯错误，不会也绝不可能永远正确，因此也需要别人指出其缺点，匡正其错误。又由于为官在任担负要责，官员个人的缺点和错误会影响政事的决策与推行，因此更需要他们的左右前后人员包括下属或工作班子随时随地地指出他们的缺点，匡正他们的错误。三是对官员的匡正比对常人的匡正具有更深远和重大的意义。对于常人来说，由别人帮助克服缺点、改正错误主要具有个人道德修为的价值，当然个人的道德水平提高，也具有社会安定、和谐的深潜意义。而官员在其左右前后的贤人帮助下克服缺点、改正错误，除了具有官员个人的道德修为价值之外，更重要的就是能够取得良好的政绩，并因此造福一方百姓，增益国家的安定与发展。由此可见，由上古时代的圣王亲自作出的表态，完全可以引申出当代的政治清明、官风清纯、官民和谐共处、社会安定、国家发展等一系列政治话题，实在值得现代一切为官从政之人深思、体察和践行。

194.（周穆王册命伯冏任太仆正）今予命汝作大正，正于群仆侍御之臣，懋乃后德，交修不逮。（《冏命》，430—431）

译文：现在我任命你担任大正这个官职，领导群仆近臣，努力使你们的君主行德，共同勉励他做得更好，弥补做得不够的地方。

官箴价值：如果说上一句的官箴价值在于申明官员与前后左右群臣及仆役相互关系的一般相处原则，这一句则主要是指明作为君王身边的"大管家"这个官职的具体任务及宗旨，其中最重要的是要领导"群仆近臣"，其宗旨并没有强调甚至没有提及要"群仆近臣"做好贴身服务，安排好君王的生活起居，给他创造一个良好的生活环境，以保障君王能够以良好的状态去处理繁忙的国务。而周穆王在这里最关注和强调的是要太仆正领导群仆近臣努力使他们的君王行德，言下之意是君王德行修炼好了，就能施行善政，国家也就会得到善治了。这里显然比一般理解的"贴身服务"具有更高的价值与境界。此外，周穆王还不忘补充说，不仅要帮助他修德，同时对他治国理政中做得不够好的地方也要指出来，以勉励他改正和完善。撇开君王的地位不谈，就一般的官场而言，即使在当代，也不失其积极的官箴价值。又鉴于当代的一些党政官员，特别是负主要领导责任的党政官员，之所以因种种丧德、失职、腐败之事而身败名裂，除官员本人需负主要责任外，其属下的工作班子成员，包括秘书、司机等因没有努力使官员修德，更不要说指出他们的缺点和错误行为，也负有直接、间接的责任。更有甚者，一些前后左右的近身工作人员还曾助纣为虐，协助或直接帮助领导干部以身试法，造成了一系列"窝案"等官场悲剧。由此可见，看似是一次寻常的"大管家"任命，其中却蕴含了深刻的官箴道理，值得今日在位的所有官员领悟、体会和深刻反思。这就是这里的官箴在当代的价值。

195.（周穆王册命伯冏任太仆正）慎简乃僚，无以巧言令色，便辟侧媚，其惟吉士。（《冏命》，431）

译文：你要谨慎地选择你的部属，不要选用那些巧言令色、阿谀奉承的小人，只能选用品德高尚的君子。

官箴价值：这里提出了一系列的选任"群仆近臣"的实际标准，分正负两个方面。从正面来说，只能选任那些品德高尚的人。这一点很重要，"群仆近臣"从早到晚从事对官员的服务工作，时时、日日相见相处，他们的言语、行为对被服侍官员的思想、举止、行为造成直接、间接的影响。古人说，近朱者赤，近墨者黑，就是说事物之间、人与人之间有着深刻的影响。不难想象，无论是古代官员还是当代的党政官员，如果身边围绕着品行不端正的仆役近臣或工作辅助人员，天长日久，再好的官员，也难免要受他们的坏影响，不仅可能造成政绩的败坏，还会影响到官员本身的公正、清廉，甚至会落得身败名裂的悲惨下场。从负面来说，有两种人绝对不要选任，一是巧言令色者，这类人只会花言巧语，官员耳边常有花言巧语，难免受到迷惑，迷惑的结果就会导致判断失误，判断失误又会造成决策失误，甚至导致政绩的败坏；这类人还能假装和善，假装和善是为了掩饰其内心的邪恶，古今官员如果不能及时发现自己身边还有如此险恶之人，最终很可能深受其害。这样的历史和现实悲剧一再重演，令人唏嘘喟叹！故在选任身边工作班子成员和服务人员时，从一开始就要细心甄别，认真遴选，绝不可让"巧言令色，便辟侧媚"，即善于花言巧语和阿谀奉承之人在官员身边任职或担当服务人员，这种官箴价值古今皆可通用，今日之官员特别是高级别的领导干部更应引起高度重视，绝不能让党政官员特别是一些高级领导干部因用人不当而导致身败名裂的悲剧一再上演。这就是这里的官箴价值应当在当代得到凸显的缘由。

196.（周穆王册命伯冏任太仆正）仆臣正，厥后克正；仆臣谀，厥后自圣。后德惟臣，不德惟臣。（《冏命》，431）

译文：群仆近臣正，他们的君主才能正；群仆近臣谄媚，他们的君主会自以为圣哲。君主有德在于臣下，君主失德也在于臣下。

官箴价值：这也是从正反两个方面凸显君主容易受群仆近臣影响的官箴价值。正面是说群仆近臣正，他们的君主才能正；从反面说群仆近臣谄媚，他们的君主会自以为圣哲。君主有德在于臣下，君主失德也在于臣下。这种一正一反的两相比较简单明了，堪称寓意隽永。此官箴价值在前面已做过分析，这里不过是再强调一下罢了，故不必赘述。如果剔除旧时的君主与群仆近臣的时代背景，放在当今官员与其工作班子的时代话语下，其官箴价值至为现实与意义重大，特别是如果从实际发生的此类因用人不当而导致官员腐败"落马"的案例审视，其意义至明且显。

197.（周穆王册命伯冏任太仆正）尔无昵于憸人，充耳目之官，迪上以非先王之典。（《冏命》，431）

译文：你不要亲近会说的小人，让他们充任近臣引导君上去违背先王的法典。

官箴价值：此段官箴在于前两句，"会说"与前句的"巧言"当为同义的不同表述。当然，严格说来，"会说"并非只有贬义，会说好话、有意义的话也是有的，但这里显然是指"巧言"那样的意思，取的是贬义。不任用"会说"的人与不任用"巧言"的人都是为了避免这类人用花言巧语去蛊惑或迷惑君主、长官或现今的党政领导官员特别是负重大职责的领导官员，防范因此而导致决策的失误乃至政绩的失败。鉴于其官箴价值在当代的意义已在前面详尽分析过了，这里不再赘述。

198.（周穆王册命伯冏任太仆正）非人其吉，惟货其吉。若时，瘝厥官，惟尔大弗克祇厥辟，惟予汝辜。（《冏命》，431）

译文：不承认人是善良的，而只承认财货才是好的，像这样，就是败坏自己的官职，就是你不能敬重你的君主的表现，（如果是那样）我就要惩罚你。

官箴价值：这里的官箴价值主要体现在前两句"非人其吉，惟货其吉"，道出了在任人和财货之间的选择问题。一个正直的官员，无论是古代的还是现代的正直、清廉的官员，都应当首先把那些贤良之士选拔到适合的岗位上任职，而不是单纯以获得财货为追求来决定任官人选。当然，为官一任特别是作为统辖一方的地方大员，也必须关注地方经济的发展，包括维持地方民众的生计，国计民生是为官从政必须考虑和推进的官职任务中的重中之重。然而，这里的"惟货其吉"显然并不是指上述的具有充分正当性或曰"其吉"的国计民生，而是另有所指。根据前后文及其语义逻辑上的关联，我们有理由推测这里或许是指不正当的收入或非法的敛财行为。与选拔用人任职相关联的"财货"古今皆有，通常表现为公开或暗地里的买官卖官的钱财，甚至还有与任人为官无涉的贪污公款、财货，以及受贿的钱、货、女色等。如果这种推测可以成立的话，那么这里也就是在《尚书》中第一次提出了通过任人为官非法敛财、贪污受贿之类的腐败问题。这种推测还有相关逻辑上的一个重要表征可以支持，那就是古今中外的贪官都有一个共同的特征——贪财爱钱，越是大的贪官越是嗜钱如命，欲壑难填。贪欲之心没有止境，以至在古代有的贪官敛财堆积如山，富可敌国，而今的大贪官亦不遑多让，百、千、万、亿、几十亿、几百亿元的"财货"之贪都已有之。他们之所以贪欲无度，一个共同的心理就是认为财货、金钱是"吉"的或曰"良善"的、"万能"的。这样分析下来，这里的官箴较之前面所分析的喜好远方的"奇珍异宝"，以致"玩物丧志"等价值更有分量，更值得我们当代所有党和国家公职人员深思、体察和警惕。为官一任切不可向钱财非法伸手，伸手必被捉。正如当代所有"落马"贪官的下场一样，国家就要对"汝辜"予以严厉的惩罚。由此可见，这里的官箴价值重大，应当得到显扬。

四十 《吕刑》（199—208）

199.（周穆王听吕侯劝告发布夏代的赎刑诰）典狱非讫于威，惟讫于富。敬忌，罔有择言在身。（《吕刑》，435）

译文：主管刑罚的官，并不是停止在威虐上，而是停止在仁厚上。必敬，必戒，自身不说败坏的话。

官箴价值：这里是专门针对法官而发出的箴言。在上古时代，中国先哲就对法官提出了严格的素质要求。要求法官不可依仗拥有的刑罚权滥施淫威，肆意处罚犯罪之人，更不可滥罚无辜的良民。严禁威虐只是一方面，另一方面又要求法官具有仁厚之心以及对人的同情感，这是相辅相成不可缺一的法官必备的个人素质，否则就变成了只知滥罚的酷吏了。除此之外，还要求法官自身一定要有敬畏之心，还要具备警戒的自制力和自觉性，不乱说一些不负责任的话，模范地做遵纪守法的榜样，为民众树立表率，带头垂范。显然，这种官箴价值在当代完全适用。在当今大力建设法治国家的情境中，对法官无疑具有更高的素质要求，其标准无论提得有多高，必须从最基础的方面做起。这个最基础的方面不是别的，正是此处官箴提出的起码要求，当今法官乃至所有执法人员无疑都应当努力做到，这就是此处官箴在当代的价值与现实意义。

200.（周穆王听吕侯劝告发布夏代的赎刑诰）一人有庆，兆民赖之，其宁惟永。（《吕刑》，439）

译文： 一人办了好事，万民都受益，国家的安宁就会长久了。

官箴价值： 这里本来是针对司法官发出的箴言，我们不妨将其延及一般的官员队伍。无论是为官一任从始至终都做善事，不做坏事，还是在施政过程中对某一件公务做得出色，政绩突出，因为做的是公共的事，所以民众都受益，民众得到了实惠，获得了相应的利益，自然就不会为自己的生计担忧，对国家特别是对直接领导他们的官长心存感激，社会因此就必然地获得了稳定，而国家也就得到了安宁。由此可见，社会的稳定和国家的安宁在很大程度上端赖主事一方的官长个人的修为而达致的良善，而良善的道德品质又引导他去做善事，不做坏事。这样的官箴价值在当代仍极具价值和现实意义，对于民众来说，他们评价一名官员的个人品德和政绩往往只用好和坏这两个字来表达，如评价20世纪60年代河南兰考县的县委书记焦裕禄，就称其为"县委书记的好榜样"。由此可见，民众评价官员特别是地方官员，通常只看他是否做了好事，做了好事就是"好官"，相反做了坏事哪怕只做了一件坏事，民众就称其为不好的官或径直说"坏官"了。因此，这里的官箴既是为官员的施政行为厘定了一个外在标准，又内在地设定了一个深沉的素质和品德修为的要求。每位官员特别是地方官、司法官都应当以此为鉴，诚心实意地为人民服务，为官一任始终做善事，做一个好官，这当是此处官箴的现代意义和价值所在，为官者当谨记在心，努力劝进和勉励。

201.（穆王听吕侯劝告发布夏代的赎刑诰）五过之疵：惟官，惟反，惟内，惟货，惟来。其罪惟均，其审克之。（《吕刑》，439）

译文： 采用五过惩治的弊端是：法官畏权势，报恩怨，接受说情，索贿受贿，受人请求。发现上述弊端，法官的罪就与罪犯相同，你们必须详细查实啊！

官箴价值：这里的过指的是"过失"，其实，我们不必拘泥于"五过之疵"，大可放在法官在办案过程中常见的一些与司法相关的干扰因素，就是"惟官"，即畏权势；"惟反"，即报恩怨；"惟内"，即接受说情，"内"原意是指"女谒"，即派女人来说情，暗含女色诱惑或"美人计"之类的"色贿"之意；"惟货"，即索贿受贿；"惟来"，即受人请求，徇私枉法。这"五疵"不仅在上古时期就有，后世乃至当今亦可见到，是所有司法官个人腐败的重要成因。在当代中国，来自同级或上级领导干部对司法的干预一度相当普遍，以至党和国家高层曾三令五申，严加制止，现在仍有一定程度的存在，在当前的司法改革中，党和国家及司法系统本身正在大力加以纠正。但不论怎样，这种"五过之疵"的官箴价值在当代并没有丝毫减损，对于保持司法官员的廉洁、正直的品质和形象具有极大的教育和警示意义，对于保障办案质量、维护司法正义和公正、提高国家司法公信力更是具有重大和深远的价值和意义。所有的司法人员，特别是事关审判公正的刑警人员、检察人员和审判人员，更应当牢记在心，警钟长鸣，戒慎永远！

正由于司法官员的办案质量关乎人的性命和命运，又关乎司法和国家的公信力，历来被视为治国中的最为关切的大事之一。为此，即使在上古时代，对有上述五种行为的司法官员都给以严厉惩罚，被定为与有关司法官员审理案件中的罪行相等的罪行。这种重罚是为了给予全体司法官员以严厉警惧，让他们务必知所避忌，"其审克之"。

202.（周穆王听吕侯劝告发布夏代的赎刑诰）简孚有众，惟貌有稽。无简不听，具严天威。（《吕刑》，441）

译文：要在众人中核实验证，审理案件也要有共同办案的人。没有核实不能治罪，应当同敬上天的威严。

官箴价值：这里对法官审理案件提出了具体要求，这应当是近现代司法理念与刑事诉讼法的最早起源。这在当代的司法中被视为最普通的司法常识和程序正义，却在中国具有古老的起源。然而，具有讽刺意味的是，个别司法人员，包括刑警人员、检察官和法官，基于各种主客观原因，竟然连这些简单的办案流程也不能遵守，为此竟然造成各种令人匪夷所思的冤假错案。其中，内蒙古发生的冤杀报警青年呼格吉勒图案最为典型。从他发现有人被奸杀报警到执行死刑，只有短短的三个月时间。在这短短的时间内，无论是办案的刑警人员，还是检察官或法官，竟无一人向民众核实案情，办案的程序中竟无一个环节受阻，也没有一个办案人提出怀疑。在漏洞百出的罪证和办案程序中，竟然把案件速办速决以至最终以冤杀一个无辜青年结案，然后纷纷庆功领赏。在当代如此发达的法治时代发生如此令人匪夷所思的冤案，相对上古时代提出的起码的办案程序和观念，以及对司法人员个人素质提出的最低限度要求来说，更加凸显了其重大的官箴价值。相关的司法人员哪怕按照上古先祖的办案理念和流程去做，诚实地办案，也不会铸成如此事关人命的大错。当代的各级各类司法官员应当警惧在心，忠于职守，严格执行法律程序，努力实现司法正义。

203. （周穆王听吕侯劝告发布夏代的赎刑诰）上下比罪，无僭乱辞，勿用不行，惟察惟法，其审克之！（《吕刑》，441）

译文：刑律上没有明文规定的罪，上下比照刑律来定罪，不要错乱供词，不要采取已经废除的法律，应当明察，应当依法，要核实啊！

官箴价值：这里的官箴价值在于教法官如何判案定罪，上古时代中国的司法审判的理念和程序竟如此发达、细腻，实在令今人慨叹！刑律不可能尽备各种罪名，古今皆然。但法官却不能因为刑法上没有做出明确规定，就拒绝受理。上古的先祖早已告诫我们，遇到刑律上没有规定的罪名，就要上下比照刑律来定罪。这里涉及法官审案灵活定罪问题，所谓"灵活"并非任意而为、全无章法，而是对法官提出了更高的政治素质和业务能力的要求，一个成熟的、睿智的法官在遇到没有法定罪名可依据定罪时，应审时度势作出判断，其中重要的方法之一就是此处官箴所指的要比照刑律来定罪量刑，这虽然不容易，但绝不意味着法官可以无所作为。此外，正如前面所分析过的，还可以根据既往判例进行比照定下适当罪名并作出量刑。到了近现代还发展出根据社会公理、正义观乃至大众认可的习俗等作出判决的方法。这里虽只提出"上下比照"一法，但具有启发性，法官完全可以灵活掌握，对没有明文规定的罪名和刑则作出自己认为适当又不背离法理和正义原则的判断。由此我们还可以得到进一步的启发，对其他的民事等案件完全可以按照此"上下比照"的方式作出判断。长期以来，由于我们缺乏这方面的法律观念和判案灵活性与技巧，在无明确的法律条文可以依据时，法院和法官往往用"没有法律规定，不予受理"为由去推掉有关案件的审理。这是极不妥当的处理方式，从法理原则上讲，凡是民众有诉愿，民间有纠纷，只要诉至法院，法官都应当予以审理并作出适当的判断，原则上没有例外，更不允许一推了之。我们认为，这是当代法治过程中亟待改进的一个环节，即法院不能以"于法无据"为由"不予受理"。

不要错乱供词，看似简单明了，但做起来很难。这关系到对待审判中的供词一系列的观念及做法问题。就司法审判的本质来说，是要查明已经发生或长或短的既往犯罪事实，时过境迁，就人类的知识和能力来讲，无法完全还原已经不可重复的过往既定事实，充其量只能还原基本的或部分的事实，在一些关键性的环节上，相关的证据可能已经完全消失因而成为破案难以突破的瓶颈。在这种情势下，侦办和检察、审判人员为查清案件实情，往往把破案的关键线索部分甚至完全寄托在犯罪当事人自己的供述方面，认为犯罪当事人的陈述是最接近过往的犯罪事实的，但前提是他能如实地供述。但事关他本人的或轻或重的判决结果，犯罪当事人往往会采取对自己最有利的自我保护措施，对于他而言，最好的自我保护莫过于拒绝陈述实际发生过的情况，或避重就轻。在此种状况下，司法人员包括审判人员往往采取各种威逼、引诱、拷打等被称为"酷刑"的手段逼迫犯罪嫌疑人供述已经发生过的犯罪事实。又由于办案人员急于破案，往往采取更加极端的强迫手段逼其认罪，犯罪嫌疑人又往往受刑不过，被迫"屈打成招"，最终造成过往历史和现实中的冤假错案，一些无辜的人士惨遭司法不正义审判，甚至为此失去宝贵的生命。由此可见，古今中外的司法审判，对于犯罪嫌疑人的供词都极为重视，只要不是无故制造冤假错案，就一定要谨慎、认真地对待犯罪嫌疑人的供词，绝不应当轻率地对待供词和各方面的证明材料，并以严肃的态度决定是否采信。上古的法律达人告诫当时的法官，切要"无僭乱辞"，即不可草率地对待供词，也切不可将其搞错、搞乱，为的是避免造成冤假错案，影响司法公正和国家司法公信力。试想，早在四五千年前，中国的先祖就有这样有关供词的真知灼见，该是多么难能可贵！后世的法官当以此为训、为诫，认真领会和实践，切不可一犯再犯相关的错误，造成一系列令人扼腕叹息的冤假错案。

"勿用不行"即不要再适用已经废除的刑律了。这在上古时期是个问题，因为那时的法制还相当原始，立法资源不足，新法制定跟不上，难免会形成审案断狱无法可依的局面，只能依照已被废除的旧律，即使是那样，法律先贤也告诫已废除的旧法不可再用。而在当代，更有一套理念与机制严格限制对旧法的使用，这是常识。但在执行过程中仍有一些问题需要解决，如过时的旧法得不到及时的清理与废除，也有的法官业务不太精通，在使用法律上选择对自己的判断有利的旧法，等等，这些都是在适用法律上的"勿用不行"的类似误区。由此可见，这一看似极为平常的官箴，在当代仍有其价值所在，我们仍可从中受到启发和教益。

"惟察惟法"，就是应当明察，应当依法。"明察"就是查清事实，判案只能以事实为根据，而不是以法官个人的主观臆断，这是再明显不过的办案原则了，至今在中国的司法方针中仍然是最基本的遵从原则。这种坚持就在于最大限度地保证办案质量，提高司法公信力，防止冤假错案的发生。"依法"更是法律的最基本原则，依法办案是司法的最基本的要求。法律是严肃审慎制定出来的，它不是针对个别人和具体事件，而是针对所有人和所有事件，具有普遍性和一般性，这是古今中外法律的最基本特点，也是其重大优越性的体现。不独在上古和下古时代，就是在当代建设的法治中国，也是构成现代法治的最基本原则之一，连我们的战略方针都定在"依法治国"上面，足见"依法"的极端重要性。在上古时代，先祖就有这般"法治"意识，实在难能可贵！直至当代，我们依然在"依法"上大做文章，可见其看似简单，实则实行起来并不易，现如今，我们仍然面对许多不依法办事的行为和现象，需要长期坚持"依法"才能加以改善。所以，"依法"的官箴在当代的价值还应当引起足够的重视，须各级党政官员特别是负主要责任的领导官员深刻体会、努力实践。

204.（周穆王听吕侯劝告发布夏代的赎刑诰）上刑适轻，下服；下刑适重，上服。轻重诸罚有权。（《吕刑》，441）

译文：上刑宜于减轻，就用下刑处治，下刑宜于加重，就用上刑处治。各种刑罚的轻重允许有些灵活性，权衡后酌定。

官箴价值：这是关于定罪量刑的箴言。其核心价值在于依刑法治罪，但又不拘泥于刑法的规定。法官可以斟酌情况，予以灵活运用，比如犯了重罪，但有减轻情节，就用轻刑即"下刑"的罪则来处治，相反，犯罪虽轻，但情节恶劣，也可以加重处罚，即用"上刑"治罪。这就是法官在处理案件时，有一定的自由裁量权，允许灵活地掌握。写到此处，我们不禁感慨，上古之人运用刑法处罚犯罪之人竟有如此高明的见识且可以把握的灵活尺度，实在早熟得令人匪夷所思！

一般说来，在当代的刑法条文上，对于何种情节可以加重处罚，何种情节可以减轻处罚，一般都会在刑法或刑事诉讼法上有明确规定，法官一般都可以遵循实行。但事情往往并不会如此简单，因为刑法上的处罚规定通常都是比较有原则的，而实际发生的案件情节又是各个不同，甚至千变万化，绝少雷同，这两个因素叠加在一起，就造成了法官在办理具体案件中仍然有定罪量刑难以决断的问题。特别是对于缺乏经验的初级法官更是如此。有鉴于此，即使有刑法上的明文规定，仍需要法官运用经验、专业知识进行仔细的度量，这样才能真正把握好定罪和处罚的轻重问题。这里虽是就刑法轻重的一般原则给出了箴言，但仍需我们的法官不断体会、逐步积累经验才能驾轻就熟地掌握"上刑"和"下刑"的尺度，以及"轻重诸罚有权"的问题。法官个人的主观努力是最重要的定罪量刑因素之一。近些年来，有些法官和学者致力于开发一种特殊的电脑软件，把所有类似的案件的处罚加以模式化。法官在断案时一旦进入量刑阶段就打开电脑，调出软件提供的量刑标准，然后点一下确认就完成量刑的决定了。这真是一个天才但又涉嫌懒惰的办案流程。如此一来，"上刑"与"下刑"的灵活掌握就成了毫无价值和用处的办案经验和考量了，可能连法官都不需要了，任何人只要打开电脑，再复杂的案件都不费吹灰之力就办下来了。这种创意真是令人匪夷所思的奇思妙想！不知在实践中能否推行下去，如果法官真的只用这种方法判案，还不知司法审判会出现什么样的令人担忧的后果呢。

205.（周穆王听吕侯劝告发布夏代的赎刑诰）刑罚世轻世重，惟齐非齐，有伦有要。（《吕刑》，441）

译文：刑罚轻重还要根据社会情况决定，相同或不相同，都有它的道理和要求。

官箴价值： 如果说前一种官箴主要是针对个别案件的审判应采取的司法原则，这个官箴则具有全局性或战略性。它还从深层次上体现了上古先祖对现代法社会学和法哲学的睿智思辨。看来，我们的上古先祖从社会结构和法律生活中获得了足够的体验与经验，并在此基础上形成了独到的法律哲学观念。我们从中不难体察，先祖从潜意识上已经认识到法律的价值与功能并不是一个完全自我封闭的独立体系，法律归根到底不过是服务于社会的工具，法律只有在稳定社会、确保社会安宁和人民福祉的情境下，才是有价值的。具体到刑事处罚领域也是这样，刑罚之所以必要，也是基于上述对社会稳定的价值与功能。刑法的目的不仅在于惩罚罪犯，也不仅在于对罪犯实行以社会和国家名义进行惩罚的制度化，而是在于通过对一个人或一些人的惩罚，确保正常的社会治安、秩序和维护公序良俗，以使绝大多数民众过着安定有序的正常生活。这就是法律之所以产生，人们用大量精力和时间去造法、用法并教导人们去敬畏和遵守法律的根本宗旨和目的所在。即使在当代，如果能从这样的社会高度和哲学深度去看待法治，仍然被认为是了不起的高明见识。然而，能够达到这样认识高度的并不普遍，甚至在当代的各级官员中都很少有人能达到。正因为如此，这里的官箴价值才值得彰显。我们应当从中受到启发，不仅在适用刑罚上要根据当时的社会情境有轻有重，而且在刑罚战略的把握上要有全局和时局的观念作引导。以往我们在刑罚上过于偏重"严打"，在犯罪高发期虽有必要，但长期、经常进行"严打"未必适当。从现在的反思立场上看，过于强调"严打"对维护社会治安的实际效果并不理想。而如今实行的刑罚力度减缓、宽严相济的刑事政策，以及树立刑法谦抑的原则与观念，可以说也是对以往过于强调"严打"的从严刑事政策的纠偏与补正。当然，我们执行新的刑事政策也不能走向另一面，即过于宽松。面对当前高发、频发乃至猖狂的网络诈骗、电信诈骗等犯罪现状，国家和公检法等部门予以严厉打击，加重对实施犯罪者的惩罚力度，则是完全必要的。由此可见，即使是上古时代的刑法官箴，也值得我们重视，有借鉴地加以运用，同样也可以收到新时代法治的良好效果。

206.（周穆王听吕侯劝告发布夏代的赎刑诰）罚惩非死，人极于病。非佞折狱，惟良折狱，罔非在中。察辞于差，非从惟从。哀敬折狱，明启刑书胥占，咸庶中正。其刑其罚，其审克之！狱成而孚，输而孚。其刑上备，有并两刑。（《吕刑》，441）

译文：刑罚虽不会置人于死地，但受刑罚的人感到比重病还痛苦。不能让巧辩的人审理案件，而应由善良的人审理案件，就没有不公正合理的。从矛盾处考察供词，不服从的犯人也会服从。应当怀着哀怜的心情判决诉讼案件，明白地打开刑书根据法律条文斟酌，力求都能做到公正适当。当刑当罚，要详细查实啊！要做到案件判定了，人们信服，改变判决，人们也信服。刑罚贵在慎重，有时也可以把两种罪行合并考虑，只罚一种。

官箴价值：可以从四个方面分析此处的官箴价值。

第一，明确指出刑罚对于受罚人是一种痛苦的经历，刑罚理论和心理学认为，犯罪之人只有经历这样那样、轻重程度不同的痛苦经历，才能真正体会到自由和人身保全的宝贵，其中有些犯罪之人可能会悚惧再次受刑罚而从此痛改前非，重新做人。由此一来，刑罚的根本目的可以达致一部分（可能还有社会的警示效果）。正是这种刑罚的威慑性，要求法官在审判中体现公正的原则，即实现我们所谓的"司法正义"。然而，要真正做到公正的审判谈何容易，这里又给出了最基本的一些要件。首先，要任用合格的法官，法官不能由那些只会花言巧语的人担任，而应由善良的人担任，这是头一道"门槛"，即要选对正确的人选担任法官。其次，正确对待犯罪嫌疑人的供词，不仅不要全听全信，还要找出供词中的矛盾之处，如果犯罪嫌疑人没有如实交代自己所犯的罪行，掩盖事实甚至编造谎言欺骗法官，这样的供词中必有不合逻辑的矛盾之处，法官如果细心审察，就会发现事实与供词之间存在的矛盾，然后予以揭穿。如果能做到这一点，再狡猾、冥顽的犯罪嫌疑人也无话可说，只能认罪服法。这样做可以保障审判无误，从而达致司法公正的效果。

第二，法官应当怀着哀怜的心情判决诉讼案件。人类哀怜的心情是一种复合的心理体验，既包括同情心，也包括恨其不争，还包括惋惜其陷入悲惨境地等情感因素。本来，这些因素都是人类在长期的社会生活中，在人与人之间的各种关系中逐渐培养起来的朴素的情感，用于人们之间正常、友好的情感交流，在这个互动过程中，人们从彼此友善交往中获得精神慰藉、友谊和力量，从而促进建构社会成员之间的和谐关系。当犯罪嫌疑人与法官在法庭上分别担当主审和被审这两个完全对立的角色时，双方特别是法官的自然情感是否应当在那种特殊的场景中表达出来呢？这是个问题。在当代中国司法实践中，曾有一个阶段，当时特殊的政治环境是不允许法官表达此种自然情感的，不仅不能表达，还被要求用严肃的阶级立场表达另外一种极端的自然情感，即仇恨和愤怒，如果法官不如此做，就会被视为立场不坚定、政治观念不强。笔者在大学接受法律本科教育时，就被灌输了这种司法观念，在毕业后的司法实践中，也是被强烈要求这样做的。在那个时代，任何人都不愿背负如此严重的负面政治的污名。然而，上古时代的法律观念和政治立场并没有如此深的联系。反而法官是被劝勉和鼓励要秉持自然朴素的同情心和怜悯心，被要求怀着哀怜的情感去审案断狱。上古之人之所以如此倡导，是因为他们坚信法官一旦怀着哀怜之情去审判，就能做到秉公依法审判，力求做到公正适当，从而实现司法正义，减少甚至不致发生冤假错案。在这里，人类自然朴素的情感力量被用作实现司法正义乃至社会正义的精神资源，这该是多么了不起的智识成就啊！我们作为四五千年后的当代法官，如果在这方面的见识和法律、政治智识尚且不如我们的先祖，实在是应当有所愧疚的。

第三，要认真翔实地审案断狱。上古先贤认为，法官要做到公正审判，实现司法正义和公正，仅怀着朴素的自然同情心和哀怜的情感是不够的，还要进一步做到在审案断狱过程中极为审慎、认真。如果说前面的两点是观念方面的素质要求，这里则是强调审判技巧方面的操作规范。前已指出，审案断狱事关重大，甚至是人命关天的大事，不翔实地审察是不行的，万万马虎不得，否则就会造成冤假错案。办案保证质量、不出差错，人们自然就会信服，万一有了差错如能及时改判，人们也会信服。如果发现了错误仍坚持不纠正，人们就会失去对法官和法庭的信任，这是很自然的道理。因此，由法官和法庭所建立起来的公信力，归根到底靠的是办案的质量过硬，如果发现了案件确实办错了，但仍坚持不改，就会失去公信力。这类事件即使在当代也会出现。在现代中国，司法机关乃至党政领导机关，出于各种非法律的因素考量特别是出于政治形象、法院形象和法官个人的形象、政绩等因素的考量，往往不能自觉地改正办案中出现的错误，多数是在强大的舆论和政治压力下迫不得已地去改判。这一司法状况相对于上古的这方面的官箴，实足应当引起我们的反思与警示。在法治如此发达的时代，无论如何也不应当做得还不如上古之人。

第四，提出刑罚贵在慎重，在量刑上也可以实行只罚一种，而不必累加处刑。要求慎重处刑，为的就是防止冤假错案的发生，实现司法公正。这在前面已经分析过了，兹不重述。至于两刑合并考虑，只罚一种，在现实刑法和刑事诉讼法中早已有所规定，并有成熟的经验和做法，只是不是机械地只罚一种，而是合并考虑后适当加刑，但绝不是两刑相加处以刑罚。

总而言之，这里的上古官箴虽表述的是古远的法律思想和技术操作规范，但在今天看来，绝不是陈旧过时的理论与实践。法律思想和技术操作规范的普遍性和共通性，决定了我们当代的法律人不应当简单地拒斥这些思想和做法，而应当在当代司法基础上加以适当地传承和发展。这就是这些司法官箴在当代的价值和意义，值得我们深思和有选择性地实践。写到此，恰逢最高人民法院第二巡回法庭宣判于 1995 年因被诬犯强奸杀人罪而被判处死刑并被执行的聂树斌，因证据不足而被宣布无罪。在 2014 年启动重审该案以后，就有律师指出，此案在关键的证据方面存在原审材料丢失、杀人时间不确定等明显缺陷，依据其时的材料无论如何都不能定罪处刑。对照此处的办案官箴，我们深感上古之人从办案理念到技术操作规范是那么高明和周详，可四五千年的时间流逝和司法理念的进步以及办案经验的积累，并没有使后代子孙的我们当中的一些法官有些许的长进，以至于一而再，再而三地犯下如此低级的错误，致使一些无辜之人惨死在他们的无知、愚蠢、狂妄和滥权之下，令人唏嘘！哪怕照着古人此处之教训做到一点点，也不致酿成现今令人匪夷所思的人间司法悲剧！

207.（周穆王听吕侯劝告发布夏代的赎刑诰）朕敬于刑，有德惟刑。（《吕刑》，445）

译文：我重视刑罚，对于老百姓有德惠的也是刑罚。

　　官箴价值：作为上古周王朝的君主，重视刑罚是基于稳定自己统治地位的需要，这本不稀奇，任何一个王朝的统治者都会这样做。问题的新奇点在于他把公正地运用刑罚看作对老百姓的一种德惠，这是具有深远的政治战略眼光之人所作出的考量。在上古达人看来，对民众的德惠不仅在于发展经济，使老百姓过上安康、幸福的生活，更在于公正地运用刑罚。刑罚运用得当、犯罪当罚不仅能有效地稳定社会秩序、维持治安，更重要的是能够笼络人心。因为处罪施刑中正公允，不仅可以安抚受害人及其家属，让民众感受到司法公信力的力量和影响，就是对犯罪者而言，公正审判也能使他认罪服罚，除非他是一个冥顽不化的人。

　　"有德惟刑"在当代具有极其重要的法治战略意义。党执政地位的巩固和国家实现安定团结的局面，大力发展经济、提高民众的物质生活水平固然是根本，极为重要，但光做到这一点还是不够的，老百姓要对党和国家真诚地拥护，还必须对党的领导和国家政权有强烈的信任感。反过来，党的施政和国家的方针政策要体现充足的公信力，办事一定要使老百姓放心，让他们充分相信政府，从心里觉得政府是为他们办实事、办好事的。此外，还有一个重要方面不可缺失，那就是政府办事一定要公正，特别是国家的司法机关一定要做到司法公正，要尽可能做到每一个案件都要办得公道，有罪必罚，有罚必当，尽量不出现冤假错案，而且要做到一旦发现冤假错案就坚决改正，绝对不要死要面子，拒绝改正。只要办错一件案子，特别是错杀一个无辜之人，司法公信力就会严重受损，即使再办对千百个案子，也难以挽回失去的民心和司法公信力。现实中一些地方的法院和当地负责的党政领导干部为了保住自己的政绩，不失脸面，明知办错了案子就是不改，这类现象应当绝对禁止。党和国家从党的领导地位和国家利益的大局出发，对此类现象绝对不要姑息，发现一件改正一件，对相关责任人一律追究党纪、政纪乃至司法责任。只有这样做才能在当代真正做到"有德惟刑"，受损的司法公信力才能得到恢复。正是由于此事关系重大，更凸显了"敬于刑，有德惟刑"的官箴价值及其在当代的现实意义。

　　208.（周穆王听吕侯劝告发布夏代的赎刑诰）明清于单辞，民之乱，罔不中听狱之两辞，无或私家于狱之两辞！狱货非宝，惟府辜功，报以庶尤。

（《吕刑》，445）

译文：应当明察一面之词，不可偏听偏信，老百姓得到治理，莫不在于公正审理双方的诉词，不要对诉讼双方贪图私利啊！接受贿赂不是好事，那是犯罪的事，我将以与庶民犯罪一样的方式来论处。

官箴价值：这里的官箴价值可以从两方面来分析。一方面是讼词。一般说来，一个刑事案件总要有两造，即犯罪嫌疑人和受害者。两造一旦被传唤到法庭，法官总要双方各自呈上讼词并当庭对质，还要当庭开验双方提供或侦探人员呈上的与犯罪相关的证据。法官此时只是作为中间人居间听取两造的各自供词或辩词，审阅双方各自提供的书面讼词，并结合人证、物证的质证，然后作出判断。一个好的法官，无论古今都要求他们站在公正立场上审视和听取两造的意见，绝对不可以偏听偏信一面之词。一个案件要办得公道，要使老百姓信服，就一定要听取双方的讼词，并以公正、不偏不倚的立场居间作出正确的判断。这一点对任何诉讼案件都十分重要，很多的冤假错案就是由于法官偏听偏信一面之词造成的。

法官偏听偏信一面之词或许只是个人素质和能力不够造成的，如果是这种情况可以通过加强法律基础教育、培训等方式加以改进和提高。但也存在另外一种可能，就是法官贪图私利，利用手中掌握的审判权力，向诉讼当事人一方或双方索取贿赂，这是一种严重的滥用职权谋取私利的行为。这里的官箴明确指出，这是犯罪行为，要受到惩罚。事实上，执法犯法，通常都要受到比普通犯罪者更加严厉的惩罚，法官因受贿受罚，致使身败名裂，古时多有，不然在上古时期，"明君"不会在文诰中提出如此严肃的警告。而于今亦不少见，大众媒介就不断爆出法官因受贿而落马受到惩处的新闻，从最高人民法院副院长级的大法官到基层法院普通法官都有。这一现实进一步彰显了这里官箴的重大价值。法官在其职业生涯中可能审判过很多的官员贪腐案件，而他们中的一些人自己却过不了"私家"的关，利欲熏心、欲壑难填，竟至走上如此的犯罪绝路，导致身败名裂，令人惋惜！令人痛心！两相对照，这里的官箴更值得当代官员特别是法官群体深察、体味和警惧！

四十一 《秦誓》（209—210）

209.（秦穆公败于崤、函而自己悔过作誓辞）古人有言曰："民讫自若，是多盘。"责人斯无难，惟受责俾如流，是惟艰哉！我心之忧，日月逾迈，若弗云来。（《秦誓》，459）

译文：古人有话说："人都随心所欲地去行事，所以就会多出差错。"责备别人不是难事，被别人责备却如流水一样地顺从，这就困难啊！我心里的忧虑，尽管时间一天天地过去，就是难以忘怀啊！

官箴价值：这里的官箴说的是君王——实际上可以泛指所有为官从政之人个人的品德修养问题，具体地说是承认自己的错误并勇于改正而体现出个人品行的高尚。分三个层次递进而申述之。首先，从古人之话语引申出人会犯错误的一般原理，即一个人之所以会出错，一般都是随心所欲所致，率性而为，不顾后果，自然就会出错。后世人为此又提炼出另外的箴言，即"行成于思，毁于随"。这一点并不难理解，人无处无时不处在社会关系网中，行事总要受到各方面的掣肘，或成功，或失败，就是各种社会关系和利益相互博弈的结果。这一点已被事理逻辑和经验一再证明，无须多论。其次，进一步申明人们通常是如何对待别人和自己所犯的错误的。对别人的错误总是洞若观火、明察秋毫，而且责备起别人犯的错误毫无困难；相反，当听到别人责备自己所犯的错误时，就有困难了，通常表现出拒绝、愤怒甚至反唇相讥。而要做到听到别人的批评而乐意接受，而且像流水一样顺畅地接受，则是品德高尚和大度的表现，但要做到这一点很难，平时没有坚持道德修养是做不到的。最后，是秦穆公本人作为楷模，他的道德修养使他进一步达到知错悔错、自惭自责的境界，心中之悔恨与愧疚竟至天天挥之不去的地步。一位君王道德修养达致这样的程度实在难能可贵，推及开来，对于一般官员乃至平民都有教育、使其效法的价值和作用。

三义贯通，串联一体，教育和警示官员和民众做事不可任性而为，一旦有了过错，就要勇于承认，接受别人的批评，自己也要反省，自愧自责，为的是以后改正，不再犯同样的错误。

210.（秦穆公败于崤、函而自己悔过作誓辞）昧昧我思之，如有一介臣，断断猗无他技，其心休休焉，其如有容。人之有技，若己有之。人之彦圣，其心好之，不啻若自其口出。是能容之，以保我子孙黎民，亦职有利哉！（《秦誓》，460）

译文：我暗暗思量着，如果有一个官员，诚实专一而没有别的技能，他的胸怀宽广而能容人。别人有能力，就好像自己的一样。别人美好明哲，他不仅口头上竭诚称道，而且从内心真诚地喜欢他。这样能够容人，任用他们来保护我的子孙众民，也应当有利啊！

官箴价值：此处的官箴在于彰显官员应当具有心胸宽广而能容人的优秀品质，强调说明治国理政的官员能够诚实专一且能容人的重要性，哪怕他本人没有出色的技能，但只要他为官诚实，心系公务，不做其他与履行职务无关的事，就是一位好官，而如果能进一步做到从心里爱惜人才，就更难能可贵了。这样的好人好官尽管史不绝书，但毕竟不太普遍，所以在这里提出，目的是树立一个为官做人的标准，每一位从事治国理政的官员都应当朝着这个方向努力，以求达到这样的标准。

此处的官箴价值在当代仍有重大的现实意义。在当代的一些官员中，不乏有的官员小肚鸡肠、心胸狭窄，见到别人有能力就嫉妒，甚至反感、厌恶，见到别人受到群众的拥护、上级的支持，品行端正，清正廉洁，工作兢兢业业，成绩又突出，提拔晋升也快，就排斥、打击，这样的官员往往是私心太重，缺乏公心而致于此。这里的官箴所树立的虽是高标准，但也不难做到，只要加强思想修养，提升道德，树立一心为公的官场正风，就可以成为既真诚专一又心胸宽广且能容人的好官，国家需要这样好的公务官员，人民也期望有越来越多这样的官员充实各级官员队伍，让他们努力为人民服务，为国家的现代化治理作出贡献。

全书结论：上古官箴亟待深入开发，其价值如何有机地融入当今的官场更值得研精覃思，俾使古今之变相融相通，最终构建全新的具有中国特色的为官之道。至为期待！

跋

当文稿最后一页修改完成之际，算来又是两个春秋过去了。每当此时此刻，心中总是萌发出要写点什么的想法，一是为了记述创作过程中的一些所思所想，二是为了抒发一些有苦有甜的情怀感慨。

愚入道致力于学，尔来已近 60 个年头了，光阴荏苒，如白驹过隙，镜面之中，悄然间已见须发花白，岁月真是无情啊！然而，本人在学识上并没有随着岁月的累积而变得踌躇满志，反而觉得自己还不像个真正的"学问人"。个中原因，或许是潜意识地经常将自己与精通"经学"的古典大师和现今的学术先进相比较，凸显出自己在学识方面真实的浅薄和迷茫。

无论是生于古远年代的"经学"大师，还是身为近现代的"国学"先进，他们共同的特点，在我看来是都认真治学并具有严谨的真正学问人的品质和气象。拜读他们的大作，深切感知字里行间洋溢着浓烈的学术气息，无论是鸿篇还是约文，都必定下过博考经籍、探赜索隐、钩深致远、极深研几的功夫，否则，绝无可能达致治学的巅峰境界。每将他们的大作展卷在书案，都会使我凡心未泯的浮躁心境旋即平静下来，尽管达不到孔子那样的"发奋读书，废寝忘食，不知老之将至"的境界，但徜徉在广阔深邃的知识海洋中流连忘返，乐此不疲，还算是能够做得到的。

读书治学于我而言，当然不是一种娱乐消遣，也不只是为了陶冶情操，其实也是为了稻粱谋。作为凡人总不能不食人间烟火，也不能不担起自己应负的家庭责任——养家糊口。但书读得多了，再加上勤于习作，慢慢地倒也悟出了一些治学之道。

其中之一，就是不仅要做到"入书"，更重要的还要能做到"出书"。

所谓"入书"就是要能静下心来，坐得住冷板凳，耐得住寂寞，认认真真地把书读下来，读进去。所谓"出书"，就是不是为了读书而读书，更不要将书读死。在读书之中或在读书后，经过消化吸收得其义理要旨，然后再经过研精覃思，联结东西方，贯通古今时，冶天下之学（一般能做到的是限于本人专业视域内）于一炉。最终结果对大多数做学问的人来说，未必能达到如汉代司马迁所说的"究天人之际，通古今之变，成一家之言"那样的治学崇高境界，但要做到提出自己的独立见解还是可以期待的。在下不才，通过这么多年的潜心苦读，特别是近些年精读细研"五经四书"中的《尚书》及其他古典文献，日积月累，渐渐地悟出了其中所蕴含的丰富的古代特别是上古的"为官之道"，以及官员及其"道"必须经由"官箴"这个不二法门，才能得到其要旨。然而，如果通过研读"五经四书"只是悟出古代包括上古时代的"为官之道"及其得"道"的精理要义，还称不上是"出书"。只有达到通过联想在现代的官场为官也有"为官之道"，以及得"道"也必须经由某种形式的"官箴"才能实现这样的境界，才可以说是"出书"了。现在奉献给读者的拙作，就是这一治学理路的成果。至于是否能得到读者的认可，以及是否具有现代政治、法律的理论意义和实践参考价值，最终还是要由读者予以评判了。无论如何，我自己是尽力而为，勉从其难了。

书不尽言，言难尽意，权以此跋算是为该书收尾了。

作者于北京朝内新源里寓所跬步斋

2017 年 5 月 18 日

后　记

此稿前期机打由夫人刘淑珍教授完成，后期的修改、编辑由我的学生武林完成，在此表示由衷的感谢！

还要感谢中国社会科学院法学所老干部办公室、法学所科研处在办理申请过程中的大力支持，以及中国社科院离退休干部工作局的领导和工作人员的惠准。

还应当把感谢送给社科文献出版社及其刘骁军编审、易卉编辑等，他们努力付出，真正做到了字斟句酌，精心修改书稿中每一个写作和打印错误，连每一个错用标点都一一改正。这样耐心、细致的审改，确实为本书增色不少。因此，才有此高质量编辑成书出版。

最后，还请广大读者及方家对此拙作提出宝贵的意见。

作者于北京市平谷区海关西园寓所

2019 年 5 月 8 日

图书在版编目（CIP）数据

上古官箴论 / 陈云生著. -- 北京：社会科学文献
出版社，2022.2
（中国社会科学院老年学者文库）
ISBN 978 - 7 - 5201 - 9695 - 6

Ⅰ.①上…　Ⅱ.①陈…　Ⅲ.①政治 - 谋略 - 中国 - 古
代　Ⅳ.①D691

中国版本图书馆 CIP 数据核字（2022）第 020417 号

中国社会科学院老年学者文库
上古官箴论

著　　者／陈云生

出 版 人／王利民
组稿编辑／刘骁军
责任编辑／易　卉
责任印制／王京美

出　　版／社会科学文献出版社·集刊分社（010）59367161
　　　　　　地址：北京市北三环中路甲 29 号院华龙大厦　邮编：100029
　　　　　　网址：www. ssap. com. cn
发　　行／社会科学文献出版社（010）59367028
印　　装／三河市龙林印务有限公司

规　　格／开本：787mm × 1092mm　1/16
　　　　　　印张：22　字数：336 千字
版　　次／2022 年 2 月第 1 版　2022 年 2 月第 1 次印刷
书　　号／ISBN 978 - 7 - 5201 - 9695 - 6
定　　价／138.00 元

读者服务电话：4008918866